中国社会科学院
老年科研基金资助

工业文化新论

New Theory of Industrial Culture

刘光明◎著

经济管理出版社
ECONOMY & MANAGEMENT PUBLISHING HOUSE

图书在版编目（CIP）数据

工业文化新论/刘光明著．—北京：经济管理出版社，2024.5
ISBN 978-7-5096-9723-8

Ⅰ.①工…　Ⅱ.①刘…　Ⅲ.①工业—文化研究—中国　Ⅳ.①F42-05

中国国家版本馆 CIP 数据核字(2024)第 110165 号

组稿编辑：范美琴
责任编辑：范美琴
责任印制：许　艳
责任校对：陈　颖

出版发行：经济管理出版社
（北京市海淀区北蜂窝 8 号中雅大厦 A 座 11 层　100038）
网　　址：www. E-mp. com. cn
电　　话：（010）51915602
印　　刷：唐山昊达印刷有限公司
经　　销：新华书店
开　　本：787mm×1092mm/16
印　　张：22.25
字　　数：501 千字
版　　次：2024 年 7 月第 1 版　　2024 年 7 月第 1 次印刷
书　　号：ISBN 978-7-5096-9723-8
定　　价：128.00 元

本书编委会

序　一

工业是强国之本，文化是民族之魂。发展工业文化，是新型工业化的灵魂工程。新型工业化是中央的重大战略谋划。党的二十大报告提出，到2035年基本实现新型工业化，强调坚持把发展经济的着力点放在实体经济上，推进新型工业化，加快建设制造强国。推进新型工业化是一个系统工程，需要多方努力。新一轮科技革命和产业变革引发的技术—经济范式转变，特别是数字经济领域大量颠覆性创新的涌现及其广泛应用，使得当前的工业化呈现出一系列新特征。

2023年9月22~23日，全国新型工业化推进大会在北京召开，中共中央总书记、国家主席、中央军委主席习近平指出：新时代新征程，以中国式现代化全面推进强国建设、民族复兴伟业，实现新型工业化是关键任务。完整、准确、全面贯彻新发展理念，统筹发展和安全，深刻把握新时代新征程中推进新型工业化的基本规律，积极主动适应和引领新一轮科技革命和产业变革，把高质量发展的要求贯穿新型工业化全过程，把建设制造强国同发展数字经济、产业信息化等有机结合，为中国式现代化构筑强大物质技术基础。完善党委（党组）统一领导、政府负责落实、企业发挥主体作用、社会力量广泛参与的工作格局，做好各方面政策和要素保障，开拓创新、担当作为，汇聚起推进新型工业化的强大力量，为全面建成社会主义现代化强国作出新的更大贡献。

工业是一国综合国力的根基。当前，我国工业仍处于全球价值链中低端，自主可控能力还不强，工业大而不强的格局尚未根本改观。先进制造业领域的国际竞争日趋激烈，发达国家纷纷推进“再工业化”，推动高端制造业回流，新兴经济体凭借成本优势积极承接国际产业转移。我国工业和信息化发展面临严峻复杂的外部环境，这是推进新型工业化必须迈过去的一道坎。面对日益激烈的国际竞争，必须加快推进新型工业化，实现高水平科技自立自强，提高我国制造业在全球产业分工中的地位和竞争力，确保我国在大国博弈中赢得主动。

面对新时代要求，为适应新形势变化，提升质量和孕育新动能既是中国工业化长期发展的要求，也是全面建成社会主义现代化强国的基础，推进新型工业化必须抓住关键矛盾、突破主要制约、化解主要风险，通过构建世界领先的产业科技体系，形成创新驱动发展的核心动能；通过筑牢高端先进的制造体系，实现产业结构的突破性演进；通过建设低碳循环的绿色体系，实现发展方式的根本变化；通过打造内外协同的分工体系，实现中国参与全球分工地位的提升。

着力提升产业链供应链韧性和安全水平，加快提升产业创新能力，持续推动产业结构优化升级，大力推动数字技术与实体经济深度融合，全面推动工业绿色发展。坚持深化改革、扩大开放，促进各类企业优势互补、竞相发展，发挥全国统一大市场的支撑作用，以主体功能区战略引导产业合理布局，用好国内国际两个市场、两种资源，不断增强推进新型工业化的动力与活力。坚持推动传统产业改造升级和培育壮大战略性新兴产业两手抓，加快发展先进制造业，协同推进数字产业化和产业数字化，着力补齐短板、拉长长板、锻造新板。

工业文化是一种深深植根于我们社会的价值观和信仰，它强调创新、效率、可靠性以及不断进步。工业文化代表着人类的创造力和智慧，它以科技为驱动，将想法转化为现实。这种文化激发了我们对进步的渴望，推动我们追求更高的生产力和更优质的产品。它使我们能够发现并解决问题，改变着我们对世界的看法。工业文化的力量源自团队协作和持续改进，它推动我们不断学习、相互尊重并共享知识，以实现共同的目标。这种文化激发了创新思维，鼓励试验和错误，提倡从失败中吸取教训。工业文化强调对社会的贡献，它使我们能够创造就业机会，提供优质产品和服务，促进经济增长和社会发展。总之，工业文化是推动工业发展和进步的核心动力，它可以推动个人和整个社会不断取得成功与进步。我们应该尊重和珍视这种精神和文化，将它作为推动我们前进的力量。

郁润昌

中国社会科学院世界经济与政治研究所资深研究员，原为世界形势研究室主任、中国国际公共关系协会理事

张春生

中央纪委常委、国家监委委员、中央纪委副秘书长兼中央纪委国家监委办公厅主任，民政部副部长

2023 年 10 月 16 日

序　二

中国工业文化，是中国特色社会主义文化在工业领域的具体体现，是社会主义文化的重要组成部分。新中国成立以来，我国在推进工业化的探索实践中，孕育了大庆精神、“两弹一星”精神、载人航天精神等一系列先进工业文化典型，形成了自力更生、艰苦奋斗、无私奉献、爱国敬业等中国特色的精神宝藏。改革开放以后，我国工业文化的发展更是取得了一系列成就，在一些行业或领域形成了各具特色的文化成果，“劳模精神”“工匠精神”“企业家精神”等工业精神深入人心。

《工业文化》一书问世之后，社会和读者反响很好，《工业文化新论》结合当下社会热点——大健康、国学、人工智能和教育等，基于历史，探索新的工业文化价值，归纳总结出新的工业文化理论，帮助更多工业从业者和热心读者更好地了解我国工业发展的过去、现在和未来，促使工业企业更好、更快、更稳地发展。整本书遵循了历史唯物主义和辩证唯物主义观点，坚持实事求是，以史实为根据，严谨、准确地阐述了工业发展进程、基本经验和历史教训。本书具有一定的史料价值和现实意义，是一部可读性较强的理论读物。

改革开放以来，中国经过不断的探索、实践，已经取得了举世瞩目的成就。伴随着改革开放的巨大成功，人们渴望了解中国改革开放伟大而曲折的历程，工业产业代表性人物的思想、历史性的功绩、实战的经验更是许多人想学习和研究的对象。本书以我国历史为主要线索，使读者可从多个领域、各个方面了解我国工业发展以及改革开放进程，能帮助企业和个人更好地总结经验和实现自我发展。

习近平总书记在《之江新语》中指出：“人，本质上就是文化的人，而不是‘物化’的人；是能动的、全面的人，而不是僵化的、‘单向度’的人。”社会的发展，最根本的是人自身的发展。人是经济社会发展全要素投入中最具活力、最具创造性、最具能动性的要素，人的发展不仅是社会发展的内在要求，而且是社会发展的最终体现。创新驱动发展的核心在于科技创新，科技创新离不开人文基础。科技创新与人文精神相辅相成、相互作用，共同的实践基础构成科学与人文相互贯通的契合点，必须注重科学与人文、科技创新与人文精神的高度融合，推动富有人文精神的科技创新。

在现阶段我国经济社会发展中，科技的“双刃剑”效应已凸显。在科技创新成果的广泛应用帮助人们实现快速现代化、高度工业化，极大地改善生产生活物质条件的同时，生态环境恶化、自然资源匮乏、食品安全事故不断、网络信息安全堪忧、科技伦理道德失范等一系列负面问题随之而来。除科技自身发展阶段的局限性外，人文精神的失落也是重要原因。现代科学危机的实质便是，科学丧失了它的人文意义，遗忘了其产生和发展所依赖的人类实践基础，忽略了人的存在。因此，必须充分认识人文精神对科技创新的重要意义，推动富有人文精神的科技创新，避免科技“异化”造成的人的“物化”，使科技创新和人文精神统一于践行新发展理念的伟大实践，让科技创新成果更好地造福国家和人民。

大数据时代，工业文化创新的新思维告诉我们，守正创新是科技创新的核心竞争力和核心价值观。企业之间的竞争如同打仗，真正的高科技来自正义与良知，来自无拘无束的自由思想环境，来自具有守正创新精神的新一代。应大力提高人文精神在科技创新中的地位，将人文精神融入科技创新的精神理念和价值追求；充分重视科技工作者的主体作用，为科技创新注入价值理性导向，在人文精神与科学精神结合的基础上发展科技，使科技创新朝着有利于人类福祉的方向发展。广大科技工作者必须立志报效祖国、服务人民，把科技成果应用在实现国家现代化的伟大事业中，把人生理想融入为实现中华民族伟大复兴的“中国梦”的奋斗中。

陆建人

中国社会科学院亚太与全球战略研究院教授、资深研究员、东盟研究院院长、中国亚洲太平洋学会理事

孔圣根

中共中央组织部一局局长，中央第二巡视组组长

2023 年 10 月 8 日

目　录

第一章　工业文化引领企业高质量发展

第一节　工业经济发展的核心要素

世界强国的兴衰史和中华民族的奋斗史一再证明，没有强大的工业制造业，就没有国家和民族的强盛。我国现已建成门类齐全、独立完整的工业产业体系，有力地推动了我国工业化和现代化的进程。然而，与世界先进水平相比，我国工业制造业仍然存在一定的差距，尤其在企业的自主创新能力、产业结构水平和信息化程度等方面有着明显的差距。企业迫切需要找到正确的转型升级道路和方向，完成跨越发展的艰巨任务，而工业文化正是其中的关键因素。工业文化作为一种新的社会现象，已经被人们所认识和重视，同时也成为工业发展和社会进步的重要标志。企业如果能够认识到工业文化建设对其生存和发展的重要性，并加以认真实施，就能在激烈竞争中发展壮大。

我国在工业文化定位和开创方面，正在进行着探索性的实践。回顾中国工业文化的现代化进程，虽然在曲折中取得了相当的成就，但仍存在一些问题和误区，值得我们思考和改进。工业文化作为企业重要的软实力还没有得到全部企业的认同，很多企业并没有真正建设起来优秀的工业文化。从大型工业企业的情况来看，工业文化建设可分为三种状态：第一种是真正建立起良好工业文化的企业，数量约为1/5。它们树立了正确的企业发展目标和核心价值观，形成工业文化的观念层和管理制度层，最后落实到实践层。第二种是相当一部分企业开展了有关工业文化的建设工作，但结合自身实际的程度不够，落实的工作没有跟上，效果不够好。第三种是部分企业实行家长制、家族式的管理，存在工业文化全盘西化或传统化的情况。当前，部分企业把西方的文化管理理念生硬套用到本企业中；一部分中国企业在文化设计中过分倚重传统文化，刻板地从传统文化中寻求理念依据，忽视工业文化的再造、创新与个性化。工业文化是在某一特定文化背景下企业独具特色的经营理念和管理模式，是企业个性化的表现，而不是标准统一的模式，更不是迎合时尚的标语。综观国内许多工业企业的文化，往往忽视了自身发展的背景和环境。不同行业、不同区域的工业文化，缺乏鲜明的个性和特色，往往陷入低水平复制的循环之中。

尽管西方没有系统的关于工业文化的著述，但工业革命以来，在西方企业的组织文化和企业文化中，渗透着大量的工业文化思想。20世纪80年代初，出现了两个方法论流派：一派是以美国麻省理工学院教授埃德加·沙因为代表的定性化研究流派，对工业文化的概念和深层结构进行了系统探讨，也曾提出进行现场观察、现场访谈以及对工业文化评估的步骤等，但这种方法难以客观量化，在考察工业文化和经营业绩时难以进行比较研究，因而受到批评。另一派是以密歇根大学工商管理学院教授奎恩为代表的定量化研究流派，认为工业文化可以通过一定的特征和不同的维度进行研究，并提出了组织文化模型测量、评估和诊断的学说，后被学术界称为“现象学”流派。

工业文化是一门应用性、实践性的科学，也会随着社会环境的变化、企业的发展、时代的变迁而不断变化发展。在不同的社会制度下、不同的市场经济模式中，有不同的工业文化模式，因此也有不同的研究范围。在不同的国度、不同的文化背景下，必然有不同的工业文化模式，如日本的“松下文化”、美国的“IBM 文化”。即使在同一国度，也会因地域不同、企业各自的历史（创业史）不同，形成不同的工业文化，如我国的“大庆文化”“鞍钢文化”“宝钢文化”都有独特的内容。作为工业文化研究对象的工业文化现象，是存在于不同国度的具体企业之中的。每个企业都有自己的个性，没有一种放之四海而皆准的工业文化模式，各种工业文化类型也是互补的，没有一种模式是绝对完美无缺的。

工业文化的研究离不开市场经济的母体。中国经济在改革开放以后以惊人的速度增长，国民财富剧增，国际地位显著提升，老百姓的物质生活水平得到了极大提升。开展工业文化研究，首先应强调创新机制、创新动力的理念，而确立这一理念是建立在开放的市场经济基础上的。要根据具体企业情况，用辩证发展的观点，用实证的方法进行研究和分析。工业文化研究者应先深入企业，掌握工业文化的第一手材料。此外，结合中国工业化进程，研究和梳理中国近代工业化先驱的先进理念和思想，在充分利用国内外资源的基础上，建构有中国特色的工业文化理论。

改革之路在很大程度上是大家一步一步摸索出来的。企业，是“放”出来的，不是“管”出来的。只要企业照章纳税、遵纪守法，就应该让企业自己去闯、去探索，正如浙商靠敢闯敢干才有了今天的功绩。创业阶段当然要去闯，但到一定规模后，就要审时度势，运筹帷幄。中国改革开放以来的好形势很难得，只要改革开放继续进行，企业就会有发展的机会。以卧龙控股集团有限公司为例，经过30多年的发展，卧龙电气从浙江上虞一个村的旧厂房起步，成长为全球第二的电机企业，并购了欧洲多个知名电机品牌，2018年6月更是将美国百年工业巨头GE中低压电机业务收入囊中，书写“小鱼吃大鱼”的商业传奇。谈及取得今日成就的原因，卧龙控股集团董事长陈建成表示，一是中国改革开放的好政策；二是卧龙人抓住了时代给予的多次机遇。在他心目中，34

年创业史中有三个关键年份：1992 年推行股份合作制；2002 年企业上市；2003 年开启同业并购。卧龙控股集团现拥有卧龙电气、卧龙地产、卧龙-LJ 公司 3 家上市公司，54 家控股子公司，形成了以制造业为主业、房地产业和金融投资业为两翼发展的产业布局。"诚、和、创"，是卧龙矢志不渝的企业核心价值观。面向未来，卧龙将持续坚持追求卓越、创新发展，以客户为中心，以"技术领先型企业建设"为抓手，以"全球电机 No. 1"为愿景，为全球用户和人类社会创造永续价值。卧龙致力于以科技驱动未来，为世界提供不竭动力。卧龙智能制造体系以卧龙电驱为核心，通过持续不断的技术创新，构筑起智慧动力产业生态圈，为绿色建筑、工业技术、泛交通、工业服务、自动化、清洁能源等各行业提供一揽子动力系统解决方案和全生命周期服务。卧龙建立了中国第一个电机材料应用示范平台，运用永磁、纳米和碳化硅等新技术，达到中国电机、发电机功率密度和能效水平的最高标准，引领节能降碳、推动产业进步。

一、科技创新是工业企业的立身之本

2015 年 9 月 20 日，时任工业和信息化部副部长、产业政策司司长冯飞参加首届中国工业文化高峰论坛，并就推动我国工业文化发展作了发言。冯飞从"创业精神、专业精神、创新精神、担当精神、诚信精神"五个方面阐述了工业文化的内涵，论述了发展工业文化的必要性和紧迫性，并称本书作者刘光明教授是国内工业文化真正的专家——"工业文化第一"。实践是最具感召力的旗帜，工业文化建设应统一于企业发展的实践逻辑中，指导实践，优化企业理论体系与实践行为的融合统一。工业文化建设是一个需要整合各方资源并合理分配的系统工程，需要企业相关单位和部门从不同角度切入，以构建齐抓共管、全员共建的格局，这是实现工业文化建设目标的基础和保证。可以建立和完善工业文化建设新机构、新机制，要求企业各相关单位、部门正确认识和处理工业文化建设与企业各项工作的相互关系，将工业文化建设与各自工作有机地结合起来，成为促进企业加快转型升级、做强做大的新抓手。工业文化建设需要企业切实做到整章建制、内外兼修，从制度入手、从执行入手。在具体实践中，把优秀的理念有效地转化为企业的制度流程和员工的行为规范，做到各部门分工明确，任务分配尽可能细化。工业文化建设有许多可以开展的工作，要随着形势和企业的发展，不断充实工业文化的内涵，促进企业不断创新发展。

工业制造业是国民经济的主体，是立国之本、兴国之器、强国之基。国与国之间工业、制造业的竞争，说到底，是科技和人才的竞争。科技和人才竞争的背后，是科技文化力和价值观的竞争。打造具有国际竞争力的制造业，是提升综合国力、保障国家安全、建设世界强国的必由之路，在这条路上，不同地域文化环境下产生的科技文化力往往是科技革命的第一推动力。

新中国成立后尤其是改革开放以来，我国工业制造业持续快速发展，有力地推动了工业化和现代化进程，我国综合国力显著增强。然而，与世界先进水平相比，我国工业制造业仍然大而不强，在自主创新能力、资源利用效率、产业结构水平、信息化程度、质量效益等方面差距明显，转型升级和跨越发展的任务紧迫而艰巨，而科技革命和产业变革正是完成这一紧迫任务的系统工程和历史性挑战。当前，新一轮科技革命和产业变革与我国加快转变经济发展方式形成历史性交汇，国际产业分工格局正在重塑。必须紧紧抓住这一重大历史机遇，按照“四个全面”战略布局要求，实施制造强国战略，加强统筹规划和前瞻部署，力争通过三个十年的努力，到新中国成立一百年时，把我国建设成为引领世界制造业发展的强国，为实现中华民族伟大复兴的“中国梦”打下坚实基础。

中国社会科学院工业经济研究所、世界经济与政治研究所、亚太与全球战略研究院、信息情报研究院、文学研究所的数位专家，对中国工业制造和科技革命促产业变革和发展进行了30多年的系统跟踪，发现了一些极其重要的规律性现象，国内外大多数企业经营者都已经认识到科技革命、产业变革对工业发展的影响力，《地域文化与地域经济高质量发展》一书首次提出了“科技文化力三要素”的概念，它强调“科技”“人才”“文化理念”三位一体，而这三要素的生长发育，离不开各具特色的地域文化的土壤。《地域文化与地域经济高质量发展》一书通过对世界各国有代表性的工业文化进行系统深入的研究，阐述了“科技文化力三要素”（以下简称“三要素”），正是“三要素”推动了当地工业、地域经济的高质量发展。为了顺应我国作为世界工厂企业要转型升级、绿色管理的经济形势，要进一步推动中国制造由“量”的优势向“质”的优势转变，科技革命促产业变革对地域文化再造、地域经济崛起发挥着核心作用。在此基础上，总结提炼工业文化的精髓，有助于促进工业、制造业的发展。

为什么我国的沿海地区——长三角、珠三角、大湾区等地的科技创新能力和经济发展水平高于其他地区？除地理环境优越外，地域文化所孕育的科技文化力也至关重要。地处长三角的浙江缙云，黄帝文化不仅得到世代传承与弘扬，而且还诞生了参与探月、探火、空间站建设，产品和技术达到高端智能化的国际顶级制造企业，其国际影响力更是不断扩大。从国际上来看，从以色列的特拉维夫到海发市，从美国的加州圣何塞、旧金山到美国东海岸，从日本的东京、横滨到筑波，世界各国特定地域、各具特色的地域文化纷纷孕育出国际一流的科技产业创业中心。科技文化力作为一种新的社会现象，已经逐步被人们认识和重视，同时也成为21世纪新科技带动下的工业发展和社会进步的重要标志。大力加强科技文化力建设已成为我国企业界落实“十三五”规划，弘扬“创新、协调、绿色、开放、共享”五大发展理念及国家繁荣强盛的基础工程之一。国与国的竞争，最终体现为科技、人才的竞争，从这个意义上来说，必须把科技文化力提升到国家核心竞争力的层面上来，它是国家文化软实力的灵魂、文化软实力建设的重点，是决定国家软实力、国家竞争力最深层次的要素。一个国家的文化软实力，从根本上来说，取决于科技文化的生命力、凝聚力、感召力。这一论述，以“灵魂”的重要定位，凸显了科技文化力的思想导向和引领作用。

作为工业制造大国，我国正面临内外双重挑战。从国内来说，经济发展进入新常态，文化的引领至关重要；从外部来说，我国主要竞争力依托低成本劳动力，但这一优势已经丧失。在此背景下，加速推进经济结构升级是唯一出路。制造业大国转型有三个关键点：科学技术、体制机制和文化引领。当前以信息技术、AI 人工智能为代表的新一轮技术革命正在兴起，其对产业的渗透程度前所未有。如若运用得当，通过新技术改造提升传统产业，便可在新经济产业形态下实现弯道超车，进而提升我国的国际竞争力。一个国家工业制造业的创新发展，除需要依靠新的体制机制外，更不能忽视的是科技文化的创新。多年来，我国作为一个追赶型经济体，通过产业政策的扶持，借鉴日韩等经济体的成功经验，摸索出了自己的模式。但面对新技术革命，我国和那些走在技术前沿的国家一样，面临着未来发展的不确定性，在市场上试错成为寻找正确道路的重要探索方式。

我国企业的管理思想、文化理念、科技文化都需要创新，而这对于我国产业升级转型尤为重要。从企业自身来说，应注重创新管理理念、实施有效的经营运作模式，积极提升企业社会影响力和企业知名度，方可在激烈的市场竞争条件下，独辟蹊径、稳定地占有属于自己的一片天地。作为企业的操盘者来说，不能只注重一些表面的东西，也就是被称为“术”的内容。各种营销模式不是目的，只是手段和过程，不能仅仅依靠多渠道的投放获取流量，从而忽视了对产品的深入挖掘和开发。同时，也要在“道”的层面进行规划，营销策略的制定要加入企业战略中，制定适宜的营销策略，才可能破局而出。从国家层面上来说，针对民营企业的成长规律和阶段性发展特征，构建民营企业梯度成长培育体系，引导企业做专做精、做大做强、做优做久。运用市场逻辑、平台思维、生态思维，强化顶层设计，健全服务体系，优化营商环境，打造全产业链全价值链耦合互动的新型产业创新生态，推动民营企业实现资源集聚、融合应用、创新发展。现在大部分企业只注重生产技术硬件方面的学习和引进，忽略了企业管理者自身理念的学习、科技文化力的学习。虽然技术是企业生产能力的硬件指标，但我国现阶段产业转型所需要的是管理者在管理思想上的变革和科技文化力的再造，这既是企业管理者要具备的基本素质，也是企业在转型过程中的必备“软件”。在互联网不断发展的现阶段，企业自身不能过于封闭，应当抱有主动开放交流、学习的态度。同时，产业转型不能操之过急，在相对复杂的环境中应保持理性，切勿盲目跟风。产业转型以及企业自身的变革发展都需要一定的时间，不能受外界影响频繁变动而难以持之以恒。

习近平总书记在湖南考察时强调：“自主创新是企业的生命，是企业爬坡过坎、发展壮大的根本。”在当今技术经济大发展的时代背景，以及中国市场特有的跟风模式下，各行各业同质化、同思化、同值化现象严重。随着我国经济发展进入提质增效的新阶段，创新已成为结构调整和产业转型升级的第一动力，客观上要求企业创新能力实现从“跟踪、并行、领跑”并存、以“跟踪”为主，向以“并行、领跑”为主的跃迁。中国经济发展到当前阶段，实体经济部门，特别是制造业部门需探索如何在经济新常态下实现更好发展，提升国际竞争力。在新的技术革命下，中国制造业面临着前所未有的机遇和挑战：在新一轮产业革命和新一轮技术革命浪潮中，如何更好地抓住机遇，实现转型升级，尤其是如何利用信息技术和互联网技术，更好地提升中国制造业的质量、水平和竞争力？而这个转型升级需要工业文化的引领，工业制造业转型升级将会影响未来中国的前途和命运，因为中国经济转型的根本不单单是提高服务业的比重，核心还是把制造业从价值链的中低端提升到中高端，因为只有制造业实现了中高端的发展，服务业才有可能更好发展，最终国家经济转型才可能成功。

二、企业诚信是工业企业生命的基因

工业文化的核心是什么？工业文化终极的价值取向是什么？不解决这个问题，工业文化可能是无源之水、无根之木。从事工业制造、物质生产的组织（包括任何组织和组织成员），其企业信用、企业声誉是它们在社会上安身立命的基础。企业的信用、声誉从根本上影响企业的生存和发展，换言之，工业文化的核心、灵魂就是企业信用。企业信用是指企业在商业活动中所展现出的信用度和信誉。它体现了企业在市场中的经营能力、履约能力、诚信度以及与其他企业和个人之间的信任关系。企业信用是市场经济中的一种重要资源，良好的信用能够帮助企业建立良好的形象和声誉，吸引更多的客户和合作伙伴，获得更多的商业机会和资源。企业信用的重要性不仅在于对企业自身的影响，也在于对整个市场和经济的影响。良好的企业信用可以促进市场的稳定和健康发展，提高市场效率，减少不确定性，增加交易的信任度和交易顺利进行的可能性。因此，企业应注重维护和提升自身的信用，遵守商业道德和法律法规，诚实守信地开展经营活动。

（一）企业信用、声誉：企业生命的基因

“信用”最早是和“契约”相联系的，《拿破仑法典》（《法国民法典》）在第1101条规定：“契约为一种合意，依此合意，一人或数人对于其他一人或数人负担给付、作为或不作为的债务。”在以后的一些法律文献中，对契约（或合同、合约、协议等）的解释都包含这个意思。

《辞海》对信用的解释是“遵守诺言、实践成约，从而取得别人的信任”。历史上，我国儒家文化中有许多关于君子的行为规范，如“言必信，行必果”，还有“君子一言，驷马难追”等。这都是从社会伦理的角度对信用的理解，反映了信用的某些社会伦理属性。

总结起来，社会学意义上的信用是指一种价值观念以及建立在这一价值观念基础上的社会关系，是一种基于伦理的信任关系。

经济学意义上的信用是指，建立在授信人对受信人偿付承诺信任的基础上，使受信人不用立即付款就可获得商品、服务或货币的能力。这种能力受到一个条件的约束，即受信方在其应允的期限内为所获得的商品、服务或货币付款或付息。这个期限必须得到

授信方的认可，具有契约的强制性。

可见，信用的构成有两个要素：一是信任，即授信人对受信人的信任；二是时间，即授予信用和偿还信用的时间限制。

从受信人的角度来看，有两个因素对信用产生重要影响：一是履约能力；二是履约意愿。履约能力是受信人在特定期限内实现付款或还款的经济能力，与受信人的经济状况有密切关系。履约意愿是指受信人在特定的期限内保证付款或还款的主观意愿，与受信人的道德品质有直接关系。因此，“失信”即意味着受信人由于履约能力和意愿上的限制对授信人信任和时间约定的违背。

信用是一个多层次、多侧面的概念，在形式、主体和用途等方面具有多样性，具体表现为商品、服务、货币、资本流通的手段。归结为一点：信用是以信任为基础、以按期偿还为条件的交易关系和价值运动方式。

与信用相类似的概念有诚信、信誉、信任、信义、资信等。诚信，即诚实守信，是人们在社会交往与社会经济活动中必须遵守的一种道德规范和行为准则。信用是对诚信精神与原则的应用。信誉，是一个法人或者自然人对于所处市场环境和社区而言的，它是一个法人或自然人对大家的诚信表现，突破了经济学定义的范围。信任，即人与人、人与机构之间相信和期望关系，是一种一对一的关系。信义，强调的是义，它完全落脚在信用的道德伦理意义方面，所描写的是“不顾一切”的诚实行为，树立的是一种道德准则和行为表率。资信中的“资”，是指资金、资产、资质及声望、地位的意思；“信”则是诚实、信用、信誉的意思。综合起来，“资信”就是资质、信用的意思。西方国家将它解释为“收集被调查方各信用要素资料，客观反映被调查方信用特征的活动”。

（二）企业信用（诚信）与法律的关系

从法律层面来看，信用包括三个方面：①客观诚信——罗马法把客观诚信概括为要物、契约（信托、寄托、质押、使用借贷），即有关物方面的；②主观诚信——合意契约（买卖、互易、租赁、行纪、委任、合伙），即人际方面的；③裁判（诚信）——中介、裁判者、第三方的诚信。企业信用的评估主要通过以下四个方面进行：

（1）企业注册信息：包括企业名称、注册资金、经营范围、法定代表人等基本信息。这些信息能够提供企业的合法性和合规性。

（2）企业财务状况：主要包括企业的资产负债表、利润表和现金流量表等财务报表，以及财务指标如资产负债比率、流动比率、盈利能力等。这些指标能够反映企业的经营状况和财务健康程度。

（3）企业履约能力：主要包括企业与供应商、客户、合作伙伴之间的合同履约情况、付款能力和交付能力等。这些能够反映企业的信用度和诚信度。

（4）企业市场声誉：主要包括企业口碑、客户评价、社会评价等。这些能够反映企业在市场中的形象和声誉。

黑格尔在《法哲学原理》中说："法律是诚信的外在的规定性；诚信是法律的内在的规定性。"孟德斯鸠在《论法的精神》中说："法律是诚信的权力支柱；诚信是法律的精神支柱。"法律是靠军队、警察、监狱、政府权力支撑的，不诚信超过一定的度（欺诈）就要用法律制裁；诚信是靠道德、伦理、习俗、约定俗成支撑的，是立法的原理和依据，所以说它是精神支柱。国家和社会的管理依靠两种规范性文化，两者缺一不可，任何社会都是如此。

（三）企业信用、社会财富与社会信用的关系

诚信与财富如同名和利一样具有可转换性（或具有可转化性，如巴菲特捐给盖茨基金会370亿美元为其带来美名；法律上的保释制度、以罚钱抵罪就反映了这种可转换性）。

欧美大财团只要有毕加索、梵·高的收藏并存入银行就可任其贷款，说明毕加索、梵·高的画的经济价值可转换为信用（或曰信用的抵押物），代表该公司的信用。企业的诚信和声誉是企业的一种特殊重要的、恒久的财富。它向消费者传达了最具价值的信息。产品质量固然重要，但它只有通过长期经验才能得到证明。在这种情况下，人们就会从市场中看到企业信誉的重要性。这种诚信和声誉往往能给企业带来巨大的、源源不断的财富。

道德具有的一个重要特征是传递性。如果社会成员A欺骗了B，B感到吃了亏，就采取"堤内损失，堤外补"——千方百计地减少自己的损失，便又去欺骗C，这样循环往复，就会导致整个社会道德滑坡。

在新时代的大环境下，企业的信用、声誉以及企业的科技文化的重要性越来越凸显。随着市场竞争的加剧和消费者对品质和服务的要求不断提高，企业必须具备良好的信用和强大的科技文化力才能在市场中立于不败之地。同时，随着生成式AI等信息技术的快速发展和应用，企业信用和科技文化力也在不断地相互融合和升级，成为企业发展的重要战略资源。因此，企业应该注重信用建设和科技文化力的提升，通过不断创新和改进，不断提高产品和服务的品质和水平，树立良好的企业形象和品牌声誉，赢得消费者和投资者的信任和支持。同时，企业也应该加强生成式AI科技创新和文化建设，培养具有创新精神和文化素养的人才，引进先进的技术和管理经验，通过强化自身学习，提升企业的核心竞争力和类似于生成式AI的学习能力。

总之，企业信用和科技文化力是企业发展的重要支撑和战略资源。企业应该注重信用建设和科技文化力的提升，不断创新和改进，赢得市场和社会的认可和支持，实现可持续发展。为了提升企业的信用和品牌形象，企业可以采取以下措施：

（1）建立完善的信用管理体系，加强对企业内部信用风险的监控和管理，确保企业的信用状况良好。

（2）加强对企业品牌形象的塑造和管理，提高品牌知名度和美誉度，增强消费者对企业的信任和忠诚度。

（3）积极参与社会公益活动，提高企业社会责任感和公信力，树立良好的社会形象。

（4）加强对科技创新的投入和管理，提高企业的技术实力和创新能力，增强企业在市场竞争中的竞争力。

（5）加强对员工的培训和管理，提高员工素质和工作效率，为企业的发展提供有力的人才支持。

总之，企业只有不断提升自身的信用和品牌形象，加强对科技文化力的投入和管理，才能在市场竞争中立于不败之地，实现可持续发展。同时，社会也需要加强对企业信用和科技文化力的监管和评估，为企业提供更加公正和透明的市场环境，促进经济社会的健康发展。

信用既是社会交往的基础，也是经济发展的重要支撑。在现代经济中，信用体系成为维系社会生态伦理大厦、筑牢社会信用体系的“基础桩”。

信用的建立需要长期的积累和维护，而科技的发展则为信用的建立和维护提供了更加便捷和高效的方式。例如，互联网技术的发展使信用评估和信用交易变得更加便捷和透明，促进了经济的发展。文化则是一个国家和民族的精神基础，也是一个企业和组织的核心竞争力。文化的传承和发展需要长期的积淀和培育，而科技的发展则为文化的传承和发展提供了更加广阔的空间。例如，数字化技术的发展使文化资源的数字化和传播变得更加便捷和广泛，促进了文化的传承和发展。科技则是现代经济和社会发展的重要动力，也是企业信用和文化的重要支撑。只有在信用、科技和文化的共同推动下，我们才能够实现经济和社会的可持续发展。

从生物学角度来看，一般生物都是双螺旋（脱氧核糖核酸）结构；从社会生态伦理的角色来看，工业文化基因是由企业信用、科技文化力这两个螺旋状的链组成，这两个链相互连接，形成了一个稳定的结构。企业信用是社会经济活动中的一种重要的约束力量，它是人们在交往中形成的一种信任关系，是一笔无形的财富。信用的形成需要时间和积累，它需要人们不断地遵守承诺、履行义务，才能逐渐建立起来。

信用的存在可以促进经济的发展，降低交易成本，提高效率。科技文化力则是指科技创新和文化传承的力量。科技创新是推动社会进步的重要力量，它可以改变人们的生活方式，提高生产效率，促进经济发展。文化传承则是保护和传承人类文明的重要手段，它可以让人们更好地理解历史和文化，增强文化自信，促进文化多样性发展。信用可以促进科技创新和文化传承，而科技创新和文化传承也可以提高信用的水平。例如，科技创新可以提高产品的质量和效率，增强企业的竞争力，从而提高信用水平；文化传承可以让人们更好地理解和尊重信用的重要性，从而提高信用的意识和水平。因此，信用和科技文化力是构成工业文化基因的重要组成部分，它们相互作用、相互促进，共同推动着社会的进步和发展。

三、质量是和平占领市场的最有效武器

（一）安全文化

工业企业安全文化，顾名思义是指工业企业（或行业）在长期生产和经营活动中，逐步形成的或有意塑造的又为全体职工接受、遵循的，具有企业特色的安全思想和意识、安全作风和态度、安全管理机制及行为规范；企业的安全生产目标、企业安全进取精神；为保护职工身心安全与健康而创造的安全而舒适的生产和生活环境和条件、防灾避难应急的安全设备和措施等企业安全生产的形象；安全的价值观、安全的审美观、安全的心理素质和企业的安全风貌等种种企业安全物质因素和安全精神因素之总和。

工业企业安全文化是工业文化的组成部分，是安全文化的主要分支。它既包括保护职工在从事生产经营活动中的身心安全与健康，即无损、无害、不伤、不亡的物质条件和作业环境，也包括职工对安全的意识、信念、价值观、经营思想、道德规范及企业安全激励机制等关于安全方面的精神因素。安全发展是我国社会主义现代化建设总体战略中的一个新的重要理念，是社会文明与社会进步的重要标志，是改革开放的成果惠及老百姓的具体体现。安全发展就是要坚持以人为本，在劳动者生命权利和职业健康最大限度地得到保障的前提下，实现经济持续、快速、协调、稳定发展，建立和完善安定有序、和谐进步的社会制度和社会秩序。

安全发展理论是从“安全生产”到“安全发展”的理念的转变，是从单纯地要求生产中的安全技能、安全策略到安全理论、安全文化和安全价值观的转变。安全和发展是相互依存的，要发展必须先保证安全，但是又不能一味地保安全而不敢大胆地求发展。安全生产是企业的“天字号”工程，要想做到安全发展，离不开企业安全文化的建设。安全发展，重在理念。而要树立安全发展的理念，必须从安全文化建设抓起。安全文化建设是促进公司确立安全发展理念的重要途径。

一般认为，工业企业安全文化也是多因素的复合体，由安全生产物质文化、安全制度文化和安全行为文化组成。当今的企业安全文化是以人为本的以“安乐性管理”为中心，以职工安全文化素质为基础所形成的群体和企业的安全价值观（生产与人的价值在安全取向上的统一），表现在职工中的激励安全生产和敬业精神。建立起“安全第一，预防为主”“尊重人、关心人、爱护人”“爱惜生命，文明生产”“保护劳动者在生产经营活动中的身心安全与健康”的安全文化氛围是企业安全文化的出发点，也是最终的归宿。企业安全文化也是广施仁爱，尊重人权，保护人的安全与健康的高雅文化。要使企业职工建立起自保互爱互救、心和人安，以企业为家、以企业安全为荣的形象和风貌。要在职工的心中树立起安全、高效的个人和群体的共同奋斗意识，最根本的方法和途径就是安全知识和技能教育、安全文化教育。根据企业的特点、安全管理的经验，以建立保护职工身心安全的安全文化氛围为首要条件，依靠先进的安全科技和现代安全防灾的风险控制方法，以新的安全生产营运机制，发展生产、提高效益，实现共同

的安全价值观，形成具有各自特色的企业安全文化。

安全文化建设是工业企业安全管理中最重要的一个环节，即“人的安全意识和安全行为”，进行企业安全文化建设的最终目标是将“安全意识和安全价值观”变成人人共有的工作标准和生活习惯，成为企业职工的一种本能，使其在思考任何问题、从事任何工作之前，都要想到安全，都要做到安全。企业安全文化建设解决的是企业深层次的安全问题，即人的安全价值观念、意识形态和行为规范。它通过将“安全第一，生命至上”的理念根植于人们的意识、观念之中，并潜移默化地影响人的行为表现，来解决法制、管理、技术、经济手段等无法解决的“人因错误”问题，因而它的作用也是长期而稳固的。国内外一些先进企业安全管理的成功经验无不证明了这样一个事实：企业安全文化建设是降低企业意外事故发生率、提高全员安全意识和整体安全管理水平的重要途径，而逐步建立规范化、系统化的安全文化建设的指导准则，则是扎实推进企业安全文化建设，进而促进企业安全生产与发展的必由之路。

（二）质量文化

世界著名质量管理大师朱兰博士曾说过：“质量是和平占领市场的最有效武器。”美国著名质量管理专家、全面质量管理的创始人费根堡姆先生曾说过：“质量是一种道德规范，把追求卓越视为光荣。”海尔是把这一道德规范发挥到极致的企业，形成了自己独特而卓越的质量文化。

1. 树立质量理念，制定严格的质量管理规范

海尔集团的第一个质量理念是“有缺陷的产品就是废品”；第二个质量理念是“谁生产不合格的产品，谁就是不合格的员工”；第三个质量理念是“质量改进是个没有终点的连续性活动，停止就意味着开始倒退”。

海尔创立初期，在质量管理方面主要采取泰勒的科学管理方式，制定了符合实际情况的规章制度，做到有章可依，并严格执行，强化管理，强制提高。经过几年的努力，海尔冰箱于1988年获得了中国冰箱史上的第一块金牌。

2. 用实际行动传播质量意识

海尔传播质量意识的第一个行动就是曾轰动全国而后被广泛传为佳话的砸冰箱事件。此外，还有“现场质量代价”行动、供应商评比行动等。海尔创新的质量管理工具主要有3E卡和质量责任价值券。3E卡是“3日清工作记录卡”的简称。“3E”是每天、每人、每个方面三个英文单词的第一个字母。此卡由检查人员每两小时填一次，将每个员工每天工作的7个要素（产量、质量、物耗、工艺操作、安全、文明生产、劳动纪律）量化为价值，每天下班时将结果与标准相对照，对完成情况进行落实记录。工人先自我审核，然后报给上一级领导复核。上一级领导按其工作进度、工作质量与标准进行对比，给予A、B、C不同等级的考评结果，每人的日工资按照各自的考评等级确定。工人的工资每天都写在3E卡上，月末凭3E卡发放工资。

质量责任价值券的使用方法是：员工每人一本质量价值券手册，手册中详细列举了

以前生产过程中出现的各种问题，然后针对每一问题，明确规定了自检、互检、专检三个环节应负的责任及处罚金额。质检员发现产品缺陷后，当场撕价值券，由责任人签收；工人在互检中发现的缺陷经质检员确认后，当场给发现人以奖励，同时对漏检的工人和质检员进行罚款。质量券分红、黄两种，红券用于奖励，黄券用于处罚。

为了实现质量管理这一企业的核心职能，海尔建立了全面质量审核体系，各个事业部都设立了具有国际先进水平的质量审核机构——质量分析室，质量管理保障工作不仅是质管处、质检处等职能部门的工作，而且贯穿于整个业务流程中，由各相关部门通力合作。

3. 通过国际上通行的标准认证强化质量意识

海尔在加强质量管理的过程中，除内部积累外，还主动借助外力来推动内部的质量管理，以此为契机全面提高自己的质量管理水平。海尔先后获得的国际认证有：1992年通过国际标准化组织的ISO9001认证；德国VDE、GS、TUV，美国UL，加拿大CSA等认证；加拿大EEV、CSA的检测水平认证。海尔为了取得国际市场上的通行证，创出世界一流的国际品牌，严格执行ISO9001认证标准，把它贯彻到从生产到销售的各个环节中。在取得了国际上权威的认证以后，海尔并没有自我满足，而是“挑战满足感”，主动提高自己的质量标杆，实施6个希格玛计划，不断根据顾客的要求进行质量改进，使产品真正符合市场要求，达到客户满意。

4. 形成自己特有的质量管理哲学和质量文化

海尔质量文化由三个部分组成：

（1）大质量理论。在海尔的质量文化体系中，“质量”不仅指实物产品的质量，也指无形产品——服务产品的质量，海尔重视产品的质量，更重视服务的质量，提出了“零距离服务”的理念。这一理念不仅包括狭义的质量达到检验标准，还包括广义的质量达到用户的满意，海尔人称为“大质量”。

（2）OEC管理模式。O代表Overall（全方位），E代表Everyone（每人）、Everything（每事）、Everyday（每天），C代表Control（控制）、Clear（清理）。OEC的汉语意思是每天的工作每天完成、清理，并且每天都要有提高。海尔人将其提炼为“日事日毕，日清日高”八个字，可谓简洁的语言，深刻的内涵。海尔的OEC管理模式是对全面质量管理的发展和提升，标志着海尔的质量管理已走在世界前列，也标志着海尔质量文化体系的形成。

（3）6S现场管理办法和6个希格玛质量管理办法。海尔人很善于向外界学习，将科学的管理方法和成功经验纳入自己的管理体系中，为我所用，充实丰富了自己质量文化的内涵。海尔从日本借鉴了6S现场管理法，从摩托罗拉公司借鉴了6个希格玛质量管理办法。

6S管理法是：Seiri（整理）、Seiton（整顿）、Seiso（清扫）、Seiketsu（清洁）、Shitsuke（素养）、Safety（安全）。6个希格玛质量管理办法是运用统计数据测量产品的质量情况，看其接近质量目标的程度，通过减少和消除缺陷来降低成本，提高顾客满意度。希格玛代表标准差，它前面的数字表示达到的等级。

5. 质量文化的应用性扩散

经过十多年艰苦卓绝的努力和苦心经营，如今，海尔文化，尤其是其核心——质量文化已成为海尔珍贵的无形资产。海尔实现了这一无形资产的应用性扩散。海尔兼并企业时首先派去的是企业文化高管。

海尔利用企业文化激活“休克鱼”的第一个兼并案例是 1995 年兼并青岛红星电器厂。当时该厂有 3500 多人，年产洗衣机 70 万台，是中国三大洗衣机生产厂家之一，但因管理不善，负债已达 1 亿多元，资不抵债。海尔集团经考察认为，红星电器是一条硬件好、管理和观念差的“休克鱼”，于是决定对其兼并。兼并后遂将海尔的经营理念、管理模式和企业文化注入其中，在没有投入一分钱的情况下，3 个月就扭亏为盈，第五个月盈利 150 万元，两年后成为中国洗衣机的第一品牌。此后，海尔利用企业文化这个有力武器已经成功地兼并了几十家企业，1998 年，海尔文化激活“休克鱼”的案例进入哈佛课堂，开始了海尔文化的国际传播历程。

（三）生态文化

生态文明不是简单的节能减排、保护生态的环境问题，也不是单纯的项目、资金、技术、政策问题，而是价值观问题，是对人类生产生活方式进行根本性变革，是用生态文明理念和原则改造经济发展方式、社会结构、价值理念，是改变体制、制度和机制，涉及经济基础和上层建筑的一场深刻革命。生态文明建设的精髓在于强调人与自然、人与人、人与社会和谐共生、良性循环、全面发展、持续繁荣。工业作为我国经济建设的主阵地，同时也是资源消耗和污染排放的重点领域，发展与环保的矛盾较为突出，理应成为生态文明建设的主攻方向。21 世纪以来，我国工业领域一直坚持把节能减排作为促进经济绿色低碳转型升级的重要抓手，努力构建由绿色产品、绿色工厂、绿色园区、绿色供应链、绿色企业等要素组成的高效、清洁、低碳、循环的绿色制造体系，引领和促进绿色产业发展壮大。绿色制造是基于全生命周期理念，资源效率和环境影响相协调的现代化制造模式。

（1）以可持续发展观指导工业发展。可持续发展观是在吸收生态自然观哲学意蕴的基础上而形成的一种实践性理念，反映了生态文明建设的要领，提出了经济发展的新思路。按照可持续发展观的要求，我国工业发展在注重经济利益的同时，还要兼顾生态利益，使经济、社会、资源和环境保护相协调，确保发展既能满足当代人的需求，又不损害后代人的需求能力，使工业发展具有可持续性。

（2）以科技进步推动工业节能减排。科技是一把“双刃剑”，它在满足人们日益增加的物质文化需求的同时，也引发了严重的生态问题，资源短缺和环境污染已成为困扰我国工业发展的难题。当然，科技也有环保的一面，可借助科技之力，解决科技文明的产物——环境问题。积极推进工业节能、环保、资源综合利用等关键技术，加快重大技术成果的转化，促进工业领域节能降耗、清洁生产、资源综合利用，可以有效地降低工业资源消耗量及污染物排放量。

（3）以法律完善推进工业转型升级。借助于宽严相济的法律政策，促进企业提高资源及能源利用效率，减少单位 GDP 资源及能源消耗量。大力发挥补贴、税收等激励性法律措施的作用，引导产业发展方向，扶植新能源、可再生能源产业发展，推进废物再利用，可以为工业发展提供充足的资源及能源保障。同时，加强排污费、资源税、能源税等抑制性法律措施的实施力度，加重高耗、高排放企业的经济负担，全面淘汰落后产能，引导企业转型升级，全面推进工业节能。

（4）以公众参与推进工业生态化进程。在我国工业高速发展的同时，与之相伴的是日益严重的环境问题，仅依靠政府部门的监督管理显然力量不够，还需要广泛的公众参与。例如，借助于社会大众消费低能耗、低污染的工业制品的习惯，可以引导消费品工业向着环保的方向发展。又如，通过发挥社会监督的作用，鼓励全社会曝光、举报、控告工业污染、破坏、浪费现象，可以使工业发展不偏离生态化的方向。

工业绿色发展既是国际社会的大势所趋、潮流所向，也是我国制造业企业转型升级的必由之路。在当前生态文明建设和绿色发展的背景下，我国绿色制造体系的搭建必将为制造业企业创造新的历史发展机遇。根据相关政策文件可知，绿色制造体系的主要内容包括绿色工厂、绿色设计产品、绿色园区和绿色供应链。在纵向上，绿色制造体系包含绿色产品的设计、产品的生产加工以及产品的供应链建设；在横向上，则将工厂、产业链及整个园区有机地衔接在一起。绿色工厂是制造业的生产单元，是绿色制造的实施主体，属于绿色制造体系的核心支撑单元，侧重于生产过程的绿色化。我国从基本要求、基础设施、管理体系、能源资源投入、产品、环境排放、绩效等方面，按照“厂房集约化、原料无害化、生产洁净化、废物资源化、能源低碳化”的原则，建立了绿色工厂系统评价指标体系，提出了绿色工厂评价通用要求。绿色设计产品是以绿色制造实现供给侧结构性改革的最终体现，侧重于产品全生命周期的绿色化。绿色园区是突出绿色理念和要求的生产企业和基础设施集聚的平台，侧重于园区内工厂之间的统筹管理和协同链接。绿色供应链是绿色制造理论与供应链管理技术结合的产物，侧重于供应链节点上企业的协调与协作。

第二节　工业品牌文化的建设及营销

一、工业品牌价值与品牌经济

凯文·凯利认为，新经济就是以互联网为基础的经济，它能把所有的事物联结在一起，新经济将改变未来全球格局。在《新经济，新规则》中，凯文·凯利提到了新经济的三个特点：一是全球化；二是注重无形的事物，如观点、信息、关系等；三是紧密地互相联结。在社会意义层面，国家需要有能够屹立于世界的中国民族品牌。品牌本身也能输出中国的观点，如环球网的品牌定位是要沟通世界与中国，其职责是把全球的资讯带回中国，并且把中国的信息传递给全世界。从商业视角来看，品牌就是企业的整个核心竞争力。品牌的价值能够使企业非常高质量、高效率、可信赖、低成本地连接用户，连接人与人，连接人与服务，连接人与设备。品牌对外树立的是公信力，对内形成凝聚力，会产生马太效应。当企业在推出新的业务、新的产品时，自然就事半功倍。

创建世界一流的企业品牌是我国现阶段优秀企业的必然选择和迫切需要。从企业自身来说，品牌是企业具有高附加值的无形资产。随着科技的发展和产业革命的加快演进，差异化和高认可度的品牌优势正日益成为中国企业实现高额品牌溢价、企业资产保值增值，以及提高国际市场开拓能力等发展目标的现实需要。在国家层面，拥有国际品牌的数量和质量是体现国家经济实力和科技创新水平的重要指标。从某种程度上来看，国家间的竞争本质上体现在大企业之间的竞争，而大企业之间的竞争又往往体现为品牌的竞争。中国正面临建设品牌强国的最佳机遇，同时，也面临世界百年未有之大变局，我国发展的内部环境也正面临深刻复杂的变化，全球产业链、价值链重构进入关键时期，品牌作为生产者和消费者的共同追求，在助力构建新发展格局、参与国际竞争与合作中的作用日益凸显。对中国的优秀企业而言，加快建设世界一流企业，不断形成与国家经济实力相匹配的品牌，也比以往的任何历史阶段都更紧迫和重要。

（一）品牌价值

品牌价值既是品牌管理要素中最为核心的部分，也是品牌区别于同类竞争品牌的重要标志。迈克尔·波特在其品牌竞争优势中曾提到：品牌的资产主要体现在品牌的核心价值上，或者说品牌核心价值也是品牌精髓所在。“品牌价值”一词关键在于“价值”，它源于经济学上的“价值”概念。“品牌价值”的概念表明，品牌具有使用价值和价值。从有计划的商品经济到社会主义市场经济，再到由市场决定资源分配，其间需要转变体制、机制，但更重要的是人的观念、人的思想的转变。因而，正确的价值观是一切经济工作的生命线。在市场经济条件下，企业一旦进入资本经营的快车道，机遇和风险就像孪生兄弟一样相生相伴，随时处在风口浪尖之上。所谓资本经营，是指通过对资本使用价值的运用，在对资本做最有效的使用基础上，包括直接对于资本的消费和利用资本的各种形态的变化，为实现资本盈利的最大化而开展的活动。

品牌同样也可以通过与其他品牌联手来迅速地提升自己的品牌形象，从而创造更多的附加值。对于知名的国际级大企业，它们往往很善于利用其在各自行业中的强大品牌号召力和市场优势，与其他行业的领导者进行“强强”品牌联手，从而在更大的市场深度和广度上进行扩展，来强化自己的品牌形象。而由于这种联手往往是基于合作双方或多方的品牌共赢，因此也较容易得到来自合作伙伴和市场的积极反馈。星巴克作为

"咖啡快餐业"知名品牌与联合航空公司携手，一方面拓展了新的业务领域，使自己的产品覆盖到更广的市场空间；另一方面也正是由于这种优势合作，使它们在各自领域中的品牌价值得到了确实的提升。事实证明，正是由于联合航空的新举措，联合航空的顾客中才有了许多星巴克的"拥护者"。另一个经典案例则来自英特尔公司，它与微软携手打造的"WINTEL"帝国为他们带来了咋舌市值、丰厚的利润以及最有实力一流品牌的树立。大企业之间的联手可以帮助它们在新市场迅速确立品牌价值，同样，中小企业也可以运用这种方法，通过与具有强大品牌知名度的企业结成联盟，依托他人优势提升自身品牌价值，而其中最为关键的是找准合作的契合点，发挥自己的相对优势。早年的联想、四通就是依靠自身的相对优势与国际知名大企业合作，站在巨人的肩膀上成长，才树立起其今天的品牌。

中国企业的品牌战略，很多是借鉴日本等亚洲企业的一些具体做法。最明显的共同点就是，中国企业和日本企业一样，大多采用统一品牌战略，以一个品牌覆盖企业的全部产品，而较少采用品牌延伸战略。品牌延伸战略包括副品牌战略和多品牌战略。副品牌战略是介于一牌多品和一牌一品之间的品牌战略。它是利用消费者对现有成功品牌的信赖和忠诚，推动副品牌产品的销售。从海尔的实践来看，副品牌战略确实对统一品牌战略进行了有效补充。它把0.5千克的小洗衣机叫"即时洗"、把电视机叫"探路者"、把美容加湿器叫"小梦露"，消费者对其一目了然。对同一商品，也可用副品牌将规格、品位、档次、功能等区分开来，如海尔冰箱选用"小王子""帅王子""小小王子"等。这样也避免使消费者产生类似"海尔就是冰箱""长虹就是彩电""小天鹅就是洗衣机"的思维定式。选择副品牌战略，能有效引导消费者突破原有消费定式，接受和认可新产品，并将对主品牌的信赖、忠诚迅速转移到新产品上来。

拓展、提升一个品牌首先就要让你的目标用户及潜在用户经常见到你的品牌，因为品牌价值最终要归结到用户的购买行为上，而要使用户完成购买行为就首先要降低实施这一行为的成本，这包括心理成本和行为成本。也就是说，要让用户比较容易想到你、熟悉你、买你的产品时少一些不信任和担心，之后在想到你时比较容易地买到你家的产品。而要达到这种效果就需要强有力的渠道支持，特别是要"密集"销售终端，加大对区域市场的渗透。例如，可口可乐公司遍设销售渠道，在全球范围内广泛地发展地域经销商，不仅在自动售货机、喷嘴式饮水器、超市、便利店里有卖，而且在电影院、音像商店甚至出租车上都显其"清凉"本色。

所谓品牌价值创新，就是在一定的成本范围内，在不断改进产品、服务的基础之上，用新的品牌价值去满足顾客对原有产品或服务的更高价值目标的追求。品牌价值创新既可以是更改品牌价值属性，也可以是赋予品牌全新的价值属性（比如对现有品牌深度、广度和相关度的开发延伸，拓展品牌新的领域），还可以是企业通过新的品牌经营策略，实现对品牌价值的管理和维护，达到品牌价值创造和价值增值的目的。企业之所以要进行品牌价值创新，是因为企业通过品牌价值创新可以提高顾客感知价值。这一方面是因为品牌价值创新可以降低顾客对成本的敏感程度。通过品牌价值创新，有助于顾客整理、加工有关品牌价值的信息，简化顾客购买程序；能够增强顾客购买信心，提高忠诚度，降低购买风险；能够增加产品的形象价值，提高顾客心理情感感知价值，降低顾客成本敏感程度。另一方面是因为品牌价值创新可以为企业创造价值。通过品牌价值创新，能够增强顾客对相关产品广泛持久的信赖关系，增加重复购买的频率和购买种类；可以促进品牌声誉的价值溢出，促进品牌资产的扩张；可以建立竞争对手进入的有效屏障。

（二）品牌经济

品牌经济是成熟的市场经济中的高级形态、主体形态、核心形态；在不成熟的市场经济中是先导形态、优势形态；在较为成熟的市场经济中，可以说大多数的企业都采取并融入品牌经济模式，只有少数、非主流的经济仍然是非品牌经济。因此，品牌经济是成熟的市场经济的主体与核心的经济模式，也是企业参与市场竞争乃至控制市场的主导形式。在后发区域经济中，或者说在不成熟的市场环境中，品牌经济形态是一种局部经济形态，但却是先导形态、精英形态、优势形态，也是一种跨越形态。我国的市场经济形态应当说是不成熟的，品牌经济可以说还未成为主体的、核心的形态。在这样的市场经济中，谁首先推出品牌化运营，谁就会成为先锋，形成优势乃至领导地位。后发国家面临的一个共同课题是跨越式发展问题，一方面要经历工业化阶段的循序渐进，另一方面又要直接切入现代化前沿。在不成熟的市场经济中，跨越式地推进品牌经济可以说就是一个旨在领导潮流、后来居上的有远见卓识的举措。

1. 单个企业的品牌化运营

单个企业的品牌化运营大致包括以下三个方面：

（1）品牌标识设定与所含品牌定位、品牌命名、标识设计。

（2）围绕品牌的相关层面品牌化运营，包括物质层面的产品与服务、技术研发、设备、环境、货币、资本等的品牌化要求的运营；知识智能层面的专有知识、技术、智力、能力、信息的品牌化要求的运营及无形资产的运营；行为制度层面的组织、管理、营销、公关、研发、生产行为及规章制度、员工行为方式的品牌化要求的运营；精神文化层面的企业文化、价值观、企业目标、经营理念、凝聚力等的品牌化要求的运营；人力资源层面的领导者及各类员工的素质、智能、工作状态的品牌化要求的聚集与培养；市场用户层面的用户体验、认知、忠诚、购买等方面的品牌化要求的运营以及知名度、美誉度的营造；效益规模层面的市场占有率、创利、发展规模、社会效益、社会评价等品牌化要求的运营。

（3）品牌自身的运营，包括品牌总体体系构成、核心价值、核心竞争力与总体个性、风格养成；品牌形象战略、品牌驰名战略（含传播推广）；品牌扩张、延伸、输出及品牌无形资产的积累及运营；品牌国际化运营。

2. 总体市场层面上以品牌化运营为主体的市场经济高级阶段形态

单个企业品牌化运营融入市场与社会后，至少发生了六种关系：单个企业品牌化运营与用户、社会的关系，与非品牌经济的关系；实行品牌化运营的企业之间的关系；与国家、地区政府及行业相关组织的关系；对文化包括价值观、企业宗旨、伦理、社会理想等因素的吸纳；对新经济因素如知识经济、信息经济、网络经济的吸纳。这些关系相互作用的结果形成了市场总体的新格局、新规范、新秩序，从而推动市场经济进入高级形态——品牌经济形态。品牌经济形态作为市场经济的高级阶段形态具有与初级阶段的市场经济不同的特征与构成，主要有以下五个方面：

（1）以品牌为核心对各种经济要素进行重新自组织，并吸纳了知识经济、信息经济、网络经济等新经济因素及文化、伦理、社会理想因素，导致经济形态的整体提升并抵达一种新的经济文明。

（2）以品牌市场机制代替产品市场机制，提升市场经济总体效率，催生市场经济新秩序，保证先进的合理的规则、契约的遵守。

（3）代表了市场经济成熟阶段控制市场乃至全球经济的最高形式。市场经济的初级阶段是产品输出控制、资本输出控制；高级阶段进展为知识输出控制、品牌输出控制。例如，耐克公司可以一双鞋不做而用品牌控制全球鞋市场；可口可乐老板说，如果把他的固定资产全部烧光，他可以立刻凭品牌的无形资产而重生；迪士尼的行政总裁奥维兹甚至说："工商界中无论谁，其全部未来都维系在他的品牌资产及有关的一切之上。"

（4）最大限度地促进现代企业制度成熟，提高经济效益与社会效益，提供具有卓越性能、可靠质量、精湛技术的产品与服务，满足市场和消费需求，带动创造社会财富与人类福祉。

（5）在文化、价值观、伦理上的承诺向相互忠实的人类关系乃至社会公正、全球公正靠近，为"取之于社会、用之于社会"的最终境界预留了可能性。当然目前全球品牌经济体系还远远不是理想的，可以分为现状的品牌经济体系及理想的品牌经济体系来研究，甚至可以结合后品牌经济形态来加以更富远见的考虑。

3. 区域品牌经济体系

尽管全球一体化正在形成，但全球经济在很大程度上还是由国家或区域经济组成。进入品牌经济阶段也不例外，由于地缘、文化与民族、地区利益的原因，总会形成自觉的或事实上的国家或区域的品牌经济战略与体系。区域品牌经济体系包括：①国家或区域内单个企业的品牌化运营；②国家或区域政府的组织、驱动及经济与政策支持；③区域品牌经济主体化与新经济化推进；④区域品牌经济规范、秩序的建立与管理；⑤区域品牌经济链（品牌产品、品牌服务、品牌企业、品牌及品牌市场、品牌管理、品牌营销）；⑥区域品牌产业柔性集群与合作网络（供应商、生产商、销售代理商、顾客及企业、政府、大学、研究机构、金融机构、中介服务、咨询组织）；⑦品牌组合（如在青岛组建为海尔提供配件的企业，这些企业实行品牌化运营，与海尔品牌组合并借海尔品牌提升组合品牌）；⑧品牌消费：包括养成消费品牌产品的习惯与支持本地品牌的消费；⑨区域品牌经济跨域化与国际化。

二、工业品牌文化的塑造与传播

（一）品牌主张

品牌宗旨是得到社会普遍认同的、体现企业自身个性特征的、促使并保持企业正常运作以及长足发展而构建的反映整个企业明确经营意识的价值体系。企业的品牌理念既是企业的经营宗旨、经营方针和价值追求，也是每一位员工行为的最高目标和原则，主要包括企业的使命、经营思想和行为准则三个部分。确定和统一品牌宗旨，对于企业的整体运行和良性运转具有战略性导向功能与作用。企业的品牌理念是企业所倡导的价值目标和行为方式，引导每一位员工的追求，一种强有力的品牌理念可以长期引导员工为之奋斗。企业的品牌理念与员工价值追求上的认同，构成员工心理上的极大满足和精神激励，具有物质激励无法真正达到的持久性和深刻性。企业的品牌理念的确定和员工的普遍认同，必然形成一股强有力的向心力和凝聚力，是企业内的一种黏合剂，能以导向的方式融合员工的目标、理念、信念、情操和作风，并造就和激发员工的群体意识。强有力的品牌理念和精神可以保证企业绝不会因内外环境的某些变化而衰退，从而使企业具有持续而稳定的发展能力。

品牌主张是指企业向消费者所传达的核心认同和价值观。好的核心价值主张是超越时间变化和文化变迁的，它能使品牌的形象和态度长时间地根植于消费者心中，如可口可乐的“快乐和分享”，或者耐克的“想做就做”、欧莱雅的“你值得拥有”、Keep 的“自律给我自由”，都在消费者心中有着不可被取代的价值。品牌主张是一种市场承诺，表现出品牌的一贯立场，表明品牌极力满足人们的某种需要，让人们看到了它存在的价值及其精神内涵。可以说，品牌主张在品牌的塑造过程中有着十分重要的地位，是把静态品牌活化与人格化的一种关键策略。品牌主张一经确立，企业的一切传播和营销活动便必须围绕其展开。品牌最终还是要对外传播的，对外传播就涉及“品牌口号”。品牌口号也叫品牌标语、slogan，既然是口号，就不仅要给客户一个选择你的理由，还要有号召力、有力度，朗朗上口，容易记住。口号的选择多种多样，有的表达企业定位、有的表达实力、有的表达价值、有的强调购买理由、有的直接用企业愿景、有的强调差异化竞争优势。从公司经营的角度，先要确定价值主张，然后才有品牌口号。因为价值主张是企业的竞争优势表述，品牌口号是价值主张的演绎形式之一。口号是形式，价值是内核。

品牌主张必须言简意赅，让诉求对象一听就明白。所以，它一般是一句话或一句口号，如用中国话来设计最好不超过 15 个字。例如，“七喜”汽水——“永远不含咖啡因”；“雪碧”汽水——“晶晶亮，透心凉”；“百事可乐”——“你属于百事这一代”；

等等。品牌主张越简明，消费者就越容易识记。品牌主张必须基于事实存在。企业的产品或服务必须能够满足品牌主张。“好空调，格力造”是格力品牌的主张，也是它的承诺，因此，它必须为顾客提供最好的空调；否则，其品牌主张就有欺骗之嫌，并会导致其品牌形象变成了一个说谎者的象征。同样，“IBM 就是服务”，IBM 也必须为顾客提供最好的服务；否则，“IBM”品牌就名不副实了。品牌主张所表达的思想和纲领必须具有鲜明的独特性。我们认为，只有个性化的东西才能更好地体现本色。杉杉牌西服的品牌主张是“杉杉西服，不要太潇洒”，就比说“好西服，杉杉牌”要更有个性。相比之下，“穿上双星鞋，潇洒走世界”的品牌主张就太显苍白。如果杉杉牌西服的品牌定位再精练一下，就可以说成“杉杉西服，男人不要太潇洒”。显然，这就是品牌主张追求的个性化和差异化原则。

（二）品牌塑造

企业创造品牌是企业持续健康发展的需要。品牌是企业的无形资产，对企业的根本意义在于其代表着很高的经济效益和经济实力，是企业享有长久持续的产品高附加价值的来源。企业通过品牌实现在市场中的占有率，将品牌延伸开发新产品，进入新市场，获得顾客忠诚，冲破各种壁垒，这也正是企业发展的战略目标。企业品牌是竞争对手难以仿效的，是企业综合实力和素质的反映，强势品牌能够使企业长期保持市场竞争优势。面对不同的环境变化，在品牌资产强有力的支持下，品牌企业总是能轻易地获得物资渠道和充足时间进行战略调整。企业创建品牌是更好、更有效地满足消费者需要的必然要求。当今时代已进入品牌力时代，越来越多的消费者已开始深化品牌认识，并倾向于购买品牌产品，因为对消费者来说，品牌的益处很多。品牌能反映消费者的生活理念，在产品日益同质化的今天，好的品牌能够给人以心理安慰。品牌能节省消费者的购买心力，减少消费者选择商品时所需要的分析商品的时间和精力，选择知名的品牌无疑是一种省时、可靠而又不冒险的做法。由于各种各样的因素，商业界充斥着信任危机，而品牌会使人产生信任和安全感，使消费者购买商品的风险降到最低。

企业创建品牌有两个主要途径：一个途径是培训，这也是对员工培训的很重要的一个步骤，企业的特色培训形成了公司与员工共同进步、共同被社会认同的和谐系统，可以提升企业的品牌和产品的形象；另一个途径是品牌价值在客户中产生，所谓“品牌”实际上是由知名度、美誉度和口碑决定的。

企业创建品牌有四个基本步骤：①确立个性化的品牌定位，有效地建立自身品牌与竞争对手品牌的差异性，能够使品牌运作人员准确地向消费者传达正确的产品信息，确保产品在其客户的头脑里占据一个真正有价值的位置；②要加强广告宣传，扩大品牌的知名度，品牌的内涵在定位时就应该被赋予，只有如此，才能在品牌的宣传的过程中找到塑造源和诉求点，才能创造出品牌的知名度，品牌只有拥有了知名度才会有价值；③在品牌尚未形成之时，调动企业所有资源运作某一种产品，集中精力打造一个全新品是较优选择，通过品牌延伸，打造强势品牌，利用品牌效应进行品牌的多元化建设和产品的系列化生产是企业发展壮大的必由之路；④在产品不断推陈出新的过程中，注重品牌管理和品牌维护，保持产品的理念和风格的一致性，不偏离轨道。

品牌设计是企业价值的一种体现，同时也是企业生存的一种保证。在产品的价格、质量和功能都类似的情况下，品牌的设计就成为企业主导消费的一个重要因素。广义的品牌设计包括战略设计（如品牌理念、品牌核心价值、品牌个性）、形象设计、企业形象（CI）设计等；狭义的品牌设计则是对品牌名称、标识、形象、包装等方面结合品牌的属性、利益、文化、表现进行的设计。

企业的品牌设计一般遵循的指导原则有以下五个：

（1）整体性原则。企业的品牌设计应从企业的内外部环境、组织实施、传播媒介等方面综合考虑，做到品牌内在理念、核心价值、个性等与品牌外在表现形式如符号、标识、形象等的一致，以利于全面贯彻落实品牌战略。

（2）以消费者为中心原则。企业要做到以消费者为中心就要做好以下四个方面工作：①进行准确的市场定位，对目标市场不了解，品牌设计就“无的放矢”。②努力满足消费者的需要。③尽量尊重消费者的习惯。④正确引导消费者的观念。

（3）新颖性原则。企业的品牌设计应力求构思新颖，造型美观，既要有鲜明的特点，与竞争品牌有明显的区别，又要切实反映企业或产品的特征。

（4）内涵性原则。品牌大多数都有独特的含义和解释。具有内涵的品牌能够唤起消费者和社会公众的联想。

（5）兼顾性原则。企业作为社会经济组织，在追求经济效益的同时，也应该努力追求社会效益，做到两者兼顾。

（三）品牌传播

企业的信用标准体系结构是由基础、服务、信息技术、产品和管理五个部分构成的。这是一个全面、系统、先进、适用、有针对性以及成熟的结构体系。一维信用：诚信度，是一种意识形态；二维信用：合规度，是社会一般行为的范畴；三维信用：践约度，是诚信度和合规度在经济交易领域的集中反映。

企业运用品牌打造自身的信用标准体系，消除信用与品牌战略的制约因素，使企业的“品牌”和“信用”都得到全面的发展。企业应以信用为基础，实施品牌战略。把信用作为基础平台，是每个经营者的最低道德底线，再在这个平台上进行品牌的一系列策划并实施。围绕企业的品牌战略，以品牌为核心，开展信用建设，利用信用建设打响品牌。坚持品牌、信用统一策划原则，以信用为基础，以品牌为核心，合理协调好两者，就能利用较小的投入获取较大的回报。采用信用、品牌损害分离机制，这样既能反映企业为弥补失信而做的努力，又能确保品牌尽量少受伤害。

信用是企业的发展之本。企业的品牌信誉体现在品牌内在价值的三个维度——品牌诚信、品牌信任和品牌形象。品牌诚信和品牌信任是品牌形象的基础和依据，品牌形象是品牌信誉的外在表现，品牌诚信和品牌信任的相互作用产生良好的品牌形象，经过长期积累和升华，最终形成稳固的品牌信誉。企业的信誉管理是企业管理者为树立良好的信誉而进行的一系列管理活动，同时也是企业防范信誉风险的管理活动。塑造和维护企业的信誉是一个长久、系统的管理过程，必须加强企业的信誉管理工作。树立全员信誉意识是企业管理工作的首要大事，要将信誉意识贯穿于企业的整个经营活动之中。因为信誉的好坏关系到企业的兴旺和发展，要把信誉管理置于战略的高度，当作企业经营的头等大事来抓。任何一个环节出现信誉问题，就会引发连锁反应，务必进行全过程的信誉管理。企业要加强自身的信誉保护和组织管理，一个有系统、有组织的管理更有助于企业信誉的建立和维护。企业还要建立信誉的惩罚与激励制度，因为没有奖惩，企业内成员就没有动力和积极性。

1. 企业的诚信文化建立

企业的诚信文化是企业在长期生产经营活动中逐步形成的，并为企业员工认同的诚实守信的经营理念、人生价值观、行为准则和处事规范。企业的诚信文化体现于企业中的每位员工、每个单位、每个群体对待消费者或社会公众的态度和道德标准。根据企业诚信文化的内涵，可以把企业诚信文化分为表层、中层、深层三个层次。按照对企业的功能可归纳为两个方面——规范员工的生产与服务行为；树立良好的企业形象，增强企业竞争力。

企业建立诚信文化主要从以下四个方面着手：首先，要树立以诚信为核心的价值观，不仅能为企业赢得信誉，而且能够使企业拥有更多的合作伙伴，为企业带来巨大的市场，降低企业交易成本。其次，以诚信创建产品品牌，真正能长久赢得消费者信赖的品牌靠的是企业对广大消费者诚实守信的经营承诺，品牌产品与消费者建立起熟悉和密切的联系，从而能够拥有较大的市场并获得比非品牌产品高很多的利润。再次，以诚信推动技术创新，企业只有投入资金、设备和人力研究新技术和开发新产品，才能真正开发、创新出技术成果，以独有的新产品占领市场，增强竞争力。最后，建立公正合理的诚信奖惩机制，坚持公平、公正的原则，保证奖惩落到实处，起到激励企业员工诚实守信的作用。

2. 企业的诚信建设

在目前我国市场经济环境下，企业的诚信建设不是一蹴而就的事情，需要长期的历练和坚持。首先，企业要共同营造公平有序的外部竞争环境，诚信的外部道德环境应表现为理性的、规律的、自律的竞争环境；其次，在企业内部要营造相互坦诚、相互尊重的交流氛围，企业要使交流渠道畅通，创造机会并鼓励员工交流思想和工作，这样才能产生诚信文化，才能产生更强大的创造力和更多的工作业绩；最后，高层领导团队要注重对员工的人文关怀，企业高管要当好员工情感的保护者，要把领导者的管理能力和领悟力、人际关系、社会资源和内部沟通技巧有机地结合起来。

3. 企业建立诚信品牌的基本条件

诚信品牌的打造需要在企业内部建立一整套与之相匹配的机制和措施，企业需要与利益相关者建立一种长期的、可持续性的合作关系，需要在企业长期的经营发展过程中慢慢积累起来，企业必须得具备打造诚信品牌的基本条件。

企业内部明确伦理道德规则。企业组织活动需遵守统一标准的规范，体现在企业及个人经营活动的各个方面，体现在企业制度、组织结构、企业决策、决策实施、企业控制之中。企业的诚信品牌一方面规范企业，另一方面规范个人，但是对企业自身的约束重于对个人的规范。

构建以人为本的企业环境。企业应注重人与人的协调交流，结合情感管理，这是企业诚信品牌建设管理的一个好方式。企业还应该加强管理层与员工之间的交流与协调，注重情感投入。品牌宣传基于事实，坚持实事求是，善于从实际出发，做到诚信宣传、诚信生产、诚信定价和诚信营销，进行 360 度诚信品牌的打造。

建立企业内部诚信管理机制和评价制度。确立以客户价值为核心的诚信经营理念，以客户价值为导向，培育基于诚信精神的企业文化，建立客户价值驱动型组织，增强企业职工的责任感和使命感，提升全体职工的境界与追求，将品牌的诚信经营作为长期经营发展战略的重要组成部分。

三、工业文化的特质与升华

（一）北京工业文化的衍生

北京工业文化是北京城市文化的重要组成部分。新中国成立 70 多年来，伴随着中国工业化进程，北京工业从初步形成、不断成长，走向完整化与体系化。随之生成的北京工业文化也历经了逐步丰富、持续升华的嬗变过程。北京工业文化不仅引领、促进着城市的进步，而且始终是这座城市发展生生不息的动力源和不可替代的软实力。党的十八大以来，北京城市发展进入新时代，北京工业文化也开始进入进一步升华的新通道。当我们在新时代向着新的目标进军时，北京工业文化值得我们认真进行脉络梳理、理论概括、内涵发掘和发扬光大。

北京工业文化是随着北京作为新中国首都的确立而逐步形成的。北京虽然有着 3000 年的建城史和 800 年的建都史，但新中国成立前工业基础非常薄弱，基本上是一座消费城市。新中国成立后，北京为实现“消费城市向生产城市的转变”，强调现代化工业基地建设，经过 4 个“五年计划”持续优先发展重工业，形成了比较完整的工业体系。北京工业文化就是在这个时期形成的。北京工业体系从无到有、从小到大、由弱走强，逐步形成了一个成龙配套、内在关联的完整工业系统。这个工业系统凝聚了北京工业人的心血和汗水，不仅形成了北京强大工业基础的物质文化，强有力地支撑了城市基础设施和公共事业的快速发展，为繁荣经济、保障供给、人民就业、财政收入做出了巨大的历史贡献，同时也创造了从工业体制、管理制度、组织形式、生产方式、工艺流程到技术革新、技术革命等制度文化。

北京工业文化的衍生，是伴随着北京工业结构的调整展开的。进入 20 世纪 80 年代，根据中央对首都建设方针的重要指示，北京进行了大规模“退二进三”的经济结构调整。北京的产业结构从以重工业为主导的“二、三、一”产业格局，进入了以金融、信息服务为主导的“三、二、一”产业格局不断优化的演变进程。而这一演变进程又恰逢改革开放和经济转型时期，因此，北京工业文化也经历了一次凤凰涅槃。这一时期，北京工业文化不仅在物质文化上积极抓住世界新技术革命的契机，大力发展以现代服务业、生产性服务业为主的第三产业，保持全国领先；在制度文化上，更是经历了扩大企业自主权，责权利相结合的承包制、股份制改革以及企业集团化改制和战略重组等一系列制度创新；特别在精神文化层面，逐步树立了适应市场经济的竞争文化、优胜劣汰文化和资源优化配置文化。

北京工业文化从形成到衍生，经历了非常深刻的演化，生生不息、顽强成长，表现了旺盛的生命力，有着自己独特的品质。北京工业文化的特质，首先离不开首都位势的深刻影响，主要体现在讲大局的政治文化上。无论新中国成立初期重工业的大干快上，还是转型升级的改革创新，始终都是按照党中央的战略部署和战略决策行事，坚定不移、勇于担当、攻坚克难、势在必得。首都位势，还表现在首都国家级科学技术制高点和紧跟时代变化信息中心对城市工业化进程的影响上，培育了北京工业文化独特的优势。“春江水暖鸭先知”，北京总是能够较早地捕捉到科学技术进步的信息，从而形成了开阔视野、追寻进步、不断学习的工业文化。

北京工业文化虽然生成于北京工业领域，却影响和渗透在北京城市发展方面，在工业领域之外的许多领域发挥着深刻的文化功能。如恢复高考后，为解决积压 10 年的学子入学问题，北京工业企业提供了大量的校舍条件，支持大学办分校；医疗卫生、教育教学的改革创新也是吸收了北京工业文化的新理念、新构想。此外，北京工业领域还为政府和其他行业输送了大量具有北京工业文化素质的干部和人才。因此，北京工业文化是一种超越工业领域、有着广泛影响的文化。北京工业文化的特质，为时代所造就。北京工业历经了新中国成立和改革开放两个伟大时代变迁，北京工业文化积淀了时代所赋予的品格，如自力更生文化、白手起家文化、企业重组文化、人力资源开发文化、企业家文化、工匠文化、人工智能文化等。北京工业文化的特征，还是京城传统工商业讲信誉、重质量文化的传承。在新中国成立之初，虽然北京现代化工业基础薄弱，但古都皇家文化和市井民生都积淀了丰富、宝贵的文化，如“老字号”文化，也是北京工业文化的重要组成部分，对北京工业文化的特质起着深刻的塑魂作用。

（二）工业文化与北京 798 艺术区

随着时代的发展，北京工业不仅要疏解包括传统工业在内的非首都功能，对接京津冀协同发展的国家战略，在更广阔的空间谋划首都发展；还以资源环境承载能力为刚性约束条件，在市域内瘦身健体，减量发展，构建“高精尖”经济结构，着力发展都市型农业、高技术产业、现代服务业、文化创意产业等新兴、高端产业，培育“互联网+”新业态。这样一个工业发展战略的推进，必然引发北京工业文化新时代的升华。

北京工业文化的升华主要表现在以下三个方面：第一，在传统工业的疏解过程中，生成一种新的“辐射带动文化”。北京工业发展的观念不再是“一亩三分地”的思维，而是在更大的地域谋划，以更宽阔的胸怀，迎接大北京区域工业的新发展。第二，在构建“高精尖”经济结构过程中，生成一种新的“攀高升级文化”。北京工业发展的观念不再是追求“大而全”的产业格局，而是占领高端，形成引领新优势。第三，在城市总规划定发展边界的刚性约束下，北京工业文化生成一种新的“红线约束文化”和“绿色发展文化”。

798 艺术区（798 ArtDist），位于北京市朝阳区酒仙桥路 2 号，为北京的文化创意产业集聚区。798 原身是由苏联援建、东德负责设计建造、总面积达 110 万平方米的重点工业项目 718 联合厂，于 1952 年筹建，其于 1964 年 4 月拆分为多个厂，798 厂为其中之一。从 2002 年开始，由于租金低廉，诸多艺术家工作室和当代艺术机构开始聚集于 798，逐渐形成了一个艺术群落。798 艺术区总面积 60 多万平方米，大致可分为 6 个片区，其中以 798 路两侧的 D 区和 E 区文化机构最为集中。该区设计具有典型生产性规划布局的特点：路网清晰，厂、院空间清晰；一部分厂区建筑作为工业遗产完整地保留下来，根据其内部车间的大尺度空间，改造成现当代艺术展示空间。798 艺术区汇集了画廊、设计室、艺术展示空间、艺术家工作室、时尚店铺、餐饮酒吧以及动漫、影视传媒、出版、设计咨询等各类文化机构 400 余家。历史与现实、工业与艺术、精致与粗犷、精英与大众在 798 艺术区完美地契合在了一起。虽然过去那些机器轰鸣的厂房、车间已经变身为活力四射的文化创意园区，但北京的工业遗存和博物馆依然向后人述说着曾经的辉煌、传颂着不朽的精神。北京工业文化在新时代以其新的面貌发扬光大，北京工业人是永远令人自豪的名称。

据调查数据显示，798 艺术区全年到访量近 1000 万人次，30%是境外游客，其中有不少外国政要慕名来访。作为北京城市文化名片，每年有将近 4000 场各类文化艺术活动在 798 举办，其中不乏毕加索、卡特兰、莫兰迪等名家作品的国际大展。此外，798 里还有诸多国家文化中心，展示多元文化。从 2014 年至今，德国文化中心·歌德学院、塞尔维亚文化中心、丹麦文化中心、朝鲜万寿台美术馆、巴林文化中心、匈牙利点先后入驻。798 不仅是艺术的 798，也是工业的 798。基于对工业厂房保护和合理的升级改造，798 工业特色风格与厚重的历史底蕴得以完美地呈现给来客，还被评为北京市工业旅游示范点。

“让空间艺术，给艺术空间。798 园区改造的每一个细节都开过专项会，不管是风貌调性的统一、历史韵味的保留，还是石材用料的挑选、灯光照明的实验、绿化位置的考究，方方面面都经过了充分的调研和讨论。”北京 798 文化科技有限公司董事长滕彦斌介绍，在征求多方意见、反复多次调研之后，以“修旧如旧　给艺术留白”为理念，园区于 2022 年开展了大规模、全范围的“品质提升”行动。针对上百个大项和千余个点位，从品牌焕新、景观优化、基础设施和服务品质四个方面全面升级。“品质提升”计划让园区有了新变化。

作为中国走向世界的“金名片”，798已经是传播中国优秀文化和促进国际文化交流的重要窗口。目前，798艺术区正对空间、业态、产业展开重新规划，进一步发挥其引领作用，同时也在以更丰富新颖的形态延续这场跨越数十年的工业与艺术的双向奔赴。“画廊周北京”等文化项目实现品牌输出，辐射更多艺术园区；园区数字光影研发团队开掘元宇宙潜力，试图以崭新消费形态告别传统的画框经济；搭建数字化交流交易平台，扶持青年艺术家并加强中外交流……

2022年是798建厂70周年，半个多世纪过去了，798既保留住了一个城市的工业记忆，也记录下了城市产业调整转型的轨迹，它在新时代呈现出的新活力、新风貌，更展现了这个城市血脉中永远奔涌着的创新、创造的激情。未来，798将以焕新的风貌和高质量发展助力北京全国文化中心和国际交往中心建设，持续用艺术语言讲好中国故事，赋能大众美好生活。

（三）特色品牌与地域文化

地理位置、历史传统、风俗习惯、区域地貌等因素造就了中国各个区域自己的特色，包括食品、文化等方面，也逐渐发展起具有各地特色和百花齐放的特产行业，如北京的烤鸭、德州的扒鸡、山西的陈醋。然而，“适者生存”的自然法则在特产行业也一样灵验，有些特产已经被全国人民所接受，成为全中国的特产，甚至走向世界；有些则困于一隅，濒临灭绝，垂死挣扎。在品牌经济时代，特色产品只有建设自己独特的品牌才能发扬光大。在一定程度上，这些特产是地方的名片，可也正是因为身上贴着地方的标签，所以资源专享度就低。土特产一般在本地都有悠久的历史，从原料、生产到消费都离不开本地的环境。但社会在发展，消费环境和人们的消费需求在发生改变，故步自封、刻舟求剑无疑是不行的。特产企业在产品研发上始终游弋在传统与创新之间，合效策划认为，应在保持传统的基础上适度创新，创新的关键是要以消费者需求为标准。

中国庞大的市场对于任何一家企业都有着非常大的吸引力，据不完全统计显示，当前世界500强企业已超过490家在中国投资布局，中国市场的重要性不言而喻。但中国地大物博、人口众多，且文化多元，能引起不同地域文化消费者情感共鸣的“点和故事”本来就是不同的，怎样切入一个恰当的点，且尽可能触动更多的用户，引发传播效应，应该是很多品牌进行地域化营销的难题。对于品牌来说，做好地域化营销，一方面，能在本地用户的认知里，品牌形象更“亲切”从而增加好感；另一方面，对于非本地的用户来说，在互联网传播下，能引起更多用户的好奇心，进一步焕发品牌新意，从而带来品牌破圈传播。与大众化传播不同的是，地域化营销更具有针对性，更能有效渗透圈层，实现品牌传播裂变，同时，地域化营销也更考验品牌对于当地文化的理解能力。当然，品牌地域化营销并不意味着，当用户出现所谓的“误解”时，可以把地域文化作为品牌“保护伞”。对于地域文化中的敏感信息或文化，要更为慎重。在当下互联网经济时代，尽管地域化营销的确为品牌提供了很多创新的机会和机遇，但仍有很多“坑”需要小心，国际品牌要更深度理解中国的地域文化，而本土品牌则要注意规避地域文化中有“打擦边球”之嫌的部分，以创新传统地域文化中的精华。

在中国这样一个地方文化非常突出的大环境中，大部分人都拥有极大的文化认同感，如果品牌能做到与消费者共同关注地方文化，并担任起传播地方文化的责任，便能提高消费者对品牌的好感。当下，消费者不仅是产品的购买者，也拥有定义品牌核心理念的身份。因而品牌地域化以消费者最为熟悉的地方文化为基础，进行系列化营销，更容易建立与消费者深度沟通的桥梁，从而实现消费者对品牌的认同，赢得消费者的好感。区域营销的过程，最重要的思路是掌握主动性和优势。在划定区域的同时，必须评判产品、生产和市场行为的合理优势，以及市场中客户需求的自主变化（进化）程度。与大众化的传播不同的是，品牌地域化要更有针对性，细化深耕更小众的消费市场，渗透小圈层，以新颖与创新来实现品牌的传播裂变，吸引大圈层消费者。区域化的品牌建设也更加考验品牌对地域文化的理解与再创造能力，如何巧妙地将传统与创新相结合，则是品牌地域化的难点。

中国的区域文化丰富多样，这是品牌地域化能够获得成功的大前提。然而品牌地域化也并不是地域文化符号的堆砌，真正的内核是需要深度了解城市文化底蕴，通过营造品牌氛围感，聚焦消费者的生活场景，更能发挥“在地化”营销的优势。简单来讲，品牌做到“入乡随俗”，采用门店场景本地化、方言等形式，更能让用户感受来自品牌的用心。2021 年，喜茶在 14 个城市上线了 18 款限定产品，如在长沙推出的小钵子波波甜酒、面向厦门的古早花生豆乳包、广州专享的姜撞奶烧卖等，妥妥拿捏住当地的风味特色。为了推广新品，喜茶还借创意内容，展现产品的文化内涵。以贵阳限定“黔辣脆哨吐司”为例，喜茶在一支微纪录片中，将脆哨之于贵阳人的意义、当地老店“丁家脆哨”的故事娓娓道来。品牌以各种创意形式放大地方特色、呈现区域文化。品牌地域化强调“地”，提倡物理意义上的在场与交流，相信只有身处其中，才能真正让文化活起来。由此延伸，当下新品牌多从两个层面推行品牌地域化：或对产品做创新，或在场景中融入在地化思考。

第三节 工业文化与地域文化、经济融合

人类的生存和生产活动向来都是与地理环境紧密联系在一起的。从人类文明发展的进程来看，地理环境决定了资源状况，从而决定了人类的生产活动，进而决定了人类的意识形成和发展，然后进一步决定了人类文明。商业活动建立在人文交流的基础上，虽然各地风俗不同，但任何地方的商业活动经营都是有异曲同工之处的。尽管商业活动有其自身规律，但和文化是有很大关联的。作为东方文化的典型代表，中国文化体系又分化为大河文化、内陆文化、草原文化、丛林文化和海洋文化等具有鲜明地理特色的地域

文化。各种地域文化不断发展、融合、同化，因此其地位和历史命运也各不相同。企业存在于一定的地域范围内，至少它的总部是坐落在一定的地域文化圈里，其企业文化受地域文化的影响是非常明显的。不同的地域文化，影响甚至决定着不同地域企业的经营战略和文化，决定着领导者的决策思维和员工的思想意识，从而使一地的企业不同于另一地企业的企业文化，独具风格、各领风骚。

一、探寻工业企业现代化管理

随着知识经济的出现和全球经济一体化程度的加深，企业管理进入了新的时期。现代企业制度是以市场经济为基础，以有限责任制度为核心，以公司企业为主要形式，以完善的企业法人制度为重要目标的一种企业制度，它具有权责分明、管理科学、产权清晰等特点。于是，一场产业结构和管理模式的变革顺应时代的呼唤应运而生。这场变革强烈冲击着传统的企业组织结构和管理模式。原国家经济委员会主任袁宝华先生的企业管理思想主要体现在“方”与“圆”的理念中，“方”指的是企业的规矩，企业立业之本；“圆”指的是企业的处世之道，讲究圆融和谐。袁宝华先生的企业管理思想主要提倡一切从实际出发，实事求是，根据企业现状和国情选择适合企业自身的发展模式，才是企业长久制胜的关键。随着社会的进步和时代的发展，人们的消费需求日益多样化和个性化，“与时俱进，自主创新”的企业经营模式是企业在竞争激烈的市场经济中立于不败之地的关键。企业传承工匠精神，做到精益求精，追求极致，是企业改革发展的安身之本，企业全面质量管理是推进企业改革升级和现代化进程的重要保障。

青岛港（集团）有限公司（以下简称青岛港）是我国国有企业，青岛港董事长常德传曾获得“首届袁宝华企业管理金奖”、国家级企业管理现代化创新成果一等奖。2007 年，正值党的十七大召开，课题组携手袁宝华先生深入青岛港进行调研考察，贯彻改革开放的精神和宝贵经验，共同为青岛港提炼管理思想，他还为我们撰写的《常德传与青岛港》一书题序。基于青岛港科学发展的唯物性、务实性、创新性和文化性特征，我们与袁宝华先生为青岛港共同创立了《常德传管理思想十二论》，为青岛港的未来发展提出了战略性指导意见，帮助青岛港实现企业现代化，完成企业的转型升级构造。

（一）一切从实际出发

改革开放的成功关键在于实事求是，实事求是是毛泽东思想的精髓，它贯穿于马克思主义中国化理论成果的始终。习近平总书记在庆祝改革开放 40 周年大会上指出改革开放的“十个始终坚持”，第一个就是始终坚持实事求是。一切从实际出发，正是袁宝华先生基于改革开放、自主创新的发展理念，对企业提出的最根本要求，是科学落实发展观、实现和谐长盛的最牢固根基。“一切从实际出发，把自己的事情办得更好”，这其中包含了三层含义：一是要关注自己的事情，办好自己的事情。二是只有更好，没有止境。三是最终结果，是否办好了，其中有四条标准：①对国家的贡献是否越来越大？②企业的发展后劲和竞争实力是否越来越强？③员工的生活水平是否越来越高？④精神文明建设是否越来越好而不是狭隘的个人主义？

（二）《企业管理思想十二论》

基于我国改革发展进程、社会的进步和市场的需求，青岛港提出了十二条宝贵的管理经验。

1. 核心价值论

基于我国企业的本分，提出："牢记责任使命，树好核心价值观，是实现科学发展、和谐长盛的前提条件。"

2. 人才强企论

基于员工队伍的构成，提出："人是企业成功之本，培养人、塑造人、成就人，是实现科学发展、和谐长盛的根本保证。"

3. 持续创新论

基于企业发展的现状，提出："不断解放思想，打造持续竞争力是实现科学发展、和谐长盛的关键因素。"

4. 超前决策论

基于世界企业的趋势，提出："敢想敢干，超前决策，是实现科学发展、和谐长盛的动力引擎。"

5. 市场导向论

基于市场经济的规则，提出："以客户需要为导向，诚纳四海，是实现科学发展、和谐长盛的基本策略。"

6. 咬定发展论

基于变幻莫测的外部环境，提出："历史从来不加注解，发展创造一切是实现科学发展、和谐长盛的首要任务。"

7. 强基固本论

基于竞争格局的挑战，提出："苦练内功，强基固本是实现科学发展、和谐长盛的有效途径。"

8. 信息提速论

基于现代科技的提升，提出："打造信息企业，实施四个一体化是实现科学发展、和谐长盛的腾飞翅膀。"

9. 务实高效论

基于现代管理的特征，提出："效能统一，构建四级管理格局是实现科学发展、和谐长盛的内在需要。"

10. 榜样带动论

基于标杆作用的巨大，提出："树好风气，带好队伍，是实现科学发展、和谐长盛的无形力量。"

11. 内涵增长论

基于全面协调的要求，提出："管理挖潜，实现 1>2，直至 1>n，是实现科学发展、和谐长盛的重要标志。"

12. 永无止境论

基于长盛不衰的战略选择，提出："干就干一流，争就争第一，是实现科学发展、和谐长盛的活力源泉。"

袁宝华先生送给企业八个字——"面向世界、开创未来"，企业作为我国的经济主体，是推动国家改革发展的巨大引擎，袁宝华先生不仅从实事求是角度给予企业思想的指导，同时还大力推动企业朝着更长远的发展目标奋进，积极自主创新，向更多领域同时发展，扩大服务领域，提高服务水平。自主开放，始终与世界联系在一起，企业面向世界，就是增强企业的世界格局，以世界的眼光和高度分析企业的走势，立足于改革开放实践，回应世界的机遇和挑战，是企业落实科学发展观、积极践行改革开放的重要选择。企业最关键的就是总结出符合自己目标、资源和能力的管理办法，而不是单纯效仿其他成功企业的案例。我国企业要敢于试验、敢于突破、敢于创新，追求卓越、勇争第一，义不容辞地承担起企业的政治责任、社会责任和经济责任，以"精忠报国、服务社会、福祉职工"为企业的"三大使命"，毫不动摇地坚持党的领导，最大限度地兼顾到各个方面的利益，走出一条资源节约型、环境友好型、质量效益型、自主创新型、亲情和谐型的企业改革发展之路，实现全面、协调和可持续发展。

一切从实际出发，是袁宝华先生对每个企业的劝告。尊重企业的自主权，不存在完全统一的企业管理模式、成功经验和经验理念，企业应该结合实际、各取所需、对症下药，实事求是地推进企业改革，实现企业现代化。应用现代化管理方法，就是从企业自身的实际出发，确定要解决的问题，再来寻找能够解决这些问题的方法，而对于不适合用现代方法来解决或者解决不了问题的方法，不能强行用现代的手段来处理，这样只会激发更多的矛盾，带来不必要的麻烦。

袁宝华先生注重企业的改革之路和现代化管理的推进，强调在企业现代化改革进程中，调动员工的积极性是重中之重，企业的发展凝聚着员工的智慧和创造力，只有有效发挥员工的潜能，调动员工的工作热情，才能使企业高效地运转。企业管理的现代化改革，需要更多的高新技术和丰富的管理知识，提高员工的整体素质是企业现代化管理的重要环节。推进我国改革开放和现代化进程，需要企业遵循公平公正原则，发挥员工主人翁作用，充分行使民主权利和自我能动性，建立亲密友善和谐的工作环境。同时，提高员工思想政治觉悟，加强组织和思想建设，深化企业体制改革、保护生态环境、尊重历史文化，从而形成新的企业精神，增强企业的凝聚力和向心力，员工共同为企业发展和社会振兴而奋斗。

我国企业的改革创新和现代化管理，离不开创新型人才，通过企业的自主创新来提高企业绩效，从而带动社会的发展。袁宝华先生总结出企业的核心经验——创新创效。

企业通过培育创新意识，不断提高自主创新能力，打造企业的核心竞争力，争取更大的竞争优势，开辟一个新的领域市场。青岛港正是基于自主创新理念，实现了从“小企”到“大企”的转变。青岛港党政一体，与全体员工卧薪尝胆，自我加压，不懈探索，继承创新，既积极吸纳先进的现代管理理念，又充分发挥国有企业的传统优势；既面向世界，学习借鉴先进的管理经验，又立足现实，一切从青岛港、从国有企业的实际出发，博采古今中外管理之长，实现政治力、文化力、经济力的有机结合，凝结成具有青岛港特色的管理思想和管理实践。如此，不仅将一个普通的青岛港打造成为吞吐量位居世界前10位的现代化大港，而且将青岛港打造成为一个育人成才的大熔炉、大学校，创出了一条振兴国有企业的成功之路。

袁宝华先生提倡的企业全面质量，不仅强调了产品和服务的质量保证，同时也凸显出企业质量创新和企业质量指标体系建设的重要性，完善的企业质量管理可以深化企业体制改革和企业转型升级。朱镕基同志和袁宝华先生对企业都提出了十六字真言——“以我为主，博采众长，融合提炼，自成一家”。企业的管理应该有利于提高企业自主能力和技术创新能力，有利于提高中国企业自身品牌影响力，只有这样，才能不断提高我国企业的核心竞争力。袁宝华先生多次提出企业要重视质量问题，不能一味追求数量。企业生产技术的进步和产品质量的提高既是企业竞争力再造和转型升级成功的核心，也是企业真正融入国际市场的基础和桥梁。通过研究企业质量管理提升的方式和过程，可以更深入地了解企业升级对于企业经营、发展和变革的作用。改革开放是为了企业有效参与市场竞争，中国企业重视质量管理，通过持续提升自身的产品和服务品质提升企业的综合实力，为客户价值的实现、行业的发展和改革的进步做出更大的贡献，同时也必将为企业自身的成长带来更多的机会，为企业的改革带来便利。

西子联合控股有限公司（以下简称“西子联合控股”）在其《社会责任报告》中强调了企业社会责任和品质为先的理念。从西子联合控股企业自身来看，他们大多数的产品，如电梯和电梯部件、锅炉、立体车库、起重机，都属于特种设备，产品的品质对于用户的生命安全十分关键。所以在品质方面，他们必须有“如履薄冰”的安全意识，把产品品质看作和他们的生命一样宝贵。当然，他们所在的行业也充斥着市场上惯有的营销模式，低价竞争或恶性竞争，也经常会遇到不讲道理、只懂得靠价格“血拼”到底的竞争对手。但是，作为一家追求卓越、争取处于行业领先的企业，必须有所为有所不为，积极承担自身的责任，不以同样低廉的恶意手段去实施打击报复，而是用品质说话，用实际的产品和服务质量赢得客户的信任，赢得对手的尊重。同时，他们还向供应商、客户等合作伙伴输出品质管理理念和方法，如通过西子联合大学培训他们的车间主任和他们的下一代接班人。正确的科学发展观引领着西子联合企业朝着健康、良性的方向去发展，同时也为企业自身打造牢不可破的同盟。

作为社会中的一员，企业获取的机会和承担的责任是一致的，那么在当今社会发展阶段，最重要的就是提升企业的质量、产品的品质。一方面，中国已经在许多产品领域居于世界前列，但很多只是销售规模的巨大，而不是品质的突出，也不是品牌的效应，许多企业还只是满足生产中低端市场的产品，靠成本和规模获取利润；另一方面，客户对高品质产品的渴求正在不断上升，许多消费者还是愿意为进口产品、国际名牌付出高昂的价格，因为他们相信这些品牌所代表的品质。从长远来看，高品质产品未来必定是市场的主流。这种“低端”供应和“高端”需求之间的矛盾蕴藏了巨大的机会。袁宝华先生是我国首个提出质量管理的学者，他说：“不讲质量的数量是最大的浪费。”袁宝华先生的质量管理理念，可以说是走在世界前沿，站在一个高的视角，来看待中国企业未来发展走向。企业一旦拥有高品质的信赖感，就会打造出强势的企业形象和品牌，就能培养出高度忠诚的客户，让对手难以超越。质量是最好的宣传广告，是国际市场上的通行证和护照，只要提高和完善产品的品种和质量，提高企业竞争能力，加上我国的劳动力优势，就有很大的潜力打入国际市场。

二、区域文化助推当地经济发展

（一）区域文化与区域经济

德鲁克曾说过，今天的真正优势资源不是资本、土地和劳动，而是文化。这句话其实并不难理解，随着我国经济的发展，文化已经变得越来越重要了，文化与经济之间的关系也逐渐变得密不可分。文化作为一种“软实力”对于区域综合竞争力和实力来说都是不容小觑的。文化产业已经成为经济发展的重要生长点。所谓区域文化是指某个特定区域的人群所拥有的具有当地地方特色的价值准则、思想观念、行为习惯、民族艺术、道德规范等的总和。它是由地区的特殊地理情况、生产水平以及长久的历史积淀所决定的。其中，最容易被人忽视的就是区域文化观念，它是心理结构的重要组成成分，对区域经济发展的影响起着至关重要的作用。区域文化影响着人们的所作所为、所思所想。所以，区域经济的发展不能忽视区域文化的作用，两者应有机结合起来，让文化和经济融为一体，最终实现文化和经济的协调可持续发展。

我国各地所体现出来的特色地域经济总是藏着不同类型地域文化的深刻印记。如长江三角洲受到了吴越文化的影响，形成了以上海为中心，浙江、江苏为两翼的“长三角经济圈”。这是历史形成的地域文化和地域经济完美契合的必然结果。又比如珠江三角洲，形成了以广东为中心的改革开放前沿阵地，这是岭南文化和该地区特殊的地理位置以及国家政策的扶持下的产物。

文化资源对于经济发展的影响体现在许多地方。文化资源是经济发展的重要基石。目前全国各地都在利用自身文化来促进自己的经济发展，民俗文化、自然景观都能够为招商引资、经贸发展带来很大的机遇。如江西的庐山、井冈山，贵州的黄果树瀑布、丝娃娃、肠旺面，重庆的火锅以及广西的桂林山水和刘三姐文化等都成为当地旅游文化发展的自然人文资源。同时，文化资源会增加产品的附加值。文化资源能够给产品带来知名度，形成一定的品牌效应。随着生活质量的提高，人们对于文化的内涵和底蕴也越来越看重。很多企业为了提高自己的实力，不断打造和升华自己的企业文化，提高产品的影响力和知名度。

冯飞现任中国共产党第二十届中央委员，海南省委书记、省人大常委会主任、省军区党委第一书记。冯飞在推动经济高质量发展企业座谈会上指出："坚定信心决心，把握发展机遇，共建具有世界影响力的中国特色自由贸易港。"充分发挥政策优势、区位优势、央企优势，完善码头功能，深化园区协同，做强主营业务，并积极拓展海外市场，树牢绿色理念，提高在特色产业链上的市场地位和科技竞争力。着力打造一流营商环境，坚持统筹发展和安全，聚焦"事中事后"关键点，建立健全信用管理体系和多维化自动预警体系，建立便利高效的物流全流程管理服务系统，做到"一线放开、二线管住、岛内自由"。统筹兼顾"招引增量"和"服务存量"，推动自由贸易港政策落地见效，着力打造法治化、国际化、便利化营商环境，推动企业高质量发展，共同加快建设具有世界影响力的中国特色自由贸易港。

综上所述，充分发挥文化整合的作用，以文化认同促进区域经济一体化发展。通过更加广泛的交流和切磋，将资源共有和市场共享落到实处。通过文化的传播，增加企业之间的文化认同感、管理理念和科技认同感。此外，我们更要利用文化的认同感来降低成本和提高管理的效率，进而实现区域经济的健康有序可持续的发展。文化建设要向产业化迈进。文化作为一项对经济的发展有着重要影响的宝贵战略资源，主要体现在文化产业建设方面。文化产业是通过文化的宣传和运用，为消费者提供服务以及产品的行业总称。文化为行业或者企业注入了强大的力量，推动了企业的发展。随着经济全球化进程的推进，全世界越来越强调经济竞争，本质上就是文化竞争，以区域文化为基础发展特色经济，在文化整合基础上发展特色经济就要求我们把区域文化灵魂带入经济中。利用各区域的相对优势，设计出一个特色区域经济模型。再者，要根据区域文化的特点生产和创造出具有区域特色的产品和服务，并以此打造出一个新的产业，建立一个别具一格的经济格局。

（二）乡村文化振兴

乡村振兴不仅要实现经济发展、产业兴旺、生活富裕、生态宜居、治理有效，还要实现乡风文明、道德提升、文化繁荣。积极推进乡村优秀传统文化创造性转化、创新性发展，不仅是传承保护乡村优秀传统文化、建设文明乡风的关键之举，也是促进乡村产业振兴、培育新业态的重要措施，还是推动乡村宜居、改善环境的有力抓手。弘扬优秀传统文化是乡村振兴的必然要求，实施乡村振兴战略，要深入挖掘农耕文化蕴含的优秀思想观念、人文精神、道德规范，结合时代要求在保护传承的基础上创造性转化、创新性发展。乡村文化资源富集，文化遗产资源多样且富有特色，民间非遗工艺及表演艺术等伴随古老的文化传统一直流传至今，如彝绣、藏香制作、萨玛舞等各具特色，代表民族文化、风情、生活习惯、地理气候以及历史背景。这些乡村文化精品有些是尚未被人们完全认知和挖掘的文化宝藏，是中华民族优秀文化的体现。

要打造区域文化品牌，以区域文化内涵引领乡村经济的发展。通过打造区域文化品牌，将乡村文化融入区域品牌中，以区域文化内涵引领乡村经济的发展。要充分挖掘和发挥地域文化品牌带动作用，持续不断地抓好区域生态文化、红色文化、特色民族文化等重点文化品牌建设，促进乡村经济高质量发展。要推动乡村文化产业形成规模经济，进行乡村文化资源的规划、组织、整合非常重要。提供文化资源整合的主体可以是政府机构或者有实力的大企业，整合的形式可以是产业园区或者特色街区，从更大范围来讲，可以将各地特色文化企业通过融入区域文化片或区域文化带加以整合，融入国家战略。近年来，国家规划了藏羌彝文化产业走廊、大运河文化带等区域文化产业建设带，乡村文化企业只有融入区域大文化环境，将乡村特色文化产业融入区域文化品牌建设中，散落在乡村的文化产业才有强大的文化品牌支撑。“区域文化+文化产业园区（村庄）+企业+农户”将是未来乡村文化产业发展的方向之一。

乡村文化企业的培育需要政府搭建平台，从而产生产业聚集，形成规模效应。虽然乡村特色文化产业产生于民间，具有民族文化特征，但生产规模小、抗风险能力低，在市场经济中处于弱势地位。政府应重视平台型园区或特色街区的建设，通过提供社会服务方式打开支持特色文化企业整体发展之门。文化园区的运营模式可以分为三层结构：①核心层为手工艺品的创作，工艺品制作的文化内涵包含着审美、习俗、现代化转换等；②中间层为“公司+农户”格局或模式，并以行会、协会等为辅；③外围层为文化产业园区或特色街区，包含工艺品的拍卖，围绕工艺品形成的演艺、展览等。例如，内蒙古自治区赤峰市翁牛特旗有众多以蒙绣传统工艺品开发、销售为内容的蒙绣公司，内蒙古自治区、市、旗三级政府非常重视地方特色文化资源价值的挖掘和整合，并由政府筹资创建手工业坊，形成产业园区，整合全旗所有蒙绣公司，使其朝着规模化、现代化和产业化方向发展。

与企业管理理念先进、开发市场能力强的大企业合作是乡村文化产业转型升级的有效路径。大型文化企业在市场运作及规划管理理念上拥有优势，并且有前期资金支持，抵抗风险能力强，村庄与企业进行各种形式的合作，是乡村文化旅游快速转型升级的重要路径。村企合作可以充分利用企业在制度、管理、资金上的优势，企业投入资金进行基础设施建设，解决村集体和村民前期资金紧张的问题。同时，企业有丰富的运营经验，可以提高村庄文化旅游服务的品质。企业和村庄可以协同完善村规民约和经营管理制度，规范引导村民参与旅游经营服务，把“三农”资源转化为旅游资源，把“三农”产品转化为旅游服务商品。

基层党支部和村委会的有力组织是乡村文化旅游有序发展的有效支撑。党组织创办旅游合作社，可以统筹安排村庄旅游资源，提高旅游服务质量，避免村内旅游服务无序竞争。乡村文化旅游产业有序开展需要有必要的组织形式，才能整合全村的旅游资源和劳动力，整体提高旅游接待能力和服务水平，助推村民致富。在兴办合作社过程中，可以充分发挥党员作用，把党的建设融入合作社发展的各个环节中。

（三）地域文化赋予农产品新价值

通过特色文化与农业融合，催生发展创意农业、田园综合体等，有效提升农产品的文化附加值；通过特色文化与制造业融合，提高产品文化品位，满足差异化、个性化消费需求。创意农业的发展模式，最核心的观念在于通过创意打造“创意农业全景产业链”，这个全景产业链又被称为“第六产业”。创意农业的产业链包括核心产业、支持产业、配套产业和延伸产业相关联的一系列产业，它构筑了融合三产的全景产业链条。这极大地转变了传统农业的单一产业结构，突破第一、第二、第三产业的限制，实现传统产业与现代技术的有效嫁接，文化与科技紧密融合，带来产业融合的经济乘数效益。传统乡土中国的农业生产是以“低效、粗放、低价”为主，不仅农业生产的单位产值低，而且农业生产易受到城乡二元经济结构的冲击。

创意农业的提出，催生了大量的特色农业、景观农业、科技农业、都市农业等新型产业形态，因其优良的社会效益，吸引了大批企业和投资商。传统农业的“低劣形象”逐步转变，“创意、时尚、休闲、生态”成为新时代农业的特色标签。创意农业融入了文化艺术、科技元素，把传统开发与文化开发结合起来，拥有了丰富的内涵与附加值。将传统的农业产品通过“创意”工具转化为更具审美价值形态、健康生态理念、文化创造内涵的全新农产品，其经济价值和社会价值有了显著的提升，这是传统农业生产所无法比拟的。当前，我国高端农产品稀缺，市场亟待开发。可以预测，不久的将来，创意农产品将是中国高端农产品市场的主力军。创意农业在提升现代农业的价值与产值的同时，也满足了现代人对“新、奇、特”农产品不断增加的社会需求，拥有十分广阔的市场前景。把当地的传统文化和农业结合起来发展创意农业，能带动千家万户的老百姓增收致富。

农耕文明是维系中华民族文化基因的重要纽带，是乡村文明和乡村治理的根和魂。历经千百年传承至今的农业文化遗产形成了遗产地所特有的文化要素和精神风貌，成为一代又一代人传承的记忆。农业文化遗产是农耕文化的重要载体，具有历史、文化、社会、生态、经济等多重价值。依托文化遗产资源发展壮大乡村产业、传承优秀文化传统可以有效助推发达地区率先实现乡村全面振兴。发达地区经济社会发展较快，受到外来文化和舶来文化的冲击更大，面临较大的传统文化丧失风险。发达地区要率先“把根留住”，关键是要善于挖掘传统文化的精华要素，与时俱进、推陈出新，将农业文化遗产中的宝贵资源、历史典故、中华文明与新时代人民群众的精神文化需求紧密结合起来，讲好新时代发达地区文化振兴故事，提升发达地区竞争软实力，增强当地百姓文化自信和文化认同。新发展阶段，挖掘和利用好文化遗产的特点对于发达地区加快实现乡村全面振兴具有重要意义。

少数民族地区，既传承了极其丰富的民族文化艺术，又拥有丰沛的农业资源和传统手工业技艺，如果用文创等现代化的艺术手段把两者进行关联，则可以成为当地乡村振兴的抓手，甚至是当地长期发展、促进农民持续增收的抓手。这种有机关联产生的结果就是“农创产品”。“农创产品”充分挖掘文化价值、民族价值并将其转化为创意资本，不仅能提升农业产品的竞争力，同时也赋予民族文化新的活力。“农创产品”不是简单的“农产品+文创”，它与其他产品的不同之处在于其特色性和创意性。因此，“农创产品”在设计上需考量民族文化本身所蕴含的文化意义，这样产品才能具有文化的承载性。少数民族文化自身蕴含着历史精魂、民族思维、文化基因等，其文化内涵正是当下所缺少的，而“农创产品”恰好可以作为民族文化现代化发展的“出口”，成为民族文化现代化传承的途径。一款好的“农创产品”设计除了要蕴含一定的文化内涵外，更为重要的是要有其自身的“气质”，这种“气质”可以是有寓意的、有趣味的、有寄托性的。一旦其自身的气质突出，那这款“农创产品”就不仅仅是一个产品，还附带了很多其他的价值。把文化意境承载到物质产品中，让用户借此看到意象从而感知其要传达的讯息，进而拉近与用户之间的距离。

三、工业经济发展与营商环境

营商环境是指一个国家或地区的商业和经济活动所需要的各种条件和制度安排，包括政府的政策和法规、市场机制、商业基础设施、人力资源等。一个良好的营商环境能够降低企业的运营成本，提高企业的效率和竞争力，吸引更多的投资和创新，促进经济的发展。在营商环境的评价中，政府的作用是非常重要的。政府可以通过制定有利于企业发展的政策和法规、提供高质量的公共服务、加强市场监管等方式，营造良好的营商环境。同时，企业也可以积极参与营商环境的建设和改善，通过遵守商业道德、提供优质服务、加强创新等方式，促进自身和整个经济的发展。

（一）深化“放管服”改革

“专精特新”的灵魂就是创新。习近平总书记在湖南考察时强调：“自主创新是企业的生命，是企业爬坡过坎、发展壮大的根本。”在当今技术经济大发展的时代背景，以及中国市场特有的跟风模式下，各行各业同质化、同思化、同值化现象严重，创新已成为结构调整和产业转型升级的第一动力，打造专注于细分市场、创新能力强、市场占有率高、掌握关键核心技术、质量效益优的民营企业，是市场的必然趋势。

从民营企业自身角度来讲，要聚焦主业、苦练内功、强化创新，抓住新一轮科技革命和产业变革的机遇，加强基础研究，推动应用研究，对“卡脖子”难题不回避、不放弃，牢牢掌握核心环节和关键技术。以科技创新引领民营企业转型升级，民营企业必须要把创新驱动摆在突出位置，通过技术创新带动产品创新、市场创新、资源配置创新和组织创新，不断吸收和开发新技术、涉足新领域、推出新产品，形成新产业、新业态和新模式，增强发展内生动力，提高市场竞争力；以制度创新释放民营企业发展新活力，完善公司治理，建立现代企业制度，实现民营企业产权结构向股份制转变、企业决策向民主化转变、企业经营向规模化转变的目标。民营企业创新是一项系统性工程，离不开统筹兼顾，建立以企业为主体、市场为导向、产学研深度融合的技术创新体系，才能赢得发展的主动权。

从国家层面上来讲，聚焦民营企业成长规律和阶段性发展特征，构建民营企业梯度成长培育体系，引导企业做专做精、做大做强、做优做久。聚焦市场逻辑、平台思维、生态思维，强化顶层设计，健全服务体系，优化营商环境，打造全产业链、全价值链耦合互动的新型产业创新生态，推动民营企业实现资源集聚、融合应用、赋能创新发展。加强政策保障，支持民营经济创新发展，如通过建立和完善民营企业科技创新奖励机制，在全社会形成鼓励创新的浓厚氛围；以财政和金融创新支持民营企业发展，主要是通过减轻税费负担增强民营企业竞争力，通过金融产品创新和服务创新解决民营企业融资难问题；营造公平竞争环境，政府要保障民营企业平等参与市场竞争，鼓励民营资本参与战略性新兴产业项目和重大基础设施项目建设。

虽然国家已推出很多支持政策，政策宣传、媒体传播等力度也较大，但是政策执行和落实力度强度不够。工业企业的需求重心和政府着力点还有一定差异，一方面需要政府部门加大推进力度；另一方面企业也要相互理解，携手共同解决相关问题。打破各种各样的“卷帘门”“玻璃门”“旋转门”“弹簧门”等门槛，在市场准入、审批许可、经营运行、招投标、军民融合等方面，为工业企业打造公平竞争环境，给工业企业发展创造充足的市场空间。

“放管服”改革，对内要改革传统的行政管理体制，提升政府治理体系的现代化水平，对外要提升行政便利化水平，使之更加适应社会主义市场经济发展要求。唯有“最前一公里”放得下、“最后一公里”接得住、“中梗阻”全打通，才能实现全流程的放、管、服。权力下放不是“自由落体”，需要做到放与接的匹配。上级单位设计方案时要考虑基层承接能力、循序渐进，下级单位除贯彻落实外，也要及时反映意见、抓紧提升承接能力。权力下放不能“一放了之”，需要做到放与管的结合。瞄准薄弱环节，做好衔接帮扶，在人、财、物等方面给予实实在在的支持，根据不同行业特点充实基层专业力量，同时积极发挥监管和评估的作用，从而真正达到“上下同欲者胜”的改革效果。从作用上来讲，“放管服”改革就是要优化营商环境促进经济发展。主要体现在以下四个方面：

（1）夯实政策落实的责任。各级各部门主要负责同志要提高政治站位，按照职责分工，带头扛起抓政策落实的政治责任。要加强对配套举措和行动计划的谋划。各省市要加强对政策落实情况的检查评估，注意听取民营企业家的感受，让抓落实更有的放矢。要把对民营企业政策的落实情况纳入年度目标责任考核范畴，倒逼责任落实、政策落地。

（2）讲究政策执行的方式。一些政策的效果与初衷偏离，往往问题出在执行环节。要坚持求真务实原则，强化分类指导、精准施策，避免简单化、机械化。对民营企业的突发性风险事件、信用违约等问题，要具体问题具体分析，采取更加精细、更加客观、更具针对性的举措，不要搞“一刀切”。各部门各单位执行政策要下足功夫。

（3）强化政策实施的担当。制定政策、落实政策，都需要解放思想、强化担当、用心去做。每一项改革突破都需要领导干部提升担当的自觉、担当的本领。对“若干意见”中提出的政策，要求各级、各部门打破藩篱、坚持创新，说到做到、认真兑现，防止在贯彻执行过程中调门高、行动差。

（4）优化市场监管的效能。市场主体具有逐利性，容易成为脱缰野马。如果缺少必要的监管，市场主体在内部运行上容易失序，在经营中容易出现不公平竞争乃至损害消费者、投资者和市场秩序的现象。简政放权与适度监管相辅相成，且必须相互协调。我国在优化营商环境中，不仅逐渐放宽市场准入标准、降低准入门槛和成本，同时也鼓励市场主体遵循市场竞争法则，积极参与市场竞争，通过自律和他律等方式，引导和督促市场主体合规经营。

（二）完善平等保护产权的法律制度

2021 年 10 月 21 日，最高人民法院院长周强在第十三届全国人民代表大会常务委员会第三十一次会议上作《最高人民法院关于人民法院知识产权审判工作情况的报告》（以下简称《报告》）。《报告》称，我国已经成为审理知识产权案件尤其是专利案件最多的国家，也是审理周期最短的国家之一。报告介绍，我国知识产权案件数量正在迅速攀升。全国法院受理各类知识产权一审案件从 2013 年的 10.1 万件增长到 2020 年的 46.7 万件，年均增长 24.5%，比全国法院受理案件总量年均增幅高出 12.8 个百分点，反映出经济社会高质量发展对知识产权保护需求明显增长。涉及互联网核心技术、基因技术、信息通信、集成电路、人工智能及平台经济等方面的新型案件日益增多，复杂技术事实认定和法律适用难度加大，新领域、新业态知识产权保护的权利边界、责任认定对司法裁判提出新挑战。

当今工业企业产权侵权案件易发多发，总量仍处于高位运行，涉及领域越来越广，严重危害群众生命健康和生产生活安全；侵犯商业秘密、假冒专利、网络侵权盗版等犯罪扩散蔓延，严重危害经济社会发展和创新创造活力。随着电子商务、社交媒体、视频直播以及网络支付、快递物流等新业态发展，传统的制假售假、侵权盗版等犯罪活动呈现出向线上转移的趋势，与线下侵权相比，线上侵权行为更易实施、更加隐蔽、更为复杂，影响面更为广泛，收集固定证据更加困难，权利人维权难度进一步加大。伴随犯罪团伙化、链条化，一起案件往往涉及众多领域、多个地点，形成黑色产业链条，有的甚至跨国跨境从事制假售假，直接影响企业的正常合法经营发展。贵阳某科技公司在研发、生产、销售反渗透膜过程中形成了相应的商业秘密，并制定了保密制度，与员工签订了保密协议，明确对商品供销渠道、客户名单、价格等经营秘密及配方、工艺流程、图纸等技术秘密进行保护。公司高管叶某、赵某、宋某分别掌握公司重大的经营秘密及技术秘密，三人均与公司签有保密协议。被告人彭某为公司的供应商，在得知该公司的生产技术在国内处于领先水平，三人与公司签有保密协议的情况下，与三人串通共同成立公司，依靠三人掌握的公司技术、配制配方、工艺参数、配制作业流程及客户渠道等商业秘密生产相关产品，造成贵阳某科技公司 375.468 万元的经济损失。商业秘密是企业的重要财产权利，直接影响企业的生存发展。被告人恶意串通，违反保密义务，获取、使用企业的技术信息和经营信息等商业秘密，造成了权利人的重大损失，不仅构成民事侵权应当承担民事责任，而且因造成了严重后果，已经构成刑法规定的侵害商业秘密罪。通过法律手段对商业秘密进行有力保护，有利于促进诚信经营、公平竞争，为企业经营发展营造良好的法治环境。

对产权保护最薄弱的领域是中小型民营企业，对民营企业产权保护最薄弱的环节是对知识产权的保护。举证难、赔偿低、周期长成了很多民营企业保护知识产权的“拦路虎”，在遇到知识产权纠纷时，一些中小微民营企业不是选择放弃，就是消极应对。企业由于人力、物力有限，难以抽调专人专班全力应对专利侵权问题。现行法规下，知识产权侵权赔偿金额过低，专利侵权取证困难，异地申诉难度大，既打击了企业维权的积极性，也难以有效遏制侵权行为。有的企业表示“明知对方在侵权，却无计可施”。知识产权维权过程中，主要存在四个难点：第一个难点是认定知识产权权属。知识产权权属的认定，既是整个知识产权维权工作的基础，也是知识产权维权难点。第二个难点是证明侵权行为。在知识产权侵权诉讼中，当事人需要通过充分、确凿的证据来证明对方侵犯了自己的知识产权。第三个难点是适用法律。根据《中华人民共和国知识产权法》的规定，侵犯知识产权的行为可以依法被查处。但是，在具体的案件中，很多当事人不能很好地选择适用的法律。第四个难点是执行难。知识产权诉讼经过法院审理后，若法院判决知识产权权利人胜诉，侵权人需要履行判决义务，但现实中判决执行却并不顺利。对于知识产权保护的问题，需要国家进一步修改完善知识产权的相关法律法规，从制度层面解决好知识产权维权过程中存在的周期长、成本高、赔偿低、效果差、举证难等问题。进一步完善快速维权机制，为权利人提供更加高效、便捷、低成本的维权渠道。

坚持全面保护原则，保护产权不仅包括保护物权、债权、股权，也包括保护知识产权及其他各种无形财产权。加大知识产权侵权行为惩治力度，提高知识产权侵权法定赔偿上限，探索建立对专利权、著作权等知识产权侵权的惩罚性赔偿制度，对情节严重的恶意侵权行为实施惩罚性赔偿，并由侵权人承担权利人为制止侵权行为所支付的合理开支，提高知识产权侵权成本。完善知识产权审判工作机制，积极发挥知识产权法院作用，推进知识产权民事、刑事、行政案件审判“三审合一”，加强知识产权行政执法与刑事司法的衔接，加大知识产权司法保护力度。

坚持共同参与。做到政府诚信和公众参与相结合，建设法治政府、责任政府、诚信政府，增强公民产权保护观念和契约意识，强化社会监督。解决产权保护方面存在的突出问题，提高产权保护精准度，加快建立产权保护长效机制，激发各类经济主体的活力和创造力。完善办案质量终身负责制和错案责任倒查问责制，从源头上有效预防错案冤案的发生。严格遵循法不溯及既往、罪刑法定、在新旧法之间从旧兼从轻等原则，以发展眼光客观看待和依法妥善处理改革开放以来各类企业特别是民营企业经营过程中存在的不规范问题。

坚持权利平等、机会平等、规则平等原则，废除对非公有制经济各种形式的不合理规定，消除各种隐性壁垒，保证各种所有制经济依法平等使用生产要素、公开公平公正参与市场竞争、同等受到法律保护、共同履行社会责任。

（三）构建亲清政商关系

2016 年，习近平总书记用“亲”和“清”两个字概括新型政商关系；2017 年，“构建亲清新型政商关系”被写入党的十九大报告；2022 年，中国共产党第十九届中央纪委六次全会强调，要推动构建亲清政商关系和清廉社会生态。政商关系是营商环境的风向标，优化营商环境必须构建亲清政商关系。2023 年《政府工作报告》提出，依法保护民营企业产权和企业家权益。各级领导干部要为企业解难题、办实事，构建亲清政商关系。“亲”“清”新型政商关系，是一个地方营商环境的重要标志，来之不易，需要大家共同呵护。

深刻理解亲清政商关系的内涵，要把握好“亲”与“清”的辩证关系。“亲”和“清”二者是有机统一的，不是相互否定的，不能把二者对立起来。构建亲清政商关系，应从制度层面明确政商交往的边界和尺度，实现政商交往“亲而有度不逾矩，清而有为不疏远”。

亲清政商关系的出发点是转变政府职能，本质是重塑政府与市场的关系，更好地发挥市场和政府这两只“手”的作用。企业经营绕不开政府行政审批。真正理顺政府与市场的关系，需要政府和市场各就其位，各司其职。既要遵循市场规律，善用市场机制解决问题，又要让政府勇担责任，更好发挥作用。亲清政商关系在很大程度上取决于行政审批效率的高低、政务服务质量的优劣。

所谓“亲”，是政府和民营企业“面对面”，做到亲商、富商、安商。政府要积极作为、靠前服务，坦荡真诚地同民营企业接触交往，做到无事不扰、有事不拖，真正帮助民营企业解决实际困难。“互联网+政务服务”的发展，让审批速度更快、流程更优、材料更简，从而实现“让企业少跑腿、让数据多跑路”。所谓“清”，是政府和民营企业“背靠背”，秉公用权取信于民。要减少审批人员的自由裁量权，缩小权力寻租空间，不以权谋私，不搞权钱交易，做到政商关系有交集不交换、有交往不交易。只有从源头上预防审批腐败，才能实现“阳光审批”。

对于党政干部而言，要“清”上加“亲”，把企业家当成自家人，把企业的事当成自家事，及时回应企业家的正当要求，积极作为、靠前服务，花更多时间和精力关心企业，做到有工作交往但没有利益交结，有正常交流但没有权钱交易。要进一步推进行政体制改革，建立健全“权力清单”与“负面清单”制度，全面推进依法治国。依靠全面深化改革，大力推进服务型政府建设，厘清政府部门的职能边界和企业的经营边界，政府部门该做什么、不该做什么，都要在法治框架下得以明确，从而尽可能地释放企业的自主空间，使市场在资源配置中起决定性作用。要形成各级领导干部依法行政、依法用权，积极为企业办好事、办实事。

对于企业家而言，要“亲”上加“清”，既要积极主动地同各级党委政府沟通交流，讲真话，说实情，谏诤言；也要洁身自好，不走旁门左道，不搞歪门邪道，光明正大搞经营，遵纪守法办企业。要让企业家树立正确的经营理念，由“靠关系”转向“靠产品”“靠创新”取胜，唯有如此，才能真正厘清政府与市场的关系，形成“亲、清”型政商关系。

构建亲清政商关系，要亲字当头，要清字为底。在优化营商环境、推动实现高质量发展的大背景下，通过清晰的制度导向，把亲和清统一起来，把构建亲清政商关系落到实处，亲则相敬如宾、清则公私分明，以亲清关系、精准化服务推动民营经济高质量发展，形成求真务实、清正廉洁的新风正气，促进经济社会健康发展。

第二章　近代中国工业文化与改革思想先驱

在中国近代历史上，张之洞、张謇、卢作孚、范旭东都是早期工业化的先驱。张之洞是洋务运动的“殿军”人物，他在担任湖广总督后，便在湖北大规模地兴办新式教育——实业教育、师范教育和国民教育，并且创办了农务学堂和工艺学堂，培养了一批新式农业和工业所需要的人才。在重工业的创始方面，他开办了亚洲第一家大型钢铁联合企业——汉阳炼铁厂，比日本最早的八幡制铁所还早七年。他建立的湖北枪炮厂，虽然在时间上晚于沪、宁等地的军工企业，但其设备、产品之先进，明显后来居上。张謇是晚清的状元，号称中国轻工业之父，是中国棉纺织领域的开拓者，并建立了许多与民生相关的工厂，被称为“状元实业家”。因此，本书以张之洞、张謇为例，介绍近代中国工业文化与改革思想。

第一节　改革思想的先驱

一、张之洞的先驱思想

自古以来中华民族就重视家庭。在中国人的概念里，“国”和“家”紧密相连，治国从治家开始。“家规”是治家教子、修身处世的重要载体。张之洞身上体现了四种精神：一是爱国精神，二是实干敬业精神，三是改革精神，四是廉政精神。当下社会，正需要弘扬这四种精神。“仁厚遵家法，忠良报国恩。通津为世用，明道守如珍。”张之洞写的这首《续辈诗》，既被作为后代子孙的排辈依据，更把修身齐家立业之道和为人处世准则铭刻在每一位张氏后人心中。张之洞的孙子张厚玫说：“诗中第一句用‘仁厚’开头，就是将‘仁厚’的修身要求放在最前面，为以后的齐家、治国、平天下奠定坚实的基础。诗中第二句中‘报国恩’，隐含着与众不同的深刻意义。在清朝的正式文件中，是找不到‘报国恩’的说法的，一般提的是‘报主恩’‘报皇恩’‘报君恩’。过去的文献中，只有《岳飞传》中有岳母刺字‘精忠报国’的说法。报国，而不是盲目地忠君，这也是祖父在传家诗中要传达的一个重要思想。”教子警言——兄弟不可争产，志须在报国，勤学立品；君子小人，要看得清楚，不可自居下流。致儿子书——父母爱子，无微不至，其言恨不能一日不离汝，然必令汝出门者，盖欲汝用功上进，为后日国家干城之器、有用之才耳。张之洞说：“诗书寄厚望，教诲启后人。”致双亲书——大人前次训谕，谓操守宜廉洁，办事宜谨慎，待人宜宽和，此真大人金玉良言，儿虽不肖，敢不永矢勿谖。

《易经》上说“观乎天文，以定时变。观乎人文，以化天下”，意思是按人文的规律对人进行教化。从秦汉唐宋到清朝乾隆时代，中华民族无比强大，慷慨地向外输出自己的文明和人才，推动了人类的进步。18 世纪，全世界有 9 亿人，中国有 3 亿人，占世界人口的 1/3；中国的生产总值占全世界的 33. 3%，整个欧洲占 28. 1%；全世界超过 50 万人口的大城市有 10 个，其中 6 个在中国：北京、南京、扬州、苏州、杭州、广州。中华民族曾领先世界，而到了晚清，鸦片战争不仅打开了中国的国门，也打碎了“天朝之梦”。晚清时期的中国灾难深重的根本原因不是穷，而是我们首先丧失了文化自觉，西方国家在进行工业革命，进入了工业时代，而清朝的文化还停留在骑马、射箭。被工业化抛下了 200 年的人，当国门被打开的那一刹那，文化自强和文化自信顿时烟消云散，洋枪大炮迫使统治者割地赔款，全国上下一盘散沙。而今天实现中华民族的伟大复兴，就成为中国的一个梦。

张之洞不仅是清正廉洁的典范、捍卫国土的先锋、中国教育的奠基人，还是实业兴邦的开拓者、改革思想的先驱。在保守与变革这两种主张之外，张之洞凭借着自身的许多经验和教训，提出“中学为体，西学为用”的主张，既不完全固守传统，也不一味全盘西化，而是“权衡新旧，会通中西”，是一种以调和折中的方式，走中西结合的道路，从而创造出一种新的文化，这种思维框架也昭示了中国文化的新方向。

张之洞作为 19 世纪 80 年代中法战争的最高主帅，坐镇广州而决胜于镇南关外，启用黑旗军刘永福为西线总指挥，任命老将冯子材为东线总指挥，在镇南关摆开战场，一举全歼法军，取得镇南关大捷，这个胜仗振奋了中国人民，震惊了世界，导致法国茹费里内阁倒台。这是鸦片战争以来，中国军队第一次打败外国侵略者，成为中国近代反侵略战争史上战果显赫的战役之一，在中国战争史上有着重要地位。就当下而言，我国周边仍然存在危机和挑战，中西文化的碰撞长期存在，当我们回顾张之洞在《中俄改定条约》、中法战争、甲午战争中，坚决捍卫祖国领土，创建新式军队、军校、兵工厂的爱国壮举，仍然会激励我们不畏强敌，敢打必胜。张之洞是个理性又务实的实业家，他主政数省，特别是督鄂 19 年，大手笔、大气魄地创办汉阳铁厂、枪炮厂、大冶铁矿、湖北织布局等，仅汉阳铁厂就有铸造、打铁、机器、轧钢等六个大工厂和四个小工厂，成为当时亚洲最大的钢铁企业。他主持卢汉（卢沟桥—武汉）铁路的修筑，创办中国第一家兵工厂，“汉阳造”是当时先进武器的代名词。他在湖北建立了工业体系，把西方工业文明引入中国农业文明中，促成了这一历史性的变迁。他抗洪筑堤，改造城市，把各自为政的武汉三镇连在一起，长街 60 里，14 个国家在这里设立领事馆，有 3000 名外国人在这里从事工商活动，有 124 家外商企业，民间工商企业多达 8000 多家，贸易总额 377504295 两，居全国第二，超过了天津和广州，直追上海。武汉三镇有了火车、轮船、邮政、警政、电灯、电话、电报、自来水等，迅速崛起，其实业兴邦的实干精神至今仍会给我们启发和鼓舞。

张之洞“启沃君心，恪守臣节，力行新政，不背旧章”的从政原则，在面对西方坚船利炮和中国封闭落后的两难境地，做出了突围性的选择。张之洞是一个迎难干事、勤政廉政的官，放在什么时代都是好官。《南皮县志》总编纂杜中洲说，张之洞秉持家风，居官清廉，刚开始在京为官，他都是客居京华。直到后来奉旨进京，担任了军机大臣，他才在北京的白米斜街买下住房。“他做官不用门丁，不收门包。史料记载，窘时‘夫人典衣置酒’，连他的丧事，都是靠朝廷的赏银、门人同僚送的‘奠仪’办下来的。他临终时坦然留言，为官四十年，勤奋做事，不谋私利，到死房未增一间、地不加一亩。他的儿媳守孝期间曾写诗感叹：‘廉吏子孙贫，家风旧如是’。”英国传教士杨格曾写道：“张之洞在中国官吏中是一个少有的人才。他不爱财，在这个帝国中他本可以是个大富翁，但事实上他却是个穷人。财富进了他的衙门，都用在公共事业和公共福利上。我愿非常诚挚地祝福他。”张之洞手中过钱千万两，不事个人财富之聚敛，死后的棺材是部下张彪所买，其葬礼的费用是学生黄兴、董必武等所捐（现存遗爱碑为证），他始终反腐倡廉，仅此一点，这个人物就值得我们怀念、尊重、赞颂。张之洞还是个颇具开创性的教育家，他创立了武汉大学、南京大学、四川大学等 260 余所学堂。他作为地方高官，运用他的资源，合理调动财力、物力、人力，大办新式教育，为全国的教育界人士树立了榜样，提供了经验。此外，他制定了“德、志、才、行全面发展”的教育方针，建立了较为完备的教育体制。这位中国近代教育制度的奠基人和开创者，对促进当前的教育改革与发展也具有重要的影响。

二、张謇的先驱思想

张謇，江苏南通人，1894 年的科举状元，次年在两江总督张之洞支持下，在家乡南通创办大生纱厂，开始了由封建官僚向民族资本家的转化历程，并逐渐成为清末民初的实业界巨子。中国的新式工业从 19 世纪 60 年代开始产生，到甲午战争前已有 30 余年的历史。洋务官僚的实业活动，尽管步履蹒跚，但毕竟开启了一代新风。甲午战败，爆发了严重的民族危机，更刺激了社会风气的整体转变，日本自明治以降的迅速强大，也使国人颇受启发。“设厂自救”“实业救国”逐渐成为时代的热潮。张謇正是在这种时代大潮的推动下，从封建官僚向实业巨子转变的。

明末清初的黄宗羲早已提出了“工商皆本”的主张，甲午战争之前的早期维新思想家也曾喊出了“振兴商业”的口号。但是，到甲午战争后康有为提出“兴实业”观点为止，他们都未能完全超越传统观念，从兴邦立国的高度来认识工商实业的重要地位。张謇是较早将“实业”与“救国”相提并论的经济思想家，他认为振兴实业乃是决定国家命运的大问题，是救国的根本。针对甲午战争后盛行一时的军事之败、教育之败等皮相之见，他独树一帜地指出，“救国为目前之急”，但如何救国，他比喻道：“譬之树然，教育犹花，海陆军犹果也，而其根本则在实业。若骛其花与果之烁灿甘美而忘其本，不知花与果将何附而何自生。”此论一出，可谓切中时弊。这是张謇“实业救国”口号的提出和思想的萌发。张謇这里所说的实业，农、工、商皆在其中，而以建立和发展新式工业为中心。他说：“实业者，西人赅农，工商之名，义兼本末，较中国汉以后儒者重农商之说为完善。”“世人皆言外洋以商务立国，此皮毛之论也，不知外洋富民强国之本在于工。”他并从理论上对农、工、商业之间的关系和各自所处的地位作一些分析。他认为：“上溯三代、旁考四国，凡有国家者，立国之本不在兵也，立国之本不在商也，在于工与农。”由于当时工业生产的原料主要来自农产品，他认为“盖农不生则工无所作，工不作则商无所鬻”。可见他对农、工、商三者关系的认识是较为清楚的。张謇经济思想主要的和最具特色的内容，是他以“棉铁主义”为中心振兴实业的思想，其内容是发展大工业应以棉、铁两种工业为起点和中心，有步骤地建立和发展各种工业部门，从而达到全面振兴实业之目的。张謇的“棉铁主义”的主张比他同时代许多人的思想更具有系统性，也更适合中国国情。从世界资本主义发展的规律来看，棉纺和钢铁一直是资本主义工业的两个主要部门。工业革命是从棉纺织工业开始的。在很长一段时期内，棉纺业都是西方国家最发达的工业部门。后来，随着对原料需要的增长和对外殖民扩张的需要，钢铁工业发展起来，到19世纪末20世纪初就已在所有工业部门中居于首要地位。因此，张謇指出，一个国家只有拥有强大的棉铁工业，才能成为一个发达的工业国家，才能操纵经济界之全权。这种先发展轻工业、后发展重工业，使轻重工业皆得以发展的经济思想，是比较符合经济规律的。此外，张謇的“棉铁主义”主张还具有强烈的爱国色彩，有振兴本国实业以抵抗外国资本侵略的内涵。他说：“中日交涉发生以后愤激而言抵制日货者比比也……我仍其旧而不慕于外物也，则不必言抵制，我而自为之不资于外物也，亦不必言抵制，为其无所为抵制也。”他认为要想达到抵制之作用，必须“我有可以相当之物”，否则即为“空言抵制”。但是鉴于当时国情，他又主张分轻重缓急，先集中精力办一些最急需、最现实的企业，突出重点。他说：“无的则备多而力分，无的则地广而势涣，无的则趋不一，无的则智不集。”那么，重点应当是什么呢？张謇指出：“在棉铁，而棉尤宜先。曷为先棉？鄙人比辑海关贸易册，知每发进口棉货之代价，最多者盈银一万八千两，铁之代价，盈银四千六百余万两，是以有棉铁政策之计划。”1913年，他在研究晚清40年来中外贸易情况时指出：“查前清光、宣两朝各海关贸易进册，进口货之多，估较价格，棉织物曾达二万万以外，次则钢铁，他货物无能及者，是以謇于南洋劝业会时，即发表中国现实须用铁政策之说，复著奖励棉业之议，上之政府，彼时政府不之省也。今謇主张无以易此。”可见，张謇认为列强输入中国的大宗商品棉铁，也是造成中国白银大量外流的主要商品，

“若不能设法，即不亡国，也要穷死”；只有出口商品“日伸一缕”，进口商品“日缩一缕”，才能“我自为我”。

从中国当时的国情出发，张謇主张率先发展棉铁，尤其以棉为先，以后再有步骤地向其他经济部门投资的思想，是考虑到了中国的实际力量和人民生活之需要的。张謇认为，当时之中国，百废待兴，“农工商业为类至多”，而“政府人民，财力均困”，如果在振兴实业方面不分轻重缓急，各种工业齐头并进，势必造成“备多而力分”。旧中国的民族工业皆遇到缺乏资金的困难，尤其是小型企业。张謇在创办大生纱厂时感触尤深。造成资金缺乏的原因很多：一方面，对外赔款造成白银大量外流，中国没有发达的金融业，近代银行系统才刚刚开始发展，而且非常不健全。鉴于当时中国的财力状况，张謇先发展棉纺工业的思想可谓较为务实。另一方面，从中国古代经济的发展水平和中国近代化开始以来所积累的技术力量看，发展棉纺织业是有一定基础的。古代的中国是个男耕女织的国家；近代中国无论是外国侵略者在中国开设的工厂，还是中国人自己开设的工厂，又多为轻纺企业。与其他企业的发展相比，棉织业方面积累的技术力量相对雄厚些，也有大量操作熟练的技术工人，所以中国优先发展棉纺工业具有一定的可行性。

鉴于此，张謇以棉、铁两种工业为实业发展的重点并放在优先地位是比较合理的，棉纺织品是人民的基本生活资料，棉纺又是联结工业和农业的一个纽带部门；钢铁工业是一切工业生产的基础，联结工业和矿业部门。以棉铁为中心，既能够广泛带动国民经济中其他行业的发展，又能立足于国内解决市场和原料问题，从而捍卫国民经济的独立。张謇的“棉铁主义”比他以前和同时代的许多进步人士提出的救国方案更明确、更具体、更系统。

张謇创办大生纱厂，需要大量廉价优质的棉花作原料。为了给自己的企业建立原料基地，为了同日本纱厂争夺“通产之棉”，大生集团把资本伸向农垦领域，办起了“通海垦牧公司”等16个盐垦、垦牧公司。在农业经营管理方面，张謇向往的是资本主义性质的大型农场。早在戊戌变法前，他就提出过“振兴农务”的主张，要求把“久荒之地，听绅民招佃开垦，成集公司，用机器垦种”。这里所谓“招佃”究竟是指封建制度下的佃农，还是指资本主义制度下的农民，张謇未作具体说明。但从他经营成集公司采用机器垦种和雇佣劳动的经营方式来看，显然是具有资本主义性质的。张謇经营农垦公司的办法是：采用股份公司的形式筹集资本，由公司筑堤排水，除去盐碱，然后招佃垦种，由公司统一派人收租。公司所招的佃户，都是贫苦的佃农，而不是拥有资本的农场主。这样的租佃关系，显然是资本主义性质的土地所有者和租地农民或农场主之间的关系。这些公司实行按股分配土地的办法，将垦出的土地按出资多少分在各股东名下，每一股东名下的土地，地租都归该股东所有，只是各股东都不自行负责招佃、管佃、收租等事宜，而由公司统一代办而已。各股东实际上就是真正的资本主义性质的农业资本家，各盐垦、垦牧公司，也就是进行农牧生产、获得利润的资本主义企业。

然而，张謇的这种经营尝试又是失败的。公司筑堤排水，“公司”机构和人员的日常开销，尤其是雇用许多人员管理佃种、收租，费用不少，但垦出的土地却都分到了股东名下，收取的地租为股东所有，公司得不到什么利润，无法积累资本。这样，公司就谈不上发展，甚至连维持都有困难。究其原因，在于张謇和他的资本集团成员，都是从地主、官僚或商人转化而来的上层资产阶级分子，一般都拥有相当数量的地产，他本人就有 3000 多亩土地，已经习惯于农业中的封建地租剥削方式。在半殖民地半封建中国，由于帝国主义、封建主义的压迫，民族企业处境困难，经营风险特别大，许多民族资本家不但不愿改变自己原来在农村中的封建地租剥削方式，甚至还常常把从工商业中获得的利润拿回农村购买土地，形成资本倒流的现象。

张謇创办垦牧公司的目的本为解决纱厂的原料来源问题，但由于他的公司存在资本主义的外壳同封建主义的内容之间的严重矛盾，因此，张謇经营农垦公司的结局只能是：不但无助于原料的解决，反倒成了他的资本集团的一个沉重包袱。1924 年，当大生纱厂因纱布滞销而陷入严重的资金周转困难时，各盐垦、垦牧公司积欠纱厂债款达 250 余万元，造成他自己所说的“盐垦累纺织”的局面，使这位实业家大伤脑筋。

其实，张謇在实现他的“棉铁主义”理想的过程中，时时处处都遇到了资金匮乏问题。他曾呼吁满清政府和地方实力派给予大力支持，结果仍是“无可措手”。为解决财力不足之难，他提出了引进外资的思想，并且对如何引进进行了系统的阐述。1913 年，张謇在袁世凯政府的农商总长任上时，就提出引进外资的三种办法：一曰合资。凡利害参半的企业，采用此法，有利同享，有难同当。二曰借款。凡确有把握的企业，无多大风险可言，采用此法，以免与外人分利。三曰代办。凡先难后易而可以永久获利的事业，采用此法，如开垦荒地。在他的大力鼓吹和积极推动下，引进外资收到了一定的成效。但是，他又坚持引进外资不能丧失主权。他的这种思想在后来提出向日本借款时亦有反映，即借款条件要以“能还本息为终止”，“其尤要则借外债不可丧主权”。第一次世界大战后，张謇进一步主张实行全面的“开放主义”，他曾呼吁外国资本集团同中国资本家合作，共同成立一个国际“银公司”，进行长期投资来实现他的“棉铁主义”。张謇试图引进外资来加速中国实业的发展，这种思想本身是无可非议的，问题在于旧中国并不存在实现这种主张的条件。西方列强在华早已确立了牢固的金融垄断和经济控制地位，他们绝不允许中国的资本主义经济获得独立的发展。“帝国主义列强侵入中国的目的，绝不是要把封建的中国变为资本主义的中国。帝国主义列强的目的和这相反，它们是要把中国变成它们的半殖民地和殖民地。”张謇引进外资的设想和计划，只能是望梅止渴而已。

晚年的张謇仍念念不忘实业，他强烈地预感到世界未来必将趋向统一，实业也必将趋于大同。1923 年，他经过详细的数字统计，认为就棉织业讲，存在原料供不应求的趋势，一旦发生原料短缺现象，必然要引起原料竞争，“竞争必至相恶，相恶必至失和，失和必且有意外之变幻，此岂非东亚和平之隐障哉!”随着世界市场的统一，各国利害必将趋于一致。就在1922年，美国由于棉荒而大量购进中国的棉花，引发中国棉花的缺乏，迫使一向依赖中国棉花的英国不得不从印度购棉，而印度本身棉花自给已有困难，结果引发了一场不小的棉花危机。有鉴于此，张謇郑重提议：一国的工业与农业，应力谋供求相适应。现在美国、印度等国由于大力投资于农业，棉田面积不断扩大，土壤得以改良，棉花产量日增，自给率达95%，而中国棉花自给率仅65%。他还分析了中国宜棉之地甚广：一江淮流域，一直隶，一西北、东北边，建议工商业者为自身计，为国家计，宜应大力开垦。至于开垦所需费用之短缺，他又提出了引进外资的问题，他援引美日经济发展的经验：“现今美国人口约一万一千余万，平均资产，人各有五千美金，然须知百数十年以前，美之始建，负外债以兴其地者，其数甚巨；即日之营北海道，负外债亦巨。”引进外资，值得一试。

作为近代中国实业界巨子和民族资产阶级的代表人物之一，张謇同帝国主义和封建主义势力存在千丝万缕的联系。对于反帝反封建的任何近代革命，他都抱敌视态度。他幻想能在帝国主义羽翼下，在封建政权许可的范围内进行一定的政治经济改革，以实现自己发展资本主义、振兴实业、实业救国之平生抱负。他不赞成资产阶级民主革命——辛亥革命、二次革命、护国运动和护法战争，总是幻想在清政府或北洋军阀政权的统治下振兴实业。实践证明，这只能是一种梦呓。他倡导棉铁主义，然而他办了30年的企业，对于怎样实现以棉铁主义为中心的振兴实业的目标，建立一个“操经济界之全权”的独立工业体系，终于还是感到“茫无方向”。他殚精竭虑、煞费苦心举办和支撑起来的一些近代工商企业，也大多在帝国主义的排挤和封建主义的摧残下，而最终陷入困境。1922年，他的企业即开始衰落，至1925年，大生纱厂因负债不能偿还而被债权银行团接管，这实际上宣告了他所谓“实业救国”理想的破产。历史证明，只有彻底推翻帝国主义和封建主义的统治，建立起一个独立、民主和统一的新中国，才有可能建立和发展民族工业，实现国家的工业化。

张謇所办实业最后虽然以失败告终，但他仍不失为近代中国著名的实业家。他一生之中建立起了一批新式工业企业，在中国民族工业的发展史上具有很重要的地位。甲午战争以后中国资本主义的初步发展和辛亥革命以后、“一战”期间的进一步发展，张謇都是起了积极作用的。他的著作《张季子九录》既为发展中国民族经济提供了宝贵的经验，也为研究中国近代经济史和经济思想史留下了丰富的材料。他所提出的“棉铁主义”实际上是一个反映民族资产阶级上层利益和要求的工业化方案。张謇不愧为中国近代民族资产阶级“实业救国”论的典型代表人物。

三、对张之洞与张謇的评价

（一）张之洞

张之洞，人称张香帅，自号抱冰老人，南皮人，东南大学前身——三江师范学堂的创始人，中国高等师范学堂之鼻祖，中国幼儿园创始人（第一所幼稚园，选聘了 3 名日本保姆），中国重工业奠基人。张之洞 13 岁中秀才，16 岁中顺天乡试第一名（解元），26 岁中会试第三名（探花）。张之洞先为清流以敢谏闻名，号称“牛角”，其战斗力非常生猛。后任山西巡抚和各地学官，之后长期任总督，1907 年后任大学士、军机大臣，1909 年死，谥号“文襄”。

张之洞一生主要做了三件事：一是办新式教育，二是办实业，三是练新军。张之洞办的实业主要有：一是督办卢汉铁路（卢沟桥—武汉，即京汉铁路），二是把武汉打造为当时中国最大的重工业基地。以卢汉铁路的修筑为契机，张之洞为了“图自强，御外侮；挽利权，存中学”，在他主政的 18 年间，兴实业、办教育、练新军、应商战、劝农桑、新城市、大力推行“湖北新政”。以武汉为中心，他先后创办了汉阳铁厂、湖北枪炮厂、大冶铁矿、汉阳铁厂机器厂、钢轨厂、湖北织布局、缫丝局、纺纱局、制麻局、制革厂等一批近代工业化企业，居全国之冠，资本总额约 1130 万两白银。汉阳钢铁厂成为当时亚洲最大的钢铁联合企业，湖北形成了以重工业尤其是军事工业为龙头的工业结构，武汉也一跃而成为全国的重工业基地。一些在国内有影响力的民营企业也相继产生，湖北的近代工业体系已初步奠定。汉口由商业重镇一跃而成为国内屈指可数的国际贸易商埠，湖北经济也由此跨入现代化发展的新阶段。

张之洞是近代中国政坛上的风云人物，是晚清一代重臣，也是洋务运动后期的重要首领之一，他对中国的近代化做出了不可磨灭的贡献。他对中国近代化的贡献主要体现在两个层面：一是对政治、经济、军事及教育方面近代化的贡献；二是他间接地为近代化的实现营造了良好的外部环境。在张之洞的全部洋务活动中，实业建设是重要的部分，他所主持兴建的京汉铁路是中国第一条纵贯南北的铁路干线，汉阳铁厂是中国乃至亚洲第一家现代化钢铁联合企业，湖北兵工厂是清末民初最大的军械工厂，布纱丝麻四局是华中最大的纺织厂。从某种意义上来说，我们可以把张之洞看作中国近代工业，尤其是近代重工业的奠基人。张之洞所创办的这些企业既有力地推动了洋务运动的发展，也为近代的民族资本主义工业起到了表率作用，对于促进中国工业经济发展的作用不言而喻。张之洞不仅是一位洋务活动的实干家，他力图自立学说，企求建立应对时变的理论体系。张之洞在 1898 年撰写的《劝学篇》，以比较完整的形态构筑了洋务运动的思想蓝图，使“中体西用”成为当时的“流行语”。张之洞是洋务运动后期的“殿军”人物，在其建立的各项洋务事业中，创办近代兵工企业是最成功，也是最引人注目的一项。张之洞整合及创办近代兵工企业的活动开始于中法战争时期，以“抵御外侮”为直接目的，顺应了洋务运动中创办军事工业以求“自强”的历史潮流。他组建“江南自强军”和“湖北新军”，其主观动机是为拱卫清朝，所谓“执干戈以卫社稷”。无论是从实践方面，还是从理论方面来说，张之洞都可以被看作洋务运动的终结性人物。

1889 年调任湖广总督后，张之洞便主持兴建湖北汉阳铁厂和大冶铁矿等重型企业。汉阳铁厂于 1894 年建成投产，开炉炼钢。炼铁厂共有铸铁厂、打铁厂、机器厂、造钢轨厂和炼熟铁厂等6个大厂、4个小厂，两座钢炉，工人3000人，外国技师40人，这是我国第一座近代大型钢铁工厂。炼铁需要铁砂和煤等原料和燃料，于是张之洞又派德国技师在大冶附近勘察，发现此处铁矿蕴藏丰富，从而又兴建了中国第一家用近代技术开采露天铁矿的大冶铁矿。张之洞先后下令开发大冶三石煤矿、道士茯湫煤矿、江夏马鞍山煤矿和江西萍乡煤矿（安源煤矿）。这样，就以炼铁厂为中心，兼采铁、采煤和炼钢为一体，创建了我国近代第一座，也是远东第一座的钢铁联合企业。它的建成，标志着中国近代钢铁工业的兴起，为我国重工业开了先河。除此之外，张之洞还创建了我国首家系统完备的军工厂——汉阳兵工厂，"汉阳造"从此闻名天下（汉阳步枪在抗日战争时期都在用），在中国近代军事建设以及国防中起到重要作用。

卢汉铁路建成之日，也是张之洞督办粤汉、川汉铁路之始。在其督鄂期间，湖北武汉在商业、工业、教育、金融、交通等方面确实取得了长足发展，成为武汉城市早期现代化的一个重要界标。另外，"湖北新政"之所以成功，制度创新是关键。据统计，张之洞督鄂期间，设置各类新机构36个，其中25%的机构是按清朝政府的指示而设，75%是按张之洞的要求而设。这反映出张之洞的自主性和创新性。新机构的设置，既是张之洞锐意创新的标志，也是张之洞推行"新政"的重要手段。因"湖北新政"所孵化的社会生产力、民族资产阶级、新式知识分子、倾向革命的士兵，最终成了封建王朝的掘墓人。此外，张之洞还办新军、办新式学堂，大力引进人才，特别是留学生。对于留学生，张之洞一直优礼有加。张之洞热心向日本学习，经他派往日本留学的学生达数百人。当时风气虽开，但出洋仍遇到很大阻力。张之洞极力倡导，将自己的子孙都送往日本留学。"学生出洋，之洞必送行，回国必设宴接风。"总督衙门有一挑水人听人说今天总督接风的是留学生某某，挑水人说："这学生就是我的儿子啊！"

张之洞对学生宠爱异常，凡是学生与官吏发生争执或纠纷，张之洞往往偏袒学生一方。张之洞创办新军回任湖广前夕，曾奏准将已经练成的江南自强军护军前营500人调往湖北，"教习洋操，以开风气"。1898年（光绪二十四年），张之洞在省城东门外卓刀泉创建农务学堂。1900年正式开学，聘请美国农学教习2人指导研究农桑畜牧之学。1906年，农务学堂校址迁移到武胜门外多宝庵地方（今湖北大学校园），开设高等正科，改名为湖北高等农业学堂，并附设实验场。这是湖北最早的近代农业学堂和现今华中农业大学的前身。

张之洞还在湖北铁政局内创建工艺学堂，课程有汽机、车床、绘图、竹器、洋脂、玻璃等各项制造工艺。张之洞改书院、兴学堂、倡游学，使包括汉口在内的武汉三镇形成了较为完备的近代教育体制。传统的书院教学以研习儒家经籍为主，张之洞致力于书院改制，相继对江汉书院、经心书院、两湖书院的课程作出较大调整，各有侧重，以"造真材，济时用"为宗旨。在兴办新式学堂方面，他创办的算学学堂（1891年）、矿务学堂（1892年）、自强学堂（1893年）、湖北武备学堂（1897年）、湖北农务学堂（1898年）、湖北工艺学堂（1898年）、湖北师范学堂（1902年）、两湖总师范学堂

（1904年）、女子师范学堂（1906年）等，则涵盖了普通教育、军事教育、实业教育、师范教育等层面。

（二）张謇

张謇是一位伟大的历史人物。从社会活动方面来看，他是政治家、社会活动家、实业家，也是教育家；从社会地位方面来看，他既是官绅阶层，也是民族资本家；从他的事业对社会的影响方面来看，他是改革家，也是开拓者。

辛亥革命后，由资产阶级立宪派转向赞成共和，是张謇政治思想上顺应时代潮流的第一次大转变。以孙中山为首的资产阶级革命派，主张采取武装起义手段，以“驱除鞑虏，建立共和”；而以张謇为首的资产阶级立宪派，主张采取合法手段，以成立国会，制定宪法和建立责任内阁。两派实现政治目标的手段有异：一个是革命，另一个是改良；政体也不同，一个是民主共和，另一个是君主立宪。但他们改变封建专制体制、建立资产阶级议会政治的目标是基本一致的，可以说是殊途同归。因此，对两派作历史评价时，应客观公正，不宜有所偏颇。

在与清王朝的政治斗争中，革命派是主流，应该记头功；但立宪派也起了不小作用，不应任意贬低和抹杀。包括张謇在内的全国立宪派带头人，大都是各大城市新兴资产阶级的代表人物。他们拥有工商企业，控制工商团体，掌握舆论阵地，主持民意机关，是新兴资产阶级的主体力量。他们发动的大规模速开国会请愿运动，对玩弄假立宪的晚清政府无疑造成很大冲击。在这一方面，对张謇倡导之功，应给予足够的评价。事实上，革命党人把各州县光复的重任主要寄托在士绅身上。辛亥革命爆发后，张謇毅然放弃君主立宪，转向民主共和，支援革命军，迅速控制东南富庶地区，为建立临时政府奠定了基础，为创建民国，最后结束封建帝制立了一功。这是张謇在政治思想上顺应时代潮流的第二次大转变。

张謇的政治参与极为活跃，他在各地独立、南北议和、清帝退位等方面做出了重要贡献，产生了深远的历史影响。

张謇长期过着应试、当幕僚的生活，年过40岁才考中了状元（1894年）。是年甲午战争爆发，这位状元公毅然弃政从事士大夫鄙视的工商业，真是惊世骇俗之举。他鲜明地提出了“实业救国”的主张，他从筹办南通大生纱厂开始，陆续兴办了数十家企业。张謇堪称中国近代第一实业家，其“实业救国”包含以下几点重要内容：

第一，张謇是一位坚决的实业主义者。

张謇说：“实业者，西人赅农、工、商之名，义兼本末。较中国汉以后儒者重农抑商之说为完善。”他认为：“世人皆言外洋以商务立国，此皮毛之论也。不知富民强国之本实在于工。讲格致，通化学，用机器，精制造，化粗为精，化少为多，化贱为贵，而后商贾有懋迁之资，有倍徙之利。”“工苟不兴，国终无不贫之期，民永无不困之望”。他很重视采用新工艺、新技术，认为“能于工艺一端，蒸蒸日上，何至于有忧贫之事哉。此则养民之大经，富国之妙术”。

第二，张謇认为“棉铁主义”是符合中国国情的产业政策。

张謇充分利用当地盛产棉花的原料优势与有农村土布纺织经验的人工优势，发展棉纺织工业，用近代大工业的产品重组传统农民家庭工业，形成了机纱与手织相结合的新生产组合形式，提高生产水平，实现了对农村家庭手工业的重大革新。他根据光绪、宣统两朝的《海关贸易册》指出：“进口货之多，估较价格，棉纺织物曾达二万万两以外，次则钢铁，他货物无能及者。是以謇于南洋劝业会时，即发表中国现时实业需用棉铁政策之说。”又说：“国人但知赔款为大漏卮，不知进出口货价相抵，每年输出，以棉货一项论，已二万一千余万两，铁已八千余万两，暗中剥削，较赔款尤甚。若不能设法，即不亡国，也要穷死。”“棉铁主义”的产业政策既可以解决对外贸易逆差问题，更为重要的是，它也是切合时宜的工业化路线。西方第一次工业化是从轻工业开始的；后来苏联反其道而行之，实行“优先发展重工业的社会主义工业化路线”。张謇高明之处在于没有照抄照搬西方的办法，而是实行符合国情及 19 世纪末世界潮流的轻重工业并举的“棉铁政策”。

第三，张謇善于利用多年从政所形成的社会关系，力争官方支持，发展民间资本。

张謇一贯主张发展民间资本，并且以他为首在中国东南沿海地区形成了一个民族资本集团——大生资本集团。此外，他以大生集团为核心还创办了大小企业 34 家，涉及冶铁、机器、日用品、食品、银行、交通、服务等领域，原始资本约为 600 万两白银。在苏北沿海各地，他还开办了 20 个盐垦公司，估计资本为 1600 余万元。据日本人驹井德三在 1922 年的调查估计，大生集团的资本总额为 3300 多万元。张謇，真不愧为中国近代史上第一实业家！

张謇作为众人仰慕的状元，为了筹借资金，他曾求助于上海资本家，当他在“留沪两月，百计俱穷”之后，曾“以卖字给旅费”，险恶莫测的环境令他“徘徊于大马路泥城桥电光之下，仰天俯地，一筹莫展”。与他同时奉旨办厂的苏州状元陆润庠则很快“起补祭酒，擢内阁学士，署工部侍郎”，回归到封建士大夫队伍里。而张謇仍以顽强的毅力在艰难险阻中苦心经营着自己的事业。回首创办大生纱厂的历程，张謇感喟自己可谓“含垢忍尤，遭闵受侮，千磨百折”，其忍辱负重、坚韧不拔的精神由此足可窥见一斑了。中国第一代企业家中的成功者正是以此“强毅之力”在荆棘丛生的困境中顽强奋起，从而参与推动着社会的进步和历史的向前发展。

张謇为提高大生崇明分厂的生产质量，曾“选派调查员，详考沪上各厂工，锐意整顿”，“并向通沪苏锡各处招徕良工，为之导师，日渐月摩，力求细致……，日省月试，力求节约”，这一系列提高生产质量的措施使得纱厂“气象顿易，销路浸广，价日提高”，“虽光复之际，辍工之久，是岁结帐犹余三万六千两”。值得一提的是，这一时期大多数的民族资本家已开始注重对企业的经营管理制度和人事制度的完善或改造，这也是其大胆改革创新意识的反映。例如在人事管理制度方面，任人唯贤已成为多数民族资本家的共识，而论资排辈、任人唯亲的封建旧弊已开始被遗弃，张謇提出了“用人者唯事务求人才，非为个人谋位置”的用人方针，由用人制度引申到对人才的培养上，张謇投资教育，兴办学校。从1902年创办南通师范学校起至1920年止，张謇在通海地区先后开办了大学一所、专科学校六所、师范院校三所、中学若干所、小学315所。培养、起用先进人才犹如为企业注入了新的血液，他们对提高企业生产效率、增强企业竞争能力的效应是不言而喻的。这些都从另一个侧面反映了张謇这位新兴民族资本家顺应时代、勇于改革创新的生命力和健康向上的心理态势，彰显出状元资本家的近代企业精神。

在努力发展实业的同时，张謇逐步形成“实业与教育迭相为用”的思想体系。1902年8月，张謇利用在大生纱厂历年积累未支的个人薪俸2万余两白银，再加上他四方筹集的资金，于1903年4月27日创办了我国近代第一所独立设置的私立师范学校——通州师范学校。从通州师范学校创办至1925年的20余年间，张謇将他在大生纱厂中的全部工资与部分红利捐作教育、慈善及地方公益经费。据统计，他一生在南通教育上的投资为257万两白银，到1924年，他在南通地区共创办小学370余所、中等学校6所、高等学校3所，初步形成了以基础教育和农、工、商、科技为中心，包括学前、初等、中等和高等教育在内的较为完整的近代教育体系，其中尤以师范教育为首创。张謇终生抱定“实业救国、教育救国”的信念。实业是张謇一生事业的主体，他为我国近代实业贡献了毕生精力。在时代风雨中，出身于封建王朝的张謇能清醒地“睁眼看世界”，并躬身实践长达30余载，当之无愧地成为我国早期现代化事业的开拓者和先驱者。

改革开放以后，对张謇的研究广泛展开，提出了许多新的观点。学术界认为，张謇“顺应和推动了中国早期现代化”“提出了不少具有现代化意义的思想创见”“做了许多开创性的现代化事业”“在中国早期现代化进程中处于先导地位”。但是，如果对张謇的研究仅仅停留在把他作为一般的实业家、教育家进行论析，是不可能反映他全部活动的特点的，也就无法对他的历史作用作出总体评价。所以，许多学者开始了张謇政治思想和实践的研究。应该说，张謇是一位具有政治抱负的改革家。这样，才能给张謇以实事求是的评价和应有的社会地位。

“凡任一事，不可不通盘考虑。”“一个人办一县事，要有一省的眼光；办一省事，要有一国之眼光；办一国事，要有世界的眼光。”张謇的理念无不体现着中华优秀传统文化，也直接决定了近代南通的发展地位，在今天的通商精神“强毅力行、通达天下”中得到传承和体现。穿越百年，历久弥新。为了弘扬张謇的爱国企业家精神，南通将大生纱厂开张之日的5月23日定为“南通企业家日”，每年评选一位“张謇杯”优秀企业家，在江海大地形成重实业、促发展，尊重、爱护、支持和褒扬企业家的浓厚氛围，激励广大企业家更积极地创新创业、服务社会。2020年习近平总书记主持召开企业家座谈会后，南通20位知名企业家发出倡议，争当“爱国、创新、诚信、具有社会责任和国际视野”楷模，为全面建设社会主义现代化国家担当尽职，做出企业家贡献。

第二节　中学为体　西学为用

一、中学与西用

“中学为体，西学为用”是19世纪60年代以后洋务派向西方学习的指导思想。“中学”是指以三纲八目（出自《大学》）即“明德、新民、止至善，格物、致知、诚意、正心、修身、齐家、治国、平天下”为核心的儒家学说。三纲八目的追求出自《礼记·大学》第一章。《大学》原为《礼记》第四十二篇。宋朝程颢、程颐兄弟把它从《礼记》中抽出，编次章句。朱熹将《大学》《中庸》《论语》《孟子》合编注释，称为《四书》，从此《大学》成为儒家经典。至于《大学》的作者，程颢、程颐认为是“孔氏之遗言也”。朱熹把《大学》重新编排整理，分为“经”一章，“传”十章。他认为，“经一章盖孔子之言，而曾子述之；其传十章，则曾子之意而门人记之也。”也就是说，“经”是孔子的话，曾子记录下来；“传”是曾子解释“经”的话，由曾子的学生记录下来。

《大学》提出的“三纲领”和“八条目”，强调修己是治人的前提，修己的目的是为了齐家、治国、平天下，说明了治国、平天下和个人道德修养的内在联系。有人根据“三纲”和“八目”之间的联系而总结出“六证”——止、定、静、安、虑、得。著名的国学大师南怀瑾对三纲八目提出了新的见解，他指出应该是四纲七证八目。四纲：大学之道的道、明明德、亲民、止于至善。七证：知、止、定、静、安、虑、得。八目：格物、致知、诚意、正心、修身、齐家、治国、平天下。总体上来说，三纲八目学说体现了中国古代思想家中儒家学派对人的教育的根本思想，其充分肯定了人的社会属性，强调人在社会中的作用和对人的教育，总结出了一个人的修养（也就是今天我们所说的综合素质）是其成就事业大小的衡量标准，并且对一个人要成就什么事业、走什么样的方向提供了重要的指导。正是这些理论学说造就了中国后世知识分子“穷则独善其身，达则兼济天下”的光辉思想。

《大学》开头就说：“大学之道，在明明德，在亲民，在止于至善。”这就是后人所说的《大学》“三纲领”。所谓“明明德”，就是发扬光大人所固有的天赋的光明道德。所谓“在亲民”，是使人弃旧图新、去恶从善。这里的“亲”同“新”，是革新、弃旧图新之意。所谓“止于至善”，就是要达到儒家封建伦理道德的至善境界。“为人君止于仁，为人臣止于敬，为人子止于孝，为人父止于慈，与国人交止于信。”这是《大学》提出的教育纲领和培养目标。《大学》还说：“古之欲明明德于天下者，先治其国。欲治其国者，先齐其家。欲齐其家者，先修其身。欲修其身者，先正其心。欲正其心者，先诚其意。欲诚其意者，先致其知。致知在格物。”格物、致知、诚意、正心、修身、齐家、治国、平天下，后世称之为《大学》的“八条目”，这是实现“三纲领”的具体步骤。“八条目”的中心环节是修身，格物、致知是修身的外部途径，诚意、正心是修身的内在前提，齐家、治国、平天下是修身的更高一个层次的自我实现，所以《大学》第一篇在末尾处又说“自天子以至于庶人，壹是皆以修身为本”。

儒家的全部学说实际上都是循着这三纲八目而展开的，理解了三纲八目就等于抓住了一把打开儒学大门的钥匙。循着这进修阶梯一步一个脚印，就会登堂入室，领略儒学经典的要义。就这里的阶梯本身而言，实际上包括“内修”和“外治”两大方面：前面四级“格物、致知、诚意、正心”是“内修”；后面三级“齐家、治国、平天下”是“外治”。而中间的“修身”一环，则是连接“内修”和“外治”两方面的枢纽，它与前面的“内修”项目连在一起，是“独善其身”；它与后面的“外治”项目连在一起，是“兼善天下”。两千多年来，一代又一代中国知识分子“穷则独善其身，达则兼善天下”（《孟子·尽心下》），把生命的历程铺设在这一阶梯之上。所以，它实质上已不仅仅是一系列学说的进修步骤，而是具有浓厚实践色彩的人生追求阶梯了。它铸造了一代又一代中国知识分子的人格心理，时至今日，仍然在我们身上发挥着潜移默化的作用。不管是否意识明确，不管积极还是消极，“格、致、诚、正，修、齐、治、平”的观念总是或隐或显地在影响着人们的思想，左右着人们的行动，最终发现，自己的人生历程也不过是在这儒学的进修阶梯上或近或远地展开。

“西学”是指近代传入中国的自然科学和商务、教育、外贸、万国公法等社会科学。它主张在维护清王朝封建统治的基础上，采用西方造船炮、修铁路、开矿山、架电线等自然科学技术以及文化教育方面的具体办法来挽救统治危机。“西学”指西方的近代文化，也是一个自成体系的文化系统，其核心是资本主义的各种制度，其灵魂是以自由、平等为标志的天赋人权思想。从当时的时代背景来看，因为封建统治占主导地位，中国人向西方学习还仅仅是开始。所以要在充斥着封建主义旧文化的天地里容纳若干新文化，如果没有中体为前提，西用无所依托，在中国是无法落地的。当时顽固派势力极大，“动以不谈洋务为高，有讲术西学者，则斥之为名教罪人，士林败类”（郑观应：《盛世危言》，“西学”第一卷）。洋务派为了能在中国顺利办洋务，打出“中体西用”旗帜，宣称他们引进西学并非要改变中国文化中基本的东西，而是洋为中用，强调中学为体，这样就堵住了顽固派“以夷变夏”的攻击，使西学得以在中国落户。当时中国士大夫昧于章句之学，极力反对采西学之际，洋务论者甘冒离经叛道之大不韪，跨出了兴西学的第一步，兴办同文馆和各种洋务学堂，较大规模地派遣学生出国和翻译西学书籍，充分表现出“西学为用”的革新意义。虽然“中体西用”的理念没有使中国走上富强道路，但引进了西方先进技术，使中国出现了第一批近代企业。这一思想为中国近代企业积累了生产经验，培养了技术力量，在客观上为中国民族资本主义的产生和发展起到促进作用，为中国的近代化开辟了道路。

洋务运动，又称晚清自救运动、自强运动，是19世纪60~90年代晚清洋务派所进行的一场通过引进西方军事装备、机器生产和科学技术以维护清朝统治的自救运动。洋务运动前期口号为“自强”，后期口号为“求富”，其分类思想就是“师夷制夷”“中体西用”八个字。前四个字“师夷制夷”表明洋务运动与外国资本主义侵略者的关系，即学习西方的长技用以抵制西方的侵略道路。“师夷长技以制夷”是魏源在其著作《海国图志》中提出的著名主张。所谓“师夷”主要是指学习西方资本主义各国在军事技术上的一套长处，而“夷之长技三：一战舰，二火器，三养兵练兵之法”。魏源不仅主张从西洋购买船炮，而且更强调引进西方的先进工业技术，由自己制造船炮。所谓“制夷”，即抵抗侵略、克敌制胜。在这个主张里，“师夷”是手段，“制夷”是目的。通过“师夷长技以制夷”的主张，魏源明确地把是否学习西方国家“长技”提高到能否战胜外国侵略者的高度来认识，他强调指出，“不善师外夷者，外夷制之”。这个主张表现出了一种光辉的爱国主义思想，向处于巨大变故中的中国人提出了“向西方学习”的新课题。魏源是林则徐的好友，林则徐是最先放眼世界的人，他广罗人才翻译外国书刊。1842年，魏源在林则徐主持编译的《四洲志》的基础上编成《海国图志》，起初为50卷，到1852年已有100卷，广泛介绍西方知识，并阐述“师夷长技以制夷”的思想，试图吸收西方先进技术，使中国富强起来。后来严复陆续翻译了《天演论》《原富》《群学肄官》《群已权界论》《社会通诠》《法意》等西方学术著作，较为系统地将西方的进化论、经济学、政治学、社会学等理论介绍到中国来。这些理论后来成为向西方学习的思想源头，在中国近现代思想史上具有非常重要的地位，从实践意义上来说，它是后来洋务运动甚至维新变法、辛亥革命等一切革新运动的先声。

二、张之洞与中体西用

中体西用是“中学为体、西学为用”的缩略语。张之洞与曾国藩、李鸿章、左宗棠并称晚清“四大名臣”，是洋务派代表人物之一。张之洞曾提出“中学为体，西学为用”，对洋务派和早期改良派的基本纲领加以总括，他对于推动中国民族工业的发展功不可没。张之洞的孙女张厚粲说，“中学为体，西学为用”是祖父全部理想和抱负的核心，是他的终身信条。

沧州市档案局原副局长郑有才总结了张之洞一生的功绩，共有15项是关于改革的，精兵简政、裁汰冗员、裁绿营、澄清吏治、学洋操、练新军、建军事院校，还有刑法、商法、引进外资和外国技术改革、农业改革、交通改革、货币改革、财税改革、邮政改革、外交改革、交通改革、警察制度等。可以说，修筑铁路、驻外使馆、军事院校、近代货币、邮政局、巡警部等都是张之洞提出改革并直接创建的。“中体西用”的合法化打破了中学的一统天下，使中国落后、封闭、僵化的局面得以改观。随着西学范围的不断扩大，西学为用的主张不再被视为离经叛道，“用夷变夏”不再是中国思想界争论的主要问题之后，是否应该对中国封建政治制度及其意识形态这个“体”进行某些改变以适应资本主义经济的发展，就成为人们关注与思考的主要问题。因此，随着洋务运动的开展，西方器物进入中国的同时，也间接渗入了西方政治制度和法律制度的内容，这就使向西方学习由低层次向高层次发展。“中体西用”的集大成者张之洞将“中体西用论”发展成“整顿中法，仿行西法”，并提出“以仿西法为主”；以康梁为代表的资产阶级维新派将“中体西用”发展为变法维新，要求实行君主立宪制度；而以孙中山代表的资产阶级革命派，也受到“中体西用论”的影响，开始向西方学习，寻求救国救民的方略，不过他们突破了中体西用论的框框，思想认识发生了质的变化，主张仿效欧美国家的资产阶级革命，用暴力革命推翻满清王朝，建立资产阶级共和国。

中体西用思想起到了强化民族整合性的作用。在殖民主义侵略狂潮的冲击下，一个民族倘若不想沦为殖民地，就必须加强本民族的凝聚力，提高民族的整合程度。唯有如此，方可确立一个赖以发展与革新的根基。在当时，中体西用原则所包含的中国意识是团结爱国者的旗帜，它号召人们加强民族团结、抵抗侵略、保卫中华。综观当时进步人士的有关言论，不难发现：虽然少数人曾对中体西用这一文化原则整体上的正确性有过疑虑，但是从未有人对其中所含的民族性提出过怀疑；相反，每当涉及中国的命运和中国在世界中的位置时，人们总不免提起中体西用。没有中体作为纽带，中国文化是难以为继的。中体西用给人们以新的启示，即学习外国的东西，必须结合本国的实际。洋务运动后，拒绝向国外学习的盲目排外思想固然没有市场了，而全盘西化的主张，也被多数人所否定。结合本国实际学习外国的东西，已经逐渐成为人们遵循的法则。维新派在主张君主立宪的同时，也提出“保国、保种、保教”的口号。孙中山提出的三民主义，一方面吸收了西方的政治理论，另一方面又结合当时中国的实际，提出了民生主义（即平均地权）。尽管维新运动和辛亥革命因种种原因都失败了，但是维新派人士和孙中山对怎样学习外国的思路是正确的。总之，中体西用是中国在特定历史环境下为寻求自身出路的文化自救方案和关于如何向西方学习的战略思想，在封建专制统治和顽固守旧思想占据主导地位的历史条件下，中体西用是当时唯一可行的过渡性模式。这一思想的提出，不仅开了社会风气之先，为引进西学提供了理论依据，而且促成了中国近代化的开端。

“中体西用”是特定时代特定社会经济结构的产物。任何一种文化都是植根于自己的社会经济结构之中的。洋务运动前夕的中国，是一个资本主义经济尚未发展起来而以自然经济为主的社会。在这样的社会要建立起“西体”是不行的，因为还不具备西方式的制度所赖以存在的经济基础，传统的“中学体用”还按照其自身的逻辑运作着。但是，面对鸦片战争后西方列强的严峻挑战，不引进西学，则国将不国，在这种情势下，“中学为体，西学为用”思想便产生了。同时，“中体西用”是洋务经济深层次发展的需要。洋务经济乃是一种以政府为依托，以集权为特征的官僚经济。无论从资金、技术、市场诸方面来说，它都是不能离开政府的。它是靠政府之力，集中纳税人手中的钱财，解决兴办工厂的经费。它是靠政府之力引进技术，其原料和产品的相当一部分，也都是靠政府调拨的。于是，政府的支撑就成了洋务经济存在的前提。这样，维护政府所代表的传统制度，就成了洋务运动的天职。正是这种既要举办洋务，又要依赖政府的经济现实，决定了“中体西用”的必然性。

“中体西用”是洋务派自存的一种需要。兴办洋务，这是前所未有的开创性事业，不是一帆风顺的，既有资金之难措，又有技术的难备，还有传统势力障碍，更有顽固派之攻击与责难……真是举步维艰。唐山至胥各庄铁路通车时，顽固派提出机车轰鸣会震动皇陵，洋务派一度不得不用马匹来牵引车厢。办天文算学馆，顽固派又说这是“以夷变夏”，是废弃中国的封建统治秩序。这些在今天看来无须驳斥的奇谈怪论，在当年却是极具分量，可置人死地。甚至连洋务派也不得不称这些谬说“陈义甚高，持论甚正”。这样，为了使洋务运动顺利进行下去，在引进传播西学时，维护中体就非常必要了。不如此，洋务派就无以自存。从“中体西用”的主旨中我们可以看出洋务派的良苦用心。该理论的最早提出者冯桂芬说：“如以中国之伦常名教为原本，辅以诸国富强之术，不更善之善者哉。”很明显，作者强调的不是中学如何善，而是学西“善之善”。在这样的口号下，学西就名正言顺了。当然，随着时间的推移，这个口号的实际含义也在发生变化。当革命兴起之际，再大谈“中学为体，西学为用”，其重心就不在学西，而在不准革命、不准破坏中体这一层意思了。这个口号提出之初的进步用意，我们是不能抹杀的。

“中体西用”，为西学的传播打开了方便之门。虽然中学是体，但西学既然已经为用，它就堂而皇之地进入了传统框架，取得了合法地位，从而有利于破除国民拒斥外来新生事物的传统文化心理障碍。于是，在“用”的招牌下，西学大量涌入。江南制造总局仅 1896 年一年就译介西书 120 多种，平均每三天即译介一种，真是达到了惊人的地步。伴随着西学传播，中国的生产面貌发生了巨大的变化，“到甲午中日战争前夕，一些主要的近代工业和交通运输业的生产技术和设备，已接近世界先进水平了”（吴柏均：《中国工业化的交韧》）。君主立宪制、民主共和制等政治理论也在这个过程中被引入中国，并与中国文化交融，从而产生出中国自己的近代政治思想。新的中国社会，就是在这个过程中开始孕育生成的。

三、中体西用思想的影响

“互通”理论的立足点是“西学中源”论，但又不限于此论，它还承认西学有自身独立的发展和优长。《中庸》《周礼》《礼运》《论语》《大学》等都是中国古代最重要的文化典籍，而张之洞却将其与西学之义互通起来。这在信守中学的同时，大大提高了西学的地位。互通是为了找到中学、西学之间的共同点，消除隔膜，改变“旧学恶新学”“新学轻旧学”的状况。在中国古籍中，多有西学之义，如以学术言，《中庸》中有“西学格致之义”，《周礼》中有“化学之义”“农学之义”；以经济言，《礼运》和《中庸》中有“开矿之义”，《周礼》中有“西国专设树林部之义”，《中庸》中有“讲工艺、畅土货之义”，《论语》和《尚书》中有“工作必取新式机器之义”，《论语》和《管子》中有“劝工场之义”，《周礼》中有“博物院赛珍会之义”，《大学》中有“西人富国策‘生利之人宜多，分利之人宜少’之说”，《大学》和《论语》中有“工宜机器、行宜铁路之义”，《周礼·司市》中有“商学之义”；以教育言，《论语》中有“武备学堂之义”，《汉书·艺文志》中有“命官用人，皆取之专门学堂之义”，《左传》中有“赴外国游学之义”，《内则》和《聘义》中有“体操之义”，《学记》中有“西人学堂兼有玩物适情诸器具之义”；以政事言，《吕刑》和《王制》中有“讼狱凭中证之义”，《周礼》和《书》中有“上下议院互相维持之义”，《论语》中有“国君可散议院之义”；以舆论言，《王制》和《左传》中有“报馆之义”等，这些都是中学与西学相通的地方。中西相通的原因既是由于中国的学术政教早在夏、商、周三代之时就开始向西方传播，也是由于智慧既开之后，“心理同而后起胜”，西方必有冥合于中国古法且超过中国前人之处。因此，西政西学只要“有益于中国，无损于圣教”，即使于古无征也应该采纳。何况有许多可以中国经典为据，当然更应接受。①

张之洞的“中体西用”思想随着他的《劝学篇》的刊刻与传播而产生了巨大的社会影响。光绪二十四年的百日维新期间，光绪皇帝在六月初六、初七日先后推介了两部私人著作：一部是冯桂芬的《校邠庐抗议》，另一部是张之洞的《劝学篇》。有趣的是，前者的一句“以中国之伦常名教为原本，辅以诸国富强之术”，向来被认为是“中体西用”论的初始表述；后者则是“中体西用”思想的系统阐释。这样，不仅《劝学篇》一书挟朝廷之力得以风行，而且“中体西用”思想更是借皇权之势而被广泛流传。《劝学篇》面世以后，不断地被人翻刻，并很快由传教士译成外文。据英文译者吴板桥（SamuelI. Woodbridge）牧师称，该书发行量约有100万册，这个数字是惊人的。据张仲礼先生的研究，19世纪后期中国绅士阶层的总人数约140万人，他们应是当时主要的知识分子群体，相当于70%的知识分子人手一本《劝学篇》，这个比例是惊人的。如果考虑到借阅传观的因素，那么其影响则更为巨大。《劝学篇》的大量发行，也使“中体西用”思想广泛传播。梁启超说，“中学为体，西学为用”成了那个时代的“流行语”，“张之洞最乐道之，而举国以为至言”。虽然“中体西用”说不是张之洞的最初发明，也不是他的独家思想，但是，说他是这种思想的最具权威的发言人或代表人物，则是毋庸置疑的。应该说，《劝学篇》已经具有了“劝学”的效应。

毋庸讳言，对于以张之洞为代表的“中体西用”论，时人与后人亦多有非议。无论是严复讥之为“牛体马用”，还是近人批评其在封建主义之体上嫁接资本主义之用，似乎都有一定的道理，但也未必击中要害。究竟问题何在，尚需进一步深究，姑不赘论。在近代中西文化激烈碰撞的大变局下，如何处理中西文化关系的问题，便成为决定中国文化前途与出路的根本性问题。颇为时下学界推崇的学术大师陈寅恪，在论及中国

① 宋德华．重评张之洞的中西文化观——以《劝学篇》为中心［J］．学术研究，2011（2）：99-104.

学术思想创新的路径时曾经精辟地指出：“其真能于思想上自成系统，有所创获者，必须一方面吸收输入外来之学说，另一方面不忘本来民族之地位。此二种相反而适相成之态度，乃道教之真精神，新儒家之旧途径，而二千年吾民族与他民族思想接触史之所昭示者也”。他还自称：“平生为不古不今之学，思想囿于咸丰同治之世，议论近乎湘乡南皮之间。”可见，陈寅恪服膺的正是曾国藩（湘乡）、张之洞（南皮）的“中体西用”文化观。“中体西用”论提供了一个处理中西文化关系的中庸而开放式的思维框架：既不完全固守传统，也不一味全盘西化，而是要“权衡新旧，会通中西”，即以调和折中的方式，走中西结合的道路，当然是要把中西文化中优秀的东西结合起来，从而创造出一种新的中国文化。尽管要做到这一点并不容易，因为究竟什么是中西文化中优秀的东西，以及如何将其结合起来，是对不同时代的民众、学者尤其是政治家智慧的考验，但无论如何，这种思维框架业已昭示了中国文化现代化的新方向。

在中国近代思想史上，“中学为体，西学为用”在当时产生了重大影响，它的本质是在政治、经济、军事、文化上如何处理好中国和西方资本主义国家的关系——因为中国要“救亡图存”，这关系到中华民族的前途和命运。因此，迄今为止，认真地研究当时的这个思潮仍是完全必要的。当今的中国时时刻刻都面临着对外关系的问题，“中学为体，西学为用”作为一份文化遗产，虽然有不足之处，但也包含着合理的、宝贵的成分。“中学为体”中的“体”不是指身体或形状，而是指国家的本体、主体、政体、基干、准则、法纪，简言之，“体”就是当时封建社会的政权。所谓“西学”，大体上包括两个部分：一是西方资本主义的科学技术和物质文明；二是指资本主义国家的政治体制和文艺复兴以来创造的精神文明，主要是自由、平等的思想观念和多种形式的民主制度。

“中学为体，西学为用”的思想客观上促进了我国近代教育的产生和发展。在这一思潮的影响下，出现了一大批新式学堂，这些学堂大致可分为三类：一是外国语（方言）学堂，如京师同文馆、珲春俄文书院等；二是军事（武备）学堂，如福建船政学堂、天津水师学堂等；三是科技学堂，如天津电报学堂等。这些学堂的产生在一定程度上加速了科举制度的废除，打破了传统的教育格局。在创办新式学堂的同时，清政府还派遣了中国近代第一批留学生，而留学教育的发展对中国近代社会的政治、经济起到了一定的促进作用。“中学为体，西学为用”这一思想，进一步开阔了人们的视野，使人们从闭关自守的束缚中走了出来，在中国近代教育史上第一次改变了封建的传统教育，为我国近代教育的发展积累了宝贵经验。“中学为体，西学为用”思想的提出距今已有100多年时间。如今中国的面貌由内到外都发生了很大的变化。其中，最显著的一个变化就是来自西方的马克思主义融入了中国文化，即马克思主义中国化。毛泽东曾指出，对于马克思主义在中国的应用，必须将马克思主义的普遍真理和中国革命的具体实践相结合。因此，马克思主义中国化既有马克思主义的本质属性，也具有中国的民族特征。马克思主义中国化的理论成果所包含的毛泽东思想、邓小平理论、“三个代表”重要思想、科学发展观和习近平新时代中国特色社会主义思想，是中国共产党领导全国人民进行中国革命、建设和改革的伟大实践活动的指导思想；是中国共产党和全国人民集体智慧的结晶；是中华民族最为宝贵的精神财富。

第三节 《劝学篇》之改革思想

一、旧学为体，新学为用

张之洞在1898年5月出版了《劝学篇》，对洋务派的指导思想做了全面系统的阐述，重申“旧学为体，新学为用”，反对政治制度的改革。这一论题在中国近代更通常的表述是“中学为体，西学为用”。作为中国温和的开明士人的一种文化选择，“中体西用”是19世纪中叶以后，中西文化剧烈碰撞、深刻交融的时代产物。20世纪初年，清政府推行新政，仍然奉行这一主张。它是封建文化和西方资本主义文化结合的产物，对近代中国的政治、经济、思想产生过较大影响。在经济上，洋务派在“中体西用”思想指导下先后建成轮船招商局、江南制造总局、福建船政局等晚清中国第一批大型国有工业企业，这些企业虽然从事商业活动，可是其管理人员甚至管理体制依然仿效政府，大部分高层管理人员亦官亦商，可谓“中体西用”之缩影。这些企业对中国的早期工业化起到重要作用，堪称中国的第一次工业革命。

在张之洞“中体西用”的思想体系中，处理中学与西学的关系，不是平列对待，而是有主次之分、先后之序和本末之别。具体而言，中学为主、西学为辅，中学为先、西学为后，取西学之长补中学之短。他并不完全守旧，而是主张有限度的变革，即在激进派的趋新与顽固派的守旧之间寻求一条稳健的变法道路。他所坚持的是中国的伦常名教，这是中学的核心内容；同时，他也主张学习西政、西艺，不仅是引进西方的科学技术，而且还可以有某些制度的变革。他说：“夫不可变者，伦纪也，非法制也；圣道也，非器械也；心术也，非工艺也。”这是他的“中体西用”论的核心内容。

“中体西用”的思想不是张之洞凭空创造出来的，而是在具体的实践过程中逐渐形成的。在中法战争期间，张之洞已从清流派转化为洋务派，在引进外国先进的科学技术与坚持儒家传统的道德精神之间，他采取了“调和折中”的方法。张之洞主张在引进西方先进事物的同时，必须用儒家道德精神消除如辜鸿铭所称的“欧洲那极端的物质实利主义文明的可怕怪物”。他说：“今欲强中国、存中学，则不得不讲西学；然不先以中学固其根柢、端其识趣，则强者为乱首，弱者为人奴，其祸更烈于不通西学者矣……今日学者，必先通经以明我中国先圣先师立教之旨，考史以识我中国历代之治乱、九州之风土，涉猎子集以通我中国之学术文章；然后择西学之可以补吾阙者用之，西政之可以起吾疾者取之。斯有其益而无其害”（《变法第七》,《劝学外篇》，第 18 页）。

所谓“旧学为体，新学为用”，在《劝学篇》中是如何办学堂的六种主要办法中的一种。此六种办法分别为“新旧兼学”“政艺兼学”“宜教少年”“不课时文”“不令争利”“师不苛求”，都是一些具体的办学要求。《劝学篇》中提出了一个新旧学者都必须奉行的最高准则，即“守纲常”和“拒民权”。书中“明纲”和“正权”两篇，就是专讲此最高准则的核心篇章。除专门立论外，张之洞还在“同心”“教忠”“变法”等重要篇章一再重申了严守纲常以辟邪说的根本主张。纲常本为“中学”的一个部分，但当它被作为最高准则确立之后，就超出了中学的范围，并凌驾于中学西学之上。按照张之洞的主张，要处理好中西学之间的关系，必须先解决是否坚守纲常严拒民权这一政治问题。在上述最高准则的统领之下,《劝学篇》论述最多的还是中学与西学关系的问题。正如张之洞未以“中体西用”作为其中西文化观的根本宗旨一样，他也未将其作为论述中西学关系的统一论式。

张之洞的《劝学篇》是针对顽固派与激进派两面而发的。近代中国处处交织着中西与新旧的矛盾。张之洞明确标榜“会通中西，权衡新旧”，其意正是要走调和稳健的道路。张之洞的改革观是以儒家的“中庸”思想为哲学基础。《中庸》被南宋著名理学家朱熹称作“孔门传授心法”之作。“中庸者，不偏不倚，无过不及，而平常之理，乃天命所当然，精微之极致也”。在“过”与“不及”之间寻找一个恰当适度的做法，这是儒家伦理关于为人处世的基本准则。深受儒家思想熏陶的张之洞特重《中庸》，他曾自称毕生坚持的从政宗旨是“启沃君心，恪守臣节，力行新政，不背旧章”；这显然符合“中庸”之道。张之洞把《劝学篇》二十四篇的基本内容概括为“五知”，即知耻、知惧、知变、知要、知本，认为，“凡此所说，窃尝考诸《中庸》而有合焉”，并引述《中庸》里孔子“好学近乎知，力行近乎仁，知耻近乎勇”之言相比附，以为《劝学篇》“内篇所言，皆求仁之事也；外篇所言，皆求智、求勇之事也”。可见，《劝学篇》之所作，是有意融会贯通《中庸》的意旨，其在中西与新旧之间所持的调和折中立场，更是合乎“极高明而道中庸”的精神理念。张之洞发表《劝学篇》，实际上有针对激进派“言新学”、顽固派“守旧学”的情形，展开两线作战并调和两方面的意味。他认为：“旧者因噎而食废，新者歧多而羊亡。旧者不知通，新者不知本。不知通则无应敌制变之术，不知本则有非薄名教之心。”其《劝学篇》则是“内篇务本，以正人心；外篇务通，以开风气”。可见，张之洞的《劝学篇》之作，与其说是在于“破”，即与人论战，毋宁说是在于“立”，也就是要在新旧两方面矛盾冲突中寻求一条稳健的变法道路，正所谓“权衡新旧”。

《劝学篇》不只是张之洞“中体西用”思想的载体，更是其“治国理政”思想的体现，在当时的进步意义是不可否认的。但是，张之洞的根本思想未触及中国传统儒学中的“纲常伦理”，并特别强调这些内容为“不可变者”。虽然张之洞尽力调和“中学”与“西学”之争，但当时的困境是张之洞难以解决的。诚如有学者所言：“张之洞想澄清当时一般人的思想，提出‘中体西用’的理论，这在表面上虽属折中的调和论，但骨子里是在‘采西法以补中法之不足’，还是以中学为根本，不失为新古典派的理论。”从中可以看出张之洞“治国理政”思想的局限性，从《劝学篇》中的“治国理政”思想来看，这是张之洞为应对时局而开出的“救世良方”，相较于康梁等维新党人，张之洞设计与规划的方案更具可行性。然而，单就《劝学篇》而言，其哲学思想的不足，必然会在具体实施上陷入两难的境况。这一结果，彰显出了《劝学篇》“中体西用”的矛盾性。

二、《劝学篇》之立宪、民权和议院

（一）立宪

在《劝学篇·正权第六》开篇，张之洞便打出反“民权”旗号。他说：“民权之说，无一益而有百害”，原因在于“使民权之说一倡，愚民必喜，乱民必作，纪纲不行，大乱四起”。用以佐证其观点的是法国这样的“民主之国”建立时的教训：“昔法国承暴君虐政之后，举国怨愤，上下相攻，始改为民主之国。我朝深仁厚泽，朝无苛政，何苦倡此乱阶以祸其身而并祸天下哉！此所谓有百害者也。”接着，他又对“外洋民权”作了阐释：“考外洋民权之说所由来，其意不过日国有议院民间可以发公论、达众情而已，但欲民申其情，非欲民揽其权。译者变其文曰‘民权’，误矣（美国人来华者自言其国议院公举之弊，下挟私，上偏徇，深以为患。华人之称羡者，皆不加深考之谈耳）。近日拾西说者甚至谓人人有自主之权，益为怪妄。此语出于彼教之书，其意言上帝予人以性灵，人人各有智虑聪明，皆可有为耳，译者竟释为人人有自主之权，尤大误矣。”这里，张之洞的“民权”是指法国式的、经由大革命而缔造的“民主之国”，美国式的“议院公举”。他所反对的是建立法国式的“民主之国”而出现的“大乱四起”“上下相攻”“纲纪不行”，是美国式的“议院公举”之弊，是“民揽其权”与“人人有自主之权”的学说。可见，张之洞的“民权”既不是大多数改良派所说的“民权”，也不是西方“民权”学说中的“民权”，而有其特殊的内涵。在多数改良派的话语中，“民权”是指西方的君主立宪制，与“民主”（民主共和制）相对，他们大多反对“民主”而赞同“民权”。正如何启、胡礼垣所说：“民权之国与民主之国略异，民权者其国之君仍世袭其位，民主者其国之君由民选立，以几年为期。吾言民权者，谓欲使中国之君世代相承，践天位于勿替，非民主之国之谓也。”而西方“民权”学说中的“民权”并非某一具体的制度，而是一种学说，是体现于君主立宪制与民主共和制中的一种精神。对“民权”的这一真意，维新派领袖梁启超在反思戊戌变法时才有所领会。他说：“有君主之立宪，有民主之立宪，两者同为民权，而所以驯致之途，亦有由焉。凡国之变民主也，必有迫之使不得已者也。”但张之洞不同，他阐述的“民权”既不是君主立宪，也不是君主之立宪、民主之立宪所包含的精神，而是法国式的“民主之国”、美国的“公举之弊”，即改良派所说的“民主”（民主共和制度）。因此，张之洞反对“民权”（民主共和制），并不等于他反对立宪；他反对民主制下的立宪，并不意味着他反对君主制下的立宪。事实上，许多改良派也是反对民主制下的立宪，而赞同君主立宪的。

（二）民权

兴民权与开议院，是19世纪末20世纪初中国人追求民主政治的两项互相关联的重要主张。诚然，对于国人来说，民权与议院的思想，都是在鸦片战争之后西学东渐的过程中从西方舶来的。戊戌时期，民权与议院之说已非常流行。张之洞在其《劝学篇》中颇有针对性地发表了自己的批评意见。虽然他在此只是零碎地提出了几点否定性的见解，甚至表示了反对的态度，但是，从中可以看到张之洞对近代西方民主政治的一些初步认识。

关于民权方面，批判流行的“民权之说”。张之洞首先从中国传统的纲常伦理的角度否定“民权”，认为“民权”是与“君臣之纲”相抵触的，“知君臣之纲，则民权之说不可行也”。在张之洞看来，所谓的“民权之说”是“召乱之言”，不但不利于中国传统的伦理秩序，而且有害于社会政治秩序的稳定。另一方面，试图解释西方“民权之说”的真义。他说：“考外洋民权之说所由来，其意不过曰：国有议院，民间可以发公论达众情而已。但欲民申其情，非欲民揽其权。译者变其文曰民权，误矣。……近日摭拾西说者，甚至谓人人有自主之权，益为怪妄。此语出于彼教之书，其意言上帝予人以性灵，人人各有智虑聪明，皆可有为耳。译者竟释为人人有自主之权，尤大误矣。泰西诸国，无论君主、民主、君民共主，国必有政，政必有法，官有官律，兵有兵律，工有工律，商有商律，律师习之，法官掌之，君民皆不得违其法。政府所令，议员得而駁之；议院所定，朝廷得而散之。谓之人人无自主之权则可，安得曰人人自主哉?”在他看来，西方的“民权之说”起源于“天赋人权”论，是指人人都有受法律保护的各项基本的权利；人的自主权利不是绝对的，而是必须以遵守有关法律为前提。因此，所谓“民权”就不能望文生义地解释为“民揽其权”或“人人有自主之权”。在这里，张之洞所揭示的西方“民权之说”的真义有四个要点：一是有议院；二是人民可以通过议院议政；三是有健全的法制，人人都必须遵守法律；四是朝廷（君主）可以凌驾议院与政府之上。这是张之洞所理解的君主立宪制政体。有人认为，张之洞在这里已能把“民权”与“民主”分开，他所反对的不是“民权”，而是“民主”。诚然，“民权”和“民主”的现代意义确实有所不同，在当时也的确有人能够区别使用，但是，恐怕更多的人还是在不加区分地混用。张之洞似乎也已隐约地感觉到当时流行的“民权之说”与西方“民权之说”的真义有所不同，他所批判与反对的是当时流行的“民权之说”，细究其意，正是当时不少人所望文生义地理解的“民揽其权”或“人人有自主之权”的“民主”；可是张之洞在这里并没有使用“民主”一词，而用的恰恰也是“民权”。可见，“民主”与“民权”的概念在当时张之洞的思想中其实是含混不清的。但在政治体制的选择方面，张之洞是倾向于君主立宪制政体，而反对民主共和政体。

（三）议院

“议院”的概念传入中国后，很长一段时间人们多以为议院可以“通上下之情”，大都将其看作一个咨询性质的联络机构。张之洞也认为议院可以“达下情”，但他对议院的认识不止于此，他还有更高的认识水平。他说：“尝考西国之制，上、下议院，各有议事之权，而国君、总统亦有散议院之权。若国君、总统不以议院为然，则罢散之，更举议员再议。君主、民主之国略同。”“外国筹款等事，重在下议院，立法等事，重在上议院，故必家有中赀者，乃得举议员。”在这里，张之洞谈到了议院的四个要素：一是议院的功能，有议事与立法之权；二是议院的议政程序，作为国家元首的国君或总统可以行使最后否决权；三是议员的资格，必须是有一定财产的人；四是议员产生的方式，应当是选举。这些认识虽然不是很完整，但应该说都是较为准确的。

尽管张之洞对议院的认识已经达到了相当高的水平，但他并不认为当时的中国可以开议院。他说：“此时纵欲开议院，其如无议员何？此必俟学堂大兴，人才日盛，然后议之。今非其时也。”他认为当时中国开议院的条件尚不成熟，主要是没有合适的议员人选。一方面，民智未开，缺乏通晓中外形势的政治人才。“中国士民，至今安于固陋者尚多，环球之大势不知，国家之经制不晓，外国兴学、立政、练兵、制器之要不闻，即聚胶扰之人于一室，明者一，罔者百，游谈呓语，将焉用之？”另一方面，经济不发达，缺乏有相当财产的人以备议员之选。“今华商素鲜巨赀，华民又无远志，议及大举筹饷，必皆推诿默息，议与不议等耳。”他认为必须在教育发展到一定水平、人民的智识达到相当程度之后才能开议院。可见，张之洞只是不主张速开议院，但并不是从根本上反对开议院。

虽然张之洞的《劝学篇》之作有“暗攻”康梁维新派的意图，但是，《劝学篇》又是在康梁最得势的时候撰写成书并经由光绪皇帝的上谕而公开发行的。因此，张之洞在《劝学篇》里表达的思想与康梁有不少相通之处也就不足为怪。张之洞虽然对于维新派中的激烈派倡言“民权之说”作了无情的批判，但他关于民权与议院的认识水平以及强调借君权兴民权与缓开议院等思想主张，则与当时的康梁并无太大的差别。

三、张之洞与《劝学篇》

《劝学篇》的内容是矛盾而驳杂的，它包括了政治、伦理、经济、教育、外交及社会生活等很多方面。张之洞的《劝学篇》的主旨是以中学为内学，以西学为外学，以中学治身心，以西学应世事，以中学为体，以西学为用，简称“中体西用”。《劝学篇》上、下共24篇，4万余言。通篇立足于兴学育才，纵论古今，横议中外，充满着警世训俗的说教，试图在如何继承传统文化和吸收外来文化问题上确立一个理论模式，也试图将正在兴起的维新运动纳入自己设计的运行轨道。张之洞之所以撰写《劝学篇》，有明暗两方面的意图。《劝学篇》脱稿后，他曾致电湘抚陈宝箴说：“鄙人撰有《劝学篇》一卷，大意在正人心、开风气两义。”他在该书序言中表明：“内篇务本，以正人心；

外篇务通，以开风气”，明白地表示了他的意图。那么，如何“正人心”呢？张之洞首先摆出不偏不倚的姿态，对新派、旧派都提出了批评。他说：“图救时者言新学，虑害道者守旧学，莫衷放一。旧者因噎而食废，新者歧多而羊亡。旧者不知道，新者不知本。不知通则无应敌制变之术，不知本则有非薄名教之心。”可知，他一方面要求人们“知本”，即忠君卫道、坚定对中国传统道德文化的信心；另一方面要“知通”，去学习应敌制变之术。如何“开风气”呢？他强调“益智”和“变法”两义。“益智”即增知识、长见闻和学技能，他认为兴学可以益智，而益智又能变法救亡，由此他提出了自己的变法纲领，以期达到“开守旧之智，范维新之心”的目的。张之洞撰写《劝学篇》，暗中的意图是要与康梁维新派划清界限。刘禺生说：“康梁公羊改制说盛行。张之洞本新派，惧事不成有累于己，乃故创学说：以别于康梁。”辜鸿铭也说：“文襄之作《劝学篇》，有文襄之不得已也，绝康梁业以谢天下耳。”

张之洞在《劝学篇》的序言中说，24 篇之义，括之于五知。一知耻：耻不如日本、土耳其等国。二知惧：惧为印度、越南、缅甸、朝鲜等国。三知变：要变习、变法和变器。四知要：指出中学以致用为要，西学以西政为要。五知本：劝诫人们在海外不忘国，见异俗不忘亲，多智巧不忘圣。这饱含忧患意识的“五知”，既表达了张之洞趋新变法的意向，也反映了他对儒家思想的眷恋。他同维新派的合作和“善趋风势”的性格特征，决定了他有趋新的一面；他深厚的儒学功底和所处的政治地位，又决定了他有恋旧的一面。在他身上，既有西方新文化的影响，又有传统旧文化的积淀，这就不能不使他徘徊于新旧之间，“徒以小心翼翼，中立不倚，得明哲保身之道”。

《劝学篇》外篇的中心思想有二：一是益智，二是变法。益智与维新派提出的开民智不无相通之处，如他在该书“益智”篇中分析了士、农、工、商、兵的“智”（知识和技能），指出这些是“教育富强之实政也，非所谓奇技淫巧也”。他认为，求智必须去妄、去苟，即去掉固陋虚骄和侥幸怠懒之风，要通过设学、游学、译书、阅报等办法来达到益智的目的，这就涵育了启蒙之义。他在“变法”篇中，分析了排斥变法的三类人和以往仿行西法成效甚微的四点原因，提出了变学制、变科举、变兵制，创设农工商学、兵学、矿学、铁路等变法方案。他所议的变法，虽然基本上仍停留在变器不变道的水平上，但在风气未开之时，倡导经济、教育等领域的改革也是时代之急需。

张之洞把教育与治国行政相表里。他在《动学篇》序言里指出：“窃催古来世运之明晦、人才之盛衰，其表在王政，其里在学。不佞承乏两湖，与有教出化民之责，夙夜兢兢，思有所以裨助之者。”张之洞一眼就看中要害。在世道衰微、国家危难之时，救国途径有三：“吾闻欲救今日之世变者，其说有三：一曰保国家，一曰保圣教，一曰保华种。夫三事一贯面已矣。保国、保教、保种，合为一心，是谓同心。保种必先保教，保教必先保国。种何以存？有智则存。智者，教之谓也。教何以行？有力则行。力者，兵之谓也。故国不威则教不循，国不盛则种不尊。”在他看来，保国家和保民族与教育息息相关，三事合一。自强生于力，力生于智，智生于学。人的一生只有不断学习、不断充实、不断完善，才能提升自己的人格魅力，提高自己的智力素质，提高自己驾驭工作的能力。时代在快速发展，社会在不断前进，知识在日新月异，各种新问题、新知识不断出现，如何才能适应新形势，解决问题，适应建设学习型企业的时代要求，最重要的是要加强学习，全面提升自身素质和工作能力。

张之洞把他的中国工业化的纲领命名为《劝学篇》，因为他自认为跟战国时写过《劝学篇》的唯物主义思想家荀况的哲学思想体系相同，是儒家思想的修正或蜕变。他在《联珠诗》中宣扬荀子的“天不以人之恶寒而辍其冬，地不以人之恶险而辍其广”的否认天命、不敬鬼神的唯物主义思想。在《变法篇》中他鼓吹“穷则变，变通尽利，变通趣时”；在《纪恩》诗中，他自诩“陈庭车服呼儿辈，此是荀邑劝学章”。由于从小受儒家思想的熏陶，出任后又官运亨通，所以张之洞的世界观陷入不可自解的矛盾之中。一方面，他认识到西方科学技术和各项事业都比中国先进，中国必须急起直追，才能“卫我黄种”；另一方面，他又认为只有在维护封建的伦理道德的前提下才能学习好西方的资本主义生产方式。他一方面批评“排斥变法者”为“泥古之儒”“苟安之吏”；另一方面指责要求民主者是“离经叛道”的“苛求之士”。按他的主张，中国工业发展的每一步骤都要在封建君主的允许下、在封建长官的监督下、在封建衙门的管理下进行。可是，由于官办和官商合办企业内部充满了封建性和资本主义的矛盾，管理机构设置了总办、会办、帮办、提调等大批高级职衔，而这些大人先生们大都只做官而不会办事，违反经济规律，造成供、产、销关系脱节，企业很难积累资金扩大再生产，致使这些企业在封建势力重重束缚下发展迟缓，有的甚至瘫痪停办，而官督商办的私人资本主义企业，也由于匍匐于有权势的封建官僚脚下乞求荫庇，发展也很困难。

第三章　近代中国工业文化与创业精神

第一节　创业与改革

张之洞在武汉前后20余年，武汉是他为官时间最长、投入最多、建功最大的地方。张之洞使武汉实现了崛起，他在当时清朝面临国内外重重困难的环境中，励精图治、百折不挠，敢为天下先。张之洞在治鄂兴汉历程中，可称得上倾尽了心血。那时他面临的困难太多了，首先在官场上阻力太大，他的创业主张当时就受到保守势力的恶意攻击和诽谤，初期根本得不到同僚的认可和支持。那个时期，社会没有什么生机可言，官场腐败，读书人以科举应试为进步之阶，清廷集权，省级无法作为，奏折不计其数，想办件事但刁难之处比比皆是，封疆大吏们只能“固位自方”，当时张之洞的兴汉主张举步维艰。那时社会秩序也不稳，民气也不正，知识界人士大搞明暗相对，私多公少，甚至制造事端，一些保守势力说“用夷变夏”，公开反对创业兴汉。

当时做项目建设，清廷没有钱，准奏拨款也非常有限，一些工程想做也无法做。张之洞的毅力就在此，靠地方自己罗致，向外国人借款，边办边筹资金，一件件地去促成。说到人才更是缺乏，当时湖北人才的知识结构非常老化，与创业要求相适应的科技人才远远满足不了，怎么办？只能聘用“洋人”或派留学生出国培训。面对层层困难，张之洞没有被吓倒，相反他却看到湖北的有利条件，认为大有发展潜力。他决心抓住历史机遇，一定建造一个新武汉。现在看张之洞不愧被称为“武汉之父”，他在督鄂期间展示出了顽强的创业精神和锐意改革的毅力。张之洞勇于创业、敢于开放、不畏艰险的精神，在中国近代史上，无论政界还是学术界，都备受称道，孙中山称他是“不言革命之大革命家”。他创立的兵工厂所造的“汉阳造”在抗日战争和解放战争中发挥了重要作用，张之洞为中华民族的进步立下了汗马功劳。

第一，他创立的事业是大业、伟业，他建的钢铁厂，当时名扬亚洲，他修铁路、练新军、兴学堂、出国育才等均前无古人，张之洞不愧为近代历史上的大教育家、大实业家。

第二，他推行“西学中用”路线，在当时的历史条件下，敢于改革、开放，胆识过人。当时他从西方资本主义列强那里看到了中国的落后，他当时断定：“闭关锁国”的中国是没有出路的，必须对外开放，引进先进技术、引进资金、引进机器设备、引进人才，为我所用，推行“强国之策”。他组织州、县官员去日本参观，派留学生出国留学，向国外借款修铁路、建“四局”、开矿山、建工厂、兴商贸，不出几年武汉经济明显发展，一跃位居全国第二大商埠。

第三，张之洞不畏艰险，敢于作为。他认准的事就抓住不放，如修芦汉铁路，朝廷拨款不到位，他就搞“路政”解决。他在暂署“两江”总督时，并没有放弃武汉的工程建设，他从广东调任湖北任湖广总督时，能将在广州没搞成的枪炮厂搬到武汉来接着做，直到成功。

如果把晚清主持改革的官员按照一代一代地算的话，张之洞是继曾国藩、李鸿章以后的第三代。李鸿章比曾国藩小十多岁，张之洞又比李鸿章小十多岁。张之洞是士大夫官员的典型，从曾国藩到李鸿章再到张之洞，改革在逐步深入，表明那个时代的中国人不得不从过去那种封闭的状态中走出来，关注正在飞速变化的世界，并试图吸收世界上的新东西，为了国家的生存而改变自己。而且这个趋势到了张之洞的时候，已是不可逆转的了。与此同时，张之洞和他同时代的中国读书人包括倾向改革的官员，无论是行动还是内心都充满了矛盾和困惑，张之洞在困惑与矛盾中与时俱进。张之洞与晚清改革经历了三个阶段：第一阶段是自强运动（或洋务运动）；第二阶段是维新运动；第三阶段是自 1901 年开始直至他去世，即新政时期。

一、清流党到洋务殿军

张之洞投身政治之初，并不是个改革者，而是清流党人。一般来说，清流党人讲究操守，比较廉洁，但是他们的政治观念比较保守，往往是站在李鸿章等主张改革者的对立面。但是，随着中国的一次次战败，随着中国人对外部世界了解的深入，清流党人也经历了痛苦的变化。翁同龢在甲午战后毅然变计，支持改革，并向光绪帝引荐康有为。而张之洞的变化比翁同龢还要早。促使张之洞思想转变的因素相当复杂，担任地方实职是契机，即 1881 年张之洞出任山西巡抚。清流党人之所以不识时务，有性格原因，也有知识结构的原因；有对外部事务了解太少的因素，也因为他们缺少处理实际事务特别是地方行政事务的机会。张之洞既任山西巡抚，便接触到实实在在的、纷繁复杂的具体事务，不能再像其他清流人士那样空谈。这促使他的思想和政治观念发生了巨大变化，他从一个与改革派对抗的清流党人转变为洋务派的洋务殿军。

此外，李提摩太的影响也是重要因素。张之洞任山西巡抚时，英国传教士李提摩太正在山西。李提摩太曾向前任山西巡抚曾国荃提出开矿产、兴学堂、办实业等推进近代化的建议，张之洞看到了李提摩太的条陈，便邀请李提摩太面谈。李提摩太向张之洞介绍了不少西方的知识，使张之洞对飞速发展的世界有了新的认识，从而开始转向洋务派。他愿意与李提摩太接触，愿意了解李提摩太讲述的那些新东西，说明张之洞有一定的思想基础。促使张之洞转向洋务派的内在因素，与其主张经世致用的治学特点和态度有关。如他在光绪元年（1875 年）所作的《輶轩语》就有一段专讲“讲求经济”，其中说：“通晓经术，明于大义，博考史传，周悉利病，此为根柢。尤宜讨论本朝掌故，明悉当时事势，方为切实经济。盖不读书者为俗吏，见近不见远；不知时务者为陋儒，可言不可行。即有大言正论，皆蹈《唐史》所讥‘高而不切’之病。”李提摩太的影响、中外形势的变化都是外在因素，而主张经世致用、愿意了解新事物，是张之洞思想转变的内在因素。张之洞真正开始大办洋务并且大有成效是在湖北开展经济、教育、军事诸方面的建设期间，学术界讨论已多。

一是张之洞取得成绩的客观条件是其长期任职地。从 1889 年任湖广总督到 1907 年，除 1894 年、1902 年两度暂署两江总督外，他在湖北任职近二十年。督抚在地任职如此之久，在晚清时代并不多见。长时间的湖北任职，给了他全力建设湖北的机会，也使他的建设成就能够特别突出。

二是张之洞长期经营的湖北在全国的特殊地位。1911 年，当时武汉是中国中部地区的中心，社会开放，文化教育发达，军队仅次于北洋。武昌起义之所以在这里发生，并且带动全国响应，从而推翻清王朝和中国延续两千余年的君主专制制度，应该说不是偶然的。同盟会第二号人物黄兴是湖南善化（今长沙）人，曾在武昌两湖书院读书，后留学日本，成为职业革命家。湖南桃源人宋教仁，在武昌文普通中学堂读书，参加、发起革命团体华兴会、科学补习所，后来成为同盟会主要领导人。这两人都是在武汉读书期间接受新思潮，进而成为革命领袖。

三是张之洞的建树为许多政治家注重。1912 年，孙中山辞任临时大总统后，于同年 4 月游武汉，10 日登黄鹤楼游览胜迹，黄鹤楼之后，又浏览鄂绅学界为张之洞所修的祠宇，名奥略楼。据当时的报纸报道：“孙中山以南皮造成楚材，颠覆满祚，可谓为不言革命之大革命家。爰对其肖像顶礼，以示崇拜伟人之意。”再后来，毛泽东谈论中国工业发展之时，也曾说过，“有四人不能忘记：讲到重工业，不能忘记张之洞；讲到轻工业，不能忘记张謇；讲到化学工业，不能忘记范旭东；讲到运输业，不能忘记卢作孚”，说明后世政治家对张之洞其人的重视。

二、戊戌时期中体西用的困惑

李鸿章常讲，当时的中国是面临着数千年未有之变局，在那种变局下，除吸收西方的声光电化即科学技术以外，理论上怎么解释？怎样说明孔孟之徒需要西方的这些东西？在主持洋务新政的诸人中，文化学术底蕴较深的是曾国藩和张之洞。只有张之洞比较系统地对他们的自强措施做了理论的概括，这就是中体西用。其他如冯桂芬、郑观应等人，虽也有理论总结，但因政治地位较低，其影响远远比不上张之洞。曾当过张之洞幕僚、近代中国以文化怪杰著称的辜鸿铭曾说：张文襄儒臣也，曾文正大臣也，非儒臣也。三公论道，此儒臣事也；计天下之安危，论行政之得失，此大臣事也。国无大臣则无政，国无儒臣则无教。政之有无关国家之兴亡，教之有无关人类之存灭，且无教之政终必至于无政也然。文襄之效西法，非欧化也；文襄之图富强，志不在富强也。盖欲借富强以保中国，保中国即所以保名教。吾谓文襄为儒臣者以此（《张文襄幕府纪闻》）。

辜鸿铭把曾国藩和张之洞强作区分，似乎不是很恰当。其实，他们都是既要图中国的富强，又要保名教。曾国藩领湘军出战时所作的《讨粤匪檄》，就以保卫名教为号召。而就张之洞的思想来说，辜鸿铭说的确有道理，即张之洞吸收西学，非常类似宋明理学的援佛入儒，即吸收西学以卫名教。

张之洞的理论阐述便是“中体西用”，总结中体西用的名作即《劝学篇》（1898年）。对于《劝学篇》，自诞生起至今人们有很大争论。《劝学篇》和中体西用正是体现了张之洞的矛盾，其实也是近代中国人共有的矛盾。为了化解这个矛盾，首先要调和新旧，即张之洞门徒说的“会通中西，权衡新旧”，与此同时，必须给学习西洋的东西找到理由。

在张之洞看来，在列强东来、虎视眈眈的情况下，如果不吸收西学以为我所用，则国家会灭亡，圣教中学也根本无法维持，所以必须吸收西学。

张之洞的思路并不复杂，可是当时人却很难认同。李鸿章是办自强新政最尽力的，可是遇到西学是否会动摇名教的问题，李鸿章一般避而不谈，或者说他心里没底，也或许比较开放的李鸿章对此抱无所谓的态度。维护传统派如倭仁等认为名教具有万古不变的价值，中国人必须永远遵循，而且抵御外侮也不必要那些声光电化之类的东西，只要有忠信礼义就行了。张之洞则主张名教要保，西学也要，而且吸收西学正是保名教的手段之一。

第二节 张謇与张之洞

一、早期

早年，张謇曾经认为张之洞是个念旧爱才的“贤者”，同时又不满于他的“以功名耸动一时”的“务外”志趣。无论从年龄还是资历上说，张謇都是张之洞的晚辈。张之洞生于道光十七年（1837 年），比张謇长 18 岁。同治二年（1863 年），26 岁的张之洞即考中一甲三名进士（探花），而张謇的崭露头角，则是在光绪八年（1882 年）的“壬午之役”。那时，张謇作为吴长庆的幕僚，在战前坚决主张出兵朝鲜，镇压叛乱抗衡日本；在战斗中，正如主将吴长庆所评价的：“赴机敏决，运筹帷幄，折冲樽俎，其功自在野战攻城之上”；兵变平叛后又以《朝鲜善后六策》提出了对朝鲜问题根本性的解决办法。这个29岁的处于游幕生涯的秀才，由此展现出很高的政治、军事、外交才能而名动天下，成为高官争相延揽的对象。其中就有在此前一年已从“前清流”中脱颖而出做了山西巡抚的张之洞。

是年，张之洞致书征聘张謇，张謇婉言谢绝，此时张謇仍在有知遇之恩的吴长庆幕府中。在吴长庆的部将李某应张之洞之聘往山西时，张謇在赠序中说：“今上七年，南皮张公以侍郎巡抚山西。又明年，求将于吴公，公以将军荐。夫张公，贤者也，其交于吴公至笃也，笃其交者信其人，信其人必推而及其所称举。张公，其必为将军重哉!”在张謇看来，张之洞“其交于吴公至笃”，“笃其交者信其人”，这才有“求将”之举。而吴长庆是位贤者，与吴相交“至笃”的张之洞，当然亦可视为贤者。而“求将”之“求”，自然是爱才的表现。因为同时张之洞又来求张謇自己这个士，张謇当然不能明说张之洞的爱才之意，但一个“求”字的潜台词是很明显的。这种认识，张謇直到光绪二十一年（1895年）及之后仍然没有改变。

光绪十年（1884年）闰五月，吴长庆去世，七月，已经升任两广总督的张之洞便迫不及待地嘱蔡金章延请张謇入幕。在张謇婉谢之后，八月，张之洞又托李鸿章帮忙，李嘱袁保龄出面相邀，袁又趁机“并述北洋意”。此次张之洞爱才心切，志在必得，还给张謇寄了聘银40两。对于张之洞和李鸿章的相邀，张謇却一概婉谢。这件事后来被演绎成张謇“南不拜张，北不投李”的豪语。对此，管劲丞在五十年前就认为“主要是地和人不中他的意”，“李鸿章对吴长庆（压制打击）那一手，在对吴怀有知遇之感的他是深切痛恨的，为此再也不愿投奔他的幕下”；对张（管误以为张树声），“那是为的广东太远。而他还没有中举，到了南边应考试不方便，而他一心要从科名上爬上去”，管劲丞的说法不无道理。光绪十一年（1885年）四月二十六日，张謇《致邱履平函》说：“弟于南皮（即张之洞）之招，已由漱兰年丈（即黄体芳）婉为致谢。袁子翁（即袁保龄）为送之四十金，顷亦送还。此行就京兆试……到京拟便杜门谢客，钻我故纸。”这可以作为管说的注脚。然而，这也许还不是主要原因。

值得注意的是，同年七月二十二日张謇日记的记载：“云阁（文廷式）来谈，说南皮方回避不与试时告人曰：‘即不翰林亦足千古，但非翰林不能耸动一时。’以功名耸动时，便是务外。为人少日志趣如此，成就有限矣。声名日蹙何怪焉!”张謇以儒家“学者为己”的注重内省修己的标准来评论张之洞的那段高论，认为他“为人少日志趣如此，成就有限矣”，同时联系到他“声名日蹙”的情况，以为“何怪焉”。在“壬午之役”之前，张謇也许未必十分注意张之洞。但在“壬午之役”之后，张謇则一定十分注意张之洞，因为张之洞那时曾经坚决支持吴长庆和张謇的对日政策建议。然而，注意几年的结果，发现官越做越大的张之洞竟是“声名日蹙”。这应该是张謇终究不肯入张之洞之幕的主要原因。张謇对于入谁的幕是很看重的。他入孙云锦幕，除感于孙的恩德外，更重要的是，在他看来孙是难得的好官。他入吴长庆幕，除孙的举荐、吴的优礼有加外，更重要的是在他看来吴是一个仗义疏财又礼贤下士的儒将，深受好评。张謇从张之洞的少日志趣，看出了他与孙、吴的差异。

张謇与张之洞受儒家思想的影响，身处腐败骄奢的晚清时代，不为世风左右，修身养性、选贤任能，秉承“贤臣廉吏”的崇高风范，形成具有共同特点的廉政思想。因个人经历和身份的不同，其廉政思想又各具特色。张之洞作为进士及第的封疆大吏，主张通过奖惩促廉、裁革陋规保廉、以体养廉等体制内的改良，促使官吏不想腐、不敢腐。而张謇则从官场转投实业并大获成功，再次为官时，他将企业的一套管理制度带到官场，主张加强规章制度建设，以提高行政效率。廉洁自律是张謇与张之洞廉政思想的重要基石。张謇在兴办实业、教育的过程中，不仅倡导传统勤俭的思想、精神和品德，而且身体力行：一是洁身自好；二是提倡勤俭；三是关注民生。张謇与张之洞的廉政思想包括：一是注重官德养成；二是注重选贤任能。虽然张謇与张之洞的廉政思想有诸多共同点，但因两人的个人经历和身份的不同，其廉政思想也存在差异。张之洞作为进士及第的封疆大吏、洋务派的官僚，在他身上更多地体现出过渡时代的转型特质，儒家心态与现代追求的矛盾纠缠，深深根植于他的廉政思想中。而张謇状元及第后放弃仕途，转而从事实业，中途他也任过工商总长兼农林总长，但基本上是一个企业家，他建立了一套企业管理制度并大获成功，这给他的廉政思想带来非常大的影响，以至于他非常注重规章制度建设。

二、实业期

自光绪十年（1884 年）张謇不入张之洞之幕之后的十一年中，两张没有交往。其间张謇历尽坎坷，终于于光绪二十年（1894 年）大魁天下。而张之洞则由两广而湖广，成了很有作为的封疆大吏。张之洞力主抗法、重视国防、办理洋务、创办实业、兴办教育等一系列壮举所表现出的忠君爱国情怀很让张謇钦佩。其时正值中日甲午开战，张謇和张之洞都站到了主战一边。不久，张謇因父丧回乡守制，而张之洞随之署理两江总督，成了张謇的父母官。共同的抗日志向促使他们开始合作，首先是张之洞奏派张謇总办通海团练，张謇则以守制之身欣然受命。张謇说：“今明公觥以义见督，謇不肖，不敢以礼自处也”，“寇在门庭古人乃有变礼”。张謇由衷地对张之洞说：“闻公移督，重为民幸。度公宏规远略，将有以造于吾民也。”次年，丧权辱国的《马关条约》签订，他们都意识到了国家处于危亡之际，于是互相视为同道，交往密切。张之洞多次邀张謇商讨政务，张謇遇事亦总是告诉张之洞，请他设法解决。针对《马关条约》，张謇为张之洞起草了《条陈立国自强疏》，这是两人关于当时形势和应对策略达成的共识。

有人根据张謇日记做过统计，仅光绪二十一年（1895 年）一年中，张謇与张之洞的交往就达 14 次之多。是年六七月间，张謇日记中就有“谒南皮尚书，久谈”“至江宁诣南皮，论下不可无学，学不可无会，若何实地实行”“留谈商务”“久谈，留饭”“留谈商务，归有筹辟海门滨海荒滩之议”等许多与张之洞交往的记载。由此可以看出，后来从海门沿海开始的苏北大规模移民垦荒的伟业正是其间两人商谈的直接结果。

由于《马关条约》中有“日人得用机器在中国内地各州县城乡市镇制造土货之条”，光绪二十一年（1895年）九月，张之洞“分属苏州、镇江、通州在籍京官，各就所在地方，招商设立机厂，制造土货，为抵制外人之计”，因“通州产棉最王而良”，张謇遂决定开办纱厂。年底，张之洞奏派张謇在通州设立商务局，并开办工厂。可见，张之洞是张謇投身实业救国的当之无愧的驱动者。此外，张之洞还为张謇提供了现存的机器设备，尽管这些设备的锈损已经相当严重。在创办实业过程中，张謇多次拜访或致函张之洞。直到张之洞回任湖广总督后，张謇又于光绪二十三年（1897年）三月亲去武昌拜访张之洞，“说通厂事”；次年十一月还致函求助于张之洞，痛陈大生“决踵见肘之势”，请与盛宣怀通意“力为维持，暂资挹注”。

仅以上几项，并联系光绪二十三年（1897年）三月二十一日，张謇在武昌参观铁厂和枪炮厂，感叹“南皮要是可人”，甚至直到民国十二年（1923年），张謇仍坚持认为张之洞“功德在民，鄂绩最大。在当时视之，所行新政，规模宏大，亦所难得”，已足可证明光绪二十三年（1897年）六月三日张謇对周家禄所说的“今天下大官贵人能知言可与言者，无如南皮”确是肺腑之言。因为他们既有忠君爱国的思想基础，又有十余年前即已奠定的情感基础，而张之洞务实干练创造出的新政政绩更令张謇感佩。

张之洞与张謇的实业活动，是在不同历史条件下产生的。前者在洋务运动的浪潮中应运而生，后者则是清末维新条件下的产物。与张之洞的官办实业相比，张謇以民族资本家的形象出现在中国近代实业的舞台上，其商办实业遵循着资本运行规律，诸项事业从形式到内容都实现了真正意义上的近代化。与张之洞倡导的“洋务”有别，张謇是在“村落主义”即地方自治的旗帜下面经营轻纺工业的。“窃謇抱村落主义，经营地方自治，如实业、教育、水利、交通、慈善、公益诸端”，自治需要雄厚的资本，因此，他把实业看作地方自治的根本。张之洞在经营重工业的同时，其实业范围并不囿于冶铁采矿，还涉及织布、电报、电话等行业。张謇也在经营轻纺工业的过程中，形成了自身的实业系统，他的经营领域以大生纱厂为轴心，涉及制盐业、酿酒业、印刷业、冶铁业、运输业、房地产业、染织业、垦牧业等方方面面，这些企业，均直接或间接地为大生纱厂服务，形成自身补给循环体系。张之洞与张謇兴办实业的道路，还有诸多不同，比如，张之洞以封疆大吏的身份倡办洋务，虽历经坎坷，但人们仍然能感受到其呼风唤雨、叱咤神州的相对顺境；而张謇却每每如履薄冰。张之洞的资金来源，或政府，或外贷，基本上有保证；张謇则捉襟见肘，终至负债累累，难以为继。

三、立宪期

在立宪运动中，张謇不满于张之洞的“其气殊怯”，尤其不能容忍张之洞的“民间有义务无权利”的“有限制宪法之说”。张謇在晚年总结一生大事时认为皆“莫大于立宪之成毁”。可以看出张对立宪的热诚态度和追求精神。他在光绪二十七年（1901 年）写的《变法平议》中首次提出“设议政院”“设府县议会”，开始了对政治体制改革的探索，到光绪二十九年（1903 年）东游日本进行考察，形成了立宪意识。对于张謇来说，第一，他在投身实业的过程中逐渐认识到“商之视官，政猛于虎”，政府“但有征商之政，少有护商之法”，从而深感商民参政与限政的迫切与重要；第二，他在发展实业的过程中希望有一个安定的环境，他说：“是时革命之说甚盛，事变亦屡见。”他认为，“革命有圣贤、权奸、盗贼之异”，而“圣贤旷世不可得，权奸今亦无其人”，必致“盗贼为之”，再加上“今世尤有外交之关系”，所以“不若立宪，可以安上安下国犹可国”。于是，张謇以无比的热忱投入立宪运动，并且成了这次运动的领袖。

立宪很快成了一股潮流。面对主张激烈的革命论者的日益蔓延之势，清政府也想利用立宪之说，以消弭在他们看来如洪水猛兽般可怕的革命灾祸。所以当慈禧太后看到张謇等人组织编辑出版的宣传立宪的著作后也说：“日本有宪法，于国家甚好”，弄得“枢臣相顾不知所对，唯唯而已”。于是，“立宪”二字很快成了士大夫们的口头禅。然而，说归说，慈禧的心思是摸不透的。立宪毕竟是把“双刃剑”，它不能不使清廷处于两难的境地：为消除革命，维护专制，必须立宪；而实行立宪，必须结束专制，放权于民众。尤为要命的是，能否消除革命，尚属未知；而当下实行立宪首先便得放弃专制。这对清廷其权势官员来说，确实是十分痛苦的抉择。

张謇在领导立宪运动的过程中十分注意各地封疆大吏的态度，力求取得他们的支持，其中当然包括张之洞。为了弄清张之洞的态度，光绪二十九年（1903 年），张謇两次致函张之洞的前幕僚赵凤昌加以询问。次年三月二十三日，张謇与两江总督魏光焘及自言自京师返鄂途经江宁的张之洞议商奏请朝廷立宪事，确定由张謇与蒯光典代为起草奏稿。五天后，张之洞复议立宪时，张謇发现他“其论亦明，其气殊怯”。1904 年 4 月，张之洞为江南制造局迁新址而到南京，在与两江总督魏光熹会商时特约张謇参加，专谈立宪。在接触中，张謇看到张之洞“语婉甚而气亦怯，不逮林也”。林指的是贵州巡抚林绍年，此语明指张之洞不敢理直气壮地谈立宪，连林绍年也比不上。特别是张之洞还要张謇去探明袁世凯的态度，更暴露了张之洞老于世故、“气怯”的一面。于是，到四月奏稿“经七易磨勘，经四五人，语婉甚而气亦怯”，张謇对此奏稿显然极为不满。五月，“以请立宪故，南皮再三属先商北洋”，张謇自然认为这也是张之洞气怯的表现。而当袁世凯认为立宪“尚须缓以俟时”时，张之洞、魏光焘终于没有将那个“语婉甚而气亦怯”的奏稿出手。六月，倒是慈禧说出了“日本有完法，于国家甚好”的话。至此问题的关键便已不在于口头上是否表示立宪，而在于实质上立什么宪了。如果说，在是否奏请立宪的问题上，张之洞仅仅“其气殊怯”，张謇仍不过不满而已；而到了“创为有限制宪法之说”主张“民间有义务无权利”，则完全以抽象的肯定来具体地从根本上否定立宪的本质，借以维护垂死的专制封建帝制，这是张謇愤怒至极而绝不能容忍的。至此，张謇与张之洞终于分道扬镳。其后张之洞逝世，张謇没有在日记上留下片言只语；一生中为许多人写过挽联，甚至常常乐意为他人代写挽联的张謇，此时却保持了沉默。

以上按时间顺序分三个阶段概述了张謇对张之洞的看法。可以发现，张謇早年大抵主要从道德的角度去看待张之洞；到了把全部精力投入实业与教育，以挽救日趋危亡的国家时，张謇则主要从忠君爱国的事功方面格外看好张之洞，不再拘泥于他的个人道德；为了改革专制制度而投身立宪时，张謇已经主要从政治态度方面去衡量张之洞，由于个人道德比起政治态度对于社会大变革的影响来说，几乎微不足道，因而被忽略了。可以说，这三个阶段，反映了张謇知人论世标准不断修正、知人论世能力不断提高的过程，并且从一个侧面反映了张謇从封建士子转变成新兴资产阶级一员的过程。

第三节　近代中国工业文化与黄石

黄石是华夏青铜文化的发祥地之一，也是近代中国民族工业的摇篮，已有 3000 多年开发史、100 多年开放史和 60 多年的建市史。商周时期，我们的祖先就在这里大兴炉冶，留下了闻名中外的铜绿山古矿冶遗址。自 19 世纪末湖广总督张之洞创办汉冶萍公司开始，这里诞生了一大批钢铁、水泥、煤炭等企业。新中国成立后，黄石是国家开发建设的重点地区之一，一大批重点工业项目相继落户，使黄石成为我国中部地区重要的原材料工业基地。

一、黄石：中国近代工业的摇篮

黄石市，位于湖北省东南部、长江中游南岸，地处京广、京九两条铁路大动脉与京珠、沪蓉、大广、杭瑞四条高速公路和长江黄金水道的交汇地带，是承东启西、贯南通北之地。黄石港是长江十大良港之一，5000 吨级货轮长年往返于此。黄石市境内矿产资源非常丰富，具有品种齐全矿产集中、易采易选、共生矿产可综合开发利用等特点。

1889 年 9 月 20 日，张之洞向清廷上《筹设炼铁厂折》说：“窃惟采铁炼钢一事，实为今日要务，海外各国无不注意此事……中国创成此举，便可收回利权。各省制造军械、轮船等局，所需机器及钢铁各料，历年皆系购之外洋……若不再自炼内地钢铁，此等关系海防边防之利器，事事仰给于人，远虑深恩，尤为非计。”（《张之洞全集》，奏议）他准备在广州兴建新式钢铁厂，并从英国订购冶炼钢铁的机炉，又从国外聘请一批矿师到广东勘探煤铁矿。同年 4 月 2 日，他向清廷上的《请缓造津通铁路改建腹省干路折》，要清廷批准先修自卢沟桥起，经河南抵达汉口的铁路（卢汉铁路），得到醇亲王奕譞的赞同。年底，清廷调他到湖北任湖广总督，督修卢汉铁路南段。

修筑铁路要用钢轨及众多铁路器件。他要求在湖北创办钢铁工业，自造钢轨及铁路器件，不用洋轨，以杜白银外流。他人还在广州，就致电湖北巡抚奎斌说："大冶向来出铁，近来民间有无开采出产多少？请详询大冶、兴国一带州县，或遣人密查，万勿宣播。"（《张之洞全集》，电牍）因他查阅史书，得知大冶境内自古产铁，还知道盛宣怀曾在湖北广济设过"湖北开采煤铁总局"，聘请外国矿师在兴国、大冶勘查过煤铁矿产。他从广州乘船赴湖北途经上海时，特约时任山东登莱青道的盛宣怀到上海面晤。盛宣怀听说他要在湖北创办钢铁工业，情愿将1877年聘请英国矿师郭师敦勘得的并从民间购买的大冶铁山铁门槛等铁矿山交他开办。此时，继任两广总督的李翰章不愿在广州兴建钢铁厂，张之洞于是上奏清廷移原准备在广州兴建的钢铁厂到湖北兴建。后选钢铁厂厂址于汉阳大别山（龟山）脚下汉水与长江交汇处，名汉阳铁厂。

黄石是晚清洋务运动中心之一。洋务运动时期，湖广总督张之洞开办大冶铁矿，在黄石拉开中国近代重工业发展的序幕。洋务运动期间将工业范围扩大，兴办民用工业以"兴商务，竣饷源，图自强"。1872年李鸿章在上海开办轮船招商局，开始了"求富"之路，在此后的十余年间，煤矿、铁厂、缫丝厂、电厂、自来水厂、织布厂、电报、铁路相继建设（在黄石有很多），这些民用工业的创办打破了西方资本在中国的垄断，为国家回收了大量的白银，并为中国近代民族工业的发展打下了坚实的基础。光绪三十四年（1908年），盛宣怀将汉阳铁厂、大冶铁矿、萍乡煤矿合并成立"汉冶萍煤铁厂矿有限公司"。从19世纪90年代到20世纪20年代，中国钢铁产量99%来自汉冶萍。随后，黄石地区又新建了大冶铁厂、中国第二家近代水泥厂湖北水泥厂（华新水泥前身）、湖北最早的新式炼铜厂富池炼铜厂、湖北最早在井下作业使用凿岩机的富源煤矿公司。由此，黄石实现了近代采矿与冶炼相结合，成为中国近代著名的钢铁工业基地，标志着洋务运动进驻黄石，黄石成为中国洋务运动中心之一。大批农民加入工矿和产业工人队伍，大冶很快就形成1300多人的第一代矿工群体。在建设大冶铁矿的同时，兴国锰矿、大冶王三石煤矿、李土墩煤矿及江夏马鞍山煤矿等矿山亦开工兴建。其中，王三石煤矿及马鞍山煤矿系采用新式机器开采。为将大冶矿石运至汉阳铁厂，张之洞兴修了从铁山至石灰窑江岸的30余里运矿铁路（这是湖北境内的第一条铁路），并在石灰窑江岸兴建了两座装矿码头，建立了由楚强、楚富等7艘拖轮组成的运矿船队，开辟了汉冶航线。正是清末这场洋务运动使大冶铁矿得以开发，也使大冶、黄石由荒村转化成鄂东工矿区和城区。

大冶铁矿、大冶钢铁厂、华新水泥等大型企业的开办，直接带动了铁路和码头的建成、人口的流动，一座新兴的矿冶工业城市雏形渐现。新中国成立以后，国家在这里布局了一批冶金、机械制造、建材企业。70多年来，黄石累计向国家提供铁矿石近2亿吨、铜精矿近100万吨、各种非金属矿近6亿吨。黄石享有"青铜古都""钢铁摇篮""水泥故乡"等美誉，保留有大量工业遗存，形成了铜绿山古铜矿遗址、汉冶萍煤铁厂矿旧址、华新水泥厂旧址、大冶铁矿露天采场四个工业遗产，完整呈现了从周朝以来以矿冶为核心的工业文明发展脉络，其完整性、系统性、代表性在全国罕见。其中，铜绿山古铜矿遗址、汉冶萍煤铁厂矿旧址为全国重点文物保护单位；大冶铁矿露天采场被评为国家矿山公园。2011 年 12 月，设立省级“湖北黄石工业遗产片区”。2012 年申报其列入《中国世界文化遗产预备名单》。

其中，大冶铁矿：1890 年由张之洞报请清政府开办，1893 年投入生产，这是中国近代第一座用机器开采的大型露天铁矿。1896 年，大冶铁矿由官办改为官督商办，由盛宣怀承办。1908 年，盛宣怀组建汉冶萍煤铁厂矿有限公司，由官督商办改为完全商办，这是中国也是亚洲最早最大的钢铁煤联合企业。1924 年，大冶铁矿与大冶钢厂合并，名为大冶厂矿。1938 年大冶厂矿落入日寇之手，设立“大冶矿业所”（日铁），1938~1945 年，日本侵略者从大冶厂矿掠夺走矿石达 500 万吨。

大冶钢厂：1913 年筹建，1916 年定名为汉冶萍煤铁厂矿有限公司大冶钢铁厂，厂长李维格。一号炉 1922 年开炼，二号炉 1923 年出铁，大冶钢铁厂进入生产时期。1924 年大冶钢铁厂与大冶铁矿合并。1938~1945 年抗战期间，主要设备运往重庆，另建新厂。1945 年日本投降，国民政府接管，成立“日铁保管处”，1948 年正式成立华中钢铁公司，1953 年改名为大冶钢厂，现已成为全国大型特殊钢厂。

华新水泥厂：由程祖福 1907 年筹建，最早名称为湖北水泥厂。1943 年，王涛成立华新水泥工业股份有限公司。1946 年，公司兴建大冶水泥厂，1950 年，大冶水泥厂改名为华新水泥厂，是我国水泥工业的骨干企业，生产的堡垒牌、五羊牌水泥荣获国家金质奖。

1949 年 5 月黄石解放，1958 年大冶铁矿恢复生产，成为武钢重要的铁矿石基地。2006 年，黄石国家矿山公园在铁山建成。以大冶铁矿区、铜绿山古铜矿遗址区组成的“一园两区”，经国家矿山公园评审委员会评审通过，确认为黄石国家矿山公园，这是中国首座国家矿山公园。

二、张之洞与黄石水泥工业

张之洞不仅是中国近代钢铁工业的创始人，也是中国近代水泥工业的开创者之一。《张文襄公全集》中有四份资料显示了他和黄石水泥事业的密切关系，记录了这位中国近代工业先行者的足迹。

光绪二十年正是汉阳铁厂竣工投产之时。在汉阳铁厂基建中使用了大量的水泥，这是一笔不小的开支，张之洞由此萌发了兴办水泥厂的念头。他在四月初四的电报中说：“铁厂、铁路、枪炮架弹五厂所用水泥计银二十万外，痛心疾首。大冶有堪造水泥之土，据外洋评定极佳，远在开平、澳门两处水泥之上，此后岁修用多，故拟自造。”从中可以看到，本地的原料好，也是他打算兴办水泥厂的一个重要原因。在正月那份电报中，开头也说，“大冶灰石泥土，寄德试验，可制上等水泥”。在此之前，他已经进行了前期的考察工作。这两份电报的主要内容，都是请许景澄打听水泥生产机械的价格和生产能力，收件人许景澄钦差就是出使俄、德、奥、荷四国的大臣。在国内，他就此和洋行有过接触，但“洋行开价太贵”。由于当时汉阳铁厂试生产的资金还没有着落，两封电报都强调“经费不易，拟小办，徐扩充”。“务请设法婉商，订造极小机器，以价廉为主。”可能正是经费困难的原因，这次并未办成。在四月的电报里，他还提到想造炼铁炉和炼焦炉用的耐火砖。[《张文襄全集》138 卷之电犊 17，《致俄京许钦差》的电报，发出的日期是光绪二十年正月十三日（1894 年 2 月 18 日）和同年四月初四（5 月 8 日）。]

十三年后，光绪三十三年二月十一日，即 1907 年 3 月 24 日，张之洞正式批准程祖福承办水泥厂。这一天，应当是黄石水泥工业的历史起点，也是华新水泥厂这家百年老企业的历史起点。程祖福，浙江杭州人氏，创办有清华实业公司。当时国内仅有唐山一家水泥厂，程祖福对商办水泥厂十分看好。张之洞的这件批文载于《张文襄公全集》118 卷之公犊 33，题为《批道员程祖福禀拟承办水泥厂》，也就是对程祖福打算承办水泥厂报告的批复。从这份文件可以看出，在大冶办水泥厂是张之洞批准的，没有上奏朝廷。

批文说，查湖北大冶县黄石港产的石料适合造水泥，实在是湖北土产中的上品，十多年前本部堂就将它寄到德国去，委托大使和化学家多次精详地化验，并招商承办，以发展地方经济。现在据报告，大冶黄石港附近的台子湾（可能就是指今天的黄石太子湾），所产的水泥原料很好，打算由清华公司筹集三十万两银子作股本，开办湖北水泥厂，“应准照办”。批文接着宣布，按照原来发布的招商承办水泥的章程，给予优惠政策：一是“准其在湖北境内专利十五年”，即十五年内，湖北省内不再批准别的水泥厂开办；二是在查实股本后保利五年，五年以后，利润多了，再由公司按照外国通行的办法，“提酌余利缴官，以为报效”；三是下发公文通知地方官“妥为保护”，筹备工作进行到一定阶段后再报告农工商部，并奏请免税。批文委任程祖福为水泥厂总办，并表示不再派官员做督办。厂中一切事宜由商家自行经营，盈亏自负，“官不与闻”。对于程祖福提出的 30 年后机器厂房全部交官，张之洞表示“此条应勿庸议”，即用不着考虑。自己是为了“提倡实业，畅销湖北土货”。最后，张之洞还特别告诫：“此项工业，只可华商附股，断不准招集外国人股本，致滋纠葛，是为至要。”这表现了他对外国势力侵入的高度戒备。

光绪三十三年（1907 年）七月初三，张之洞接到了军机处的电报：“张之洞著迅速来京陛见，有面询事件。”在上一个月，张之洞已经被旨授大学士，仍留湖广总督之任；现在命他进京，是要任用他做军机大臣了。张之洞请了 20 天的病假，抓紧处理未竟事宜，其中一件事便是兑现诺言，于七月二十八日发出《商办大冶水泥厂请暂免税厘片》（《张文襄公全集》卷 70 公奏议 70），为水泥厂奏请免税。厘片，即奏片，是一种呈报给皇帝的简要专题报告，一般是随同另一份奏折一起上报，又称为附片。片中水泥厂承办人程祖福的官衔全称是“奏调湖北差委福建存记道”，存记道是道员的一种名目，他原属福建省，现在调到湖北办事。这个官看来是捐的，实际身份还是工商业者。

当时正是晚清兴办铁路的高峰期，奏片说，现在各省都在申请建设铁路，需要大量的钢轨、枕木和水泥。汉阳铁厂可以提供钢轨，而枕木和水泥还要到外国去买。水泥是筑路、造桥、建厂都必须要用的，拿了中国的银子去换外国的土，吃了多大的亏就不用多说了。接着叙述了委托驻德使臣化验大冶的水泥原料，招商由程祖福承办水泥厂的过程，认为程祖福曾经创办清华公司，讲求实业已经多年，一定能够办好。然后提出这件事是创举，正在聘请工程师、购买矿山、建造厂房、安装机器，要花钱的地方很多。“中国振兴实业，原为抵制洋货起见，然非轻成本不能畅销……非赖国家提倡不足以鼓舞商情。”并依据皇帝批准的农工商部和邮传部“各省商办铁路所用材料请照官办之路一律暂行免税”的规定、农工商部“华商设立公司制造铁路材料援案暂行免税”的规定，请求“准其暂免税厘”；免税的年限比照别的省份制造铁路材料的公司一样办理。文集中，此奏片的后面照录了“朱批：该衙门知道。钦此”。这是皇帝批示的常用语，“该衙门”此处指主管财政税收的户部，意思是让户部办理。这是张之洞在湖北期间为湖北办的最后一件好事。五天之后，他启程进京了。两年之后，1909 年 5 月 2 日，湖北水泥厂建成投产。

华新水泥股份有限公司始创于 1907 年，至今已走过 108 个年头。其前身是我国长江流域的第一家水泥工业企业，也是我国最早的三家水泥厂之一——大冶湖北水泥厂。提及华新水泥，人们会想到“中国水泥工业的摇篮”“中国建材行业第一家 A、B 股上市公司”“我国水泥窑协同处理垃圾产业先行者”等，但许多人不知道，这个名字背后还隐藏着一段并不为人熟知的故事，其间更凝聚着中华民族源远流长、自强不息的人文精神。清光绪三十三年（1907 年）由时任湖广总督张之洞亲自主持招商，浙江杭州人、上海清华实业公司总理程祖福上书应招集资承办。可以说，是张之洞一手促成了“华新水泥”的诞生。从大冶湖北水泥厂到华记水泥厂、启新华记水泥厂、华中水泥厂、（老）华新水泥股份有限公司、华新水泥厂，再到新的华新水泥股份有限公司，百年华新始终处在业界领先地位。华新黄石分公司于 2004 年 5 月挂牌成立，是目前华新水泥旗下产能最大的一家分支机构，也是华新水泥在湖北黄市的水泥熟料生产基地。作为华新水泥的发源地，华新黄石分公司现拥有两条生产能力，分别为日产 2500 吨和日产 5000 吨的新型干法水泥熟料生产线，分南、北两个生产区域，目前企业年产水泥 400 万吨，水泥熟料 250 万吨，水泥和商品熟料均销往中南、华东各地。

三、张之洞推动黄石经济发展

可以说，黄石的工业化与城市化始于洋务运动。大冶铁矿局出现在江边后，商户越来越多，逐渐在矿局附近形成了一条繁荣的街道。黄石在大冶铁矿开办之前，生意人寥寥无几，开办大冶铁矿后，外省人和外国人逐渐增多。大冶铁山过去只是个小小的一站，没有一家较大的商店，大冶铁矿运矿铁路修通后，当地富户纷纷变卖田地，弃农从商，商店发展到四五十家。到清末，大冶工矿区的产业工人已发展到数千人，正是洋务运动使古代曾大兴炉冶后被遗忘数百年的地方，形成了近代都市的雏形。一个城市经济的发展在很大程度上是以其工业发展程度为评判标准的。洋务运动在黄石的发展极大地促进了黄石的运输交通业、电力业、建材业等行业的发展。大冶铁矿是中国第一家用机械开采的大型露天铁矿，大冶运矿铁路的修筑是湖北境内第一条铁路……洋务运动使黄石这一“矿冶之都”跨入早期工业化城市行列。

张之洞在湖广总督任内，非常重视黄石地区矿产资源的开发利用，曾于1893年10月3日、1896年3月6日、1899年春三次到大冶铁矿、王三石煤矿视察。在大冶铁矿视察时，要矿山每日为汉阳铁厂输送铁矿石200吨，在视察王三石煤矿时要矿山加速矿井建设，并增加投资建设由煤井到铁山与大冶铁矿运矿铁路相连的支线铁路。他在黄石地区建成了湖北省境内第一家用机器开采的新式煤矿——王三石煤矿；湖北省境内最早的机器制砖厂——下陆村机器制砖厂；中国第二家大型水泥厂——湖北水泥厂。在石灰窑江边建设了本地区第一座近代装卸码头，在长江开辟了汉冶航线，置楚富、楚强、汉利、汉兴、汉发、汉通、汉顺等轮驳来往于汉（汉阳）冶（大冶）之间。

张之洞在黄石地区推进工业近代化，带动了交通运输、电信等事业的近代化。筹办大冶铁矿之初，张之洞便在湖北铁政局之下设立大冶矿务运道总局，负责开发矿山、修建铁路。矿局建在石灰窑江边，内设电报房，配备了电报机。早在1891年，石灰窑就开始了通电报。矿局修建的大冶铁矿运矿铁路，是继津唐铁路、台湾铁路之后中国政府自己修建的第三条铁路，从铁山铺至石灰窑江岸，全长33.79千米。矿局还在下陆建有机车修理厂。火车每天运矿2~10次不等，每次附带客车两辆，出售客票，供本矿职工和旅客乘坐。这里先于北京、武汉、广州、南京等大都市拥有了铁路，民众有幸体验了火车，成为黄石地区社会生活近代化影响最大、最显著的标志。后来，大冶钢铁厂、华新水泥厂相继自建了专用铁路并与之接轨。湖北官矿公署所属的象鼻山铁矿，于1919年建成该矿至沈家营码头的铁路，全长22.25千米。这一时期黄石地区的交通呈现了独特的景观：铁路优先于公路发展，铁路里程超过公路里程。境内第一条公路是1929年建成的，由大冶县城至黄石港，全长23千米。

煤、铁、建材的巨大吞吐量，促进了港口的建设和水运的发展。1893年，矿局率先在石灰窑上窑江岸建起了第一座工矿码头，1899年、1908年又兴建了供日本运矿砂的东矿码头和专供汉阳铁厂用的新汉矿码头。随后，象鼻山铁矿在沈家营，湖北水泥厂在胜阳港，富源、富华等煤矿在下窑和中窑都分别建起了本企业的码头，有的煤矿还修建了从井口到码头的轻便铁路。1920年，大冶钢铁厂在厂区兴建了生铁码头、焦煤码头和发电所码头，生铁码头有铁路通往趸船，配有起重机、卷扬机等。此外，在上窑还建有杂货、粮食和小轮码头，1929年客运码头在黄石港建成了。

张之洞在黄石地区开发矿业，发展建材工业，给黄石地区的社会经济带来了巨大的变化，为该地区既带来了先进的科学技术，也带来了先进的思想，为新中国成立后黄石发展成为以采掘、冶金、建材、机械、服装工业为主的矿冶名城奠定了基础。

第一，带动了冶金等相关工业的发展，为湖北东部工矿业基地的形成奠定了基础。由于开办了大冶铁矿，后来，盛宣怀和他为汉冶萍公司在黄石袁家湖地区兴建了大冶铁厂，安设由美国制造的当时中国最大的800立方米高炉两座，每座每日可生产生铁450吨；西城公司在阳新（兴国改称）富池口兴建了新式炼铜厂，该厂后由湖北北官矿公署收购，增加设备与设施，扩大生产规模，开湖北省引进西方先进技术、先进设备冶炼纯铜之先河；柯时润、王季良等开办的利华煤矿公司，建设了中国第一条长8.2千米的越山运煤索道；湖北官矿公署开办大冶象鼻山铁矿，为汉口谌家矶扬子铁厂提供铁矿石。在开采大冶铁矿的同时，兴建了王三石煤矿，在阳新县开办了兴国锰矿，在黄石老下陆至李家坊间兴办了李土墩煤矿，还促进了民营矿业的发展，后来的民营煤矿源华煤矿成为湖北最大的煤矿。汉冶萍煤铁厂矿有限公司的设立、大冶钢铁厂的兴建，使湖北东部的黄石成为旧中国重要的工矿业基地。

第二，造就了一支有觉悟的产业工人队伍。随着矿山的开发、建材工业的诞生，迅速在黄石形成了近代产业工人队伍。这支队伍中，有来自上海、宁波、厦门、天津等近代工业较发达地区的技术工人、厂矿管理人员，有本地区的破产农民。他们曾在中国共产党的领导下，举行震惊全国的为期22天的大冶矿下陆大罢工，并以胜利结束，成为中国工人运动史上第一次以胜利结束的大罢工，为京汉铁路“二·七”大罢工提供了组织经验。

第三，活跃了地区商品经济。张之洞在黄石引进了当时世界较先进的机器设备和先进技术，使火车、轮船等近代交通工具，电报、电话等近代通信设施进入本地区。轮船招商局，英商太古、怡和，日清公司在长江航行的客轮也都在黄石港停靠。商人们借助便利的交通条件，把上海、九江等地的商品运到当时的黄石港、石灰窑，把本地的土产品运销到外地，使黄石港、石灰窑两个小镇变成店铺林立的繁荣市镇。

第四，打破了地区封闭状态，使当地风气大开，人们接受了近代科学文化知识。张之洞创办黄石近代工矿业，使黄石地区进来了德国人、英国人、比利时人、日本人及一大批外省人，他们给本地区带来了近代生活气息，给闭塞的乡民的心态以莫大的震动，当地人由排外变成和外国人、外省人打成一片。外国人初次进入大冶铁山勘矿时，乡民称矿师为洋鬼子，掷以石块。后来当德国锡根公司派来工程师赖伦时，姜姓村民则把他接到家中居住，并提供各种生活帮助。外省人初到矿山开矿时，本地人发起驱赶外省人运动，但经过一段时间的接触，逐步减少了因地域差别形成的偏见，本地人、外省人融合为一体统称厂矿人。来自上海、江苏、浙江一带的员工，慢慢举家迁入，在矿山、在工厂安居乐业，成为矿工和冶金世家。他们的子女长大后一般送回上海、苏州、常州等地老家接受教育，学成之后返回矿山、工厂工作，使矿山、工厂人的文化素质大大提高。他们的举动启迪了本地人，他们也办学校，培养自己的子女，有些人家的子女上了大学，有的成为专家，有的成为革命者。①

第四节　近代中国工业文化与汉阳

一、张之洞与汉阳

清代，武汉形成武昌、汉阳、汉口三镇鼎立之势。汉阳城虽然在武汉三镇中建城最早，并且长期设置郡、州、军、府以及县级机构，但是到了清代后期，城区的规模已经远远落后于汉口和武昌，汉口镇有对外通商的外国领事馆区，武昌城是湖广首府的政治中心，汉阳城仍然只是古老的府县治所。1889 年，张之洞调任湖广总督。面对西方列强肆无忌惮的军事侵略和经济掠夺，张之洞主张办洋务、兴军工、挽利权，以达御侮自强、富民强国之目的。鉴于洋货大量冲击中国市场，他认为不能禁其不来，唯有兴办工业，设厂自造，提出“欲养穷民、查荒地，不如劝百工；欲塞漏卮、拒外人，不如造土货”。张之洞开始在武汉大兴民族工业，同时也在重塑汉阳。汉阳成为中国近代工业发祥地，崛起的不仅仅是工业，更是汉阳城。汉阳城从此实现历史性的城市功能大转型。近代工业改变了汉阳城的面貌，也改变了汉阳人的观念和生活。

当初炼铁厂选址，清廷内部有多种不同意见。光绪十六年（1890 年）十一月初六，张之洞在向朝廷上奏《勘定炼铁厂基筹办厂工暨开采煤铁事宜折》中详细汇报了铁厂定址情况，多次派中外专家到黄石港沿江上下百里查勘，皆不宜建厂。据中国专家徐建寅（道员）禀称：黄石港沿岸平地易遭水淹，高处又需将山头开低数丈，再将平地填高，费用太大，且有数十坟茔，碍难施工。张之洞亲自到过汉阳考察，站在龟山上看到气势开阔，运输方便，景色宜人，认为这是一块风水宝地。张之洞选择厂址，进行了大量实地调查，是经过中外专家反复权衡、多方论证决定的，不是仅凭“能看到铁厂冒烟”“便于督察”而草率决定。

张之洞给负责航运管理的总理海军事务衙门发了一封电报介绍这里：“今择得汉阳大别山下有地一区，长六百丈，广百尺，宽绰有余。南枕山，北滨汉，面临大江，运载极便。”不仅如此，张之洞还向朝廷详细禀报了选址汉阳的六条理由（后人将其总结为汉阳建厂的“六便”）：第一，设厂汉阳，荆湘煤炭运输便利，商贩必争相运煤前来，货多价廉。第二，钢铁可在汉阳、汉口就地发售，且汉阳有枪炮厂，可节省运费。第三，铁厂、枪炮厂、布厂设在汉阳、武昌，谙通机器人才可以统一调配使用。第四，汉阳和武昌仅一江之隔，可以随时督察，杜绝工作人员偷懒舞弊的陋习。第五，可便利其

① 张实．张之洞与黄石水泥工业［J］．武汉文史资料，2010（9）：48-49.

他高级官员前往视察，监督资金使用，便于报销。第六，铁厂余下的矿渣、煤渣除填筑厂基外，可运往汉口后湖填筑湖身，防止水涨淹没居民之虞。在铁厂建设工程刚刚步入正轨之时，朝廷内却有人开始弹劾张之洞，认为创办铁厂简直就是浪费国家钱财。张之洞随后立即上奏数封奏折，详细介绍各项经费开销情况，以及创办铁厂所带来的好处。最后，在洋务派的代表人物爱新觉罗·奕訢等的建议下，光绪皇帝同意了让张之洞继续创办铁厂，但决定不再追加经费拨款，全都只能由张之洞自己想办法解决。在被动开放的环境中，张之洞实行主动引进，引进当时世界最先进的技术和高端人才，于是，汉阳铁厂、湖北枪炮厂两大雄厂在龟山北麓拔地而起，后在亚洲居于领先地位。其后，张之洞又在汉阳开办无烟火药厂、罐子钢厂、湖北官砖厂、湖北针钉厂，由重工业逐步转向发展民用工业。

二、张之洞与“定汉神铁”

张之洞督鄂期间，他以武汉为中心，推行以兴实业、办教育、练新军等为主要内容的“湖北新政”，奠定武汉近现代化基石。作为“九省总汇之通衢”的武汉，聚集了由机器工业、近代商业及交通、新式军队、新式学堂和新式传媒组成的巨大物质、精神力量，客观上为辛亥首义的成功准备了条件。1894 年 6 月 28 日，经过半年时间的选址和近三年的紧张施工，规模宏大的汉阳铁厂终于建设完成并正式开炉生产，张之洞主动邀请盛宣怀来商办铁厂，对其委以重任。在张之洞和盛宣怀的相互配合和共同努力下，仅仅两个月后，汉阳铁厂炼铁的原料问题、产品的销路问题、人员问题，依次调整妥当。

晚清“洋务派”地方势力“四巨头”：曾国藩、李鸿章、左宗棠、张之洞，若按其所办洋务实业计，成就最大的无疑是张之洞、李鸿章，故有“南张北李”之说。但“南张北李”这两个洋务大臣的洋务实业均离不开另一个关键人物——盛宣怀。盛宣怀是著名的政治家、企业家和慈善家，被誉为“中国实业之父”“中国商父”“中国高等教育之父”。盛宣怀自同治九年（1870 年）被李鸿章招入幕府后，便深受李的赏识，第二年就官至知府级。之后，在李鸿章的栽培下，盛宣怀历任天津海关道、招商局督办、直隶津海关道兼监督等。其间，盛宣怀创办轮船航运、煤铁矿务、电报、纺织、银行等洋务实业，是李鸿章的“经济总管”。中日甲午战争后，随着李鸿章的失势，很多人把矛头对准了盛宣怀，遭到弹劾的盛宣怀处境艰难。而张之洞当时在武汉铺的洋务摊子太大，创办的汉阳铁厂等一批厂子大都亏损，亟须启用像盛宣怀这样懂洋务经营的人才来扭亏为盈。张之洞看重盛宣怀的经验和管理才能，极力在税收、销路等方面给盛宣怀以帮助而不干预其内部经营管理。1896 年 5 月，盛宣怀入张之洞幕，两人的合作由此开始。他们的合作，客观上有利于洋务事业的发展，加速了中国的近代化进程。

汉阳铁厂是 1894 年成功投产的中国第一座现代化钢铁厂，1908 年组建汉冶萍煤铁厂矿有限公司，是亚洲最早最大的钢铁联合企业。汉冶萍公司的原材料和钢铁产品质量属于世界一流，煤、铁矿石、生铁、钢轨及钢铁制品获得 1911 年世界博览会“最优等”奖。汉阳铁厂为中国建铁路、造机器、兴军工、造船舶提供所需的钢铁，武汉因而成为中国近代工业发祥地之一，武汉三镇强势鼎立，成为闻名全国的“大武汉”。汉阳铁厂横空出世，震惊世界。美国驻汉领事称赞汉阳铁厂是中国近代“最进步的运动”，西方人士从汉阳铁厂看到中国觉醒，担心英美两国对世界钢铁市场的垄断受到挑战。

日本则一直觊觎汉阳铁厂，通过给汉冶萍公司提供贷款，实现控制汉阳铁厂及汉冶萍公司的产品出口经营权，并以抵债的方式掠夺铁矿石和生铁。汉阳铁厂投产 7 年后，日本建成了八幡制铁所，更加大肆掠夺汉阳铁厂的原材料和生铁，以保证八幡制铁所生产。第一次世界大战期间（1914~1918 年），世界钢铁价格成十倍猛涨，日本以抵债的廉价获取汉阳铁厂的生铁就达 20.66 万吨，汉冶萍公司仍然还不清巨额日债。大战停止后，钢铁价格猛跌，而汉冶萍公司每天应支付的债款利息就达 200 多万元，其中日本债务催促尤为急迫。汉冶萍公司有识之士指出：“公司负债营业，不啻于专为债权者作嫁衣裳，不如停产。”

1921 年 12 月，民国北京政府改变钢轨样式，汉阳铁厂库存 4.8 万吨钢轨报废，炼钢厂停止炼钢。1923 年 9 月 2 日，汉阳铁厂日产 250 吨的四号高炉因故障而停炼，一炉铁水停留在炉中，逐渐冷却凝固，形成一炉凝铁。1924 年 10 月，日产 250 吨的三号高炉停止冶炼，汉阳铁厂全面停产。汉阳铁厂遗留下来的这尊凝铁就是这样，它没有被抗战期间的炮火摧毁，没有被日本侵略者掠走，也没有在“大办钢铁”中被销毁。经当时的专家测算，这重达 200 吨的“神铁”，含铁接近 70%，就算是卖废铁也能卖 40 万元。它作为曾经不愧为“东半球首屈一指的钢铁基地”的汉阳铁厂遗留下来的工业遗迹，是武汉钢铁史诗的宝贵见证，它代表汉阳铁厂坚毅的性格和不散的精魂，见证着中国近现代工业的兴衰史。1938 年 8 月，汉阳铁厂设备拆迁到重庆大渡口。10 月，日本侵略者的铁蹄践踏了汉阳铁厂遗址。1952 年，武汉人民在汉阳铁厂的废墟上新建起武汉国棉一厂，这尊凝铁还立在占地约 50 平方米的炉座上，离地面高约 5 米，上部已经裸露，下部尚有耐火砖、铁箍包裹，底部有槽沟，人们称为“八卦炉”。因国棉一厂新建车间和汉阳区开辟龟山北路，凝铁两次被挪到距离原址百米的山脚下。

21 世纪初，当张之洞、汉阳造成为人们关注的焦点、议论的热点时，龟山脚下这块凝铁被发现，大半截埋在地下，黝黑的身躯带着累累伤痕。它是汉阳铁厂的遗物，是中国钢铁工业发源地的见证，武汉市博物馆、张之洞与汉阳铁厂博物馆、湖北省博物馆、武钢博物馆都想收藏作为镇馆之宝。可它以其庞大的身躯让所有想搬迁它的人都无可奈何，它痴迷镇定，守望着曾经诞生它的地方。2007 年 9 月 2 日，纪念张之洞诞辰 170 周年系列活动安排“张之洞近代工业遗址遗迹游”，学者、专家和游客观赏了这尊凝铁，无不为之震撼，为之骄傲，史学家称其为“定汉神铁”，它以其坚毅的性格和凝聚的精魂，昭示汉阳造的巨大魅力。2008 年 5 月 23 日，龟山北路建成凝铁纪念园，人们观赏抚摸它尽显沧桑的面庞，追忆“亚洲雄厂”兴衰所代表的中国近代民族工业的艰难历程。

三、张之洞与“汉阳造”之中华第一枪

中国近代工业的发端在汉阳，“汉阳造”享誉四方。“汉阳造”既是文化，也是产业，更是薪火相传、执着求变的精神。“汉阳造”最早由张之洞创建的汉阳兵工厂即后来的湖北兵工厂从1896年开始生产，仿制于德国的1888式步枪，故又称88式步枪。1899年，江南制造总局也开始生产“汉阳造”。从1896年投产到1944年停产，中国各个兵工厂大约生产了110万支“汉阳造”步枪。“汉阳造”口径7.92毫米，全长955毫米，不含刺刀全重3.166公斤，枪管长442毫米，枪口初速639.78米每秒，有效射程300米。由于生产时间久远，民国初中国所有的战役此枪几乎无不参与，包括辛亥革命在内。根据当年在新军第八镇（师）21标一个士兵的回忆，当年第八镇的步枪全部是汉阳兵工厂出产。因此，1911年10月10日晚上，程定国所开的第一枪，用的应该是“汉阳造”，由此打响了推翻千年帝制的辛亥革命。中正式步枪制造成功后，国民政府虽一度希望将生产“汉阳造”的步枪机具改为制造中正式，但是随后抗日战争爆发使这项计划延后，金陵与汉阳厂也因抗战内迁重庆，在内迁的同时汉阳兵工厂生产步枪的机具移交给21厂（金陵兵工厂改组后代号），使“汉阳造”的生产集中在单一厂区，巩县兵工厂步枪部门被炸毁后中正式的产能大幅下降，因此在抗战时期八八式步枪仍在军中占有重要地位，21厂的“汉阳造”持续生产到1944年，厂内机具才完全修改为制造中正式。后才告停产，但由于“汉阳造”数量庞大且耐用，因此仍持续在国内各势力间使用。至朝鲜战争时期依然可见88式步枪的踪影。直到抗美援朝后，中华人民共和国经由军援以及自产获得大量苏联新型单兵武器后，88式步枪才退出现役转为民兵使用，到20世纪80年代才完全被淘汰。

张之洞创办的湖北枪炮厂为革命党准备了充足的武器，在他去世两年之后，他编练的新军打响了武昌起义（辛亥革命）的第一枪。1907年，清政府决定全面编练新军，全国分成三十六镇（师）。湖北应编两镇，至1911年，仅编成第八镇及二十一混成协（旅），由原张之洞所在的自强军改编，除火炮外，轻武器多由汉阳兵工厂所造并配发使用。1911年10月10日（农历八月十九日）晚8时许，坐落于武昌城南的新军第八镇工程营房里，革命党人打响了锋锐直指清王朝的武昌首义第一枪。新军第八镇工程营后队正目（班长）、革命党人代表熊秉坤在武昌领导新军起义，拉开了武昌首义的序幕。在里应外合、未受抵抗的情况下，当晚轻取楚望台军械库，得到所存储的德、日及汉阳造步枪近两万支及弹药无数。经一夜浴血激战，攻克湖广总督署和湖北藩署。革命军与清军在汉口及武昌均发生激战，兵工厂所在之汉阳尚称稳定，驻汉阳之新军四十二标第一营党代表胡玉珍于11日起义，举右队队官宋锡全为指挥官，占领兵工厂，以王金山为工厂总理。接收工众3000余人，步枪7000把，子弹500万发，山炮150门，炮

弹6000发，并全力赶造枪械以助革命，每昼夜可出步枪60支，子弹3万发，炮弹1000~2000枚。在军阀混战的时代，一直到抗战结束，汉阳造在中国一直是主力武器之一，由清朝新军开始，到北洋军、北伐军、中央军、红军，“汉阳造”武装了无数的中国部队。甚至在朝鲜战争中，中国人民志愿军仍有许多部队持着“汉阳造”，在冰天雪地中与敌人拼杀。

（一）张之洞与余庆鳌

百年“汉阳造”的制造离不开枪支工程师余庆鳌和近代著名科学家徐建寅两位伟大的技师。余庆鳌——“汉阳造”步枪之父，曾参与早期“汉阳造”步枪的研制工作，是清末民初枪炮制造专家。余庆鳌的父亲余宏智为鄱阳湖一带颇有名气的木工，长期在武汉、南京等地做工。余庆鳌从小跟随其侧，自幼颖悟灵敏，经常把父亲锯下的边角废料收集起来，然后不声不响地学着父亲用墨斗拉起横竖线条，用小凿子细心雕刻，居然有模有样，棱角分明。其父见庆鳌有此天赋，感觉大可造就，光绪九年（1883年），便把他从湖口带到南京，送入江南制造总局开办的新式学堂读书，毕业后，又进入金陵机器房当学徒，主攻西洋枪炮的机械原理和图纸绘画。余庆鳌凭着他聪慧的天性和扎实的基础，通过深入细致的钻研，多年以后便在枪炮制造方面心得颇深。

1895年，张之洞久闻余的才干，把他“挖”到了湖北枪炮厂，聘他为制枪领工（总工程师），负责“汉阳造”的国产化工作。余庆鳌拥有十余年消化外国机械的经验，按图索骥，复制88式并不算难。但是他发现，德国枪械技术的核心在于合金钢的冶炼，而中国落后的冶铁技术与德国有天壤之别。余庆鳌早年在南京学习机械绘图，后从事兵工生产。1893年被湖广总督张之洞任为汉阳兵工厂总办，生产出第一批“汉阳造”枪支和子弹。辛亥革命后仍领导兵工厂生产。1895年6月入汉阳兵工厂任监工员。1914年奉派赴德国学习，并考察英、法、俄等国军事工业。1917年5月回国任汉阳兵工厂枪炮课课长，授陆军步兵少校衔。曾参与早期“汉阳造”步枪的研制工作，在扩建炮厂、炮架厂，“汉阳造”步枪和75毫米、81毫米迫击炮批量投产过程中均有建树。1914年赴欧洲学习军事工业。1918年回国后创立汉阳炮厂，生产迫击炮。1925年5月12日在湖北武汉病逝。一次，外国军火商来汉推销其枪支，在进行实弹射击时，余庆鳌不露声色，仔细观察。回到汉阳兵工厂后，即动手绘图，细心研制，数月后试制成功，特邀请中外客商观看新枪实弹射击，外国军火商看后，大惊失色，伸出大拇指连声说：“中国人，了不起！”余庆鳌由此声名大振，被誉为汉阳兵工厂的“匠王”。

（二）张之洞与徐建寅

徐建寅是清末的杰出科学家，中国近代化学先驱徐寿之子，曾协助其父和华蘅芳，屡出奇思，成功完成中国人自己设计制造的第一艘实用轮船；在天津机器局主持研造出硫酸，解决了镪水依赖进口的问题；在江南制造局“于船炮枪弹多所发明”，制造出中国第一艘汽机兵船。筹建山东机器局，亲自设计督建，开中国自行设计建设机器局的先例。曾出驻德国考察舰船技术，订造了两艘铁甲舰船：“镇远”和“定远”号，为中国出国技术考察第一人。督办金陵机器制造局，主持改造设备用于炼钢，研造出新式后膛抬枪。1890 年，湖广总督张之洞在汉阳龟山北麓创办汉阳铁厂和湖北枪炮厂，两厂于 1895 年全部建成投产后，有两个棘手的问题摆在张之洞面前：一是铁厂所炼之西门子马丁钢，制造机器堪称精良，制枪炮却非极致；二是装配快枪快炮，须用无烟火药，而这类火药非洋药莫属。张之洞反复权衡，并仔细核算开办“精钢、精药”的费用，于是在 1898 年，向朝廷呈奏开办罐子钢厂、火药厂，以炼罐子钢和造无烟火药，光绪皇帝依奏准行。后来二厂合并，称为汉阳钢药厂。汉阳钢药厂主要生产枪炮弹壳和火药，每天能生产弹壳 3300 余枚。但由于弹药的关键——无烟火药的生产技术把持在外国人手中，虽高薪聘请其技术人员，但洋人为了垄断技术，总是百般刁难，迟迟不能到位。张之洞担心的事终于发生，西方列强自 1900 年 6 月起对华“禁售”无烟火药，这无异于釜底抽薪。作为发明火药的中国，此时竟然束手无策，是国运的悲哀，还是命运的捉弄？张之洞寻找破解之策，他想到一个人，位居三品的科学家徐建寅。

张之洞在汉阳建造了一个无烟药厂，因外洋工匠此时都已离厂，生产研制无法继续进行，张之洞派徐建寅总办无烟药厂研造之事。徐建寅致力于“西学中用”，为了中国军火不受制于洋人，他挑起研制无烟火药的重任。为尽快研造出合格的无烟药，他“日手杵臼，亲自研炼”。经过多次试验，终于研造成功。1901 年 3 月 31 日（光绪二十七年二月十二日），他亲自到拌药房合药拌料，正准备开工生产时，不幸机炸药轰，与在场的其他 15 名员工同时罹难，时年 57 岁。为表彰徐建寅的功绩，清廷照张之洞等的请奏，按军营提督阵亡的例子给予优恤，并追赠为二品衔内阁学士，交国史馆立传，入祀昭忠祠等。

第四章　工业文化的传承与创新

第一节　工业遗产

工业遗产具体指：凡为工业活动所造建筑与结构、此类建筑与结构中所含工艺和工具以及这类建筑与结构所处城镇与景观及所有其他物质和非物质表现，均具备至关重要的意义……工业遗产包括具有历史、技术、社会、建筑或科学价值的工业文化遗迹，包括建筑和机械，厂房，生产作坊和工厂矿场以及加工提炼遗址，仓库货栈，生产、转换和使用的场所，交通运输及其基础设施以及用于住所、宗教崇拜或教育等和工业相关的社会活动场所。在内容方面，狭义的工业遗产主要包括作坊、车间、仓库、码头、管理办公用房以及界石等不可移动文物；工具、器具、机械、设备、办公用具、生活用品等可移动文物；契约合同、商号商标、产品样品、手稿手札、招牌字号、票证簿册、照片拓片、图书资料、音像制品等涉及企业历史的记录档案。广义的工业遗产还包括工艺流程、生产技能和与其相关的文化表现形式，以及存在于人们记忆、口传和习惯中的非物质文化遗产。因此，工业遗产是在工业化的发展过程中留存的物质文化遗产和非物质文化遗产的总和。

近年来，工业遗产的概念在继续扩大，其中“工业景观”的提出引起了人们的关注，一些国家已经开始实施广泛的工业景观调查和保护计划。国际工业遗产保护委员会主席伯格伦（L. Bergeron）教授指出：“工业遗产不仅由生产场所构成，还包括工人的住宅、使用的交通系统及其社会生活遗址等。但即便各个因素都具有价值，它们的真正价值也只能凸显于它们被置于一个整体景观的框架中；同时在此基础上，我们能够研究其中各因素之间的联系。整体景观的概念对于理解工业遗产至关重要。”

一、工业遗产价值

作为中国近代工业大都会，上海的工业遗产极其丰富，仅以杨树浦附近为例，就拥有众多的中国工业文明之最：中国最早的机器造纸厂——上海机器造纸局（1882 年）；中国最早的自来水厂——杨树浦自来水厂（1883 年）；中国最早的机器棉纺厂——上海机器织布局（1890 年）；中国最早的外商纱厂——怡和纱厂（1897 年）；中国最早的钢筋混凝土结构厂房——怡和纱厂废纺车间锯齿屋顶（1911 年）；远东最大的火力发电厂——工部局电气处江边电站（1913 年）；中国最早的钢结构多层厂房——江边电站 1 号锅炉间（1913 年）；远东最大的制皂厂——英国伦敦利华兄弟公司（1925 年）；中国最早的煤气供热厂——大英自来火房杨树浦工场（1934 年）。

（一）历史价值

工业遗产具有重要的历史价值。它们见证了工业活动对历史所产生的深刻影响。工业遗产是人类所创造并需要长久保存和广泛交流的文明成果，是人类文化遗产中与其他内容相比毫不逊色的组成部分。忽视或者丢弃这一宝贵遗产，就抹去了城市一部分最重要的记忆，使城市出现一段历史空白，而更好地保护工业遗产、发掘其丰厚的文化底蕴，将使绚丽多彩的历史画卷更加充实。同时，这些深刻变革的物质证据对人们认识工业活动的产生和发展、研究某类工业活动的起步和过程具有普遍的价值。

（二）科技价值

工业遗产具有重要的科技价值。它们见证了科学技术对于工业发展所做出的突出贡献。工业遗产在生产基地的选址规划、建筑物和构造物的施工建设、机械设备的调试安装、生产工具的改进、工艺流程的设计和产品制造的更新等方面具有科技价值。保护好不同发展阶段具有突出价值的工业遗产，才能给后人留下相对完整的工业领域科学技术的发展轨迹，提高对科技发展史的研究水平，而保护某种特定的制作工艺或具有开创意义的范例，则更具有特别的意义。

（三）艺术价值

工业遗产具有重要的艺术价值。它们见证了工业景观所形成的无法替代的城市特色。认定和保存有多重价值和个性特点的工业遗产，对于提升城市文化品位、维护城市历史风貌、改变“千城一面”的城市面孔、保持生机勃勃的地方特色具有特殊意义。工业遗产虽然不能像一般艺术作品一样进行观赏，但是，城市的差别性关键在于文化的差别性，工业遗产的特殊形象成为众多城市的鲜明标志，作为城市文化的一部分，它无时不在提醒人们这座城市曾经的辉煌和坚实的基础，同时也为城市居民留下更多的向往。一些国家和地区充分认识到工业遗产的这一重要价值，将其作为一种文化资源，走出了与满足社会文化需求相结合进行工业遗产保护的路子。

（四）文化价值

国际社会正在不断地鼓励多样化地理解文化遗产的概念和评价文化遗产价值的重要性。人们开始认识到，应将工业遗产视作普遍意义上的文化遗产中不可分割的一部分。保护工业遗产就是保持人类文化的传承、培植社会文化的根基、维护文化的多样性和创造性，从而促进社会不断向前发展。

（五）经济价值

工业遗产具有重要的经济价值。它们见证了工业发展对经济社会的带动作用。工业的形成与发展往往需要投入大量的人力、物力和财力，而对工业遗产的保护可以避免资源浪费，防止城市改造中因大拆大建而把具有多重价值的工业遗产变为建筑垃圾，有助于减少环境的负担和促进社会可持续发展。同时，保护工业遗产能够在城市衰退地区的经济振兴中发挥重要作用，保持地区活力的延续性，给社区居民提供长期稳定的就业机会。通过对城市中的工业遗产重新进行梳理、归类，在合理利用中为城市积淀丰富的历史底蕴、注入新的活力和动力。保留工业遗产的物质形态、弘扬工业遗产的文化精神，既能为后世留下曾经承托经济发展、社会成就和工程科技的历史形象记录，也能为城市未来经济发展带来许多思考和启迪，更能成为拉动经济发展的重要源泉。

（六）社会价值

工业遗产具有重要的社会价值。它们见证了人类巨大变革时期社会的日常生活。工业活动在创造了巨大的物质财富的同时，也创造了取之不竭的精神财富。工业遗产记录了普通劳动群众难以忘怀的人生，成为社会认同感和归属感的基础，产生了不可忽视的社会影响。工业遗产中蕴含着务实创新、兼容并蓄，励精图治、锐意进取、精益求精、注重诚信等工业生产中铸就的特有品质，为社会注入一种永不衰竭的精神气质。因此，工业遗产不仅承载着真实和相对完整的工业化时代的历史信息，帮助人们追述以工业为标志的近现代社会历史，帮助未来世代更好地理解这一时期人们的生活和工作方式，而且，保护工业遗产是对民族历史完整性和人类社会创造力的尊重，是对传统产业工人历史贡献的纪念和其崇高精神的传承。同时，工业遗产对于长期工作于此的众多技术人员和产业工人及其家庭来说更具有特殊的情感价值，对它们加以妥善保护将给予工业社区的居民们以心理上的稳定感。

二、工业遗产保护与探索

人类文明的进化，取决于文化的创造、保存和交流。城市是文化的载体和容器，城市的发展是循序渐进、有机更新的过程。为了实现工业遗产保护与经济社会发展的平衡互动与和谐共存，既要注重工业遗产保护对于城市长远利益的重要性和不可替代性，又要注重合理利用和可持续发展，尽量发掘其在历史、社会、科技、经济和审美等诸多方面的价值，赋予工业遗产以新的内涵和功能，注入新的活力，实现它与城市经济社会环境的互动发展。

工业遗产的普查与认定。工业遗产作为一种特殊的文化资源，它的价值认定、记录和研究首先在于发现，而普查是发现的基础和保证。我国计划启动第三次全国文物普查工作，进一步摸清文物家底，工业遗产应列为重要普查对象。面对数量庞大的工业遗产，通过普查能及时准确地掌握第一手资料，进而建立起我国的工业遗产清单。同时普查与认定、记录和研究的过程，也是宣传工业遗产重要价值和保护意义的过程，是发动企业和相关人员投入工业遗产保护的过程。

科学认定是准确记录的前提。首先应在充分研究的基础上建立工业遗产的价值评估标准，并与国际标准具有兼容性，用以认定不同类型的工业遗产。工业遗产的认定应积极动员社会公众广泛参与，使合理、统一的认定标准得到公众的普遍认同。应注意工业遗产的认定标准与其他文化遗产特别是古代文化遗产认定标准的差异。工业遗产应是在一个时期一个领域领先发展、具有较高水平、富有特色的工业遗存，要保证把那些最具典型意义、最有价值的工业遗产保留下来。在历史价值方面，对形成年代应给予合适的尺度。

准确记录是深入研究的基础。对工业遗产地的各类不可移动现状遗存应进行准确勘察、测绘，对各类可移动实体档案应进行系统的发掘整理，并以文字、图纸、照片和录像等形式进行记录。不同工业领域的生产工艺流程具有多重价值，是工业遗产完整性和真实性的重要组成部分，其中的科学技术与人工技艺是重要的遗产资源，一旦失传不可替代，应详细记录并加以传授。记录还应包括收集口述历史在内的信息，当事人的记忆是一种弥足珍贵的独特资源，应尽可能加以记录。同时应注意在昔日就业者中广泛征集可移动的工业历史文物，并纳入记录档案。综合上述记录成果，建立起完整的工业遗产记录档案，并将实现数字化及网上查询作为重要目标，以作为未来研究和保护工作的依据。工业遗产完整的外观特征和遗址保存状况应在受到任何破坏以前被载入记录档案，因为如果在生产活动停止或者工业场所关闭之前做好记录，将可以获得并保留更为真实的信息。

深入研究是科学认定的保证。工业遗产保护需要制订系统的研究计划，通过对不同区域和不同类型的工业遗产开展调查，判别工业遗产的保护范围。有必要对工业遗产的历史沿革进行考察，使工业遗产的真实性和完整性得到充分保证。对工业遗址进行考古调查是对工业遗产开展认定、记录和研究工作的基础，其重要意义已经得到普遍承认。必须按照与其他历史时期的遗址相同的高标准来开展考古研究，包括工业废料区所具有的潜在考古价值和生态价值也应得到重视。工业遗产研究需要历史、建筑、工业设计等多领域的专业人员参与，同时，由于众多工业活动之间所具有的相互依赖性，需要通过不同工业领域研究成果的资源共享、协调行动实现对工业遗产的综合研究。

长期以来，人们习惯于把农业社会时期那些历史悠久的文化遗存作为文化遗产悉心加以保护，而对于近现代重要史迹及代表性建筑的保护则重视不够，特别是其中的工业遗产更少得到人们的认同和保护。世界各地的工业遗产正面临着毁坏和遗弃以及掠夺式开发导致的严重威胁。在我国，随着城市化步伐的逐步加快，人们对工业遗产是拆还是保、遗弃还是利用上的观点存在激烈的碰撞。尽管近年来一部分工业遗产开始被列入保护之列，但是受法律保护的工业遗产项目仅占应纳入保护内容中的很小一部分，也就是在最近才开始在少数城市启动了工业遗产的普查认定和保护规划制定工作，而大部分城市，特别是一些传统工业城市，尚未将工业遗产保护纳入文化遗产保护范畴，缺乏对工业遗产的总体评价。

我们看到由于大量传统工业先后遭遇行业衰退和逆工业化过程，房地产开发随之跟进，为了有限的商业利益，人们不惜将一些经历战争磨难和文化浩劫而幸存下来的优秀工业遗产遗弃或拆毁。人们注意保护数千年、数百年前祖先创造的历史遗存，而往往忽略几十年前在我们父辈或者我们自己手中创造的文化遗存，忽视保护历史的延续性。正像我们曾经不文明地对待文物古迹和历史文化街区一样，在迅速毁掉工业社会时代留下的文化遗产，使一些作为人类智慧结晶的工业遗产岌岌可危。

另外，现代工业遗产正面临着技术不断更新或更替所带来的冲击。与其他古迹遗址不同的是，不断延续的工业活动迫使此类工业遗产与不断向前发展的生产方式相适应，新技术、新工艺的不断开发应用和产品迅速地更新换代也使工业遗产更为脆弱，极易受到损害。证明工业发展深刻变革的物证材料对人类而言具有广泛的价值，我们必须认识到保护这类技术和产品迅速更新换代的生产领域的工业遗产的重要性。因此，在城市更新和产业发展过程中，如何对待工业遗产已经成为文化遗产保护领域的重要课题。

国际社会对于工业遗产保护逐渐形成良好氛围，越来越多的国家开始重视保护工业遗产，在制订保护规划的基础上，通过合理利用使工业遗产的重要性得以最大限度的保存和再现，以加深公众对工业遗产的认识。在推动地区产业转型、积极整治环境、重塑地区竞争力和吸引力、带动经济社会复苏等方面取得了不少成功的经验。一些城市对于已经失去原有功能的工厂、码头等遗址，没有采取简单粗暴地全部推倒重建的办法，而是通过合理利用，不断为社会提供综合效益。如美国旧金山的原巧克力工厂、奥地利维也纳的原煤气工厂等，均成为市民和来访者们喜爱的游乐和购物中心。近年来，由于制造业经济大量向金融、物流、中介、研发等方向转型，所以许多适宜的厂房、仓库被利用作为办公用房，体现出工业遗产与其他古代文化遗产相比具有更加广泛的利用空间。一些艺术家工作室、时装设计室、艺术画廊、工艺品店、律师事务所、牙医诊所、商业推广公司、旅游公司、中介咨询机构、产品研发机构、小型展销场所等也都在工业建筑中找到了理想空间。同时人们对于这些工业建筑的文化信息和传统风貌格外珍爱，适度地改造往往仅限于室内，如增加隔热保温措施、进行内部水电改造、添加卫生设施、房间结构加固及装修等，而对于工业建筑的外观和格局及室外环境尽可能保持原貌，以提醒人们这些工业建筑和设施不同寻常的历史和不可替代的价值。

在工业遗产保护理论上一些国家也进行了有益的探索。澳大利亚所制定的《巴拉宪章》为文物建筑寻找“改造性再利用”（Adaptive Reuse）的方式越来越受到重视，并在工业遗产保护项目上加以推广。“‘改造性再利用’关键在于为某一建筑遗产找到恰当的用途，这些用途使该场所的重要性得以最大限度的保存和再现，对重要结构的改变降低到最低限度并且使这种改变可以得到复原”。由此看来，《巴拉宪章》所定义的“改造性再利用”指的是对某一场所进行调整使其容纳新的功能，这种做法因没有从实质上削弱场所的文化意义而受到鼓励推广。与世界很多国家一样，我国各地也遗留下不少工业遗产。如何评估这笔珍贵遗产并妥善保护、永续利用，已成为文化遗产保护又一个极为紧迫的问题。同时人们也高兴地看到，许多具有远见卓识的地方政府，在大力推进当地社会经济可持续发展的进程中，重视工业遗产保护，取得了令人称道的业绩。“工业遗产街”是指“一五”期间，苏联在洛阳援建重点工程时建造的厂房和生活区等，主要包括一拖、中铝洛铜等企业的厂房以及涧西区2号街坊、10号街坊、11号街坊等苏式建筑。2010年10月，第三届中国历史文化名街评选活动启动，涧西工业遗产街被洛阳市文物部门列为洛阳市的申报对象。2011年4月，经专家评审团评议，涧西工业遗产街从全国400多条街道中脱颖而出，入选15强，进入公众投票环节，5月底，最终入选的10条街道名单揭晓，涧西工业遗产街名列其中。在三届评选活动中评选出的30条中国历史文化名街中，涧西工业遗产街是唯一入选的工业遗产项目。

三、历史工业文化遗产

（一）近现代工业和现代工业文化遗产

中国近现代工业发展主要分为以下几个阶段（见表4-1）：

表4-1 中国近现代工业发展阶段

历史阶段	时间跨度	特征
近代工业	1840~1894年	中国近代工业的产生阶段，许多工业门类实现了从无到有零的突破
	1895~1911年	中国近代工业初步发展阶段，《马关条约》允许外国资本在各地设厂，中国丧失工业制造专有权
	1912~1936年	私营工业资本迅速发展时期，华侨和军政要员成为重要的工业投资者，近代工业逐渐走向自主发展
	1937~1948年	抗战时期艰难发展，大量工矿企业内迁，战后工业有短暂复苏
现代工业	1949~1965年	新中国社会主义工业初步发展时期，经历了理性发展和工业化“大跃进”的浪潮
	1966~1976年	曲折前进时期，工业生产停滞甚至倒退
	1978年至今	社会主义现代工业大发展时期。产业格局退二进三调整，促使某些工业地区重新定位

1. 中国近代工业发展阶段潜在工业遗产

第一阶段：中国近代工业的产生阶段（1840~1894年）。

中国近代工业的众多领域实现了从无到有零的突破，兴办近代工业的主力是来自英国、美国、德国和俄国等资本主义国家的经济殖民势力及其买办，与之对应，这一时期形成的潜在的工业遗产十分丰富，表4-2中选列了一些场所，具有典型性并不一定全面。

表 4-2 近代工业产生阶段潜在工业遗产点清单

<table>
<tr><td colspan="3">1840 年（鸦片战争）至 1894 年（中日《马关条约》之前）</td></tr>
<tr><td>兴办主体</td><td>行业划分</td><td>代表案例</td></tr>
<tr><td rowspan="14">外国资本独立经营</td><td rowspan="2">船舶修造业</td><td>广州黄埔船坞</td></tr>
<tr><td>耶松船厂</td></tr>
<tr><td rowspan="2">出口加工工业（丝、茶、棉等）</td><td>汉口顺丰砖茶厂</td></tr>
<tr><td>上海缫丝厂</td></tr>
<tr><td rowspan="6">轻工业（食品、化工、印刷等）</td><td>香港太古糖房</td></tr>
<tr><td>上海正裕面粉厂</td></tr>
<tr><td>上海遂昌自来火局</td></tr>
<tr><td>上海老德记药房</td></tr>
<tr><td>上海墨海书馆</td></tr>
<tr><td>上海别发洋行、点石斋印局</td></tr>
<tr><td rowspan="3">市政与公用事业</td><td>上海“大英自来火房”</td></tr>
<tr><td>上海自来水公司</td></tr>
<tr><td>上海电气公司</td></tr>
<tr><td>铁路</td><td>上海淞沪铁路</td></tr>
<tr><td rowspan="17">清政府洋务派经营</td><td rowspan="4">军事工业（军器、军火、船舶）</td><td>安庆内军械所</td></tr>
<tr><td>江南制造局</td></tr>
<tr><td>福州船政局</td></tr>
<tr><td>金陵制造局，天津、西安、兰州、山东、四川、广州机器局</td></tr>
<tr><td rowspan="8">民用工业
（煤矿、金属矿、纺织工业等）</td><td>台湾基隆煤矿</td></tr>
<tr><td>开平煤矿</td></tr>
<tr><td>黑龙江漠河金矿</td></tr>
<tr><td>贵州青豁铁厂</td></tr>
<tr><td>汉阳铁厂与大冶铁矿</td></tr>
<tr><td>兰州织呢局</td></tr>
<tr><td>湖北纺纱官局</td></tr>
<tr><td>上海伦章造纸厂</td></tr>
<tr><td rowspan="2">基础设施与公用事业</td><td>天津电报总局</td></tr>
<tr><td>山东平度招远金矿</td></tr>
<tr><td rowspan="2">轻工业（缫丝与纺织、面粉、火柴、造纸、印刷）</td><td>广东南海继昌隆缫丝厂</td></tr>
<tr><td>重庆森昌泰和森昌正火柴厂</td></tr>
<tr><td>基础设施与公用事业</td><td>广州电灯厂</td></tr>
<tr><td>中外合资经营</td><td>市政基础设施</td><td>天津自来火公司</td></tr>
</table>

续表

1840 年（鸦片战争）至 1894 年（中日《马关条约》之前）		
兴办主体	行业划分	代表案例
买办经营	轻工业	上海同文书局
		上海昌源机器五金厂
太平天国农民政权	重工业（军工）	太平军火药厂、船厂、硝厂
	轻工业	百工衙

第二阶段：中国近代工业的初步发展阶段（1895~1911 年）。

《中日马关条约》签订后，工业投资的重点领域仍然集中在船舶修造、矿山开采等关乎国计民生的行业，轻工业则以纺织、面粉为主。这一时期的工业企业增多，每个行业内部也初步形成多足鼎立的局面，表 4-3 列举了一些潜在的工业遗产。

表 4-3 近代工业的初步发展阶段潜在工业遗产点清单

1895 年（《马关条约》）至 1911 年（辛亥革命）		
兴办主体	行业划分	代表案例
外商独资经营	重工业（船舶修造、铁路）	太古船坞公司
		耶松有限公司
		南满铁道株式会社
	轻工业	英商上海怡和纱厂
		英美烟草公司
清政府官办	重工业（采矿、铁路）	抚顺煤矿
		江南船坞
		京张铁路
	轻工业	景德镇瓷器公司
民族资本经营	重工业（造船、采矿）	求新船厂
		大同、阳泉煤矿
	轻工业	江苏南通大生纱厂
		上海阜丰面粉公司
		山东烟台张裕酿酒公司
		商务印书馆
		天津北洋硝皮厂
		荧昌火柴公司
		南洋兄弟烟草公司
中外合资经营	轻工业	上海丝织公司

第三阶段：私营工业资本迅速发展阶段（1912~1936 年）。

辛亥革命后和“一战”期间民族工业出现了短暂的春天，近代工业逐渐走向自主发展（见表 4-4）。

表 4-4　私营工业资本迅速发展阶段潜在工业遗产点清单

1912 年（民国元年）至 1936 年（抗战前夕）		
兴办主体	行业划分	代表案例
外商独资经营	重工业	兴中公司（京津两地）
	轻工业	日商内外棉株式会社
		英商新怡和纱厂
		英商密丰绒线厂
		英商上海中国肥皂公司
	公用事业	美商上海电力公司
北洋军阀/国民政府官办	重工业	上海兵工厂
		石景山钢铁厂
		淮南矿务局
		中国建设银公司
	轻工业	秦皇岛辉华玻璃厂
民族资本经营	重工业	太湖水泥公司
	轻工业	上海中国化学工业社
		天津塘沽永立制碱公司
		上海申新纱厂
		上海永安纺织公司
		上海中华第一针织厂
		上海天厨味精厂
		上海天利淡气厂
		丹华火柴厂
中外合营	重工业	阜新煤矿
		鞍山铁矿
		门头沟煤矿公司
		鲁大公司

第四阶段：抗战时期工业艰难发展，战后短暂复苏（1937~1948 年）。

现代化阶级斗争和民族斗争极为尖锐复杂的历史环境下艰难地进行，官僚资本的形成和垄断又在一定程度上排挤了民营工业的发展（见表 4-5）。

表 4–5 抗战时期及战后潜在工业遗产点清单

1937 年抗战爆发至 1948 年新中国成立前夕		
兴办主体	行业划分	代表案例
日本帝国主义经营	工业综合体	满洲重工业开发株式会社
国民政府官办	重工业（资源、铁路）	重庆中国兴业公司
		扬子电器股份有限公司
		淮南矿路股份有限公司
		吉林丰满发电所
		四川飞机制造厂和炼钢厂
		四川内江酒精厂
		云南机器制造厂
		汉阳铁厂、华生电气公司等
		南京首都电厂及分厂
	轻工业	申新纱厂、天利硝酸、商务印书馆等
共产党在革命根据地经营	重工业	陕西延安延长石油厂
		延安边区机器厂
	轻工业	绥德大光纺织厂

2. 中国现代工业发展阶段潜在工业遗产

1949 年新中国成立后开始了中国现代工业的发展历程，大致分为如下三个阶段：

第一阶段：社会主义工业初步发展时期（1949~1965 年）（见表 4–6）。

表 4–6 社会主义工业初步发展时期潜在的工业遗产

1949 年（新中国成立）至 1965 年（“文革”前）		
兴办主体	主要门类	代表案例
改造收归国有的工业	发电、煤矿、石油、有色金属、炼钢、化工、造纸、纺织、食品工业	中国纺织建设公司，原国民党资源部下属企业等
	煤矿、石油、造船、机器、卷烟、肥皂、电气等部门	英资开滦煤矿、颐中烟草公司、中国肥皂公司、德士古汽油、美孚火油公司、远东酒精炼气厂、沙利文糖果公司等
新建国营工业（苏联援助 156 个重点项目）	煤炭、电力、钢铁、有色金属、石油、化工、机械轻工医药	鞍山钢铁厂
		齐齐哈尔第一重型机械厂
		长春第一汽车厂
		洛阳拖拉机厂
		大庆油田
		成都无缝钢管厂

续表

1949年（新中国成立）至1965年（“文革”前）		
兴办主体	主要门类	代表案例
经过工业化改造的私营企业	纺织、造纸、搪瓷、卷烟、碾米、面粉	天津永利化工厂，申新、永安棉纺厂
地方“五小”工业	小煤窑、小铁矿、小高炉、小转炉、小铁路	—
手工业	服装、家具、缝纫、钟表、木制、五金、文教	—

新中国社会主义工业初步发展时期，经历了理性发展和工业化“大跃进”的浪潮。实现“一化三改”，“一化”指社会主义工业化建设，是三大改造的物质基础；“三改造”是指对农业、手工业和资本主义工商业的社会主义改造，它为工业化的实现创造前提条件。它们之间是互相联系、互相促进的关系，体现了发展生产力与变革生产关系的有机统一，即发展生产力和变革生产关系同时并举。

第二阶段：社会主义工业曲折前进时期（1966~1976年）（见表4-7）。

表4-7 社会主义工业曲折前进时期潜在的工业遗产

1966~1976年（“文革”十年）		
兴办主体	主要门类	代表案例
新建或扩建国营工业（三线建设）	钢铁、煤炭、电力、石油、机械、铁路、汽车、军事工业	四川攀枝花钢铁厂
		贵州铝厂
		湖北十堰汽车厂
		四川德阳第二重型机械厂
		贵州六盘水煤矿
		甘肃刘家峡电站
		川黔、成昆、湘黔铁路
		酒泉卫星发射中心

曲折前进时期，工业生产停滞甚至倒退。“三线建设”运动大大促进了西南地区的开发，形成了一批新兴的工业城市。“三线建设”投资方向主要集中于重工业和国防工业，在国家整个基本建设中，结构显然不利于农业和轻工业的发展，造成农、轻、重产业结构比例失调。

第三阶段：社会主义工业大发展时期（1978年至今）。

1978年中共十一届三中全会以后，我国的工业化进入了一个新的阶段。过去长期实行的高积累政策、优先发展重工业、“关起门来搞建设”以及政府独自推进工业化的方式，逐步被工业全面发展、对外开放和多种经济成分共同发展的工业化方式所取代。中国工业化道路从优先发展重工业的倾斜战略转变为轻重并举的均衡发展战略。

（二）中国纺织业（轻工业）发展与中国工业文化

中国是世界上最早生产纺织品的国家之一，是世界上最大的纺织品服装生产和出口国。中国古代的纺织技术具有非常悠久的历史，早在原始社会时期，古人为了适应气候的变化，已懂得就地取材，利用自然资源作为纺织原料，制造简单的纺织工具。纺织业在中国既是传统产业，也是优势产业，为国民经济做出了巨大的贡献。纺织业之所以能成为中国经济的大块头之一，与其在中国悠久的历史是分不开的。

1. 原始手工纺织

早在原始社会，人们已经采集野生的葛、麻、蚕丝等，并且利用猎获的鸟兽毛羽，搓、绩、编、织成为粗陋的衣服，以取代蔽体的草叶和兽皮。大汶口文化时期，黄帝的元妃嫘祖，发明养蚕缫丝。

原始社会后期，随着农、牧业的发展，逐步学会了种麻索缕、养羊取毛和育蚕抽丝等人工生产纺织原料的方法，并且利用了较多的工具。有的工具由若干零件组成，有的则是一个零件有几种用途，使劳动生产率有了较大的提高。那时的纺织品已出现花纹，并施以色彩。但是，所有的工具都由人手直接赋予动作，因此称作原始手工纺织。

2. 奴隶社会

奴隶社会是手工机械纺织从萌芽到形成的阶段。进入宗法制主导的奴隶社会，阶级分化，上层社会对纺织品的需求推动了纺织业的发展。纺织品无论是种类、数量，还是质量上，都大大超过前代。西周时期具有传统性能的简单机械缫车、纺车、织机相继出现。

纺织组合工具经过长期改进演变成原始的缫车、纺车、织机等手工纺织机器。劳动生产率大幅度提高。有一部分纺织品生产者逐渐专业化，因此，手艺日益精湛，缫、纺、织、染工艺逐步配套。

3. 封建社会

封建社会是手工机器纺织的发展阶段。在漫长的封建社会时期，中国纺织业得到了极大的发展，纺织材料进一步增多，纺织工具得到改进，纺织技术不断进步。18 世纪后半叶，西欧在手工纺织的基础上发展了动力机器纺织，逐步形成了集体化大生产的纺织工厂体系，并且推广到了其他行业，使社会生产力有了很大的提高。西欧国家把机器生产的“洋纱”“洋布”大量倾销到中国来，猛烈地冲击了中国手工纺织业。

4. 近代社会

19 世纪 70 年代初至 90 年代中期，是洋务运动重点举办民用工业的时期，也是中国近代纺织工业兴起的时期。中国近代纺织工业是在外国资本主义势力不断侵入、中国半殖民地半封建化程度不断加深的背景下出现的。

西方近代纺织技术的日趋成熟，促进了中国近代纺织工业的兴起。近代社会是大工业化纺织的形成阶段。近代纺织工业发端于缫丝业，轧花业也是较早引进机器生产的行业之一。

5. 现代社会

中华人民共和国成立后，纺织生产迅速发展。棉纺织规模迅速扩大，毛、麻、丝纺织也有相应的发展。纺织技术也有提高，已能制造全套纺织染整机器设备。化学纤维生产也迅速发展起来。但是就数量最大的棉纺织生产能力来说，人均水平还不到世界平均数的一半，远远低于工业发达的国家。

随着改革开放和加入 WTO，中国已成为全球纺织领域最引人注目的国家之一。同时，纺织产业也是中国入世后的强势出口产业。在未来几年内，我国纺织工业总产值增长率仍将继续保持在 6.3%以上。现代社会是智能化、自动化的生产阶段，企业结合高科技逐渐开发出了新型纺织材料：天然彩棉、莫代尔纤维、竹纤维、纳米纤维、活性炭纤维，面料种类也繁多，种类多样化，也更加注重健康理念。

四、中国制造业（重工业）发展与中国工业文化

机械始于工具，工具即简单的机械。人类在远古时代为了改造生活环境而创造了各种各样的工具。人类最初制造的工具是石器，如石刀、石斧、石锤等。随着时代发展和社会进步，人类依靠自己的智慧使工具在种类、材料、工艺、性能等方面不断丰富、完善并日趋复杂，便形成了制造业的雏形，现代各种精密复杂的机械都是从古代简单的工具逐步发展而来的。

制造业是我国具有比较优势的产业，对新中国成立后的经济发展做出重要贡献。在我国的历史发展进程中，制造业的历史作用及地位是不可取代的，“工业化”与“信息化”是不能相互替代的。中国是一个工业后发国家，工业化的进程还远未完成。经过四十多年的改革开放和工业化的迅猛发展，我国已经成为制造大国。制造业在国民经济发展中具有举足轻重的地位，关系着我国经济发展的未来，始终是国家经济实力的脊梁。

（一）中国四大发明——制造业划时代产物

1. 指南针（司南）

促进了采矿业、冶炼业等工业的发展。指南针传到欧洲航海家的手里，使他们有可能发现美洲和实现环球航行，为全球奠定了世界贸易和工场手工业发展的基础。

2. 火药

使封建统治阶级日益衰落，是荡平欧洲封建城堡的致命锐器，还促进了欧洲采矿业和金属制造业的发展，也大力促进了国家军事工业的发展。火枪、火箭、火炮等武器全部由中国发明，宋朝由于单兵作战素质不高，因此大力发展军事科学技术，以求平衡，影响世界的火药武器由此诞生。明朝时对各种火药武器都进行了相当多的改造，同时明朝还积极地引进西方的科学技术，因此明朝的军事科技达到了世界的巅峰。

3. 造纸术

对文明发展和社会进步的积极作用也最为显著。纸在社会生活中的广泛应用，使信息的记录、传播和继承都有了革命性的进步。纸的发明为各国蓬勃发展的教育事业、政治事业、商业事业、工业事业等方面的活动提供了极为有利的条件，为人类提供了经济、便利的书写材料，掀起了一场人类文字载体的革命。

4. 活字印刷术

推动了文艺复兴和宗教改革，促进了人们思想的解放，大大促进了文化的传播，没有中国的印刷术就没有西方的文艺复兴运动和宗教改革。

四大发明对欧洲经济、政治和文化乃至世界文明的进步做出了重大的贡献。从此，西欧率先进入近代社会，整个世界在其推动下，逐步从古代向近代演变，奠定了西欧在近代世界史的中心地位，为第一次工业革命的爆发埋下了伏笔。

（二）丝绸与陶瓷独领风骚

在中国古代历史朝代中，夏商周秦西东汉，三国两晋南北朝，隋唐五代又十国，辽宋夏金元明清，中国主要的制造业不外乎是以下几种：冶铸业，明中后期，广东佛山冶铁业规模大；纺织业，有蜀锦、棉布、纱绸等；制瓷业，有唐三彩、五大名窑、青花瓷等；造纸业、造船业、制漆业、酿酒业和煮盐业。其中，丝绸和陶瓷的影响范围最大、最广。

中国最早的陶器制造业从母系氏族就诞生了，是世界上最早的陶器制造业，陶器成为远古人类生活的必需品，直接改变了远古人类的生活方式，具有划时代的意义。

历时千年的丝绸之路和海上丝绸之路，见证了中国制造业的崛起、繁荣和衰落，见证了中国丝绸和中国陶瓷走向世界的道路是和平的、开放的。中国丝绸与中国陶瓷是中国制造业的骄傲，称得上千年不衰和无远弗届，它们为中国赢得的商业利益与文化盛誉至今仍是一座宝藏，在世界各国著名博物馆的珍藏品里，中国的精美陶瓷无不占据最佳位置，展示着光彩夺目的大美。

（三）鸦片战争后期

第一次鸦片战争以后，在西方坚船利炮的侵略压迫下，中国被迫开放门户，以手工作坊为主体的制造业，不断遭受致命打击，危机四伏。欧洲产业革命后的军事、公共、民用产品纷纷抢占中国市场，中国的经济状况日趋恶化。中国以机器生产为标志的现代制造业在民族危难中诞生，从军事设备到交通运输，再到民用消费品生产，开始了漫长的觉醒、挣扎、奋起的进程。这个进程是痛苦的、艰难的，也是充满悲情壮志的，它培育了中国一代又一代的实业家，树立起传承不息的“富国强兵”“实业报国”“振兴中华”的理念和追求。

（四）新中国成立

1. 1949~1954 年：中国制造业的重新起步

1949 年新中国成立，经历抗日战争与解放战争后，国内百废待兴，制造业几乎处于灭绝状态。在党和政府的英明领导下，全国人民自己参与国家建设工作，提前完成第一个五年计划，制造出中国第一辆自主轿车——红旗品牌。此外，还生产了解放牌货车。中国制造业得到了良好的起步。

2. 1955~1965 年：中国制造业探索与受挫阶段

经过第一个五年计划成功后，领导人急于求成，忽略客观自然规律，发动人民公社化和“大跃进”运动。在这一时期，1958 年北戴河会议提出“以钢为纲，全国跃进”的方针政策，导致制造业处于停滞状态。

3. 1966~1976 年：中国制造业的倒退阶段

十年“文革”期间，国内一片混乱，制造业生产活动几乎停止。中国经济发展受到严重阻碍。制造业不但没有发展，还出现了倒退现象，中国制造业恢复到解放初期水平。

4. 1978~1987 年：中国制造业的复苏

从 1978 年开始，中国从“文革”中逐渐解脱出来，百废待兴。改革开放后，中国模仿苏联的计划经济体系建立了较为完整的制造业体系，能够制造各类工业和消费产品，改革开放的第一个十年，中国制造业逐渐复苏。

5. 1988~1997 年：民营制造业的崛起和外资制造业进入中国

改革开放的第二个十年中，民营经济逐渐崛起，外资制造业走进中国，中国沿海地区的制造业得到了迅猛的发展。内地和沿海地区的制造业，乃至整个区域的经济实力差距逐渐扩大。民营制造业的崛起和外资制造业的进入是这个阶段的突出特征。

6. 1998~2007 年：中国制造业融入世界，“Made in China”闻名全球

在这个十年中，外资进入中国的趋势伴随着中国改革开放的深入而逐渐凸显，尤其是中国在加入 WTO 后，在全球制造企业降低成本和国家开放政策背景下，中国积极引进外资，吸引其他国家参与国内进出口业务，加大外贸合作往来。“Made in China”（中国制造）成为世界制造业不可或缺的一部分。

7. 2008 年至今，新技术引领中国制造迈向“中国智能”新征程

2010 年我国制造业增加值超过美国成为第一制造业大国，此后连续多年稳居世界第一。2022 年，我国制造业增加值占 GDP 比重为 27.7%。在世界 500 种主要工业品中，我国有超过四成产品的产量位居世界第一。65 家制造业企业入围 2022 年世界 500 强企业榜单，培育专精特新中小企业达 7 万多家。按照国民经济统计分类，我国制造业有 31 个大类 179 个中类 609 个小类，是全球产业门类最齐全、产业体系最完整的国家。党的二十大报告提出建设现代化产业体系，并提出建设“六大强国”的明确任务，其中位居首位的就是“制造强国”。随着人工智能、物联网、大数据等新技术的普及与推广，在“中国制造”大规模向“中国智造”转型的进程中，智能化、绿色化已成为制造业发展的主流方向，智能制造也将成为世界各国竞争的焦点。

第二节 工业文化与工业旅游

工业旅游是伴随着人们对旅游资源理解的拓展而产生的一种旅游新概念和产品新形式。工业旅游在发达国家由来已久，特别是一些大企业，利用自己的品牌效益吸引游客，同时也使自己的产品家喻户晓。在我国，有越来越多的现代化企业开始注重工业旅游。近年来，我国著名工业企业如青岛海尔、上海宝钢、广东美的、佛山海天等相继向游人开放，许多项目获得了政府的高度重视。

参观工业企业，对消费者而言增长了见识，体验了生产制造过程中的乐趣；对企业而言，敞开大门让消费者了解自己、对产品产生信赖感，其效果是产品广告无法比拟的。工业旅游实际上是一种特殊的广告，企业应该把工业旅游视为企业公关活动和企业文化建设活动的一个重要组成部分。组织一次参观活动，基本的开销费用为：车旅费+餐饮费，与投到市场上却无法预知效果的巨额广告费相比，这种花费要经济很多。而参观者将成为企业品牌的义务宣传员、免费代言人。如果想在最短的时间内提高品牌知名度，在市场上独秀一枝，那么工业旅游是能较快在目标受众市场打开局面的有效方法之一。因为参观过工厂的都是目标消费群体，参观工厂这种全方位的体验活动将会极大地增强消费者对品牌的向心力和认同感，他们将会把品牌的价值第一时间传递到最需要的朋友那里。

通过组织消费者参观工厂，企业可展示规模化生产基地、规范化管理，取得消费者的认同和信赖，扩大品牌的影响力。消费者通过零距离体验，可了解企业对产品材料选择和制作工艺的严格把关，体验产品的品质。让消费者了解产品是由正规企业生产的，从而体现出工厂的实力、生产规模和管理优势，实现消费者口对口宣传。企业可与竞争对手拉开距离，让强大的工厂实力说话，在蓝海里竞争。深入灌输“体验式消费”概念，同时总结经验，把“体验式消费模式”作为企业的特色销售模式，能够使企业拉开和所有品牌的差距，显示工厂在业内的领导地位。通过让消费者走进工厂，企业在现场造势，让消费者能感受到活动气氛、了解到公司的实力，促进现场成交。既然是这么好的活动那为什么推行的企业只在少数？经专家分析，工业旅游本身展现的是企业的一种透明度，让工业旅游走进车间厂房，使其在众目睽睽之下生产，这对于企业而言，需要底气，更需要勇气。现实中，部分企业还没有这样的胆量。从供给方看，工业旅游主要是追求形象效益和经济效益；从需求方来看，求新、求异、求知、求乐是参加工业旅游重要的动机，参加工业游不仅看得见，而且摸得着，能了解整个产品的生产过程，在旅游之中增长知识。比做广告花钱少，却比做广告的效果好。有这种好事哪个企业不愿意干，这也正是越来越多的企业看好“工业旅游”的真正原因。

工业旅游可以提升企业的形象、推广企业的文化，使企业得到广泛的认可。海澜集团办公室主任江南说："工业旅游是我们集团进行无形资产转化为有形资产的一种尝试。"有人来看企业，无论是一个人还是两个人，只要具备人际传播的条件，只要你的企业足够吸引人，你的企业文化足够震撼人，那么逐渐就会有更多的人来关注你，这就完成了有形资产向无形资产的一种转换；就会有越来越多的人来买你的产品，这时又把无形资产再次转换为以货币为形式的有形资产。这不仅是件双赢的事，而且是三赢或者是四赢。企业要有这样的意识，搞工业旅游，让游客来参观企业设施，其主要的目的不在从中盈利，而是通过这样一种形式，来影响游客，通过"旅游"这种无形的宣传，让参观者吸收品牌理念，对企业本身产生认可。要明确一个概念：今天的旅游者将是明天的消费者！

一、工业遗产与旅游开发

工业遗产旅游的开发涉及旅游规划、工业技术及历史研究还有建筑方面等多学科领域，需要有强大的智力支持。例如，杨浦区科技资源丰富，高校科研院所集中，人才荟萃，上海市科技兴市战略的确立，为推动杨浦区科技园区、大学校区、公共社区三区的融合、联动，提高区域整体竞争力提供了坚实支撑，通过实施科教兴市战略、打造"知识杨浦"，进一步推动产学研联合，助力科技成果产业化。促进"旅游—保护—科研—体化"，以旅游促科研，以科研促旅游和保护，实现产学研结合，并积极推向纵深发展，推行旅游部门与院校及科研机构合作发展工业遗产旅游，形成区域性的特色优势。进行专业调整，增设特色专业，使专业体系更为合理，涵盖面更加完善、更加多元化，形成科学的学科体系；加强教育和培训工作，提高现有旅游人才的工业遗产旅游的相关理论学习，并且加速培养紧缺人才；加强与国际合作交流，学习国外先进经验。

从传承历史文脉、彰显城市特色的角度看，保护工业遗产是一种超越功利主义的文化理念；从后工业化时代悄然来临、城市新陈代谢加速的角度看，保护工业遗产是一种超越物质形态规划的挑战。加强对工业遗产的保护，对于传承人类先进文化、保持和彰显一个城市的文化底蕴和特色、推动地区经济社会可持续发展具有十分重要的意义。中国的城市建设已经和正在"退二进三"的过程中，大量工业停产搬迁，房地产开发随之跟进，许多有价值的工业遗产正面临不可逆的拆毁，大量珍贵档案在流失，所以，尽快开展工业遗产的认定和抢救性整理非常重要。在我国"一五"期间，为发展经济、改善民生所进行的大规模工业建设留下了大量宝贵的工业遗产。在当前大兴土木的热潮中，一些尚未被界定为文物、未受到重视的工业建筑和旧址，正急速从城市中消失。这些年来，在大规模的城市建设中，大量工业遗存被拆除。由于近现代工业在中国发展时间短，其保护没有得到应有的重视，以致工业遗址消失的速度比一些古遗址、古墓葬、古建筑的消失速度还要快。人们习惯于把久远的物件当作文物和遗产，对它们悉心保护，而把眼前刚被淘汰、被废弃的当作废旧物、垃圾和障碍物，急于将它们毁弃。

保护工业遗产的措施有普查、普录、普及。

（一）对工业遗产的普查和认定

各国、各企业、各政府都应该对其需要为后代保留下来的工业遗迹予以认定、记录和保护。尽快建立工业遗产评估标准，系统地认定存留的工业景观、工场、建筑物、构筑物以及工艺流程，开展工业遗产的普查、认定、分类，建立遗产清单，开展工业遗产保护和利用相关政策法规的制定工作。

（二）积极引入文物普录制度

应尽快导入文物登录制度，通过对工业遗产的广泛调查，列入清单进行登录。已登录的文化遗产，在其将要被拆除或被破坏之前，必须向有关部门申报，这样国家或地方政府可以采取相应的保护措施，有利于近代工厂、桥梁、水闸等土木遗产以及过去不曾引起人们注意的日常生活中的工业构件被重新认识，并从遗忘的时空中拾回。

（三）开展工业遗产保护的宣传、普及工作

遗产保护是全社会的责任和义务，仅仅依靠政府重视和科技工作者的努力是不够的，因此应把这种意识深入民众中去，公众的关注和兴趣是做好工业遗产保护工作最可靠的保证。宣传和教育工业遗产保护，政府要起主导作用，联合企业加强宣传教育，借助各种现代传播手段，采取多渠道的形式来展示、宣传工业文明，向市民及游客灌输遗产保护意识。

工业遗产是物质文化遗产与非物质文化遗产结合最紧密的文化遗产之一，因此，在工业遗产保护中，既要注意往日工业物质遗存的非物质信息，也要注意往日工业技术文化的物质载体，因此工业遗产是一种新型的文化遗产，是我国文化遗产保护的一个重要组成部分。它们同文物一样，不可再生，工业遗产的保护是建立在对工业发展过程、场地环境特征充分认识的基础上的，通过刚性和弹性相结合的评价体系，对工业遗产保护的优先级别和可以重新利用的空间进行合理的界定，从而形成梯队状的保护与利用相结合的体系。不同级别的工业遗产，主要差异体现在对其保护的严格程度和再利用的兼容性方面，只有通过建立保护标准，才能防止错拆，避免留下历史遗憾。工业遗产不仅包括联合国教科文组织以及国家文物保护机构已经或可能记录在案的遗产地，而且包括一切承载了工业生产历史文化的建筑物、设备和场地。

“保护”与“开发利用”并不矛盾，“保护”并不等于“禁止使用”，合理的“开发利用”是对工业遗产最好的“保护”。土地资源的稀缺、大众审美情趣的转变，都给重新利用工业遗产带来了契机。重新引入的功能大致有城市开放空间、旅游度假地、博览馆与会展中心和创意产业园几类，而且在一定程度上有交叉和融合。改造再利用的旧工业建筑类型包括荒废的工业区及与之配套的仓储区、场地、工业运输码头及其他附属建筑群。对于历史文化价值大的旧工业建筑，我们尽量保持其原貌。再利用模式有开放空间模式、旅游度假地、创意产业园。中国工业遗产具有以下四个特点：第一，农业文明时期的古代传统技术遗存资源丰富；第二，近代中国工业遗产具有半殖民地半封建的烙印；第三，近代中国工业遗产的精华是近代民族工业遗产；第四，当代高精尖信息技术正在更新或更替大量中国现代工业技术。其中，丰富的中国传统工业遗产资源最具中国传统文化特色，理应受到我国工业遗产研究领域的特别重视。

我国的工业遗产在年代上可以分为古代传统工业遗产、近代工业遗产与现代工业遗产。古代传统工业遗产的分布：在以自给自足生产方式为主的农耕文明时期，每个传统文化地域都有相对独立的古代传统工业遗产体系，体现出相对均衡的布局。近代工业遗产的分布：东南沿海地区多于西部内陆地区，平原盆地地区多于高原山地地区，体现出商品经济特征的产业布局。现代工业遗产的分布：东南沿海地区以轻工业为主，西部、中部、东北内陆地区以重工业为主，体现出适应当时国际战略形势的工业布局。在工业文化遗产的继承与创新上，不能刻意地仿造古代建筑的形式与特征，更不能一味地抄袭古代作品，而应深入探讨古人对意识形态、伦理的认识，站在历史的深处来诠释古代建筑所反映的深层次意义，摒弃糟粕、取其精华，把古代建筑的精华运用到当代建筑理念中。在继承的基础上，从内在思想到外部技术，深入研究与创新当代建筑应反映的内容，这才是未来建筑所富有的时代特征。只有通过对比与借鉴，才能完成传承与创新的历史使命，帮助我们更加努力地为当代建筑文化的发展做出自己的贡献。

充分贯彻“保护为主，抢救第一，合理利用，加强管理”的文物工作总方针，强化依法管理和建设城市的法律意识；做好“七纳入”（纳入经济和社会发展计划、纳入城乡建设规划、纳入财政预算、纳入体制改革、纳入各级领导责任制、纳入社会治安防范体系、纳入社会防灾体系）和“四有”（有保护范围、标志说明、记录档案、保护机构）工作。在工业文化遗址保护中，树立四个观念：一是保护工业文化遗产就是最大的政绩；二是保护工业文化遗产就是保护生产力；三是“鱼和熊掌可以兼得”；四是在全社会倡导保护工业文化遗产人人有责。文物遗产是不可再生的资源，是我们民族智慧的结晶，保护它就是守护我们民族的灵魂。

工业遗产旅游是一种从工业考古、工业遗产保护而发展起来的新的旅游形式。其特点为在废弃的工业旧址上，通过保护性再利用原有的工业机器、生产设备、厂房建筑等，形成能够吸引现代人们了解工业文明，同时具有独特的观光、休闲功能的新的文化旅游方式。首要目标是在展示与工业遗产资源相关的服务项目过程中，为参观者提供高质量的旅游产品，营造一个开放、富有创意和活力的旅游氛围。通过寻求工业遗产与环境相融合，促成工业遗产保护的积极因素，从而促进对工业发展历史上所遗留下来的文化价值的保护、整合和发扬。在工业遗产分布密集的地区，可以通过建立工业遗产旅游线路，形成规模效益。在旅游者为工业遗产地带来利润的同时，工业遗产管理部门也必须平衡每年大量游客给工业遗产带来的一些负面影响。

对于大型和特大型工业遗产的保护，设立工业遗址公园可以成功地将旧的工业建筑群保存于新的环境之中，从而达到整体保护的目的。要对工业遗址公园及其环境进行统一设计，努力创造和设计出既属于未来，同时也记录和体现过去工业成就的空间形态，在传统中融入新的形式和功能，使工业遗址公园充满浓厚的文化气息。工业遗址公园内几乎所有的景观都可以向公众开放，通过引导式通道、视听同步装置、位置图、出版物和光盘逐步进行讲解和说明。由于在南方传统工业区往往依托天然河流或运河形成规模布局，因此，可以结合这些地区的整治，依托其人文资源，以穿城而过的河道为轴线，修复沿岸厂房、仓库、商铺和其他历史遗存，再现河道两岸传统风貌，形成工业景观与河岸风光交相辉映的文化景观带。

模式一：将工业遗产改造为创意产业园、现代艺术区，用以展示现代艺术、大型雕塑、装置艺术等。北京 798 从军工厂转型为国际当代艺术中心就是典型的代表，美国《新闻周刊》将这里评选为年度世界 TOP12，首次把中国北京列入其中，2004 年北京被列入美国《财富》杂志一年一度评选的世界有发展性的 12 个城市之一，原因之一就是 798 的存在。

模式二：建立主题博物馆。通过博物馆的形式展示一些工艺生产过程，从中活化工业区的历史感和真实感，同时激发社会参与感和认同感。如 2008 年 6 月上海江南造船（集团）公司利用老厂区装焊车间建设的江南造船博览馆，它曾是 2010 年世博会展馆之一，而厂区其他大部分建筑也被作为世博会企业馆，世博会后，被改建成中国近代工业博物馆群，被长久保留。

模式三：让工业旧址成为人们休闲和娱乐的场所。广东中山岐江公园堪称国内工业遗产保护和再利用的一个成功范例。公园是在始建于 1953 年的广东中山粤中造船厂基础上建设的，适度保留了原有厂房和机器，并创造出现代人的休闲娱乐空间，使之成为一个公共性景观。

二、工业旅游策划方案

工业旅游起源于法国，最初是由汽车行业企业发现，逐步深化为工业旅游。中国工业旅游未来的发展趋势应该更重视工业旅游经济效益的增长，即重视工业旅游购物，从旅游规划角度来看，工业旅游规划项目因具有文化性、知识性、趣味性，具备现场感、动态感、体验感等独特魅力而深受游客青睐。

国外很多工业旅游规划的景点，都因为其独特的个性和具有文化、艺术气息的设计风格而成为人们津津乐道的经典。在法国，不仅酿酒、香水、服装业等普通生产企业对游人开放，就连汽车、飞机和火箭制造业每年也要接待几十万的游客。德国作为世界著名的工业大国，他们对有代表性的工业遗迹进行保护并加以利用，作为工业博物馆、展览和演出的场所。

鲁尔区是德国传统的煤铁工业基地，在心脏地带的埃森，过去的厂房、矿区被打扮和改成了音乐厅、体育馆、博物馆，随之相配套的餐饮、住宿、交通、娱乐业蓬勃兴起，人们在参观奔驰汽车公司总装线时，可以穿上工作服，拧上几颗螺丝钉，到工人的食堂里吃顿午饭，体验“奔驰人”的生活，最后购买些印有奔驰商标的钥匙圈、丝巾、手表等纪念品，或者把车买走。这些国外的成功经验表明，工业旅游作为一种高品位的旅游方式，有着广阔的发展远景，并会产生巨大的社会效益和经济效益。

克拉玛依市石油工业旅游产品的策划开发通过突破传统开发模式、创新打造适应个性化、体验性和内涵丰富的旅游产品。要想做好工业旅游就要找准五大突破方向，即重点打造以黑油山为核心的世界石油文化博览园、集中建设克拉玛依国际石油文化创意区、扎实推进克拉玛依石油红色文化旅游产品开发、不断完善石油特色城市建设、进一步丰富石油工业旅游产品。具体来说，要重点打造集观光游览、科普教育、娱乐体验于一体的黑油山世界石油文化博览园，与周边旅游产品形成互补结构，寻求市场突破，推动旅游产品建设和市场开拓工作的全面启动，并以机械制造总公司生产厂区搬迁为契机，通过优惠的土地和税收政策，组织成立石油文化艺术俱乐部及创意作坊，展示有关石油文化主题的艺术作品，基于当地形成石油文化创意产业集聚区，推动克拉玛依石油工业旅游快速发展。依托克拉玛依石油文化优势，以“石油红色文化之旅”为主题，整合现有石油文化景点，完善石油文化旅游景区景点的旅游基础设施和服务设施，打造一条石油红色文化旅游产品线路，形成克拉玛依石油工业旅游核心产品，以旅游理念指导城市建设，扎实推进城市环境建设和旅游服务建设工程，改善城市环境和旅游接待能力，打造特色石油城市风貌，创建景城合一的4A级旅游景区，加大力度对石油工业资源进行旅游规划设计，将克拉玛依河和世纪公园等资源整合形成新型旅游产品，丰富克拉玛依石油工业旅游产品。

（一）活动流程编排

活动流程对于参观活动的重要性是显而易见的，俗话讲“不打无准备之仗”，“列时间表”是做前期准备工作的理想工作方法，每一项工作的准备都要列进时间进度表。

（二）精心做好路线规划安排

企业要为工业旅游提供一些基础条件，如游览线路上的安全标志和环境美化等。广州一家著名的摩托车生产企业工业旅游的设施就搞得很有新意：生产车间有专门的参观通道，路口都有指示牌，职工工作计划、党员发展情况都在参观线路的黑板上展示出来，人们沿着参观通道走一圈，既看到了摩托车生产流程，又了解了这家工厂的企业管理和职工精神面貌。橱柜企业在设置参观路线时值得借鉴和参考的成功的工业游旅程设计如增加橱柜历史长廊或企业发展历史展，全方位、多角度展示橱柜生产全过程（原材料—开料—封边—排钻—清洁、包装—仓储、物流等），重点介绍企业优势的生产环节，通过参观员工娱乐设施和文体活动展示企业文化和员工风貌。OLO企业就专门建立了仅供游人使用的专用参观通道，站在上面可以俯瞰生产车间的全貌。

（三）安全问题

工业旅游发展中有以下几个问题：首先是工业旅游的安全问题，包括企业安全和游客安全两个方面。要提前统计人数，预订好车辆，确保所包车辆人人有保险，并签订好安全合同。合理安排好车辆调度，确保旅途安全。应选择适宜旅行的天气，如遇上恶劣天气，建议最好改变行程，确保安全第一。其次，有人以担心企业安全为由把工业旅游拒之门外，这是讲不过去的。在四川西昌卫星发射基地，游客可以到发射架下照相，还可以进入警卫森严的部队营房参观卫星发射指挥中心。既然属于国家最高机密的卫星基地都可以让人参观，一般的企业又有多大的机密不可示人，足以把能够给企业带来财富的游客拒之门外呢？当然由于游客的人员组成比较复杂，必须对游客讲明安全注意事项，对游客在企业的活动进行全程安全监护，重点安全防范部位可以排除在工业旅游线路之外。再次，参观过程中是否允许拍照？建议应充分尊重游客的权益，如果参观线路上到处都是“禁止拍摄”的告示，仿佛每一个来参观的人都是商业间谍，让人好不自在。既然游客是来旅游的，就应该可以在为他们开放的景点拍照留念。对于确实不便于公开的商业技术秘密，企业在选择旅游线路时完全可以避开。这也是日后消费者为你做广告的素材。是否增加景点游？“如无必要，勿增新枝”。最后，工业游就应该办成纯粹的工业游，如果增加景区游，工业游的实际效果将会打折。毕竟人的精力和时间都是有限的，花费时间在别的上面，不仅会增加不必要的开支，还会影响工业游本身的质量。

（四）要处理好企业宣传和创效的关系

工业旅游不能成为变相的广告之旅，让人游得兴致索然，要真正通过工业旅游让人长见识、开眼界。当然也不能为了创收把工业旅游宣传企业形象的功能放在一边置之不理，让游客觉得企业的功利性太强。并不是每个人都有这样的荣幸，能够深入到大型企业内部参观访问的。一般橱柜厂家只有在洽谈加盟商或者工程客户、外销客户时才允许或邀请客户参观工厂（俗称验厂）。你可能早已从报纸的报道中、从电视的画面上听说过它们、看到过它们。如果你想亲临其境，想看看现代化大工业到底是怎么回事，却很难有机会。厂家推出橱柜工业游活动，既是给消费者机会，也是给自己机会。

三、工业文化+旅游

工业旅游是以保护和开发工业遗产和遗址遗迹资源为核心，同时结合现代化的工厂或者生产园进行展示，并能创造出生产体验价值为游客所享的一种专项旅游。改革开放以来，我国经济迅速发展，推动了工业旅游的兴起和发展。旅游业自身的大发展也推动了工业旅游的发展，尤其是全域旅游背景下旅游业的深度推进，促进了工业旅游的大发展。工业为旅游提供了新资源，如历史遗存、高科技创新、生产工艺等；旅游则为工业带来了巨大附加值，如品牌提升、产品推广、形象宣传等。随着工业化深入发展以及旅游业蓬勃兴起，工业和旅游日益走向融合共赢。工业旅游是绝佳的品牌营销阵地，通过工业旅游，可以让消费者了解企业文化底蕴、产品生产流程、产品质量保障、公司实力体现等，增加了对企业的信任，进而可提升企业的品牌价值，促进产品销售，实现企业、消费者、游客、政府等多方共赢。

我国的工业旅游点在地域分布上与工业发展状况基本吻合，即在老工业基地和新兴工业城市数量较多。在 2004 年国家旅游局公布的 103 家首批工业旅游示范点中，经济发展强劲的浙江省有11家企业入选，数量为全国之最。传统工业重省河南省有10家企业入选，位居第二。东北老工业基地辽宁省、吉林省分别有9家和8家企业入选，位居第三和第四，山东与广东、安徽均为6家，并列第5，上述七省共有56家企业入选，占全部示范点的50%以上，而经济基础较弱的西部地区则寥寥无几。在103家工业旅游示范点中，入选的大都是行业领先者，如四川长虹、青岛海尔、上海宝钢、山西杏花村等。其中酿造类企业最多，有18家；其次是汽车、机车、船舶、飞机制造，雷雨、水力、发电类，均为12家；石油、煤炭、矿物开采类8家，陶瓷类、医药类、电器类和钢铁制造类7家，食品饮料类、工艺品类6家，服装、鞋帽、纺织品类4家，日用品类3家，烟草类、港口类2家，其他2家。

经对比分析，可以看出开发工业旅游的企业往往需要具备如下几个条件：

（1）企业所在城市自身具有良好的经济基础，交通便利，可达性强。工业旅游发展较好的城市自身往往已经成为旅游城市。

（2）企业本身有品牌、有知名度。企业在整个市场上处于领先地位，企业所生产的产品要么是高科技类产品（如卫星发射基地、空客A320、大推力火箭），要么是公众所关心的、经常接触到的大众化产品（啤酒、汽车等），能满足游客的求知欲望和好奇心，而对于介于二者中间的生产企业则对游客的吸引力不大。

（3）企业开展工业旅游与产品生产并不冲突，所带来的成本增加不大或者开展工业旅游可以帮助企业拓展市场、打造品牌、进行宣传、带来直接或者间接的经济收益（如青岛啤酒）。

（4）企业出于对商业机密方面的考虑。

（5）企业对于游客安全方面的考虑等。

橱柜行业的工业游活动还只是被作为营销活动的一种，处于店家花钱买单、邀请客户参观的阶段。随着橱柜企业的发展壮大和旅游活动的深入开展，有希望能够发展到工业旅游的更高阶段，加入城市工业旅游路线，这将成为橱柜企业创收的一个新途径。“以己之长攻彼之短”，挖掘企业优势并将之发挥到极致，这是所有营销活动的基本思想。旅游管理专业要面向现代旅游业，根据旅游业形势的发展培养拥护党的路线，适应生产、管理、服务第一线需要的德、智、体、美等全面发展的高等技术应用型专门人才。学生应在具有必备的基础理论知识和专业知识的基础上，重点掌握从事导游、旅行社、旅游景点景区、旅游购物商店等领域实际工作的基本能力和基本技能，具有良好的职业道德和敬业精神。掌握现代旅游企业经营管理理论与方法，成为能够胜任旅游企业及其他相关行业经营管理、教学与科研工作的高级专门人才和创业型人才。

工业旅游在国内已经非常普遍，如特色小镇里的酒厂、主题乐园里的手工作坊、实实在在的酒庄旅游、汽车厂旅游等，几乎每个城市都有工业旅游的身影。青啤博物馆，是一家全国工业旅游创新单位。游客可通过专门通道浏览整个生产线，系统了解啤酒酿造生产工艺流程，品尝新鲜的原浆啤酒。青啤博物馆工作人员介绍，这些工业旅游项目为青啤带来了火爆的人气。“博物馆 30 多位讲解员全部上岗，连馆长也亲自上阵。每位讲解员每天至少要带 8 个团。”数据显示，仅 2019 年国庆期间，青啤博物馆就接待游客 3.4 万人次，同比增长 19.2%。

越来越多企业尝到了工业旅游的甜头，推出各类旅游项目。诸如黑龙江大庆石油工业展馆游——铁人王进喜纪念馆、油田历史陈列馆、石油科技馆、石化总厂展览室等；海南推出了海南核电工业旅游项目，设计了形象展示、互动体验、公众科普 3 个功能区，在互动体验区游客可以通过高清摄像头观看核电厂区外貌、主控室工作情景等实时画面。有专家表示，工业旅游和传统旅游相比，不仅可以观光休闲，还能够满足游客的好奇心和求知欲，让旅游者加深对城市的了解，增强对企业和科技的感性认识，体会企业的文化内涵，这是传统旅游模式无法给予的。

工业旅游已成为我国旅游业新兴热点。工业旅游把标准机械的现代工业生产流程提升为富有情趣的旅游体验过程，把封闭的工业区变成开放宜人的旅游区，把无声的企业博物馆变成企业精神流动宣传栏。相对于世界发达国家，我国的工业旅游目前还处于萌芽阶段。但我国已经形成了完整的工业体系，有 262 个资源型城市、45 个国家级高新技术开发区和 219 家国家级经济技术开发区，工业旅游空间广阔、潜力巨大。特别是近年来发展形成的特色工业小镇，将生产展销、文化创意、休闲游憩等功能有机融合，为工业旅游开辟了全新的发展空间。据统计，我国共有 345 家全国工业旅游示范点，省级工业旅游示范点有 1000 家左右。2015 年，全国工业旅游接待游客超过 1.3 亿人次，工业旅游收入达到 100 亿元。其中，直接就业达 6.5 万人，间接就业、季节性就业达到 300 万人。同时，我国工业旅游发展很不均衡，尚存在一些问题。比如部分企业觉得工业旅游投入高、产出慢，积极性不高；部分工业旅游项目市场化程度不高，没有按市场规律运营管理。现有大部分企业的厂房设计是为生产服务的，当观光团队涌进厂房时，可能影响生产作业。为了做到观光、生产两不误，企业或需要设置观光通道、改造调整生产流程，或需要配备专业的讲解员、接送车辆等。不菲的前期投入，让一些企业心存顾虑，望而却步。

第三节　工业文化多元化

文化是以多样化的形式存在的，不同国家、不同民族、不同时代的文化各有其形态、内涵和特点。当前，中国特色社会主义进入了新时代。随着不同文明交流互鉴广度、深度的拓展和文化自信的提升，文化多样化的特点更为明显。人民日益增长的文化生活需要，进一步强化了新时代的文化多样化。理解把握新时代文化多样化的新特点，对于准确把握新时代的特征、推动新时代文化繁荣发展具有重要意义。人类文明多样性既是世界的基本特征，也是人类发展进步的动力源泉。习近平同志指出：“文明具有多样性，就如同自然界物种的多样性一样，一同构成我们这个星球的生命本源。”世界因多彩而美丽，文明因交流互鉴而发展。当今时代，不同国家、不同民族文明交流互鉴的深化，在推动文明发展的同时，也在促进文化多样化发展。

中国日益走近世界舞台中央带来了文化多样化机遇。随着经济实力、科技实力、综合国力和国际竞争力、影响力的不断增强，中国日益走近世界舞台中央，与不同文明交流对话、相互借鉴日益频繁、不断深入，文化空间和文化视野不断拓展。交流孕育融合，融合推动进步，促进了新文化的形成。中国一向尊重文明多样化发展，积极促进不同文明平等相待、互学互鉴，努力推动人类文明实现创造性、多样化发展，必将为人类文明发展做出更大贡献，为人类社会进步做出更大贡献。

构建人类命运共同体呼唤文化多样化发展。构建人类命运共同体，是习近平同志着眼人类发展和世界前途提出的中国理念、中国方案，受到国际社会高度评价，已被多次写入联合国文件，产生日益广泛而深远的国际影响。人类命运共同体是基于文化多样化的共同体，文化多样化是构建人类命运共同体的文化支撑。只有尊重各民族文化存在和发展的权利，促进各民族文化并存互鉴，世界才能走向持久和平、普遍安全、合作共赢。文化差异不应成为世界冲突的根源，而应成为人类命运共同体的基石。尊重文化多样性，以文明交流超越文明隔阂、文明互鉴超越文明冲突、文明共存超越文明优越，构建人类命运共同体的美好愿景才能一步步成为现实。

一、工业多元化因素

工业企业由于经营环境、拥有的资源、自身能力以及所处的发展阶段不同，因而其多元化的动机不同。多元化经营活动的典型工业行业是石油化工、普通化工、冶金工业等。这些行业的企业一体化程度较高，垂直链较为完整，因此，这类行业的企业较容易通过多元化经营来实现范围经济的战略目标。

从现代工业产生的背景方面来看，现代工业结构、管理机制是随着西方工业革命产生而兴起的，并且与西方中心主义的思想相伴随。关于现代工业文化的趋同现象，人们往往只注意到科技作为一种手段对工业趋同的影响，而实际上还不仅如此，现代科技的发展不仅使世界工业文化形成了趋同现象，在理论上也在实践中得以实现，还影响到人们工业观念的变化。区域结构差异趋于缩小，产业的地域特点不明显；各地区产业门类齐全并逐步形成完整的体系；主要行业和产品生产的空间分布均匀化，集中度下降。

地区工业结构趋同是指一般以资金、劳力或产出（实物或价值形态）测量的各地区工业部门构成的相似状态或趋同相似的过程。地区工业结构趋同是我国工业化过程中出现的一种特殊现象，它是传统计划经济的产物，在我国体制转轨过程中，这种现象不仅没有弱化，反而有进一步加剧的倾向。各省（市、自治区）的工业结构具有较高的相似程度，都用全国工业结构作标准，地区工业结构趋同主要表现在加工工业领域，资源型省区迅速向加工型省区过渡。改革开放后，原有的以采掘工业和原材料工业为专业化部门的省区，加快了加工工业的发展，迅速向加工工业省区过渡。

首先，科技的进步使工业超越所在环境和地域的限制，无论春夏秋冬，工业建筑内部可以保持生产所需的温度和湿度；无论何时何地，钢筋混凝土、轻钢结构可以应用在世界的每一个工厂。传统的工业环境不得不考虑日照、通风及采光等问题，因此与建筑所处环境有着不可分割的关系，但现代工业可以在先进的技术设备支持下忽略这些问题。现代的运输设施使所谓“因地制宜”也早在实践中失去其原有的必要性，意大利石材、美国特种钢材、德国的机器设备可以出现在世界的任何一个角落。任何地方的工业产品都可以采用其他地方的产品，借鉴其他国家的设计、造型和设计，在技术上的使用上不会有任何问题。

其次，先进的信息科技使世界上任何一处的工业都真正成为世界性的了。当一家工业企业成功之时，有关企业的经营、管理和技术等都可以在最短的时间内传遍全球。如果愿意，另一家同样的企业也可以毫不费力地在异地成立，或者可以根据自己的喜好从几家企业中抽取某些构成要素重新进行排列，组合成一些新的建筑，这也使各地间的相互模仿和组合成为可能。

在正常情况下，各地区不同工业结构的产生和发展一般取决于以下几个方面：

首先，与不同地区的地理范围大小有关，一般来说，地区地域范围越大，其工业结构相似的可能性越大。这是因为地域范围的大小常常决定工业产品运输的合理性。地域范围越大，就可能有越多的产品因区际交换运费过高而在各个区域重复布点。其次，地区工业结构趋同与不同地区间资源及其他经济技术条件相似程度有关。一般相似程度较高的地区拥有较高趋同度的工业结构。再次，地区工业结构趋同与工业发展阶段有关。一般在工业化初期，工业部门分化较少，各地区的工业结构只能共同趋向纺织、粮油加工等几个有限的行业。最后，它还与非经济技术性的政治、军事等因素有关。

工业的趋同性显得格外突出，但也应看到，不同工业企业的多元化也在全球范围内正在展开。“一切对塑造社会面貌和民族特征有重大意义的东西，必须保护起来”。尽管科技的进步可以使工业超越环境和地域的制约，但并不符合节约资源和保护环境的要求，现在工业节能、工业生态、工业绿色已成为全球性的新潮流，可以说这是在更高层次上对传统的回归，因为传统就是源于本土的和地域的。此外，现代技术一方面导致非人性的标准化，同时也可以提供多项选择，鼓励个性的发展；现代主义的工业发展实质是顺应时代而变化的，在新的时代下，工业模式空前繁荣，各种理论、思想不断涌现，形成现代工业发展的多元化景象。多元化发展的另一方面表现，就是世界上著名工业经济研究学者创建现代工业的理论，一直影响着工业的发展。作为工业的新思潮，强调特色工艺技术，不仅主张采用绿色材料、新结构，快速施工，易于发展和环保，而且认为现代工业应充分反映绿色创造，而不仅停留在绿色制造上，强调文脉主义和隐喻主义。蓝天小组（Coop Himmelblau）设计的奥地利芬达墙纸厂，就是结构主义思想应用于工业建筑中的典例。在这个设计中，蓝天小组运用了“从结构中爆发”（Bursting Wildly out of the Frame）的理念，在建筑的一角做了大量的改变。比如，间断性的不对称而有角度的红色天棚。工厂的烟囱被处理为雕塑物，形成了公司标识物。整个建筑物形象独特，成功地树立了公司的形象，打造出企业自身独特的品牌标识，将企业文化深深地融入标识的内涵中。

实现适度多元化，已不是局部问题、战术问题，而是事关可持续发展的全局问题。从企业发展历程看，实行多元化经营，利用规模和范围经济来减少成本和改善营销效果，是不少企业发展到一定阶段时的一项重要战略选择。世界上许多著名的公司都是实行多元化经营的。在竞争激烈的大环境下，更多企业在进行营销转型升级，通过素质的强化提升来打造驰骋市场的营销铁军。与传统的消费品相比，产品与行业特点使工业品营销更着重于地面营销人员推广，更希望一线的营销战士能在信息获取、订单跟踪、签单回款、客户管理、市场推广中独当一面。

工业营销从“单一”到“多元”，不可能给每个销售人员都搭配一个技术支持、行业专家、售后人员，所以面对市场环境的变化，过去依靠体力、酒量打拼市场，依靠灰色拿订单，埋怨产品不行、客户不好搞定，粗放盯单、技能滞后、管理淡薄的工业品营销人只有在自身反思中进行升级与提升，才能适应环境变革与营销趋势。顺势方能有所作为，应走出“唯灰色关系论”的“单一”主导策略，通过提升自身“多元”素质来更好地胜任客户与企业需求，演绎绚丽的工业品营销职业生涯。

工业结构多元化，不仅可以增加地区工业的稳定性，同时也可以为地区工业开辟新的经济增长点。20 世纪 90 年代以来，传统工业在工业出口中的地位大幅下降，基础工业出口比重变化不大，而技术密集工业成为出口主力，占工业产品出口总额的一半以上，技术密集工业或科技产业已成为我国经济的重要支柱。多元产业发展的格局有利于克服单一产业发展的弊端，不至于对整体的工业经济造成过大影响。多产业发展的格局不仅突出了基础设施、人力资源、第三产业等优势，也有利于在项目的引进上实现产业配套，在招商引资和降低企业的成本上发挥优势。

二、工业多元化模式

工业企业采用多元化战略，既可以更多地占领市场和开拓新市场，也可以避免单一经营的风险。产品的多元化，是指工业企业新生产的产品跨越了并不一定相关的多种行业，且生产多为系列化的产品；所谓市场的多元化，是指工业企业的产品在多个市场，包括国内市场和国际区域市场，甚至是全球市场；所谓投资区域的多元化，是指工业企业的投资不仅集中在一个区域，而且分散在多个区域甚至世界各国；所谓资本的多元化，是指工业企业资本来源及构成的多种形式，包括有形资本和无形资本如证券、股票、知识产权、商标和工业企业声誉等。一般意义上的多元化经营，多是指产品生产的多元化。多元化与产品差异是不同的概念。所谓产品差异是指同一市场的细分化，但在本质上是同一产品。而多元化经营则是同一工业企业的产品进入了异质市场，是增加新产品的种类和进入新市场两者同时发生的。所以，多元化经营是属于经营战略中的产品—市场战略范畴，而产品差异属于同一产品的细分化。同时，对工业企业的多元化经营战略的界定，必须是工业企业异质的主导产品低于工业企业产品销售总额的70%。

社会经济的不断发展，引起市场需求和企业经营结构的变化。企业为了更多地占领市场和开拓新市场，或避免单一经营的风险，往往会选择进入其他相关领域，这一战略就是多元化战略。而多元化战略的类型也是不同的，需要企业审时度势选择适合的多元化战略类型来应对自己的发展需求，企业多元化战略的类型有以下几种：

（一）相关多元化

相关多元化又称为同心多元化，是指虽然企业发展的业务具有新的特征，但它与企业现有的业务具有战略上的适应性，它们在技术、工艺、销售渠道、市场营销、产品等方面具有相同的或是相近的特点。根据现有业务与新业务之间"关联内容"的不同，相关多元化又可以分为同心多元化与水平多元化两种类型。

（1）同心多元化，即企业利用原有的技术、特长、经验等发展新产品，增加产品的种类，从同一圆心向外扩大业务经营范围。例如，梦洁家纺不仅做床上用品，也生产床垫这个品类。同心多元化的特点是原产品与新产品的基本用途不同，但有着较强的技术关联性。

（2）水平多元化，即企业利用现有市场，采用不同的技术来发展新产品，增加产品种类。例如上海的依曼琪，不仅做床上用品，还发展窗帘、布艺沙发等与家纺相关但技术不同的新品类。水平多元化的特点是现有产品与新产品的基本用途不同，但存在较强的市场关联性可以利用原来的分销渠道销售新产品。

（二）不相关多元化

不相关多元化，也称为集团多元化，即企业通过收购、兼并其他行业的业务，或者在其他行业投资，把业务领域拓展到其他行业中去，新产品、新业务与企业的现有业务、技术、市场毫无关系。也就是说，企业既不以原有技术也不以现有市场为依托，向技术和市场完全不同的产品或劳务项目发展。这种战略是实力雄厚的大企业集团采用的一种战略。家纺行业中，诸如孚日集团、盛宇集团等都是典型案例。

（三）横向多样化

横向多样化是以现有的产品市场为中心，向水平方向扩展事业领域，也称水平多样化或专业多样化。横向专业化有三种类型：

（1）市场开发型，即以现有产品为基础，开发新市场。

（2）产品开发型，即以现有市场为主要对象，开发与现有产品同类的产品。

（3）产品、市场开发型，即以新开拓的市场为主要对象，开发新产品。

这种战略由于是在原有的市场、产品基础上进行变革，因而产品内聚力强，开发、生产、销售技术关联度大，管理变化不大，比较适合原有产品信誉高、市场广且发展潜力还很大的大型企业。

（四）多向多样化

这是指虽然与现有的产品、市场领域有些关系，但是通过开发完全异质的产品、市场来使事业领域多样化。这种多向多样化包括三种类型：

（1）技术关系多样化。这是指以现有事业领域中的研究技术或生产技术为基础，以异质的市场为对象，开发异质产品。由于这种多样化利用了研究开发能力的相似性、原材料的共同性、设备的类似性，能够获得技术上的相乘效果，因而有利于大量生产，在产品质量、生产成本方面也有竞争力。而且，各种产品之间的用途越不同，多样化的效果越明显。但是，在技术多样化的情况下，一般来说销售渠道和促销方式是不同的。这对于市场营销的竞争是不利的。这种类型的多样化一般适合于技术密集度较高的行业中的大型企业。

（2）市场营销关系的多样化。这是以现有市场领域的营销活动为基础，打入不同的产品市场。市场营销多样化利用共同的销售渠道、共同的顾客、共同的促销方法、共同的企业形象和知名度，因而具有销售相乘的效果。但是，由于没有生产技术、设备和原材料等方面的相乘效果，不易适应企业的变化，也不易应对全体产品同时老化的风险。这种类型的多样化适合于技术密度不高、市场营销能力较强的企业。

（3）资源多样化。这是以现有事业所拥有的物质基础为基础，打入异质产品、市场领域，求得资源的充分利用。

（五）复合多样化

这是从与现有的事业领域没有明显关系的产品、市场中寻求成长机会的策略，即企业所开拓的新事业与原有的产品、市场毫无相关之处，所需要的技术、经营方法、销售渠道等必须重新取得。复合多样化可以划分为以下四种类型：

（1）资金关系多样化。这是指一般关系的资金往来单位随着融资或增资的发展上升为协作单位。

（2）人才关系多样化。当发现企业内部具有专利或特殊人才时，就利用这种专利或技术向新的事业发展。

（3）信用关系多样化。这是指接受金融机构的委托，重建由于资本亏本濒临破产的企业或其他经营不力的企业。

（4）联合多样化。这是指为了从事业领域中撤退或者为了发展为大型的事业，采用资本联合的方式进行多样化经营。

三、工业多元化经营

在经济发达国家，多角化率高的企业一般为批发业、零售业、运输业、通信业，实行多元化经营的企业一般是向不动产业和服务领域发展。另外，向日常生活消费品领域发展的企业要远远多于向生产资料领域发展的企业。比如从食品工业向医药用品、快餐店、旅馆等生活领域扩展，从纤维工业向服装业、人造毛革、医药用品等领域扩展；从化学工业向化妆品、家庭用品、绿化事业等领域扩展。多角化战略的另一个动向是专业型企业数大幅度减少，而垂直型企业和相关型企业增加较多。在美国，非相关型大型联合型企业的增加引人注目。近年来，实行多角化战略的企业，出现的重要课题是如何进一步打入国际市场。不只是通过贸易打入国际市场，而且是在海外投资设厂。但是，实行国际多元化战略是一项艰巨而复杂的事情，风险也很大，在实施前需要进行严格的、科学的可行性研究。

在当前国际市场激烈竞争和经常爆发贸易摩擦的情况下，采取国际多元化战略是一条重要的出路。实行企业国际多角化，一般采取分阶段战略：

第一阶段，在国外设立办事处或代理店，作为发展的据点，以便及时收集海外的市场信息，培训适合在海外工作的国际型人才。

第二阶段，设置海外销售公司，加强在国际市场上的商品推销活动，在国际上树立本公司的企业形象，研究并确立海外经营策略。

第三阶段，建立海外生产工厂。在海外设厂是一项很复杂的工作，要根据建厂所在国的政治、经济、技术、法律、市场、社会文化等因素来确定，并要视具体情况决定采取独资或者合资等形式。

第四阶段，分国家建立生产工厂，使企业形成跨国公司。

多元化经营是通过兼并其他行业中的企业，实行多元化经营，可以提高报酬率，降低风险。因为企业所处的环境是随时都会变化的，任何一项投资都有风险，企业把投资分散于不同的行业，实行多元化经营，这样，当某些行业因环境变化而导致投资失败时，就可以从其他行业的投资中得到补偿。“东方不亮西方亮”，从而有利于降低投资风险，保障公司的安全。从管理理论的发展历史来看，20 世纪 50 年代企业开展多元化经营，主要是出于分散风险的动机和谋求稳步发展的需要，是企业经营行为的自然发展。至 20 世纪 60~70 年代，它与近代管理理论中的系统学说和权变学说有密切关系。系统学说认为，企业是一个以人为主体，由物资、机器和其他资源在一定目标下组成的开放系统。它既受环境的影响，也影响着环境。它与顾客、竞争对手、供应者、政府及各种机构都有一种动态的相互作用。因此，企业应通过制定目标，进行计划、组织和控制等必要的活动来积极适应环境，从而实现所追求的目标。企业实行多元化经营，就是通过扩展经营范围来避免环境的不利影响或寻找发展机会，以适应外部环境的一种重要战略。权变学说强调环境、管理观念和技术及两者之间的相互作用关系（权变关系），认为现实世界中没有万能的管理理论。按照权变学说，企业应对复杂多变的环境进行分析，在不同的情形下运用不同的办法，以变应变，提高管理效率，在适应环境的前提下谋求发展。权变学说对企业组织结构设计的影响最大。西方管理学者赫尔雷格尔和斯洛克姆在 1973 年发表了《组织设计：权变研究方法》一文，提出四种类型的组织形式。其中第一类就是适应迅速变化的市场环境，以不同工艺生产各种不同产品的企业组织机构，因此可见，在 20 世纪 60~70 年代西方国家盛行的多元化经营，与同期创立和迅速发展的权变学说有紧密的联系。进入 70 年代后，企业面临的环境比过去更为复杂、多变和险峻，制定企业发展战略也更为必要。战略管理理论认为，企业必须对环境的长期变化趋势进行分析预测，从长远利益和全局考虑制定发展战略，明确相对稳定的主攻方向，组织和协调内部力量，才能增强自我发展和竞争能力，保证企业生机勃勃、长盛不衰，多元化经营具有战略的属性，所以，战略管理理论常被中外企业用于指导多元化经营战略的制定和实施。

多元化经营，也称为多样化经营或多角化经营，指的是企业在多个相关或不相关的产业领域同时经营多项不同业务的战略。近年来，企业多元化经营一直是理论界和企业界研究的课题。从目前看，存在两种截然不同的观点：一种观点认为利用现有资源，开展多元化经营，可以规避风险、实现资源共享，产生“1+1>2”的效果，是现代企业发展的必由之路；另一种观点认为企业开展多元化经营会造成人、财、物等资源分散，管理难度增加，效率下降。其实，多元化作为经营战略和方式而言，其本身并无优劣之分。企业运用这种战略，成败的关键在于企业所处外部环境及所具备的内部条件是否符合多元化经营的要求。两者相符，就能成功；否则，就会失败。企业是否多元化经营，关键看企业有没有核心竞争力。多元化经营是市场经济发展的必然产物，它自 20 世纪 50 年代提出，至今已有 70 多年的历史。日本的三菱、美国的宝洁等世界著名公司借助于多元化经营，取得了令人瞩目的业绩。随着改革开放，自 20 世纪 90 年代中期以来，多元化经营被我国的企业所吸收、运用。但显赫一时的“巨人集团”却在多元化经营中惨遭失败，濒临破产、倒闭。多元化经营难道是洪水猛兽？多元化经营在我国就难以生存？多元化经营是有条件的，运用必须适时、适度、适路。

多元化经营具有以下两个特点：

（1）多元化是企业一种经营方式和成长模式。

（2）多元化是企业能力与市场机会的一种组合。多元化有静态和动态两种含义：前者指一种企业经营业务分布于多个产业的状态，强调的是一种经营方式；后者指一种进入新的产业的行为，即成长行为。所以，公司多元化战略是公司在现有经营状态下增加市场或行业差异性的产品或产业的一种经营战略和成长方式。多元化经营属于公司层的战略，是公司成长到一定阶段的必然产物。

企业运用多元化经营战略，可以起到以下三个方面重要作用：

（1）分散风险，提高经营安全性。商业循环的起伏、市场行情的变化、竞争局势的演变，都直接影响企业的生存和发展。例如，某企业的生产经营活动仅限于一类产品或集中于某个行业，则风险性大。所以，一些企业采用了多元化经营。比如，生产耐用消费品的企业兼营收益较稳定的食品加工业，以分散风险、增强适应外部环境的应变能力。

（2）有利于企业向前景好的新兴行业转移。由于新技术革命的影响，陆续产生了一些高技术新兴产业。企业实行多元化经营，在原来基础上向新兴产业扩展，一可减轻原市场的竞争压力，二可逐步从增长较慢、收益率低的行业向收益率高的行业转移。例如，美国泰克斯特龙公司在 20 世纪 50 年代是一家纺织企业，因为纺织业资本收益率低，且易受经济萧条的影响，故转向其他行业投资，逐渐变为混合型大公司。1967 年，该公司资本收益率从原来的 5%~6%提高到 20%。

（3）有利于促进企业原业务的发展。不少行业有互相促进的作用。通过多元化经营、扩展服务项目，往往可以达到促进原业务发展的作用。位居日本印制业首位的大日本印刷公司，在继续经营印刷业的同时，把业务扩展到包揽国际体育会议筹备、承办全国性产品展览、代客市场调查、情报服务等方面。这些新业务都离不开印刷业务。这些新业务，不仅产生了年递增率 10%~20%的收入，而且使公司原需补贴的一些印刷部门扭亏为盈。

第五章　工业文化与数字化管理

第一节　工业文化与智能化

“以人为本”作为企业文化的核心，是社会和历史进步的成果，也是现代企业强调的重点。工业企业的人性化，主要是通过不同方式，使员工工作便捷化、轻松化，人不再是以前旧工业时代的机械人，企业应着重考虑员工的身心健康和需求满足，为员工提供更好的服务，进而为企业创造更大的价值。

一、人与机的关系

“人”是指作业者或使用者，人的心理特征、生理特征以及人适应机器和环境的能力都是重要的研究课题。“机”是指机器，但较一般技术术语上的机器含义要广得多，包括人操作和使用的一切产品和工程系统。

人与机器的结合，既表现在时间与空间上，又表现在体力与智力上。在手工作坊生产时，主要是由人来做功；在产业革命以后的机械化时代，工人是操作者，人机之间形成定时定位关系；当生产进入自动化以后，工人的体力劳动减轻，脑力劳动增加，人机之间的时空关系发生了新的变化。随着自动化程度的提高，出现微机控制、机械人的形式，人机逐渐分离，在快节奏的生产中，面临高科技与人的生理、心理、技能平衡的问题。既然人类工程学的研究是着眼于“人”的功效，就要首先对人的生理、心理特征规律作一番调查分析。在制定工业生产流程和制造机器设备时要考虑人体尺寸、感官刺激的规律，以便防止疲劳、失控操作，保证安全。

人—机关系的研究，主要是研究静态人—机关系，如作业域的布局与设计等；动态人—机关系，主要是指人机功能分配、人机界面设计及评价等；多媒体技术在人—机关系中的应用，如将人体测量数据生成动态人体模型，结合计算机辅助设计生成的舱室布局，动态显示人的最佳作业域和视野范围。目前，工业企业主要是进行机械化的操作，应该引进高新设备，减少员工的体力劳动，企业可以指定采用以员工便捷化为标准的机器，以适应员工的工作特性和身体状况。

人与机器的结合，要满足空间和心理尺度两个方面的要求。空间尺度指的是人体的尺寸大小，即机器要满足人体的工作范围和保证员工的能动性。人们在使用产品时处于静态或动态两种状态之下，因此产品不但要符合人体的静态尺寸，也要符合人体的动态尺寸。人机关系不仅要满足人的生理需求，而且要满足人的心理需求，产品的色彩、材质等都会对人的心理产生影响。人的视觉、听觉、触觉、味觉等都影响人的感受，如果能在设计中注意满足人在这些方面的需求，就可以将人机关系处理得更好。心理尺度指的是设备的舒适性（合理的视距、服务设施等）、便捷性（路线、服务设施等）和审美性（字体、色彩、造型等）。

（1）高效，即把人和机作为一个整体来考虑，合理或最优地分配人和机的功能，以促进二者的协调，提高人的工作效率。人所在的环境相关的因素如温度、湿度、噪声、照明、振动、污染和失重等也影响人的效率和行为。人与产品的互动过程就是人与产品之间信息传递的过程。优化信息传递的途径能够获得更好的人—机关系。

（2）健康，即在长期操作或使用产品的过程中，产品对人的健康不会造成不良的影响。如果产品设计不合理，就会使人处于不恰当的作业姿态，长时间地操作或使用它，不仅使人感到疲劳，还会影响人的身心健康。近几十年来，人的心理健康受到广泛重视。心理因素能直接影响生理健康和作业效能，因此，对员工使用的机械设备不仅要研究其某些因素对人的生理的损害，如强噪声对听觉系统的直接损伤，而且要研究这些因素对人心理的损害，如有的噪声虽不会直接伤害人的听觉，却会造成心理干扰，引起人的应激反应。

（3）舒适，即在长期操作或使用产品的过程中，人在身体和心理上都应感到舒适和自然。人的知觉与感觉与室内环境之间存在极为密切的关系。诸如室内的温度、湿度、光线、声音等环境因素皆直接和强烈地影响着人的知觉和感觉，进而影响人的活动效果。

二、人与人的关系

人在劳动中能否提高功效，与劳动者的素质、劳动组织管理有着密切关系。如法国政府在 1976 年就规定，企业每年必须拿出工资总额的 1%作为教育培训费，没经过教育培训的职工不能上岗，不少工厂都设有技工学校。通过对大量资料的分析可知，现代企业在设计之初便要求管理人员与员工一起工作，彼此可以任意交流。管理人员不再只是发布命令，而是要善于发挥集体创造力。工作环境友好，有利于企业凝聚力的形成。同时，工厂里要有员工交流、休闲的活动地点，可以增进员工之间的交流，减轻工作的紧张感。

人与人相互信任，才能在工作中精诚合作，共同克服重重困难，争取工作的顺利完成。

现代工业中对于人与人的交流已经进行了大量的探索和实践，如在德国埃森彼得面包厂中，中央大厅是生产车间，二层是办公、休息及更衣区，办公用房彼此以玻璃隔断分隔，走廊的外墙也是玻璃，员工可以与大厅有很好的视线交流，在应用现代技术的同时也保留了传统家庭作坊中的亲切气氛。这种格局，既符合公司自身特点，又与员工年轻人渴望交流的特点相符合。

人与人之间的关系是企业生存发展的重要因素，人与人之间的和谐包括管理者间的和谐、员工间的和谐、领导与员工间的和谐，只有理顺了企业中人与人的关系，才能理顺企业与企业、企业与社会的关系，才能统筹企业经济和文化的和谐发展。

（1）加强对企业领导和员工的思想道德素质的培养，培养正确的世界观、人生观、价值观，以正确的行为方式、健全的人格和健康的心态工作，才能在实践中促进个体之间的和谐。领导要加强与员工之间的沟通，消除领导层与员工之间的隔阂，更加理解员工、尊重和信任员工。通过提高员工的道德修养，增强企业的凝聚力。

（2）努力提高企业的经济效益，只有企业最终效益提高了，个体的能动性才会强，积极性就高，因为经济基础决定上层建筑。物质条件越优越，就能越促进员工的工作能力、政治能力的全面发展。因此，要促进企业人与人之间的和谐发展，就必须提高企业的经济效益。

（3）开展文体活动，拉近员工之间的距离，培养团队合作精神。丰富的文体活动不仅能锻炼身体，还能开阔心胸，愉悦身心。企业成员通过文体活动进行安全和信任的交流和情感交流，从而实现企业成员之间的认同和理解，增强企业集体的凝聚力，建立领导与员工、员工与员工、领导与员工之间互相尊重、彼此信任的氛围，进而不断改善企业的人际关系，促进企业人与人之间的和谐，为企业和谐发展创造良好的人文环境。

三、人与环境的关系

“环境”是指人们工作和生活有较大环境，噪声、照明、气温等环境因素对人的工作和生活有较大影响。人体功效与周围环境有着密不可分的依存关系。马克思说过：“人创造环境，同样，环境也创造人。”随着物质文明和精神文明程度的不断提高，在工厂里为劳动者创造一个良好的生产环境和生活环境就成为刻不容缓的任务。要处理好人与环境的关系，必须处理好生产环境“内环境”与生活环境“外环境”两者之间的关系。在人类长期进化发展过程中，各种环境条件是经常变化的，人体经过长期的适应性调节，对环境变化具有一定的适应能力，现代人类的行为特征、形态结构和生理功能都是适应其周围环境变化的结果。

在现代工业中，人类以环境为依托进行创造和改变的过程，会受到诸多环境因素的制约，如经济发展水平、技术条件、能源、材料等。一般常把生产操作环境与人的作业空间分开，加大生产线的自动化程度，这样容易满足生产工艺和工作人员对环境的不同要求，既可节约生产面积、减少能量的消耗，又可确保工作环境的质量。给员工提供舒适的工作环境，将餐厅、办公室、休息场所、共享空间精心设计，减少人们长时间工作的紧张感、压抑感和烦躁感，消除简单、连续作业产生的疲劳；为了防止公害、防止噪声，可设置隔离带、种植树木、堆砌土丘和设置坡地，在土丘和坡地上种植常青草皮，形成下沉式广场和对景。用绿化来增加景观上的变化，用环境设施来提高职工的福利及与环境的融合，用舒适的环境来提高工作的积极性和产品的精度。德国拉尔区印刷厂，用种植绿色植物的玻璃暖房，将生产部分与办公部分相隔，避免了员工受到干扰，也创造了健康的工作环境。在车间加入内院、中庭、回廊，使人们有融入自然的感觉，从而使工厂成为以人为主体的活动空间。

自然界有其自己的规律，生物圈也是一样，不容人们去破坏。然而，在现代工业文明发展的过程中，有时会存在一些对自然界及生物圈产生不利影响的活动，并且会有使人与环境间的协调产生偏离正轨的趋向，控制好工作环境，也就是如何使工作环境适应于人的使用。普通工作环境：包括建筑与室内空间环境的照明、温度、湿度控制等。特殊工作环境，如冶金、化工、采矿、航空、宇航和极地探险等行业，有时会遇到极特殊的环境，包括高温、高压、振动、噪声、辐射和污染等。人和环境是一个不可分割的整体。在人类社会漫长的发展过程中，人与环境形成了一种既相互对立、相互制约又相互依赖、相互作用的关系。

在正确认识人类与环境的关系之后，人们便开始思考如何正确处理人与环境的关系。经过探索之后，学者提出了“可持续发展”的战略。“可持续发展”要求人类在向自然界索取、创造富裕生活的同时，不能以牺牲人类自身生存环境作为代价。提倡可持续发展战略，在科学发展观的引领下，人和自然相互作用，走生产发展、生活富裕、生态良好的文明发展道路。正确处理好经济发展与环境保护之间的关系，既要“金山银山”，又要“绿水青山”，实现人文精神与科学精神的有机统一，实现人与自然的和谐相处。

第二节　工业文化与高新技术

一、新型能源

（一）太阳能

太阳能得到广泛应用主要是因为光伏技术的突破和发电成本的大幅下降。光伏发电在世界范围内受到高度重视，继续保持高速增长。相关统计显示，2019~2023 年，全球光伏发电装机容量年平均增长率达 28%。在大多数国家，太阳能已经成为最具成本优势的能源。2023 年，全球光伏发电装机容量已经超过水电。未来 10 年，光伏产业仍将保持较高增速。据专家预测，到 2044 年，光伏发电将占全球发电量的一半以上。

在太阳能电池及其制造技术方面，晶体硅太阳能电池组件的封装技术日臻完美。晶体硅太阳能电池是目前国际光伏市场上的主流产品，占世界太阳能电池产量的 90%以上。从技术发展趋势看，晶体硅电池仍有提高效率和降低成本的潜力。此外，开发低成本、高效率、高稳定性的薄膜电池技术，也是世界各国主攻的方向之一。大尺寸硅基薄膜/非晶薄膜、碲化镉薄膜、铜铟硒薄膜技术取得显著进展，并逐步进入商业化。随着屋顶系统和沙漠电站技术的发展，控制和逆变技术特别是大容量逆变器技术，开始成为光伏发电系统应用的关键技术之一。在应用技术方面，除边远和分散的独立系统技术继续发展之外，光伏发电系统与建筑结合等城市应用、大规模的沙漠电站系统技术也逐步成为世界各国关注的焦点。另外，太阳能热发电方面也取得了较大的技术进步，意大利、德国已建立示范电站。

（二）风能、电能

世界风电技术在 2004~2006 年实现了飞跃式发展。世界各大风机制造商纷纷推出 4~6 兆瓦的各式大容量机型，并已开始在陆上和海上安装应用，同时也提出了 10 兆瓦机型的概念。风电技术更注重于质量和长期运行可靠性的提高，推动了一些新的技术路线和工艺的出现。风电业界越来越多的人认同的观点是，现有的 1~3 兆瓦三桨叶风机的主流地位应继续保持至少 5~10 年，并且很有可能持续更长时间。智能变桨是随着风机单机容量增大而出现的技术热点之一。

2022 年全球海上风电新增装机容量达到 8.8GW，成为继 2021 年创纪录的最大增量后的历史第二位，继续保持总体增长势头，累计装机达到 64.3GW。中国是全球最大的海上风电市场，年新增装机和累计装机均居于首位。凭借英国、法国、荷兰的良好表现，欧洲市场紧随其后。此外，美国、日本、印度、巴西等国家也制定了更具有雄心的发展目标，加大对海上风电的投入和开发。

（三）生物质能源

生物质能方面，欧洲大力推动生物质能发电和供热计划，开发生物液体燃料新技术，生物柴油产量每年超过 200 万吨。生物质气化联合发电示范电站已在一些国家运行。非粮生物质能成为重要发展方向。据美国能源部（DOE）发布《2023 十亿吨报告》（BT23）显示，美国可以可持续地将生物质产量提高两倍，达到每年 10 亿吨以上。美国国家可再生能源实验室以玉米秸秆生产乙醇的原料技术进入商业化阶段。美国能源部支持新建 6 个商业化的纤维素燃料乙醇精炼厂。德国在纤维素费托合成柴油方面处于全球领先地位，德国科林公司于 2008 年初建成了年产 1.5 万吨的生物费托合成柴油的全球首个工业应用示范厂。另外，新型醇类和合成燃料成为生物液体燃料新热点。

（四）先进核能进入新一轮发展热潮

目前，全世界核电站年发电共 2.6 万亿度，占总电力的 15%，在建或拟建核电站的国家有40个左右。全球核电进入升级换代高峰期，亚洲仍然是核能增长最快的地区。第三代核电技术正在中国和全球推广。第三代反应堆技术的最大特点在于引入被动或者固有安全特征，在避免事故过程中不需要主动干预。另外，第三代反应堆技术具有根据负荷需求调整出力的能力，如在30分钟内从25%增加到100%的负荷，其中典型的有法国阿海珐公司的欧洲先进堆（EPR）和美国与日本合作的AP1000。

第四代核能电站已开始商业化应用。俄罗斯60万千瓦的快中子实验堆自1980年并网发电，实际商业性运营初步验证了其安全性和可靠性。目前俄罗斯已开始建造80万千瓦的快中子堆商业示范电站，并设计160万千瓦的商业运营快堆电站，其核燃料可大量利用压水堆的核废料。清华大学与华能集团合作，20万千瓦的高温气冷堆商业示范电站正在建造中。

人类把最终解决能源问题的未来寄希望在核聚变电站上。选址在法国，包括欧盟及中、美、日、俄等国参加的ITER项目，是一项重大多边科学国际合作计划，其目标是研究一种清洁的核聚变技术，如果成功，聚变核电站将在21世纪中期提供全世界所需的大部分能源，而且几乎不产生温室气体或长时间存在的放射性废物。2008年10月，ITER国际组织与国际原子能机构（IAEA）签署了一项旨在加强核聚变研究合作的协议，这标志着数十亿美元的核聚变实验项目得到进一步推进。10余年来，中国认真践行国际承诺，高质量开展超导磁体、电源、包层、诊断等18个ITER关键部件和系统的设计制造任务，成功竞标承接ITER主机安装重大工程，持续为ITER计划的顺利实施贡献中国智慧与中国力量。

（五）清洁能源

按联合国环境规划署的定义，清洁生产是关于生产过程的一种新的、创造性的方式。清洁生产意味着对生产过程、产品和服务持续运用整体预防的环境战略，以期增加生态效率并降低人类和环境的风险。无疑地，清洁生产技术属于绿色技术，但绿色技术不能等同于清洁生产技术。

假定在一个孤立、封闭的地理系统，生态平衡，没有污染。由于地理系统内部的居民一直使用清洁生产技术，从不使用任何污染技术，因此，地理系统中人与自然关系处于和谐状态。这时，清洁生产技术等同于绿色技术。但在地球表面，不存在严格孤立、封闭的地理系统。不同地理系统之间存在相互影响、相互制约的关系，任何地理系统的污染都会影响比邻地理系统。并且，人类在工业化进程中，一开始使用的技术具有高排放、高消耗和污染性质，造成了环境问题。正因为出现了环境问题，作为一种反思，才提出清洁生产技术概念。在已出现污染和地理系统呈开放的条件下，即使今后都采用清洁生产技术，也只能部分解决环境问题。理由是，清洁生产技术只能防止未来的污染，而不能消除已存在的污染。从这个意义上讲，清洁生产技术只是绿色技术的一部分，而不是绿色技术的全部。

在目前的世界一次能源构成中，石油占36%，煤炭占28%，天然气占24%，三者总共占 88%。化石能源利用的清洁化仍是当前减排和低碳经济发展的重要任务。各种新技术的集成和应用将使传统能源产业向清洁化利用升级。

1. 清洁煤炭技术

清洁煤技术发展较快。洁净煤技术发展是以煤的洁净高效利用、节能减排为主要目标，主要包括煤气联合循环发电（IGCC），台循环流化床锅炉，超临界、超超临界火电机组，煤的汽化、液化和多联产技术等。美国牵头实施的“未来发电计划”，包括中国在内的多个国家参与，旨在实现清洁煤发电的零排放。多国启动电厂二氧化碳捕获和封存技术示范计划。世界首个无二氧化碳排放的火力发电装置在德国投入试运行。科技界对二氧化碳转化利用的技术创新力度不断加大。石油供应紧张和油价上涨，促进了深海石油和天然气勘探、开采技术的发展。石油天然气清洁利用技术不断取得进展。液化天然气的生产线和终端建设步伐加快。海底天然气水合物（可燃冰）的开采和利用正在成为各国技术攻关的热点之一。

从 1886 年卡尔·本茨发明以内燃机为动力的汽车到现在已有近 130 年的历史。全球汽车保有量已从 2009 年的 9.8 亿辆跃升至 2010 年的 10.15 亿辆，同比增长 3.6%，实现了自 2000 年以来的最大增幅。2022 年全球汽车产量达到 8502 万辆。清洁汽车技术取得重大进步，各种电动汽车、混合动力汽车等陆续进入市场，与燃油汽车的价格差逐步缩小。清洁汽车是新能源革命的重点，也是涉及产业规模最大、对生产生活影响最大、市场容量最大、公众最为关注的领域，正在引起汽车工业的革命。

2. 电动车

目前，基于铅酸、镍氢、各类锂电池等蓄能电池的电动车，包括公交车、电动摩托和自行车、轿车、观光车等，陆续投入市场，成本和销售价格逐步下降，趋近燃油车。

氢能和燃料电池技术已成为国际上的研究开发热点。然而氢经济实现还有很长的路要走。氢能制备、储运、转换和应用不断取得进展，但各环节中尚存在诸多技术瓶颈。氢能是一个庞大和复杂的系统，其中制氢技术是源头，储氢技术是关键，燃料电池是核心，控制技术是保证。燃料电池是一种直接将化学能高效、环境友好地转变为电能的电化学装置，能量转化效率高（40%~60%），不但可以作为汽车的动力，还可以与目前的大电网系统并行互补应用，提高供电安全性。燃料电池技术被认为是 21 世纪首选的洁净、高效的发电技术，是氢能经济时代主要的能量消费终端。迄今已研究开发出多种类型的燃料电池，有望在交通工具、分散发电、军事和信息设备等领域得到广泛应用。燃料电池需要降低成本、提高性能，若干关键技术问题还需要攻克解决，商业化推广仍需要时间。2022 年，欧盟清洁氢合作伙伴关系“清洁氢能联合行动计划”（Clean Hydrogen JU）发布《2021~2027 年氢能战略研究与创新议程》，提出了到 2027 年氢能研发的重点领域和优先事项。欧盟在“地平线欧洲”框架下向 Clean Hydrogen JU 投入 10 亿欧元用于资助氢能研发示范。

近年来，插电式混合动力汽车作为最新一代混合动力汽车类型，是介于混合动力汽车与纯电动汽车之间的一种产品，既节能，又环保，受到各国政府、汽车企业和研究机构的普遍关注。各大汽车厂商在插电式汽车领域的开发竞争越来越激烈，2022 年，插电混动车型在新能源车市场中的销量占比也首次突破 20%，达到了 24.8%。多位专家预计，未来 10 年内，插电式汽车市场将有很大的增量空间。

在功能上，绿色技术中的治理污染技术与清洁生产技术互补。治理污染技术是通过分解、回收等方式清除环境污染物，即解决存在的污染问题；而清洁生产技术是保证未来不发生污染问题。在没有人为干扰的情况下，局部自然生态也可能出现恶化，如沙漠化、泥石流、湖泊沼泽化等。自然生态恶化同样会影响人类的生存，因此，需要相应的技术来改善自然生态，如沙漠植草、土石工程、湖泊疏浚等。尽管这些技术属于常规技术，但在功能上应划入绿色技术。

3. 其他领域的重大创新和突破

除了上述领域外，新能源革命在其他众多领域也将带来大的升级换代：

电力传输和智能电网：特高压技术的广泛应用，超导材料逐步取代现有输电线，新一代智能控制的电网系统，将给电力工业带来革命性影响。

绿色建筑和建筑节能：从建筑材料、结构到太阳能与建筑一体化技术的应用、建筑内电器设备的智能控制等，将改变现有建筑的理念和模式。

半导体（LED）照明：该技术的商业化应用，取代现有的白炽灯、日光灯，将大幅度提高照明效率，作为日用消费品市场巨大。

节能环保家用电器不断升级换代。

二、绿色技术

绿色工业文化是后工业时代的整体生态理念，它体现着劳动者间的关系，体现着代际关系以及人类生产活动与生物界以及整个自然界的关系。

绿色工业文化代表先进文化的发展趋势和要求。转变经济发展方式的战略要求建设文化繁荣的软环境，满足人民群众不断增长的精神文化需求，建设中华民族共有精神家园。绿色工业文化体现人类精神家园的应有之义，它以生态文化为导向，建设绿色循环低碳可持续发展的经济，改变原有高污染的“灰色”工业生产方式，发展新型的“绿色”工业。这已随着《持续发展与产业生态学白皮书》报告，在全球范围达成了共识：“绿色工业文化”是世界工业发展大环境下滋生出的新理念。职业教育应该对之做出反应，把承担推广、践行绿色工业文化作为自己的任务。职业教育是以就业为导向的教育，通过培养一线管理人员和技术工作者为社会生产活动输送新鲜血液。技术工作者是中国工业发展中不可替代的人力资源要素，职业教育学习者的素质体现着我国人力资源素质水平的高低。

绿色技术的内涵可以概括为：根据环境价值并利用现代科技的全部潜力的无污染技术。绿色技术不是只指某一单项技术，而是一个技术群，包括能源技术、材料技术、生物技术、污染治理技术、资源回收技术以及环境监测技术和从源头、过程加以控制的清洁生产技术。根据着眼点分类，绿色技术又可分为以减少污染为目的的“浅绿色技术”和以处置废物为目的的“深绿色技术”。

“绿色技术”，简单地说，就是指人们能充分节约地利用自然资源，而且在生产和使用时对环境无害的一种技术。绿色技术在环境保护上的重要贡献使绿色技术随着全球环保事业的全面兴起而逐渐成长。绿色技术有四个基本特征：首先，绿色技术不是只指某一单项技术，而是一整套技术；其次，绿色技术具有高度的战略性，它与可持续发展战略密不可分；再次，随着时间的推移和科技的进步，绿色技术本身也在不断变化和发展；最后，绿色技术和高新技术关系密切。

绿色技术创新的主体是企业。在政府法规、市场力量和公众压力综合作用下，越来越多的企业积极选择绿色战略，推进绿色技术创新，生产绿色产品。企业之所以开发、应用绿色技术，主要是由于绿色技术负载着经济价值。这些经济价值可能是显性的、货币化的，也可能是隐性的、非货币化的。环境价值观对科学技术的影响表现为环境科学出现后，人们的关注点首先集中在污染治理方面。环境价值观渗入各个科学技术领域，重视技术的环境效应使发展绿色技术成为历史必然。发展绿色技术，为解决环境问题提供了一条重要途径。

绿色技术又被称作环境友好技术或生态技术。源于20世纪70年代西方工业化国家的社会生态运动，是指对减少环境污染，减少原材料、自然资源和能源使用的技术、工艺或产品的总称。这一概念的产生源自对现代技术破坏生态环境、威胁人类生存的状况的反思，可以认为是生态哲学、生态文化乃至生态文明产生的标志之一。从产业共同体的角度可以将绿色技术划分为两大类：辅助技术和核心技术。而绿色技术对产业共同体的作用主要体现在两个方面：一是辅助类的绿色技术对产业领域生产过程的改造和创新；二是核心类的绿色技术对产业领域最终产品的影响。其作用的最终结果就是绿色技术通过在产业领域的应用和推广不断地推动产业的演化。

绿色技术的经济价值包括三部分：

一是内部价值，指绿色技术开发者或绿色产品生产者获得的价值。如绿色技术转让费，清洁生产设备、环保设备和绿色消费品在市场获得的高占有率等。

二是直接外部价值，指绿色技术使用者和绿色产品消费者获得的效益。如用高炉余热回收装置降低能源消耗，用油污水分离装置清除水污染，使用绿色食品降低了人们的发病率等。

三是间接外部价值，指未使用绿色技术（产品）者获得的效益。这是所有社会成员均能获得的效益（如干净的水、清新的空气），也是绿色技术负载的最高经济价值。

绿色技术负载着一种新型的人与自然关系，强调防止、治理环境污染，维护自然生态平衡。在科技日新月异的21世纪，随着环境污染和生态恶化，那种认为人是自然的主人、“人定胜天”的观念已经得不到多数人支持。人是生物圈的构成要素，人与自然之间存在结果不对称的互动关系。无论人的作用有多么大，人对自然的影响只是改变自然的具体演化方式，不可能毁灭自然，更不可能消除自然的存在。但自然对人的巨大反作用就有可能毁灭人类，消除人类的存在。即使全世界所有的核装置同时全部爆炸，毁灭的是人类，不是地球。因此，从最高意义上讲，自然才是人的主宰，人只能尊重自然、敬畏自然。自然作为人的生存环境，人对自然的任何影响最终都转化为对人自身的影响。

在节约环保的发展趋势下，推行绿色制造技术给机械带来了新的发展机遇。毫不松懈地抓好技术创新，加快先进节能减排技术推广应用。产业的转型升级、绿色发展离不开重大技术的创新突破和推广应用，离不开先进节能减排技术的支撑。绿色技术是指能减少污染、降低消耗和改善生态的技术体系。绿色技术是由相关知识、能力和物质手段构成的动态系统。这意味着有关保护环境、改造生态的知识、能力或物质手段只是绿色技术的要素，只有这三个要素结合在一起，相互作用，才能构成现实的绿色技术。环保和生态知识是绿色技术不可缺少的要素，绿色技术创新是环保和生态知识的应用。

福特汽车公司通过坚持不懈地提高产品质量、应用高水准的材质和做工、富于表现力的设计以及驾驶表现达成使命。凭借行业首创的车载技术成为一家技术公司。比如EcoBoost 发动机，降低油耗 20%，排放量下降 15%，通过绿色技术打造绿色产品。福特公司采用三湿涂层技术，运用最先进的制造工艺，生产出燃油经济性更高的车型，其生产过程也非常节能环保。比如，应用了旋转浸涂技术和三湿涂层高固涂装技术。

旋转浸涂技术：车身进行涂装之前，需通过电泳池完成清洗、去油污和防腐处理。采用 Rodip 旋转浸涂技术，车身将在浸涂池中旋转 360 度，即使一些难处理的孔洞区域部分的污垢也能得到更好的清理，从而获得出色的电泳效果。由于免去了传统浸涂池在车身进出时的倾斜所造成的用水浪费，这套先进的系统能够减少 50%的用水量，减少 30%的化学品使用量，及降低电耗达 50%。

三湿涂层高固涂装技术：车辆在涂装三层涂料后，再进入烘漆间进行一次性烘烤，简化了过去每喷涂一层涂料都要进行烘烤的工序，节约了吹风机使用的电能以及加热所用的天然气。这项技术还减少了 15%的二氧化碳排放以及 20%的具挥发性有机化合物排放。通过使用高固涂料，车身光洁度更高，颜色更为持久，且漆面不易受到小石头之类物体的划损。

福特汽车致力于研发环境友好的可持续材料，以减轻对石油的依赖、减少固体废弃物的填埋及二氧化碳排放，以及降低对环境的影响。秉承这个理念，福特已经在汽车里使用了许多环保材料，如门嵌饰底板使用天然纤维增强材料。其优势在于，比起纯塑料制品重量更轻、更少的投资及加工成本、木纤维材料价格不受石油价格影响。

三、“四新”技术

“四新”技术主要是指在行业内采用的新技术、新工艺、新材料、新设备。“四新”技术最早是在建设部重点推广新技术的文件里提到的，后来被推广到其他行业，成为新的行业发展的方向和标杆。"四新"技术需要遵循"科技是第一生产力"的原则，充分发挥科技在施工生产中的先导、保障作用。"四新"技术能有效促进生产力的提高，降低工程成本，减轻工人的操作强度，提高工人的操作水平和工程质量。

以节能建筑为例，被动式节能建筑主要是指不依赖于自身耗能的建筑设备，而完全通过建筑自身的空间形式、围护结构、建筑材料与构造的设计来实现建筑节能的方式。例如，利用遮阳、墙体隔热、自然通风等设计，降低南方炎热地区的室内温度。运用被动式能源技术的可持续性设计主要注重于三个方面：良好的热工性能、利用自然光作为主要光源及替代能源、通风顺畅保持健康的工作环境。

德国法兰克福建造的被称为"被动式低能耗房屋"采用各种节能技术，构造最佳的建筑围护结构，最大限度地提高建筑保温隔热性能和气密性，使建筑物对采暖和制冷的需求降到最低；同时，通过各种被动式建筑手段，如自然通风、自然采光、太阳能辐射得热等措施，尽可能实现室内舒适的热湿环境和采光环境，最大限度地降低或取消对主动式机械采暖和制冷系统的使用。

从热工性能上来说，传统工业厂房的建筑材料往往是砖和混凝土，虽然造价便宜，后期维护费用少，但是其缺点较突出，会增大使用过程中的能源消耗。因此，越来越多的现代工业建筑，尤其是在常年气温较寒冷的地区，对维护结构往往进行合乎热工性能的处理，以减少使用过程中的能量消耗。常用方法有用带保温隔热材料的压型钢板作为外墙材料，同时在原有厂房外部维护结构上增加隔热构造，以期达到减少能源消耗的目的。

随着城市建设的高速发展，我国的建筑能耗逐年大幅上升，庞大的建筑能耗已经成为巨大负担。建筑行业全面节能，势在必行。我国在工业建筑方面，通过精心设计，完全可以利用自然采光和被动式能源措施来解决这一问题。位于德国杜伊斯堡鲁尔工业区微电子中心（Micro-electronic Center），整个建筑统一在一个整体顶棚内，具有一致的气候特征。三个指状建筑被两个玻璃中庭分隔开来，使三部分都能够自然采光。同时，大量使用被动式环境调节系统，在所有周边办公室的外部遮阳罩上均安装了自然通风设备，并且还利用了城市燃煤发电厂提供的地区暖气进行集中供暖。这些措施可以节约大量用于人工照明、通风、制冷及取暖所耗费的能量。在一些特定行业厂房，如热加工车间，更强调排气、降温。如果仅仅靠人工的方式，将耗费惊人的能源，所以必须进行合理的空间设计，通过自然通风解决问题。基于被动式理念，建筑应该是一个尽量不受室外环境干扰的独立系统。因此，建筑围护结构应该具有可以隔绝室内外空气渗透的功能，这一点在冬季尤为重要，所以，被动式建筑与室外空气交换都是通过可以控制的机械系统来实现。由于被动式建筑对采暖所需的热量需求已经很少，所以甚至可以通过新风系统来调节房间的温度，经过加热的新风送入房间就足够保持设计的室内气温，这样，建筑内就可以完全不用安装传统意义上的采暖系统了。这样一来，由于提供新风而产生的热损失被大大降低，而这也是采暖能耗大幅降低的重要原因。

被动式建筑的造价明显低于其他高技术节能建筑，而且随着需求的增加和相关产品的普及，其生产成本的优势会越来越大。所以相对其他节能建筑而言，被动式建筑在造价上是有一定的优势的，从长远看，被动式建筑未来在我国是很有市场潜力的。

第三节　工业文化与大数据管理

一、工业文化与物联网

物联网（Internet of Things，IoT）即“万物相连的互联网”，是在互联网基础上延伸和扩展的网络，是将各种信息传感设备与网络结合起来而形成的一个巨大网络，从而实现在任何时间、任何地点，人、机、物的互联互通。物联网是新一代信息技术的重要组成部分，IoT 行业又叫泛互联，意指物物相连，万物万联。由此，“物联网就是物物相连的互联网”。这有两层意思：第一，物联网的核心和基础仍然是互联网；第二，其用户端延伸和扩展到了任何物品之间，进行信息交换和通信。因此，物联网的定义是通过射频识别、红外感应器、全球定位系统、激光扫描器等信息传感设备，按约定的协议，把任何物品与互联网相连接，进行信息交换和通信，以实现对物品的智能化识别、定位、跟踪、监控和管理的一种网络。

物联网的基本特征从通信对象和过程来看，物与物、人与物之间的信息交互是物联网的核心。物联网的基本特征可概括为整体感知、可靠传输和智能处理。整体感知是指可以利用射频识别、二维码、智能传感器等感知设备感知获取物体的各类信息。可靠传输是指通过对互联网、无线网络的融合，将物体的信息实时、准确地传送，以便信息交流、分享。智能处理是指使用各种智能技术，对感知和传送的数据、信息进行分析处理，实现监测与控制的智能化。

根据物联网的以上特征，结合信息科学的观点，围绕信息的流动过程，可以归纳出物联网处理信息的四个功能：①获取信息的功能。主要是信息的感知、识别，信息的感知是指对事物属性状态及其变化方式的知觉和敏感；信息的识别是指能把所感受到的事物状态用一定方式表示出来。②传送信息的功能。主要是信息发送、传输、接收等环节，最后把获取的事物状态信息及其变化的方式从时间（或空间）上的一点传送到另一点的任务，这就是常说的通信过程。③处理信息的功能。主要是指信息的加工过程，利用已有的信息或感知的信息产生新的信息，实际是制定决策的过程。④施效信息的功能。主要是指信息最终发挥效用的过程，有很多的表现形式，比较重要的是通过调节对象事物的状态及其变换方式，始终使对象处于预先设计的状态。

物联网的应用领域涉及方方面面，在工业、农业、环境、交通、物流、安保等基础设施领域的应用有效地推动了这些方面的智能化发展，使有限的资源得到更加合理的使用分配，从而提高了行业效率、效益。在家居、医疗健康、教育、金融与服务业、旅游业等与生活息息相关的领域的应用，从服务范围、服务方式到服务的质量等方面都有了极大的改进，大大提高了人们的生活质量；在涉及国防军事领域方面，虽然还处在研究探索阶段，但物联网应用带来的影响也不可小觑，大到卫星、导弹、飞机、潜艇等装备系统，小到单兵作战装备，物联网技术的嵌入有效提升了军事智能化、信息化、精准化，极大地提升了军事战斗力，是未来军事变革的关键。

物联网技术在道路交通方面的应用比较成熟。随着车辆越来越普及，交通拥堵甚至瘫痪已成为城市的一大问题。对道路交通状况实时监控并将信息及时传递给驾驶人，让驾驶人及时作出出行调整，有效缓解了交通压力；高速路口设置道路自动收费系统（简称 ETC），免去进出口取卡、还卡的时间，提升了车辆的通行效率；公交车上安装定位系统，能及时了解公交车行驶路线及到站时间，乘客可以根据搭乘路线确定出行，免去不必要的时间浪费。社会车辆增多，除了会带来交通压力外，停车难也日益成为一个突出问题，不少城市推出了智慧路边停车管理系统，该系统基于云计算平台，结合物联网技术与移动支付技术，共享车位资源，提高车位利用率和用户的方便程度。该系统可以兼容手机模式和射频识别模式，通过手机端 App 软件可以实现及时了解车位信息、车位位置，提前做好预订并实现交费等操作，在很大程度上解决了“停车难、难停车”的问题。

智能家居就是物联网在家庭中的基础应用，随着宽带业务的普及，智能家居产品涉及方方面面。家中无人，可利用手机等产品客户端远程操作智能空调，调节室温，甚者还可以学习用户的使用习惯，从而实现全自动的温控操作，使用户在炎炎夏季回家就能享受到凉爽带来的惬意；通过客户端实现智能灯泡的开关、调控灯泡的亮度和颜色等；插座内置 Wi-Fi，可实现遥控插座定时通断电流，甚至可以监测设备用电情况，生成用电图表让用户对用电情况一目了然，安排资源使用及开支预算；智能体重秤，可以监测运动效果。内置可以监测血压、脂肪量的先进传感器，内定程序根据身体状态提出健康建议；智能牙刷与客户端相连，提供刷牙时间、刷牙位置提醒，可根据刷牙的数据生成图表，了解口腔的健康状况；智能摄像头、窗户传感器、智能门铃、烟雾探测器、智能报警器等都是家庭不可少的安全监控设备，你即使出门在外，也可以在任意时间、地方查看家中任何一角的实时状况，避免任何安全隐患。看似烦琐的种种家居生活因为物联网变得更加轻松、美好。

近年来全球气候异常情况频发，灾害的突发性和危害性进一步加大，互联网可以实时监测环境的不安全性情况，提前预防、实时预警、及时采取应对措施，降低灾害对人类生命财产的威胁。美国布法罗大学早在 2013 年就提出研究深海互联网项目，通过将经过特殊处理的感应装置置于深海处，分析水下相关情况，用于海洋污染的防治、海底资源的探测，甚至对海啸也可以提供更加可靠的预警。该项目在当地湖水中进行试验，获得成功，为进一步扩大使用范围提供了基础。利用物联网技术可以智能感知大气、土壤、森林、水资源等方面各指标数据，对于改善人类生活环境发挥巨大作用。

二、工业文化与车联网

车联网在国外起步较早。20 世纪 60 年代，日本就开始研究车间通信。2000 年左右，欧洲和美国也相继启动多个车联网项目，旨在推动车间网联系统的发展。2007 年，欧洲 6 家汽车制造商（包括 BMW 等）成立了 Car2Car 通信联盟，积极推动建立开放的欧洲通信系统标准，实现不同厂家汽车之间的相互连通。2009 年，日本的 VICS 车机装载率已达到 90%。而在 2010 年，美国交通部发布了《智能交通战略研究计划》，内容包括美国车辆网络技术发展的详细规划和部署。

与国外车联网产业发展相比，我国的车联网技术直至 2009 年才刚刚起步，最初只能实现基本的导航、救援等功能。随着通信技术的发展，2013 年国内汽车网络技术已经能够实现简单的实时通信，如实时导航和实时监控。2014~2015 年，3G 和 LTE 技术开始应用于车载通信系统以进行远程控制。2016 年 9 月，华为、奥迪、宝马和戴姆勒等公司合作推出 5G 汽车联盟（5GAA），并与汽车经销商和科研机构共同开展了一系列汽车网络应用场景研究。此后至 2017 年底，国家颁布了多项方案，将发展车联网提到了国家创新战略层面。在这期间，人工智能和大数据分析等技术的发展使车载互联网更加实用，如企业管理和智能物流。此外，高级驾驶辅助系统（Advanced Driving Assistance System，ADAS）等技术可以实现与环境信息交互，使 UBI 保险业务的发展有了强劲的助推力。未来，依托于人工智能、语音识别和大数据等技术的发展，车联网将与移动互联网结合，为用户提供更具个性化的定制服务。

车联网技术是在交通基础设备日益完善和车辆管理难度不断加大的背景下被提出的，到目前为止仍处于初步的研究探索阶段，但经过多年的发展，当前已基本形成了一套比较稳定的车联网技术体系结构。在车联网体系结构中，主要由三大层次结构组成，按照其层次由高到低分别是应用层、网络层和采集层。

（一）应用层

应用层是车联网的最高层次，可以为联网用户提供各种车辆服务业务，从当前最广泛应用的业务内容来看，主要就是由全球定位系统取得车辆的实时位置数据，然后返回给车联网控制中心服务器，经网络层的处理后进入用户的车辆终端设备，终端设备对定位数据进行相应的分析处理后，可以为用户提供各种导航、通信、监控、定位等应用服务。

（二）网络层

网络层的主要功能是提供透明的信息传输服务，即实现对输入输出的数据的汇总、分析、加工和传输，一般由网络服务器以及 WEB 服务组成。GPS 定位信号及车载传感器信号上传到后台服务中心，由服务器对数据进行统一的管理，为每辆车提供相应的业务，同时可以对数据进行联合分析，形成车与车之间的各种关系，成为局部车联网服务业务，为用户群提供高效、准确、及时的数据服务。

（三）采集层

采集层负责数据的采集，它是由各种车载传感器完成的，包括车辆实时运行参数、道路环境参数以及预测参数等，如车速、方向、位置、里程、发动机转速、车内温度等。所有采集到的数据将会被上传到后台服务器进行统一的处理与分析，得到用户所需要的业务数据，为车联网提供可靠的数据支持。

三、工业文化与互联网

继人与人的连接后，人与机器、机器与机器的工业互联网连接将开启下一轮创新浪潮。未来 15 年内，伴随着工业互联网的应用，中国的航空、电力、铁路、医疗、石油天然气等主要行业生产率只要提升 1%，成本就可节省约 240 亿美元。互联网平台能整合来自不同系统和设备的数据，包括目前的电网管理系统、智能电表或者其他智能电网设备、传感器、天气预报甚至来自社交媒体的信息。工业互联网会让机器变得更加智慧，并且成为有理解能力的工具。一场互联网革命即将到来。这是一个庞大的物理世界，由机器、设备、集群和网络组成，能够在更深的层面和连接能力、大数据、数字分析相结合，这就是工业互联网革命。

工业互联网是全球工业系统与高级计算、分析、传感技术以及互联网的高度融合。它通过智能机器间的连接并最终将人机连接，结合软件和大数据分析，重构全球工业、激发生产率，让世界更快速、更安全、更清洁且更经济。同样，工业互联网将为中国经济创造更高生产率与可持续发展。工业互联网离不开三个要素：人、机器和数据分析软件。通过软件分析和管理，升级关键的工业领域，提升机器的工作效率，这也是工业互联网的价值所在。用数字量化可以更直观地反映出未来通过工业互联网所带来的效率提升和能耗节约。对于工业和能源领域，即使是 1%的效率提升，也是可观的财富创造。利用互联网思维，发展新兴的工业产业业态，能使我国的工业结构、工业产品向智能化、绿色化方向发展。

中国持续的基础设施建设和工业化进程，形成了庞大的智能机器规模。工业互联网有着巨大的潜力，可以利用信息化和工业化的深度融合，带来生产率、效率、能耗水平的突破，重塑下一代以工业设备主导的服务业。如果想在工业互联网时代获胜，起码要做三件事：第一，是让机器变得智能。在机器上安装很多的传感器，收集各种数据，了解机器运行的状况。在收集到的数据的基础上对机器进行控制，使机器的运行达到最优化。第二，提升处理海量数据的能力。第三，培养大量的具有分析和数据挖掘能力的人才，尤其是具有很强的数学、统计、运营、研发实力的人才。

发达工业社会的文化转型的最高形式就是“互联网精神”，“中国互联网与工业融合创新联盟”成立大会于 2014 年 7 月 30 日在北京举行，大会深刻探讨了互联网与工业创新融合的专项活动。从“明大势，识大局，办实事”三个层面对联盟成立的形势和任务要求做出指示。首先是“明大势”，即看清楚当前社会发生的最主要变化，尤其是信息技术对生产力层面的变革性影响，包括机器从体力到脑力对人的替代。其次是“识大局”，即认清当前的国际形势和经济形势，把握工业和互联网发展的大局，将工业转型升级和新优势的建立与信息技术的深度发展有机结合。最后是“办实事”，在当前新产业变革趋势下，政府、企业、各种机构的工作要从产业实际出发，落实到生产力和创新力的提升上来，打造企业核心竞争力，塑造国家综合竞争力。同时，对联盟提出四点要求：加强平台建设，为联盟主体和有关各方提供合作机会，通过做事形成合力，为成员贡献价值，在坚持国家利益的基础上做到公平公正。联盟的成立顺应新一轮科技革命和产业变革的“大势”；联盟的职责在于把握创新发展“大局”，支撑好政府、服务好行业；联盟未来将着力做好几件“实事”，包括尽快制订联盟规划和各项计划，协助政府做好试点工作，建立完善工作机制等。

第六章　工业文化与工业伦理

第一节　工匠精神

工业是物质财富创造的主体，也是精神财富创造的源泉。制造强国建设是技术创新、匠艺精进的过程，不仅需要耐心和意志，还需要资源、科技、文化共同支撑。据统计，截至2012年，寿命超过200年的企业，日本有3146家，德国有837家，荷兰有222家，法国有196家。如此多的“长寿企业”集中出现在这些国家，主要原因之一是他们都在传承“工匠精神”。

根据《辞海》的解释，“工匠”指的是有一定工艺专长的匠人。《周礼·考工记》曰：“百工之事，皆圣人之作也。烁金以为刃，凝土以为器，作车以行陆，作舟以行水，此皆圣人之所作也。”

工匠精神是工业文化的重要表现形式之一。工匠精神正是在工匠技艺和品德传承中形成的文化，是爱国精神和敬业精神的集中体现。敬业奉献精神更是工匠精神在“德”维度上的基本要求。工匠精神之“德”亦在于尊师重道的师道精神，无论是传统的师徒模式或学徒模式，还是以高校、企业、研究机构为主要工业技术研究主体的现代模式，都强调对知识技术的关注和对技术人员的推崇。工匠精神指向的制造不仅是严格地按照技术标准和生产要求机械地重复和模仿，更在于按照近乎严苛的技术标准和近乎挑剔的审美标准，以良好的精神驱动和技艺经验，一丝不苟地赋予产品质量和灵魂。

工匠精神是工匠对自己生产的产品精雕细琢、精益求精，追求完美和极致的精神理念。工匠精神的内涵主要体现在：一是精益求精。注重细节，追求完美和极致，不惜花费时间精力，孜孜不倦，反复改进产品，把99%提高到99.99%。二是严谨，一丝不苟。不投机取巧，必须确保每个部件的质量，对产品采取严格的检测标准，不达要求绝不轻易交货。三是耐心、专注、坚持。不断提升产品和服务，因为真正的工匠在专业领域上绝对不会停止追求进步，无论是使用的材料、设计还是生产流程，都在不断完善。

四是专业、敬业。工匠精神的目标是打造本行业最优质的产品、其他同行无法匹敌的卓越产品。

德国制造强国的形成与其对工匠精神的重视密切相关。近两百年来的德国现代化道路，从“面子”上来看，是一条技术兴国、制造强国的道路；从“里子”上来看，工匠精神是其强国之路的重要内在支撑。德国人素以严谨细致的工作态度著称，德国的企业家首先将自己定位为一个以技术改变世界的工程师，其次才是商人。在他们眼中，技术、工作本身的意义高于经济利益，有时他们甚至愿意为了追求精品而不计成本。德国的工人以被称为优秀“工匠”为极大荣耀。

一提到德国制造，我们想到的往往是耐用、实用、质量优质，德国工业产品以品质优良著称，技术领先、做工细腻，德国工业产品在世界享有盛誉，这种口碑源于德国严谨、理性的工业精神和工业文化。从德国常见的姓氏舒马赫、施耐德、施密特、穆勒、施泰因曼来看，在德语里，它们都代表一门手艺：制鞋匠、裁缝、铁匠、磨坊主、石匠。从中世纪开始，老师傅带几个学徒做手艺，就成为德国人的职业常态。时移势易，工业化取代了小作坊，但“手艺人”的基本精神没有变，这种精神就是工匠精神。

德国人对待工业的严谨和理性体现在工业化时代的各个方面，包括工业产品、工业设计、工业厂房建筑、工业遗产、工业旅游等。

据科隆大学学者罗多夫的总结，德式工匠精神的一个特点是“慢”，也就是慢工出细活，对德国人来说，“欲速则不达”——稳健第一、速度第二。第二个特点是“专”。德国约有 370 万家企业，其中 95%是家族企业，其中不少是世界某一工业领域的“隐形冠军”，这些企业的共同特点是“专”，专注坚持于某些单一产品，并做到极致。第三个特点是“创新”。在德国，即使一些小企业也有自己的研发部门。长期以来，工匠精神已经成为德国文化的一部分。德国的“双元制”职业培训体系，也成为德国工匠培育体系的重要支撑。

工匠精神，使德国工业至今依旧焕发着强大的品牌魅力。德国一如既往坚持的工匠精神——专注、坚持、精准、务实，就是一名工匠要有良好的敬业精神，对每件产品、每道工序都凝神聚力、精益求精、追求极致，即使做一颗螺丝钉也要做到最好。有着以“工匠精神”为代表的严谨、踏实、理性的工业文化做支撑，德国工业在进入工业时代以来一直稳步发展。近年来，德国提出了“工业 4.0”，也就是说，如果英国开启的是“工业 1.0”时代，那么，德国即开启了“工业 4.0”时代。

在当今社会，尽管传统的小作坊形式基本上被现代化的工业制造所取代，但是在人类历史中沉淀下来的工匠精神和文化传统，却依旧贯穿于现代化的工业制造之中，甚至成为现代工业制造的灵魂所在。

工匠精神不仅影响着中国制造及其产品质量，也应是人们普遍的职业和工作伦理的集中体现，对待工作精益求精不仅是工作者的优良品质，也是落实社会主义核心价值观的敬业精神的实践要求。

一、安全为体、质量第一

工业化的推进在为人类生活提供丰富物质资料的同时，也逐渐成为威胁人身安全的“杀手锏”，生产事故的频发使安全生产这一话题越来越受到关注。为确保工厂生产过程的安全，安全仪表系统（SIS）在保障工业安全方面已经成为主力军。世界500强企业是当今世界经济重要的主体，世界500强企业有一个共同的特点，就是十分重视安全生产工作。它们在企业的发展壮大中提炼、升华、浓缩出了适合自己企业的安全理念。安全理念也叫安全价值观，是在安全方面衡量对与错、好与坏的最基本的道德规范和思想。安全理念是企业的行为准则，也是企业进行安全生产活动的重要指引。

有什么样的意识就会产生什么样的行为，因为行为是由意识来支配的。在安全管理上，安全意识是决定安全价值观的基础。树立正确的安全价值观，首先要有强烈的安全意识，这就要求首先要进行安全意识的教育。安全意识可以通过安全培训、事故案例分析、安全论坛、安全知识考试等方式培养。其中，事故案例分析是培育安全意识的有效途径，通过让发生事故的过来人讲事故的经过，可以起到很好的警示作用。一般来说，遭遇过事故或者受过事故伤害的人，他们的安全意识就会强一些，这是因为事故的经历已经在他们的心里深深扎根。让这些经历事故者“现身说法”，让受伤害者把经历事故和受到伤害的真实感受向广大职工进行宣讲，会收到比较好的效果。再就是选用典型的事故案例，组织大型事故分析会，让参加者受到教育。不管采取何种教育方式，目的就是让广大职工增强安全意识，进而树立正确的安全价值观。

安全技能是安全价值观的体现。安全技能是一个人掌握安全技术的能力，实践证明，安全技能直接关系到作业者的安全状况，也从中体现出个人的安全价值观。这一点在特殊工种作业人员身上体现得格外突出，因为特种作业人员从事的工作特殊，稍有不慎就会造成人身伤害事故。例如，电工作业人员如果不了解或不知道电器基本常识、电器基本原理、电缆敷设规则等，在作业时，极有可能造成事故的发生。其他工种也是一样，这就要求必须进行各工种安全技能的培训学习，使作业人员懂得怎样干安全，怎样干不安全，把学到的知识应用到实际工作中，避免受到伤害。有些人，在作业过程中不懂装懂，不会装会，尤其是到了陌生作业环境中，在不了解所处环境状况的情况下，盲目作业，结果造成伤害，这是安全技能贫乏造成的，也就是说自身的安全价值观存在问题，没有认识到安全技能的重要性。

自身行为是安全价值观的运用。正确的安全价值观运用到实际工作中去，能够约束自己的行为，有效地避免事故的发生。例如，在交通行业，司机有了正确的安全价值观，驾车时就会严格按照道路交通法律法规的要求，谨慎驾驶，安全行车。即使碰到有些车辆强超强占，也会采取恰当的方式予以解决。反之，有些驾驶员缺乏相应的安全意识和职业道德，违规开车，结果造成重特大交通事故的发生。

根据有关部门的统计，现代工业生产中70%以上的事故与人的因素有关。这就要求在安全管理上，必须从强化制度、加强培训、从严管理等各方面入手，以人性化安全管理为依托，通过讲道理、摆事实，设身处地地为职工着想，深化职工对安全生产重要性的认识，帮助职工克服麻痹侥幸心理，树立正确的安全价值观。

质量价值观是指人们对质量及其积极作用总的根本的看法，也可以说是在质量上的经营理念。具有质量价值观的企业家以追求高质量、取得用户满意作为企业经营管理的奋斗目标，以最大限度满足用户质量需求作为企业宗旨和使命，并动员全体员工为实现这一宗旨而共同奋斗。质量价值观的基础是价值观。价值观是人们判断事物重要性的标准，它决定着人们的行为。因此，质量价值观对个人和组织质量思维与行为有导向作用，对企业质量管理实践有重大影响。企业员工与顾客都有自己的质量价值观。个人质量价值观直接指导并决定个体质量行为和相关选择。

从企业方面来说，无论是市场研究人员的调查与反馈建议、产品设计和开发人员的构思、管理者与生产者的质量行为，还是销售人员的市场营销行为、售后服务人员的表现等，都受到企业员工个人质量价值观的影响。因此，所谓企业质量价值观，是企业全体成员的质量价值观的综合表现，是企业质量文化的核心内容。从顾客角度来说，质量价值观是顾客对质量价值的认识，它决定着顾客的思维与行为，影响着顾客的购买决策和对产品质量满意与否的评价。

企业要想取得长期成功，就要不断追求使顾客满意。从质量价值观的角度看，关键在于企业是否发自内心地去满足顾客的要求，是否真正认识到顾客关注的问题。如果对顾客满意有充分的认识，并真心希望让顾客满意的话，那么顾客满意也就是企业满意，也就实现了企业质量价值观与顾客质量价值观的一致。

有三种典型的企业质量管理效果不佳的现象：第一种是无论内心深处还是外在表现都显示出不重视质量；第二种是表里不一，在内心深处不重视质量，但迫于压力只做表面文章而没有实质性效果；第三种是发自内心重视质量，但在认识顾客质量价值观方面存在差异，将自己的主观臆断强加于顾客，结果不仅没有让顾客满意，企业也没有实现自己的既定目标。显然，只有当企业对质量价值的认识与顾客的质量价值观趋于一致的时候，企业质量管理活动的结果才能得到顾客的认可。也就是说，企业与顾客在质量价值观上达到或接近一致，是实现企业与顾客双赢的价值基础。

在市场竞争日益激烈的环境下，为了实现企业质量价值观与顾客质量价值观的一致，企业应积极主动地向顾客靠拢。企业追求与顾客质量价值观一致的主要活动有：识别、认识与变革、提升等。

识别，就是识别顾客的质量价值观，包括顾客明确的和隐含的质量价值观。其有效方式包括顾客反馈（如企业营销过程）、调查研究（如市场和顾客研究）、顾客参与（如合作研发、顾客咨询）等。

认识与变革，就是认识企业质量价值观与顾客价值观的差异，选择放弃或引导顾客，或者变革自己。放弃，即放弃与自己质量价值观不同的顾客，调整目标顾客，其前提是存在可供选择的机会。引导，即对顾客施加影响。企业能够在一定程度上对顾客的质量价值观进行合理引导，如果引导得当，将缩小与顾客在质量价值观上的差距。变革，意味着提升企业的质量价值观，是积极向顾客质量价值观靠拢的创新活动。

提升，即提升企业的质量价值观。基于“木桶原理”，提升企业的质量价值观必须是企业的整体活动，需要通过提升企业成员的质量价值观来实现。当企业的全体成员对质量价值观达成共识时，便形成了一种企业质量文化。“质量第一”的原则要求企业对质量进行持续改进。任何产品的质量都不可能到达一个“光辉的顶点”，都有可以进行改进的地方，包括通过改进管理来降低成本、提高效率。特别是在科学技术日新月异的现在，以质量为核心内容的持续改进对任何企业都是必要的。在ISO9000提出的质量管理原则中，持续改进是相当重要的一项。因此，企业持续开展改进活动，既是“质量第一”原则的要求，又是“为社会增值”质量价值观的要求。企业只有真正建立起“顾客至上”“质量第一”的质量理念，才能真正开展持续改进活动，持续改进活动也才能真正取得成效。

二、独立自主，自力更生

遵义会议之后，独立自主精神的弘扬，就已成为中国共产党领导中国革命、建设和改革的常态。“独立自主、自力更生”是毛泽东时代的一句响亮口号，尽管本质上是产业政策，在大多数人心目中是一种精神，是毛泽东大力倡导的自强精神和大力推行的发展战略。其实，这不仅是精神，也不仅是产业政策，还是保障生存与发展的智慧。毛泽东时代的“独立自主、自力更生”是这样的：首先，以“独立自主”为目标，不管多难，开启产业发展之旅。通过坚持不懈的奋斗，实现“自力更生”的自我保障体制和资源，可以从容应对压力和挑战。其次，通过“自力更生”产生和积累资源，不断拓展和升级产业，渐渐摆脱关键科技、重要物资对外部的依赖，保障自我决策的资格和主动权，做任何决策时无须顾忌不听话被“断顿”。独立自主，自力更生，最根本的是说，共产党要领导革命与建设取得胜利，必须首先立足于本国，从本国的实际出发，依靠本国革命力量和人民群众的努力，把马克思主义的普遍真理与本国革命和建设的具体实践结合起来，走出一条适合本国发展的正确道路，把本国的革命和建设事业做好。自力更生，不仅强调埋头苦干、艰苦奋斗，而且注重创新精神的激发，重视新科技对社会历史的重大推动作用。这既是自力更生精神的应有之义，也是当今中国发展不断突破瓶颈的关键。照抄照搬，容易造成缺乏创造性、缺乏独立自主能力的被动局面。

独立自主并不意味着自我封闭，中国共产党历来强调树立世界眼光，积极学习借鉴世界各国人民创造的文明成果，并结合中国实际加以运用。改革开放后，从引进生产线到借鉴现代企业管理模式，从建立资本市场到建设开发区，从发展互联网经济到发展高新技术产业……“学蜜蜂采百花，问遍百家成行家”。积极学习、大胆借鉴人类文明一切优秀成果，是中国制度不断发展完善的重要途径。坚守但不僵化，借鉴但不照搬，在

“不忘本来”中“吸收外来”，工业企业才能更好“面向未来”。这条独立自主之路，不仅属于中国，也具有世界意义，是指既用好市场这只“无形之手”，又用好政府这只“有形之手”；既坚持以经济建设为中心，又统筹推进经济建设、政治建设、文化建设、社会建设、生态文明建设；既不断解放和发展社会生产力，又逐步实现全体人民共同富裕、促进人的全面发展……中国特色社会主义道路、理论、制度、文化不断发展，拓展了发展中国家走向现代化的途径，给世界上那些既希望加快发展又希望保持自身独立性的国家和民族提供了全新选择，为解决人类问题贡献了中国智慧和中国方案。

我国虽然已是工业大国，但与工业强国相比还有较大差距。除硬实力的差距外，软实力差距更为明显。国外发达国家经过上百年的工业化进程才形成自己独特的工业文化，而我国的工业化起点低、起步晚，目前尚处于工业化中期阶段，且缺乏自己的工业文化和工业精神。受农耕文化影响，我国工业企业从业人员普遍具有守旧、自给自足、追求快速盈利、做事不精细等显著的农耕文化特征，劳动者素质不高，职业化素养、科学精神、工业精神缺乏。特别是近几十年工业化的转型过程中，出现了投机取巧、急功近利等浮躁之风，产品质量和安全问题不时发生。中国要实现从制造大国迈入制造强国的宏伟目标，除科技上要追赶外，文化上同样要跟上。建设制造强国，需要在工业文化上“补短板”。当前，我国经济发展已进入新常态，加快转型升级步伐和推动制造业由大变强面临着巨大压力，不仅要提高产业规模、技术水平等“硬实力”指标，更要传承和弘扬优秀中国工业文化，吸收借鉴国际先进经验，实现“培育有中国特色的制造文化”战略目标，提升我国工业“软实力”。从技术进步和工业发展的意义上说，“独立自主，自力更生”的方针和精神促使中国工业从早期阶段就开始了广泛的自主开发，也激励了管理人员、技术人员和工人的献身精神和创造性。

加强对工业文化、工业精神的舆论引导，发挥工业文化对产业发展的倍增作用。工业文化的创新为工业发展提供源源不断的思想动力，并推动工业转型升级。把中国近百年来工业发展经历的艰苦奋斗和曲折发展融入今天的社会主义精神文明和社会主义核心价值体系建设中，将产生极大的凝聚力。这有利于工业与文化的协同发展，有利于全社会关注长期价值、关注工业的可持续发展，有利于弘扬正确的工业价值观。大力宣传精益求精的工匠精神和无私奉献的劳模精神，提倡诚实守信的契约精神，以社会主义核心价值观和国家诚信体系建设为契机，推动工业诚信体系、价值体系、道德规范、行为准则的建立。普及工业设计理念，提高工业设计的自主创新能力。以多种方式宣传中国工业的优秀成果，推动全社会提高对工业文化重要性的认识，切实改变“重硬轻软”的现象，营造有利于工业文化建设的社会环境。

独立自主、自力更生与对外开放并不矛盾。首先，独立自主、自力更生并不是自我孤立和封闭，更不是盲目排外。中国共产党从成立伊始，就有着世界性的眼光，绝不是自我封闭的政党。其次，中国的对外开放是在独立自主、自力更生基础上的对外开放。改革开放四十多年来，我们坚持从自身国情出发，摸着石头过河，独立自主地进行探索，走出了一条中国特色社会主义道路。这条道路最鲜明的特征就是改革开放，建立了社会主义市场经济体系。另外，当代中国的改革开放也与过去被帝国主义列强侵略而被迫开放有着根本不同。我们是立足于基本国情，从中国人民的根本利益出发，是为了吸收世界上一切有利因素以促进自身的发展而做出的抉择。正因如此，才使得我国综合国力稳步增强，人民群众的幸福感和获得感稳步提升。这实际上也正是习近平总书记提出的要“不忘改革开放的初心”的重要内涵。可以说，独立自主、自力更生既是改革开放的立足点，也是改革开放过程中形成的重要经验。

独立自主、自力更生是中国革命和建设取得成功的一条基本经验。中国共产党人在长期艰苦卓绝的斗争中逐步领会到，在中国这样一个人口众多和经济文化相当落后的东方大国进行革命和建设，必须把立足点放在自己力量的基础上，走自己的路。抗日战争时期，中国共产党在坚持统一战线中的独立自主原则的同时，发动了“自己动手，丰衣足食”的大生产运动，渡过了难关，为抗日战争的胜利创造了条件。众多的革命经验和教训告诉我们，外部的援助固然重要，但基本立足点还是要放在自己身上，“要依靠自己的努力和正确的政策，依靠群众，来争取战争的胜利”。正是因为有了这种独立自主、自力更生的精神气质和决心，中国共产党人才能带领广大人民群众在极端困苦的条件下推翻三座大山，建立起新中国，并且在一穷二白的基础上建立起了比较完整的工业体系。邓小平同志在总结我国社会主义建设的历史经验时着重指出：“中国的经验第一条就是自力更生。我们很多东西是靠自己搞出来的。”然而“这并不是说不要争取外援，而是要以自力更生为主。这样，就可以振奋起整个国家奋发图强的精神，把人民团结起来，就比较容易克服面临的各种困难”。邓小平在党的十二大报告中向全党深刻指出：“中国的事情要按照中国的情况来办，要依靠中国人自己的力量来办。独立自主，自力更生，无论过去、现在和将来，都是我们的立足点。”

独立自主、自力更生也是实现自身发展，推动全面深化改革、转型发展、脱贫攻坚等的基本立足点和不竭动力。从国际环境来看，和平与发展的时代主题虽然为我们提供了可以集中精力进行经济建设的基本外部条件，但天下并不太平，国与国之间的矛盾纷争从未停歇，局部战争和经贸等方面的斗争日趋激烈。在这样的条件下，唯有把立足点置于自身力量上，放在发展壮大自身的目标上，才能掌握主动权。就国内形势而言，要在一个拥有14亿多人口的国家深化改革，绝非易事，必须既要立足于自身的实际情况和特点，把准方向，审慎而妥善地推进改革，又要敢于担当，敢于啃硬骨头。只要是符合中国人民根本利益的，只要是有助于增强人民群众的获得感和幸福感的，再难的改革也要敢于向前推进，再难的改革也就有了向前推进的动力、勇气、底气和信心。这也就是习近平总书记所说的“我们已经找到了一条适合中国国情的正确发展道路，只要我们紧紧依靠13亿多中国人民，坚定不移走自己的路，我们就一定能战胜一切艰难险阻，不断取得新的成绩，最终实现我们确立的目标”的意义所在。又如，在推动各类企业转型发展过程中，特别是在单边主义、贸易保护主义上升的国际环境下，要始终清醒地认识到，核心技术靠化缘是要不来的，只有依靠自己的力量，通过自力更生倒逼自主创新能力的提升，才能把关键技术、大国重器掌握在自己手里。

三、建标准、拓创新

工业文化是指企业在长期的生产经营管理实践中形成的具有本企业特色并为全企业所认同和遵循的价值理念、共同信念、经营思想、道德准则与行为规范的总和。显然，以“工匠精神”为核心的工匠文化是企业文化建设必不可少的组成部分。正如《周易》所言：“观乎人文以化成天下。”文化价值来自“人化”的过程，同时又必须回归于“化人”的过程。无疑，“工匠精神”中蕴含的巨大力量，也需要通过融入企业文化建设而得到发扬光大，并使之在滋养员工精神、推动企业发展中得到验证和释放。

标准化是指在经济、技术、科学和管理等社会实践中，对重复性的事物和概念，通过制定、发布和实施标准达到统一，以获得最佳秩序和社会效益。公司标准化是以获得公司的最佳生产经营秩序和经济效益为目标，对公司生产经营活动范围内的重复性事物和概念，以制定和实施公司标准，以及贯彻实施相关的国家、行业、地方标准等为主要内容的过程。标准化包括制定、发布及实施标准的过程。标准化的重要意义是改进产品、过程和服务的适用性，防止贸易壁垒，促进技术合作。

现阶段标准化管理泛指企业标准化管理体系。管理标准是企业为了保证与提高产品质量、实现总的质量目标而规定的各方面经营管理活动、管理业务的具体标准。若按发生作用的范围分类，标准又可分为国际标准、国家标准、部颁标准和企业标准。以生产过程的地位分类，又有原材料标准、零部件标准、工艺和工艺装备标准、产品标准等。在标准化工作中，又通常把标准归纳为：基础标准、产品标准、方法标准和卫生安全标准。工作标准是对企业标准化领域中需要协调统一的工作事项制定的标准，是以人或人群的工作为对象，对工作范围、责任、权限以及工作质量等所做的规定。技术标准是对技术活动中需要统一协调的事物制定的技术准则。它是根据不同时期的科学技术水平和实践经验，针对具有普遍性和重复出现的技术问题，提出的最佳解决方案。

现代工业产品的市场在很大程度上取决于工业设计的成功。随着高新技术的发展，产品质量提升不再是主要难题。要想占领市场，成功的关键在于工业设计公司的创新和能否引领世界潮流。谁在设计上有创新，谁就能赢得市场。不管是从事高新技术工作还是基层工作，都需要将创新理念融入工作和生活实践中，然后提高自己的创新意识和能力。

“工匠精神”强调执着、坚持、专注甚至是陶醉、痴迷，但绝不等同于因循守旧、拘泥一格的“匠气”，其中包括追求突破、追求革新的创新内蕴。这意味着，工匠必须把“匠心”融入生产的每个环节，既要对职业有敬畏、对质量够精准，又要富有追求突破、追求革新的创新活力。事实上，古往今来，热衷于创新和发明的工匠们一直是世界科技进步的重要推动力量。新中国成立初期，我国涌现出一大批优秀的工匠，如倪志福、郝建秀等，他们为社会主义建设事业做出了突出贡献。改革开放以来，“汉字激光照排系统之父”王选、“中国第一、全球第二的充电电池制造商”王传福、从事高铁研制生产的铁路工人和从事特高压、智能电网研究运行的电力工人等都是“工匠精神”的优秀传承者，他们让中国创新重新影响了世界。随着市场经济发展特别是知识经济的到来，现代经济越来越呈现为一种品牌经济。在现代市场经济视域下，作为知识资本形态的品牌形象也是一种可经营的企业资本，是一种潜在的、无形的、动态的、能够增值的价值，是传统的会计体系反映不了的无形资本。塑造良好的品牌形象，有效开发、经营品牌资本，是企业参与市场竞争、占领市场制高点的重要手段。事实上，“工匠精神”在企业品牌形象塑造和品牌资本创造过程中具有十分重要的作用。“工匠精神”也是企业品牌内涵的重要体现，也是企业品牌知名度、美誉度以及顾客忠诚度培育的有效途径，更是企业品牌资本价值增值的重要来源。例如，中华老字号全聚德烤鸭能够驰名世界，也是得益于其“食不厌精、脍不厌细”的“工匠精神”。

促进我国工业高质量发展，应坚持创新发展理念，着重从以下几个方面发力：一是优化制度供给，打造有利于激发创新的制度保障。合理的制度保障能够为企业构筑良好的外部环境，激发企业创新活力和创新绩效。政府要进一步加强有利于创新的顶层设计，用制度保障和政策支撑构建人尽其才、财尽其流、物尽其用的制度环境；同时，企业应该明确制定鼓励创新的管理制度，鼓励创新行为，充分激发企业的创新活力。

二是优化研发体系，增强创新研发的效能。要充分发挥各市场参与方的最大效能，形成政府、科研机构、企业和金融机构等主体之间的连通渠道，构建权责清晰、优势互补、利益共享、风险共担的协同创新治理格局，充分释放人才、资本、信息、技术等创新要素活力，从而最大限度地提高创新效能，提升创新效率。

三是强化创新服务，构建创新研发公共服务平台。优质高效的创新公共服务能够显著降低企业创新研发成本，提升企业创新的市场活力。应围绕人工智能、大数据、高端制造业等重点领域，加快建设一批专业水平高、服务能力强、产业支撑力大的产业公共服务平台，提升可靠性试验验证、计量检测、标准制修订、认证认可等服务能力。

第二节 工业精神

一、大庆精神

大庆精神，产生于20世纪60年代初举世闻名的大庆石油会战，是中华民族精神的重要组成部分。无论过去、现在，还是将来，大庆精神都是激励人们奋进的动力。大庆精神主要包括：为国争光、为民族争气的爱国主义精神；独立自主、自力更生的艰苦创业精神；讲求科学、“三老四严”的科学求实精神；胸怀全局、为国分忧的奉献精神。概括地说，就是“爱国、创业、求实、奉献”。大庆精神始终伴随着大庆油田的开发建设而不断丰富完善。

大庆市地处黑龙江省西部、松嫩平原中部，市域面积 22161 平方千米，辖 5 区 4 县，综合实力位列全国地级城市第 11，工业产值列东北第二。大庆是中国第一大油田、世界第十大油田大庆油田所在地，是一座以石油、石化为支柱产业的著名工业城市。城市名片：大庆是“绿色油化之都、天然百湖之城、北国温泉之乡”，先后荣获国家环境保护模范城市、中国十佳魅力城市、国家卫生城市和全国文明城市等荣誉称号。大庆孕育形成的大庆精神、铁人精神，已成为中华民族精神的重要组成部分。

大庆精神是我国石油职工学习和运用毛泽东思想，继承和发扬中华民族、中国共产党、中国工人阶级、中国人民解放军的优良传统，在 20 世纪 60 年代波澜壮阔的石油大会战中，逐步培育和形成的，并在火热生动的油田生产建设实践中不断丰富、创新和发展。

（1）为国争光、为民族争气的爱国主义精神。大庆精神的核心是爱国主义精神。“爱国”就是心系祖国、奉献石油，高速度、高水平拿下大油田，开发好、建设好大油田，大长中国人的志气，挺起民族工业的脊梁。新中国成立之初，我国石油工业基础十分薄弱。1949 年石油产量仅仅 12 万吨，对于百废待兴的新中国来说，这无异于杯水车薪。因为缺油，首都北京的汽车背上了煤气包，有的地方汽车甚至烧起了酒精、木炭，一顶“贫油”的帽子压得人喘不过气来。不仅如此，西方国家还对我国实施石油禁运，妄图扼杀红色政权，并断言，红色中国没有足够的燃料支撑一场哪怕是防御性的现代战争。朱德总司令忧心忡忡地说：“没有石油，飞机、坦克、大炮不如一根打狗棍啊!”面对如此严峻的石油供需矛盾，石油工业该怎么发展？道路在哪里？1958 年，主管石油工业的邓小平高屋建瓴地指出，石油勘探重点要从西部向东部转移。1959 年 9 月 26 日，黑龙江省大同镇松基三井喜喷工业油流，发现了大油田。由于恰逢建国十周年大庆，就命名为大庆油田。大庆油田的横空出世，是石油勘探战略东移结出的硕果，印证了我国陆相生油理论的伟大胜利，打破了中国“贫油”的论断，掀开了新中国石油工业崭新的一页!

（2）独立自主、自力更生的艰苦创业精神。大庆精神的精髓是艰苦奋斗。原石油部部长余秋里说，对于一个国家来讲，就要有民气；对一个队伍来讲，就要有士气；对一个人来讲，就要有志气。这三股气结合起来，就会产生强大的力量，就没有克服不了的困难。

大庆油田所在的松辽地区自然条件、生活条件相当恶劣。石油会战又赶上了 40 年不遇的连绵降雨，许多工地和井场都被泡在水塘中，工人们经常站在没膝深的水中干活，工作条件极其艰苦，给生产带来了极大困难。但是连绵不断的雨季，没有浇灭工人的会战热情，他们说：“这次会战只能上，不能下！只能前进，不能后退！

就是天上下刀子，会战也不能停!”油建有一个小分队，在荒原深处施工，被暴风雨隔绝，失去联系，困在野外。他们吃野菜充饥，喝雨水解渴，坚持施工，度过了艰难的7天7夜。

大庆冬天最冷时可达零下40摄氏度。石油工人在野外作业，泥浆水浇在身上，冻得就像穿了冰盔甲，走路前要先用木棍在身上敲一遍才行。“天冷，冻不掉我们的决心；地硬，硬不过我们的干劲。”会战队伍义无反顾地打响了一场全员过冬突击战。“北风当电扇，大雪是炒面，天南海北来会战，誓夺头号大油田。”全战区从机关到基层，每天出动上万人挖沟覆土，把新铺设的输油、供水管线深埋地下，以保持油水温度。地震工人破土勘探，钻井工人冒雪打井，采油工人坚守井场，确保油流欢畅奔涌。工人们说：任凭零下40摄氏度，石油工人无冬天！

随着会战的逐步推进，工作量越来越大，粮食供应却越来越少，最严重的时候“五两保三餐”，就是一天只吃五两粮食。这一天五两粮食，就是身体再好，又能支撑多长时间呢！有的职工饿得难受，就跑到冰天雪地的野外，捡秋收后的白菜帮子、甜菜叶子、冻土豆来吃。有的饿得实在不行了，就喝点盐水，喝口酱油汤。由于长期缺乏营养，到1961年初，得浮肿病的就有4000多人，占会战职工总数的1/10。为解决吃饭问题，5名会战职工家属自己动手，开荒种地，五把铁锹闹革命。在她们带动下，油田迅速掀起了自力更生、艰苦创业的热潮，形成了石油工业“六个传家宝”，有力地保障了石油会战生产生活的顺利进行。

为什么能在恶劣的环境中毫不气馁？为什么能在极限的条件下打赢会战？因为石油人身上流淌着激情的血液，心中鼓荡着创业的豪情，“为有牺牲多壮志，敢教日月换新天!”

现在，石油人的生产生活条件已经逐步改善，但艰苦奋斗的精神始终不丢，艰苦创业的激情始终不减，依然是“头戴铝盔走天涯”“哪里有石油，哪里就是我的家”。在国内，无论是在冰天雪地的海拉尔，还是在炎热干旱的塔克拉玛干沙漠，无论是在世界屋脊的青藏高原，还是在低洼泥泞的沿海滩涂，石油人以“缺氧不缺精神、艰苦不怕吃苦”“只有荒凉的沙漠、没有荒凉的人生”的坚定信念，挺进荒原、奋战沙海、进军海洋，留下奋战的身影和坚实的足迹。在海外，中石油大多数油气项目分布在像伊拉克这样的高风险国家和地区，地缘政治复杂，经济发展落后，自然条件恶劣，局部地区矛盾突出、社会动荡、炮火纷飞。海外石油人远离祖国、家庭和亲人，还要面对随时可能发生的恐怖袭击，常年坚守在异国他乡，把自己的青春年华和聪明才智献给了祖国石油事业，有的甚至献出了宝贵的生命，谱写了艰苦奋斗、海外创业的新篇章。

（3）讲求科学、“三老四严”的求实精神。大地沉沉睡万年，人民科学变油田。石油，蕴藏在千米之下的岩石孔隙中，看不见、摸不着。这就决定了石油人岗位在地下，工作对象是油层。要把石油开采出来，需要的不仅仅是干劲，更需要严谨的科学态度和尖端的科学技术。光有干劲，不讲科学，不做扎扎实实的工作，那就是一股子虚劲，不是实劲，就会好心办坏事，产生严重的后果。

石油会战一上手，油田就强调，拿下大油田在于狠，开发大油田在于细；讲干劲要猛如老虎，讲细劲要细如绣花。为把千千万万的具体工作同千千万万名职工挂起钩来、落到实处，油田建立了一整套岗位责任制，并狠抓“三基”工作。

采油三矿四队，当时管理二十几口井，要用二十几盘钢丝绳，每盘钢丝绳2000多米。每次使用前，队长辛玉和都要用放大镜一寸一寸地仔细检查，看上面有没有砂眼，防止刮蜡时出事故。在交接班时，生产报表涂改一个字，灭火器上有一点灰尘，开关闸门差半圈或工具摆得稍微不整齐，都要交班人一一改正，才能接班。在这种大量、具体、细致的工作中，逐步培养出了“三老四严”的好作风。采油二矿5-65井组又提出干工作“四个一样”的具体要求。

“三老四严”“四个一样”得到大力倡导，在会战队伍中蔚然成风。领导干部自觉从严，要求群众做到的，领导干部首先带头做到；要求群众不做的，领导干部坚决不做。抓生产从思想入手，抓思想从生产出发，把深入细致的思想政治工作做到钻塔旁、井场上，做到广大职工的生活中、心坎里。机关部门坚持“三个面向、五到现场”，广大技术人员高度重视调查研究，坚持一切经过试验，狠抓第一手资料。设计院有个技术员叫蔡升，他为了解决向火车上装原油，到底需要多高温度的问题，就选择最冷的天气，坐上拉原油的油罐车，先后跑了五趟，每趟是五天六夜，在没有任何保温措施的情况下，每小时出来测一次温度和风的流速，带的窝窝头都冻成了冰块。就这样，他行程1万多千米，取得了2800多个数据，最后做出了正确的设计。

大庆石油人在坚持实事求是的基础上，还不断解放思想，持续创新技术。目前，大庆油田每年产油4000万吨，其中近3000万吨靠的是水驱，就是向地层注水把油“挤出来”；有1000万吨靠的是聚驱，就是向地层注化合物把油“洗出来”。20世纪90年代，聚驱技术就已应用于生产，但当时这种技术的关键组成——表面活性剂一直靠国外进口，价格昂贵。为扭转这种受制于人的被动局面，石油石化科技人员奋发图强、迎难而上，用了三年时间，经过3500多次实验，最终研制出了国产表面活性剂，大庆油田的聚驱技术也因此站在世界同类技术巅峰。坚持走自主创新的科技之路，让大庆油田勘探开发技术成果分别于1985年、1996年、2011年三次获得国家科技进步特等奖，主力油田采收率达到50%以上，比世界同类油田高出10~15个百分点，油田开发达到世界领先水平。2009年6月26日，胡锦涛同志视察大庆油田时，对大庆油田自主创新过程中形成的“三超”精神给予了高度评价。

发展壮乾坤，科技行高远。正是靠这种科学求实的精神和“三超”精神，中石油勘探开发技术保持国内领先，岩性油气藏等地质理论和勘探配套技术，高含水、低渗透等复杂油气藏开发和三次采油等特色技术居于国际前列；炼油化工技术稳步提升，催化裂化系列催化剂、高性能碳纤维成套技术等达到国际先进水平；长输管道在设计施工、大口径高钢级管材与制管、输送工艺等方面，实现了在国际上从追赶到领跑的历史性跨越。中石油科技亮剑神州、蜚声海外，自立自强于世界石油工业之林！

（4）胸怀全局、为国分忧的奉献精神。祖国至上，人民至上，这是每一个石油人执着的追求；为国家分忧，为祖国加油，这是中石油始终不变的情怀。

这种奉献情怀，镌刻在艰苦卓绝的会战岁月里。20 世纪 60 年代初，国家既缺油，又缺钱。会战队伍提出，要先全局，后局部；先国家，后个人；先生产，后生活。为节约资金，因陋就简、就地取材盖起当地人称为“干打垒”的土房子，来解决工人过冬的问题。经过 120 天的日夜奋战，完成了 30 万平方米的“干打垒”，只投资了 900 万元，如果建成砖瓦结构的房屋，大约需要 6000 万元，在 1960 年经济建设最困难的时期，为国家节省了半个多亿的资金。“干打垒精神”感动了国人，《人民日报》报道大庆油田时这样深情地写道：看到“干打垒”，就像看到了当年的延安窑洞；来到大庆，就像回到了战争年代的延安。

这种奉献情怀，彰显于中石油推动社会和谐发展的进程中。中石油努力改善自然环境、构建和谐矿区、助力员工发展，开展帮扶救助、投身公益事业，让社会更和谐，让生活更美好。积极参与北京奥运会、上海世博会、广州亚运会，保障油品供应、安全清洁生产、文明微笑服务，担起了中央企业之责。在南方遭受低温雨雪冰冻灾害及汶川地震、玉树地震和舟曲特大泥石流等危难关头，中石油抗灾救灾义不容辞，一马当先，用生命坚守、为生命加油，践行着“天塌地陷油不断、保供责任大于天”的豪迈誓言，用实际行动诠释着什么叫责任、什么叫忠诚、什么叫奉献！

这种奉献情怀，挥洒在保油保供的前进征程上。继高速度、高水平拿下大庆油田后，石油人在“文革”期间，顶住冲击，实现油田快速上产，原油产量以每年 18.6% 的速度递增，于 1978 突破 1 亿吨，保证了国家的需要，缓解了能源供应的紧张局面。1993 年，我国又成为原油净进口国，目前对外依存度已高达 55%。石油人再次勇挑重担，率先走出国门，到海外找油找气。在 29 个国家运作 81 个合作项目，建设五大油气合作区、四大油气战略通道，中石油在海外实现了从无到有、从小到大、由弱到强的跨越式发展，走出了一条跨国腾飞路。目前，大庆油田在创造了连续 27 年高产稳产 5000 万吨以上的世界油田开发奇迹后，4000 万吨以上稳产又走过了 12 年。2023 年 11 月 1 日至 2024 年 3 月 20 日，中国石油长庆油田累计生产天然气量再创新高，日产气量连续 128 天保持 1.5 亿立方米以上高位运行，全力守护千家万户“民生温度”。在保障天然气稳定供应的同时，长庆油田始终坚持绿色低碳环保开发理念，油气钻井、压裂等施工环节正逐步完成从油到电的动力能源替代，并攻关形成二氧化碳前置增能和泡沫减水压裂技术体系，实现二氧化碳变“废”为“宝”，为国内国际经济双循环新格局源源不断注入绿色动能。截至 2023 年，长庆油田历年累计生产天然气突破 6000 亿立方米，可替代 7.2 亿吨标准煤，减少碳排放 16.57 亿吨，在我国能源结构优化、改善生态环境、推动共建“一带一路”高质量发展进程中发挥着重要作用。

二、“两弹一星”精神

70 多年来，中国航天事业从无到有、从小到大、从弱到强，走出了一条具有鲜明中国特色的发展道路。伴随着航天事业的发展，在出成果、出人才的同时，航天科技工业培育形成了航天传统精神、“两弹一星”精神和载人航天精神。航天“三大”精神是航天文化在不同历史时期的具体体现和继承发展，是伟大的民族精神与航天实践相结合的产物，既是中国航天事业之魂，也是中国航天企业文化之魂。

1956 年 10 月 8 日，集团公司的前身——国防部第五研究院正式成立。根据聂荣臻副总理的提议，经毛泽东主席、周恩来总理批准，确定国防部五院的建院方针是“自力更生为主，力争外援和利用资本主义国家已有的科学成果”。“自力更生”精神孕育了我国最初的航天精神。1986 年底，当时的航天工业部党组对航天精神进行了提炼和归纳，提出了“自力更生、大力协同、尊重科学、严谨务实、献身事业、勇于攀登”的航天传统精神。以后根据聂荣臻副总理倡导的“自力更生、艰苦奋斗、大力协同、无私奉献”的精神，结合航天科技工业的具体特点，对航天传统精神作了新的概括和提炼，表述为“自力更生、艰苦奋斗、大力协同、无私奉献、严谨务实、勇于攀登”。

1999 年 9 月 18 日，在新中国成立 50 周年前夕，中共中央、国务院、中央军委在北京隆重召开了表彰为研制“两弹一星”做出突出贡献的科技专家大会。江泽民同志在会上提出并精辟阐述了在“两弹一星”研制过程中形成的“两弹一星”精神，这就是“热爱祖国、无私奉献、自力更生、艰苦奋斗、大力协同，勇于登攀”。

2003 年 11 月 7 日，在中共中央、国务院、中央军委召开的庆祝我国首次载人航天飞行圆满成功大会上，胡锦涛同志指出，伟大的事业孕育伟大的精神。在长期的奋斗中，我国航天工作者不仅创造了非凡的业绩，而且铸就了特别能吃苦、特别能战斗、特别能攻关、特别能奉献的载人航天精神。

2005 年 11 月 26 日，党中央、国务院、中央军委在人民大会堂隆重举行庆祝神舟六号载人航天飞行圆满成功大会。胡锦涛同志把载人航天精神进一步概括为：热爱祖国、为国争光的坚定信念，勇于登攀、敢于超越的进取意识，科学求实、严肃认真的工作作风，同舟共济、团结协作的大局观念和淡泊名利、默默奉献的崇高品质。

2016 年 4 月 24 日，在首个“中国航天日”到来之际，习近平总书记指出：探索浩瀚宇宙，发展航天事业，建设航天强国，是我们不懈追求的航天梦。经过几代航天人的接续奋斗，我国航天事业创造了以“两弹一星”、载人航天、月球探测为代表的辉煌成就，走出了一条自力更生、自主创新的发展道路，积淀了深厚博大的航天精神。

20 世纪五六十年代，新中国成立不久，中国的工业化正在开展，我们的国力不强，科研力量不强，条件很艰苦，是真正的白手起家、真正的创业。在党的坚强领导下，有中央的正确方针、政策，靠的是一批从国外回来的有高度爱国心的科学家，又靠他们带出一批年轻的科学家，他们靠的是一种崇高的精神，一种为了祖国富强而献身的精神，他们是“两弹一星”的真正功臣。新中国成立后不久，以毛泽东同志为核心的党的第一代中央领导集体，于20世纪50年代，作出了研制原子弹、氢弹、人造地球卫星的决策。抗美援朝期间，面对美国的核讹诈，党和国家领导人就深刻认识到，只有掌握了最先进的科学技术，我们才能有巩固的国防，并就发展原子武器、火箭等特种武器，征询了有关科学家的意见。1955年初的一次中央书记处扩大会议，正式作出了发展自己的原子能事业的决策，并为此争取到了苏联的援助。1958年的军委扩大会议上，毛泽东同志指出：“原子弹就是那么大的东西。没有那个东西，人家就说你不算数。那么好吧，我们就搞一点吧，搞一点原子弹、氢弹、洲际导弹，我看有十年工夫完全可能。”中共八届二次会议上，毛泽东同志提出“我们也要搞人造卫星”。

然而，1960年6月，苏联方面突然单方面撕毁援助协定，撤走了在华全部专家，这一举动激发了我们独立自主造原子弹的决心。毛泽东同志号召：“自己动手，从头做起来，准备用8年时间，拿出自己的原子弹！”我国科研工作者在经济落后、工业和科研基础薄弱，资金、设备极端困难的条件下，攻克了一个个技术难题，于1964年10月16日成功爆炸了第一颗原子弹。1967年6月17日，我国第一颗氢弹在距地面2900米处空爆试验成功。从第一颗原子弹爆炸到第一颗氢弹爆炸，美国用了7年零3个月，苏联用了4年，英国用了4年零7个月，而中国只用了2年多时间。同一时期，我国的导弹研制也取得重要突破，先后成功发射了常规导弹和核导弹。

1970年4月24日，我国自行设计、制造的第一颗人造地球卫星“东方红一号”，一次发射成功，开创了中国航天事业的新纪元，我国继苏联、美国、法国、日本之后正式进入太空时代，而且“东方红一号”在跟踪手段、信号传输形式和星上温控系统等技术方面，均超过了苏美等国首颗卫星的水平。作为纪念，自2016年起，我国将每年的4月24日设立为“中国航天日”。

正如邓小平同志所指出的：“如果20世纪60年代以来中国没有原子弹、氢弹，没有发射卫星，中国就不能叫有重要影响的大国，就没有现在这样的国际地位。”“两弹一星”不仅促进了新中国国防事业的发展，而且带动了科技事业的进步，培养了一批吃苦耐劳、勇于创新的科技队伍，增强了全国人民的自信心和自豪感，也孕育和形成了伟大的“两弹一星”精神。

“两弹一星”工程是中国于20世纪五六十年代组织实施的，以研制导弹、原子弹和科学试验卫星为主要内容的重大国防工程。广大研制工作者在为原子弹、氢弹和人造地球卫星事业进行的奋斗中，培育和发扬的崇高革命精神主要包括热爱祖国、无私奉献，自力更生、艰苦奋斗，大力协同、勇于登攀。“两弹一星”精神是爱国主义、集体主义、社会主义精神和科学精神的生动体现，是中国人民在20世纪创造的宝贵精神财富，对于全面建成小康社会，实现中华民族伟大复兴的中国梦具有重大意义。“两弹一星”的研制离不开自力更生、艰苦奋斗的创业精神。当年在苏联撤走了全部专家、带走了全部技术资料以后，大批专家和科技骨干从全国各地迅速奔向核武器研制和试验的第一线，数以万计的朝鲜归国志愿军、大学毕业生、工人和技术人员陆续来到戈壁沙漠安营扎寨。钱学森曾这样评价：中国固体火箭发动机取得的成绩，完全是靠自力更生得来的，没有外国援助，没有经过仿制阶段。这是一个伟大的成绩，是中华民族的骄傲。半个多世纪过去了，当年的“两弹一星”精神已凝结成一种自强不息的民族品格，激发亿万中华儿女战胜了一个又一个艰难险阻，跨越了一座又一座的科技高峰。从原子弹、氢弹到“天宫”“蛟龙”，从“悟空”“墨子”到“嫦娥”“神舟”，还有北斗导航和“天问一号”等，从点的突破到系统性提高，科研事业和科技创新水平实现了全局性提升。

1999 年 9 月 18 日，江泽民在表彰为研制“两弹一星”作出突出贡献的科学家大会上，阐述了“两弹一星”的伟大精神：①热爱祖国、无私奉献的精神。“两弹一星”的研制者高举爱国主义旗帜，怀着强烈的报国之志，自觉把个人理想与祖国命运，把个人志向与民族振兴联系在一起。许多功成名就、才华横溢的科学家放弃国外优厚的条件回到祖国。许多人甘当无名英雄，隐姓埋名，默默奉献，有的甚至献出了宝贵的生命。他们用自己的热血和生命，写就了一部为祖国为人民鞠躬尽瘁、死而后已的壮丽史诗。②自力更生、艰苦奋斗的精神。“两弹一星”的研制者，在极其艰苦的环境中，克服了各种难以想象的艰难险阻，经受住了生命极限的考验。他们运用有限的科研和试验手段，依靠科学，顽强拼搏，发愤图强，锐意创新，突破了一个个技术难关。他们所具有的惊人毅力和勇气，显示了中华民族在自力更生的基础上自立于世界民族之林的坚强决心和能力。③大力协同、勇于登攀的精神。在研制“两弹一星”的过程中，全国有关地区、部门、科研机构、院校和广大科学技术人员、工程技术人员、后勤保障人员和解放军指战员，团结协作，群策群力，求真务实，大胆创新，突破了一系列关键技术，使中国科研能力实现了质的飞跃。他们用自己的业绩，为中华民族几千年的文明创造史书写下了新的光彩夺目的篇章。

三、载人航天精神

载人航天精神是中国航天工作者在推进载人航天事业中孕育产生的一种精神，是“两弹一星”精神在新时期的发扬光大，是以爱国主义为核心的民族精神和以改革创新为核心的时代精神的生动体现。大力弘扬载人航天精神，对于积极推进中国特色军事变革、实现强军目标，对于全面建成小康社会、实现中华民族伟大复兴的强国梦，具有十分重要的意义。我国的载人航天工程培养造就了一支能够站在世界科技前沿、勇于开拓创新的高素质人才队伍，培育铸就了特别能吃苦、特别能战斗、特别能攻关、特别能奉献的载人航天精神。从航天精神中，我们看到了中华民族万众一心、团结协作的凝聚力和昂扬奋发的民族精神。

发展载人航天事业是党和国家长期关注、高度重视的一项伟大工程。20 世纪 60 年代，以毛泽东为核心的党的第一代中央领导集体毅然决定研制两弹一星。中国共产党十一届三中全会后，以邓小平为核心的第二代中央领导集体，明确把发展载人航天事业纳入“863”高技术发展计划。以江泽民为核心的第三代中央领导集体，郑重作出了实施载人航天工程的重大战略决策，科学确定了“三步走”的发展目标。1999 年 11 月 20 日至 2002 年 12 月 30 日，我国成功进行了 4 次“神舟”号无人飞船飞行试验。2003 年 10 月 15 日，“神舟”5 号载人飞船发射成功，将中国首位航天员杨利伟送上太空，中华民族千年飞天梦想终成现实。2005 年 10 月 12 日，“神舟”6 号载人飞船发射成功，航天员费俊龙、聂海胜经过 115 小时 32 分钟太空遨游后安全返回。2008 年 9 月 25 日，“神舟”7 号载人飞船发射成功。航天员翟志刚、刘伯明、景海鹏在地面组织指挥和测控系统的协同配合下，顺利完成了空间出舱活动和一系列空间科学试验。“神舟”7 号载人航天飞行圆满成功，实现了中国空间技术发展具有里程碑意义的重大跨越，标志着中国成为世界上第三个独立掌握空间出舱关键技术的国家。2012 年 6 月 16 日，“神舟”9 号载人飞船发射成功，航天员景海鹏、刘旺和刘洋顺利完成了中国首次载人交会对接任务，标志着中国载人航天工程第二步战略目标取得了具有决定性意义的重要进展。2013 年 6 月 11 日，“神舟”10 号载人飞船发射成功，航天员聂海胜、张晓光、王亚平顺利完成了与天宫 1 号目标飞行器两次交会对接任务。2016 年 10 月 17 日，“神舟”11 号载人飞船发射成功，在轨飞行期间与天宫二号空间实验室成功进行自动交会对接。航天员景海鹏、陈冬在天宫二号与神舟 11 号组合体内驻留 30 天，完成了一系列空间科学实验和技术试验，创造了中国航天员太空驻留时间新纪录，标志着我国载人航天工程取得新的重大进展。截至目前，我国已经相继完成神舟 12 号、13 号、14 号、15 号、16 号、17 号载人飞船发射任务。神舟 17 号载人飞船任务是空间站转入应用与发展新阶段后的第二次载人飞行任务，也是第 12 次载人飞行任务，以及载人航天工程立项实施以来的第 30 次发射任务。随着载人航天工程进入空间站应用与发展阶段，神舟 17 号航天员乘组将常态化实施轮换，乘组的在轨工作安排也趋于常态化，主要包括人员物资正常轮换补给、空间站组合体平台照料、乘组自身健康管理等六大类工作。

载人航天精神昭示了一条“自主创新”的路子。创新是一个民族进步的灵魂，是国家兴旺发达的不竭动力。科技创新能力是一个国家科技事业发展的决定性因素，是国家竞争力的核心，是强国富民的重要基础，是国家安全的重要保证。载人航天精神的基本内涵是：①热爱祖国、为国争光的坚定信念。自觉把个人理想与祖国命运、个人选择与党的需要、个人利益与人民利益紧密联系在一起，始终以发展航天事业为崇高使命，以报效祖国为神圣职责，呕心沥血，奋力拼搏。②勇于登攀、敢于超越的进取意识。知难而进、锲而不舍，勤于探索、勇于创新，相信科学、依靠科学，攻克尖端课题，抢占科技制高点。③科学求实、严肃认真的工作作风。尊重规律，精心组织，精心指挥，精心实施，在任务面前斗志昂扬、连续作战，在困难面前坚韧不拔、百折不挠，在成绩面前永不自满、永不懈怠。④同舟共济、团结协作的大局观念。自觉服从大局、保证大局，同舟共济、群策群力，有困难共同克服，有难题共同解决，有风险共同承担。⑤淡泊名利、默默奉献的崇高品质。一心为事业，舍弃生活方式的多彩而选择单调，舍弃功成名就的机会而选择平凡，不计个人得失，不求名利地位，以苦为乐，无怨无悔。

中国运载火箭技术是在研制导弹的基础上发展起来的，它与生俱来就具有自主创新的优良基因。中国运载火箭技术研究院（系中国航天科技集团公司第一研究院，以下简称一院）在自行设计、自主研制目标的牵引下，依靠航天人锲而不舍的探索和攻关，瞄准世界航天科技先进技术，不断追赶世界先进水平，取得了令国人骄傲、令世人瞩目的伟大成就。在遵循“三步棋”预研模式的基础上，一院将其发展为“生产一代、研制一代、预研一代、探索一代”的新模式，更加突出了自主创新在航天技术发展中的重要地位。在这一发展模式主导下，长征运载火箭系列型谱逐步形成。运载火箭实现了从常规推进到低温推进，从串联到串联加捆绑，从一箭单星到一箭多星，从近地轨道、太阳同步轨道、地球同步轨道到地月转移轨道，从发射卫星载荷到发射载人飞船技术跨越发展，具备了发射低、中、高不同轨道、不同类型卫星的能力，并在国际商业卫星发射服务市场上占据了一席之地，成为我国为数不多、具有自主知识产权和较强国际竞争力的航天高科技产品。

从东方红一号卫星高歌云霄，到神舟载人飞船遨游星河，再到“嫦娥奔月”“天宫神八”交会对接，一院用了40年的时间，解决了若干项火箭技术难题，实现了运载火箭技术的跨越式发展。2010年，一院历史性地完成了自主研制的运载火箭的百次发射，这一年中国航天发射次数与美国并列位居世界第二，中国航天发射技术进入世界先进水平。中国航天正是着力于自主创新，以界他国而自立于世界，以界他时而自立于当代，从这一点来看，载人航天精神又具有普遍性和借鉴意义。

（1）载人航天精神高扬了一面“中国特色社会主义市场经济”的旗帜。在实现第二个、第三个转折以后，我们的党和国家进入新的历史时期、新的历史阶段。新的历史时期最鲜明的特点，是改革开放。新的历史阶段的重要标志，是确立了建立社会主义市场经济体制的目标。从解放生产力、扫除发展生产力的障碍这个意义来说，从政策的重新选择、体制的重新构建这个转变的深刻性和广泛性来说，从由此而引起的社会生活和人们观念变化的深刻性和广泛性来说，改革开放和建立中国特色社会主义市场经济体制无疑是一场新的革命。

从以“电风扇、衣架、烟草机械”为代表的第一批产品投入市场，到现在以“先进能源、特种车及汽车零部件、新材料及应用、卫星应用及电子工程、航天特种技术应用”五大板块为代表的航天技术应用产业跨越式发展，一院民用产业走过了30年的历程，经济规模突破百亿元。作为我国航天事业的发祥地，如果说引领中国航天事业发展是一院的使命，那么加快航天技术应用产业发展更是一院义不容辞的责任。

一院在利用液体火箭发动机研发过程中取得的燃烧热能、特种泵阀、自动控制等尖端技术储备基础上，闯入粉煤加压气化的民用领域，研发出具有自主知识产权、达到国际领先水平的航天煤气化技术，打破了国外技术的长期垄断，对行业产生了重大深远的影响；依托专用车生产基地，针对不同细分市场，形成了重型矿用自卸车、油田专用车、环卫专用车、矿用防爆指挥车等十多个系列几十种产品；依托上市公司平台，以风机设备研发和制造为重点，以适度投资开发风场项目为补充，发展航天风电产业。目前正与荷兰 EWT 公司合作，引进 900kW 直驱风机，并通过合作及自主组织研发，研制出具有航天自主知识产权并代表国际先进水平的 2MW 和 1.5MW 直驱风机，已实现并网发电。从“计划经济为主、市场经济为辅”到“有计划的商品经济”，从民品产业是“有益补充”到“重要组成部分”，三十而立，一院民用产业的目标得以最终确立，并不断完善和发展。在这场革命中，一院始终坚定不移地站在改革开放的前列，站在建立社会主义市场经济体制的前列，积极发挥主动性和创造性，为发展生产力、增强社会主义国家的综合国力做出自己最大的贡献。

（2）载人航天精神熔铸了一面“国家利益高于一切”的镜子。一院牢固地树立并始终不渝地实践了共产党员的世界观、人生观和价值观。以“国家利益高于一切”的核心价值观对待航天之路上所遇到的一切问题。在惊雷乍起的荒漠，在“神舟”冲天的戈壁，至今还隐藏着许许多多不为人所知的人生故事。仅在酒泉卫星发射中心的烈士陵园，就长眠着 500 多名年轻的生命，他们的平均年龄只有 24 岁。在一次重大的火箭发射试验中，在点火按钮按下的关键时刻，火箭突然发生了故障，燃料泄漏，危及产品、设备和人员安全。在这紧急时刻，一院共产党员魏文举同志参加了排故抢险战斗，和其他突击队员一起，钻进火箭的尾舱，拆除发生故障的脉冲压力传感器，险情最终被排除，发射取得圆满成功，但魏文举同志却因在排故抢险过程中吸入过多推进剂散发出的毒气，中毒过深，壮烈牺牲，年仅 54 岁。其实，在那次排故抢险中，他不是负责监修的组员，完全有理由推掉这工作；他也不是突击队的第一队队员，完全可以等待第一队撤出之后再上去。可是，作为一名共产党员，凭着对航天事业的热爱，他既没有推辞、后退，也没有等待、观望，更没有分份内、份外，面临着危险和死亡的考验，在为国争光的信心和斗志的鼓舞下，他没有恐惧，没有杂念，而是争先恐后，两次第一个冲上去，最终牺牲在战斗岗位上，以自己的实际行动为“国家利益高于一切”做了最好的诠释。

（3）载人航天精神奏响了一支“共产主义精神”的曲子。载人航天精神，实质上就是共产主义精神。这种精神是不是“超越时代”呢？不是的。毛泽东同志早在新民主主义革命时期就说过：新民主主义革命应该以共产主义思想为指导，必须扩大共产主义思想的宣传；同时，应该把对于共产主义思想体系和社会制度的宣传，同对于新民主主义的行动纲领的实践区别开来；而对于共产党员来说，则应该以共产主义作为观察问题、研究问题、处理工作的理论和方法，在新民主主义革命中做到最有远见、最富有牺牲精神，发挥先锋作用和模范作用。实践证明，毛泽东同志提出的这个原则十分精辟。

同样，我们今天从事建设有中国特色社会主义的伟大事业，也必须贯彻这个指导原则。正如邓小平同志特别强调的“我们干的是社会主义事业，最终目的是实现共产主义。这一点，我希望宣传方面任何时候都不要忽略”。这样做，不但不会妨碍改革开放和现代化建设各项政策的推行，相反会为之创造有利的条件，提供强大动力，中国航天取得的成绩和模范事迹已经无可辩驳地证明了这一点。

四、航空报国精神

自 2017 年 5 月以来，航空工业党建文宣部在全集团范围内广泛征集“航空报国”精神的精准表述，多次组织党建文宣工作协作区、一线科研人员、航空工业院士、集团公司老领导深入座谈研讨，共征集汇总“航空报国”精神表述 400 余条。经专家和集团公司领导多轮讨论和筛选，最终，选定“忠诚奉献、逐梦蓝天”作为“航空报国”精神的表述。“航空报国”精神表述的这 8 个字集中反映了航空工业的理想目标、精神信念、历史文化和行为准则，是航空工业深入贯彻习近平总书记重要指示批示精神的具体举措，也是航空工业践行社会主义核心价值观，不忘报国初心、牢记强国使命，奋力建设新时代航空强国的精神动力和具体实践。

（一）使命担当的忠诚精神

新中国航空工业从抗美援朝的硝烟中一路走来，忠诚始终是航空人最鲜明的政治本色。没有党的坚强领导，没有祖国的坚强支撑，没有人民的充分信任，就没有航空工业。对党忠诚，听党指挥，为党尽责，是航空工业生存之“根”。一代又一代航空人，把对党、对祖国、对人民的无限热爱融入血脉、融于事业，以研制先进航空武器装备为己任，铸大国重器，挺民族脊梁，用汗水、智慧、热血，乃至生命，在蓝天上铸就一座又一座丰碑。一代人有一代人的使命，一代人有一代人的担当，忠诚永远是航空人奋进新时代的庄严承诺。

（二）坚忍执着的奉献精神

繁霜尽是心头血，洒向千峰秋叶丹。在航空事业从无到有、从弱到强的伟大征程中，奉献始终是航空人最可贵的高尚情怀。航空工业是国家科技实力、工业水平的重要标志，是综合国力的重要体现。航空武器装备研制周期长、技术难度大、复杂程度高。一代又一代航空人，坚韧执着，埋头苦干，淡泊名利，矢志不渝，把个人理想和祖国命运、个人志向与民族复兴紧密相连，创造了一个又一个奇迹。功成不必在我，功成必定有我。无论过去、现在还是将来，奉献永远是航空人不断从胜利走向胜利的崇高选择。

（三）敢于突破的创新精神

亦余心之所善兮，虽九死其犹未悔。在不断的超越中，创新始终是航空人最昂扬的奋进姿态。作为现代高科技的集大成者，航空工业是最需要创新的尖端产业，核心技术要不来、买不来、讨不来。新中国航空工业从修理仿制到跟踪发展，再到自主创新，一代又一代航空人自强不息、锐意探索、敢于突破，攻克了一道又一道技术难关，努力把创新发展的主动权牢牢掌握在自己手中。新时代，新征程，新挑战，航空人有志气、有信心、有能力，沿着中国特色自主创新之路勇攀高峰、勇往直前。

（四）接续奋斗的逐梦精神

敢于有梦、勇于追梦、勤于圆梦，就会汇聚起磅礴力量，逐梦蓝天始终是航空人最笃定的高远志向。发展航空事业，建设航空强国，是我们不懈追求的航空梦。在中华民族从站起来、富起来到强起来的伟大历史进程中，在几代航空人从航空救国、航空报国到航空强国的奋进征程中，我们始终与时代同行，一棒接一棒，在奔跑中奋力逐梦。新时代催生新梦想。拥抱蓝天，探寻蓝天，逐梦蓝天，蓝天是航空人最宽广的舞台。航空工业坚决贯彻落实习近平总书记关于“继续弘扬航空报国精神，为实现建设航空强国目标而奋斗”的指示，制定了“两步走”战略目标，吹响了建设航空强国的号角。航空人将乘着新时代的浩荡东风，志存高远，载梦飞翔，以航空梦托举中华民族伟大复兴的中国梦。

2016 年，中国航空发动机集团公司成立，自此创新发展航空发动机成为国家意志，彰显了中国自主打造航空“心脏”的决心。对此，习近平总书记强调，要坚持军民深度融合发展，坚持实施创新驱动战略，大胆创新，锐意改革。虽然我国经济总量已居世界第二，但不少领域大而不强、大而不优。由航空大国到航空强国的转变仍需攻坚克难。一代又一代的中国航空人继承弘扬航空报国精神，敢于创新、自力更生，不断推动我国航空技术实现跨越式发展。

中国制造从未停步。备受关注的可“上天入海”的 AG600 大型水陆两栖飞机爬坡过坎，历经了 45 个科目的调整试飞，超过 1 万次的滑行实验，以及低速、中速和高速滑行的反复测试，在十余所高校的数以万计的科研人员参与研制下，最终全机核心系统的设备国产化率达到 100%，再一次实现了中国人在航空领域的全新突破。下一步，AG600 将加快研制步伐，尽快进入市场，满足国家应急救援体系建设对大型航空装备的需求。我国现代航空工业白手起家，中国飞机制造业走过了一段艰难、坎坷、曲折的历程，也走出了一条从无到有、从小到大的发展之路。正如习近平总书记所述，关键核心技术是国之重器，对推动我国经济高质量发展、保障国家安全都具有十分重要的意义。“只有把核心技术掌握在自己手中，才能真正掌握竞争和发展的主动权，才能从根本上保障国家经济安全、国防安全和其他安全。”

第三节　工业生态文化

一、大健康产业

大健康是根据时代发展、社会需求与疾病谱的改变，提出的一种全局的理念。它围绕着人的衣食住行以及人的生老病死，关注各类影响健康的危险因素和误区，提倡自我健康管理，是在对生命全过程全面呵护的理念指导下提出来的。它追求的不仅是个体身体健康，还包含精神、心理、生理、社会、环境、道德等方面的健康；提倡的不仅有科学的健康生活，更有正确的健康消费等。它的范畴涉及各类与健康相关的信息、产品和服务，也涉及各类组织为了满足社会的健康需求所采取的行动。大健康产业可以根据人类生命周期按照“生、老、病、死”四个阶段进行相关产业区分，以便更容易区分大健康产业分布，还可以按照大健康业态进行区分，分别为“健康管理、医疗医药、康复智能、养老养生”四个维度。

21 世纪是人类追求健康的世纪，是人人享有保健的新时代，要由发展经济到关心自己的健康。健康是人生最宝贵的财富。没有健康的身心，一切都无从谈起。然而，当前我国居民亚健康状况急需改变，人们的保健意识、保健行为有待加强，需要进一步宣传科学的健身知识，反对邪教，崇尚文明，保健食品企业主体行为需进一步规范。鉴于医药保健品行业市场现状，消费者急需科学的理论知识做正确的消费引导，同时我国社会保健服务机构与人才极其缺乏。面对市场竞争，民族保健行业、民族养生文化需要扶持与弘扬。可见，建构“大健康工程”乃势所必然。新医改提倡以预防为主，国家中医药管理局明确提出“治未病”的医疗指导原则，进而促进了我国大健康产业的快速成熟。生命健康是个全程呵护的过程，面对现代病，事后对抗性治疗往往为时已晚。

随着经济发展和人们生活水平的迅速提高，人们在尽情享受现代文明成果的同时，文明病，即生活方式病正日益流行，处于亚健康状态的人群越来越多。生活条件提高了，可食品卫生安全和环境问题却层出不穷，人们的健康状况反而不断下降了。如今人们一些慢性病问题突出，不重视亚健康状况，疾病加重会耗费大量的社会医疗资源和医疗费用，不少人也因病致贫。大健康理念有助于提高民众健康素养，接受科学的健康指导和正确的健康消费。大健康就是紧紧围绕着人们期望的核心，让人们“生得优、活得长、不得病、少得病、病得晚、提高生命质量、走得安”。倡导一种健康的生活方式，不仅是“治病”，更是“治未病”；消除亚健康、提高身体素质、减少痛苦，做好健康保障、健康管理、健康维护；帮助民众从透支健康、治疗疾病的方式转向呵护健康、预防疾病的新健康模式。

树立大健康理念体系，首先是需要建立起健康的价值观，健康不只是个人最宝贵的财富，也是社会资产，维护健康更是一种社会责任；其次是健康的经济观，健康投资是回报最大的投资，把健康投资作为个人支出的重要组成部分，把健康投资作为提供公共产品、扩大内需、拉动经济发展的直接增长点；最后是健康的社会观，还有健康的人文观，健康体现了一种人文精神，更体现了文明进步的程度。完善大健康教育体系，把健康教育列入学校常规教育，让健康知识走进课堂、走进教科书。积极开展社会健康教育，全民普及健康知识。要充分体现健康教育的持续性，让人们终生接受健康教育；更要充分体现科学性，传播准确、先进的健康知识和信息。转变国民健康观念，一方面，需要政府正确引导，建立健全相关保障机制；另一方面，要普及生命科学、树立健康文明观念，防病于未然才是上策，从事生命健康行业的企业在健康教育中也要承担起相应的社会责任。

21 世纪将是一个大健康产业获得极大发展的时代。为人们提供健康生活解决方案，这才是大健康产业最大的商机。当下，大多数人的共识是医药事业将是 21 世纪的黄金行业。如果把整个大健康产业比作海上的一座冰山，那么，治病救人的医药事业只是浮在海面上的冰山一角，而治未病的保健事业尚且沉在水面下，且这一部分大得惊人。国内的众多医药企业虽然还没有找到真正的突破之路，但大多已经开始反思，谋求转型。日本等国已经将大健康产业列为重点投资对象。随着人类基因图谱的破译，科技领先未必就是未来的大赢家，率先应用才能占尽先机，其最大的优点就是速度快、成本低、获利丰厚。从健康消费需求和服务提供模式角度出发，健康产业可分为医疗性和非医疗性健康服务两大类，并形成四大基本产业群体，即以医疗服务机构为主体的医疗产业；以药品、医疗器械以及其他医疗耗材产销为主体的医药产业；以保健食品、健康产品产销为主体的传统保健品产业；以个性化健康检测评估、咨询服务、调理康复和保障促进等为主体的健康管理服务产业。医疗产业、医药产业对于消费者而言多是被动消费，偏重于治疗；健康管理服务产业则是主动消费，偏重于预防；保健品产业介于二者之间。

随着我国经济社会的发展，居民疾病谱发生重大变化，国民疾病负担日趋沉重，医学本源已经回归到预防为主、保障健康。新的服务模式不断涌现，服务内容和服务边界也在不断扩展和延伸，与健康相关的多学科、多领域、多部门之间已经出现交叉与融合。与此同时，为了实现医疗资源配置优化、缩小城乡差距，以及全过程、无缝隙覆盖服务，必须进行以数字化、网络化为特征的健康数据共享、健康信息共享，这也是大健康时代背景下跨越健康数字鸿沟的唯一选择。这将大大推动各类健康网站的发展，现在已有为民众提供各类健康知识的分类信息网站，如 39 健康网；有为民众提供各类健康产品和服务在线预约订购的电子商务网站，如大健康超市网；为数更多的，则是各类健康机构和个人自己推销的网站。在大健康理念的带动下，这些网站必将得到整合。风头正健的“云计算”必将引领数字健康的未来，推动“天、地、人”的完美协同，终将构建出具有中国特色的全民健康保障体系和创新服务模式。

当前中国正蓄势发力第四次工业革命。第四次工业革命是在物联网、大数据、云计算以及人工智能、3D 打印、清洁能源、无人控制、量子信息等技术推动下开始的生产与服务智能化、生活信息化及智能化的全新革命。不断涌现的创新技术为大健康产业注入无限活力。大健康产业是传统的医药、医药服务与新一代信息技术、生物、能源等新技术融合的产业，其发展契合第四次工业革命信息化、数据化的特点，能够带来传统医疗健康市场的巨变，符合个性化消费需求，会改变以往医疗健康产业产品、服务千篇一律的局面，也预示着大健康产业将在中国的新工业革命浪潮中大有作为。

第一，大数据、互联网、云计算等新一代信息技术的不断突破和深化应用，为大健康产业快速发展提供了广阔的空间。在大数据与信息技术的支持下，健康及医疗行业可实现对现有资源的整合和应用，提高行业运行效率，挖掘产业巨大潜力。同时，以大数据分析为基础，以物联网服务运营平台为依托，实现个性化健康管理将成为未来健康产业的发展趋势和突破口。

第二，生物科技创新成果开拓了大健康产业的新领域。在生物科技创新的影响和推动下，生物药物产业规模迅速扩大，生物药物全球市场规模从1997年的975亿元增加到2015年的2.5万亿元，占整个医药市场的17%左右。中国生物药市场从2016年的25亿元人民币增长至2020年的91亿元人民币，2016~2020年的年复合增长率为38.3%。未来该市场将保持快速增长，预计到2025年将达到458亿元人民币。2020~2025年的年复合增长率约为38.1%。

第三，基础医疗研究与实践领域科技产出效率提升。“十二五”以来，中国在医疗卫生领域持续加大投入，组织实施了科技重大专项、国家自然科学基金、公益性行业科研专项等一批重点科技计划项目，国家财政投入总计近300亿元。2010~2014年，中国医学SCI期刊论文总量超过23万篇，居世界第2位；2011年以来，医药类专利申请量已位居世界第一；基因组学、干细胞、免疫学等基础研究领域已达国际先进水平，为疾病防治技术与产品开发奠定了坚实基础。

自2014年起，中国经济逐步进入从高速增长转向中高速增长的过渡阶段，在未来较长一段时间内，以经济结构不断优化、由要素和投资驱动转向创新驱动为主要特征的新常态，还将与主要依赖信贷和制造业拉动，而服务业相对滞后的增长模式并存。但从消费需求、投资需求、出口和国际收支、生产能力和产业组织方式等方面判断，我国经济将不断迈向形态更高级、分工更复杂、结构更合理的新常态。先进制造业和新兴服务业是实体经济发展的关键。新常态是中国经济向更高发展水平跃升的必经阶段，这一判断是中国认识当下、规划未来、制定政策、推动发展的理论依据。在当前中国经济进入新常态，实体经济优先发展的关键在于促进制造业发展，以及先进制造业和新兴服务业融合发展。我国制造业和新兴服务业不仅面临全球节能减排和世界经济格局调整的重大外部挑战，还要加快转型升级的步伐，适应我国转变经济发展方式和调整经济结构的战略需求，成为新常态下打造中国经济升级版的重要引擎。2015年底，中央经济工作会议明确了“认识新常态、适应新常态、引领新常态”这一经济发展的逻辑主线，并将“供给侧结构性改革”作为新的突破口和经济政策的新着力点。解决了供给侧的问题，就能突破阻碍经济增长和社会发展的关口，为落实经济和社会发展战略赢得更广阔的空间，为今后应对外部变化赢得更大主动权。大健康产业是先进制造业和新兴服务业深度融合的新型产业，在国家全面推动供给侧结构性改革的大背景下，大健康产业作为有益于社会民生和人类福祉、有利于消费升级和经济提速的产业，能够成为供给侧结构性改革的重要着力点。因此，大健康产业无论在政策获得、资本倾向还是技术创新、人才集聚等方面都将斩获更多发展机遇。

二、工业与生态循环经济

生态工业简称ECO，是Ecological Industry的缩写，是依据生态经济学原理，以节约资源、清洁生产和废弃物多层次循环利用等为特征，以现代科学技术为依托，运用生态规律、经济规律和系统工程的方法经营和管理的一种综合工业发展模式。工业结构生态化，就是通过法律、行政、经济等手段，把工业系统的结构规划成由“资源生产”“加工生产”“还原生产”三大工业部分构成的工业生态链。其中，资源生产部门相当于生态系统的初级生产者，主要承担不可更新资源、可更新资源的生产和永续资源的开发利用，并以可更新的永续资源逐渐取代不可更新资源为目标，为工业生产提供初级原料和能源；加工生产部门相当于生态系统的消费者，以生产过程无浪费、无污染为目标，将资源生产部门提供的初级资源加工转换成满足人类生产生活需要的工业品；还原生产部门将各副产品再资源化，或无害化处理，或转化为新的工业品。

我们倡导发展以工业为主导的生态特色经济，就是要坚持两手抓，一手抓传统工业的提升，一手抓生态工业的发展。所谓提升传统工业，就是要推行体制创新和科技创新，运用先进的科学技术对旧的工艺和设备彻底进行改造，使之尽快地成为新的工业生态系统的组成部分。只有以经过彻底改造过的传统工业和全新的生态工业为主导，才能把生态特色经济发展起来。对发展生态特色经济提出的构想主要是：大力发展生态农业、生态工业、生态旅游业，农业走无公害有机化之路，工业走无污染清洁化之路，旅游业走回归式园林化之路。保护、开发和利用文化生态资源，建设民族文化产业，对于发展以工业为主导的生态特色经济具有极为重要的意义。

生态工业通过模拟自然系统建立工业系统中的“生产者—消费者—分解者”的循环途径，建立互利共生的工业生态网，利用废物交换、循环利用和清洁生产等手段，实现物质闭路循环和能量多级利用，达到物质和能量的最大化利用以及对外废物的零排放。它要求综合运用生态规律、经济规律和一切有利于工业生态经济协调发展的现代科学技术。

（1）从宏观上使工业经济系统和生态系统耦合，协调工业的生态、经济和技术关系，促进工业生态经济系统的人流、物质流、能量流、信息流和价值流的合理运转和系统的稳定、有序、协调发展，建立宏观的工业生态系统的动态平衡。

（2）在微观上做到工业生态资源的多层次物质循环和综合利用，提高工业生态经济子系统的能量转换和物质循环效率，建立微观的工业生态经济平衡，从而实现工业的经济效益、社会效益和生态效益的同步提高，走可持续发展的工业发展道路。

生态工业园是继经济技术开发区、高新技术开发区之后我国的第三代产业园区。它与前两代产业园区的最大区别是：以生态工业理论为指导，着力于园区内生态链和生态网的建设，最大限度地提高资源利用率，从工业源头上将污染物排放量减至最低，实现区域清洁生产。与传统的“设计—生产—使用—废弃”生产方式不同，生态工业园区遵循的是“回收—再利用—设计—生产”的循环经济模式。它仿照自然生态系统物质循环方式，使不同企业之间形成共享资源和互换副产品的产业共生组合，使上游生产过程中产生的废物成为下游生产的原料，达到相互间资源的最优化配置。

环境问题是由于发展不当而造成的，必须且只能在发展中加以解决。我们所说的发展，是可持续发展，绝不是高投入、高消耗、高污染的粗放型发展。我们面临着既要发展经济，又要保护环境的双重挑战。实现环境与经济“双赢”是正确处理经济发展和环境保护关系的重要方针，也是实现可持续发展的基本要求。目前，在理论和实践上都已初步探索出避免“先污染，后治理”、实现可持续发展的政策措施。工业生产中要实行清洁生产，建立生态工业园区；农业生产中要发展有机农业、生态农业；企业要实行ISO14000管理，推出环境标志产品和有机食品、绿色食品；区域要建设生态县市和生态乡村；城市和城镇要创建生态城市，从而在环境保护与经济建设之间找到“最佳”结合点。在此基础上大力实施循环经济发展战略，在生产和消费的过程中，建立生态链，把上游产业产生的废物作为下游产品的原料，充分利用资源和能源，最大限度地减少污染排放量，促进环境与经济之间达到相互协调的最高境界。只有实现了这样的目标和要求，我们才能说建立了以工业为主导的生态特色经济模式。

传统工业与生态工业的不同之处体现在以下六个方面：①追求的目标不同：传统工业发展模式是以片面追求经济效益目标为己任，忽略了对生态效益的重视，导致“高投入、高消耗、高污染”的局面发生；而生态工业将工业的经济效益和生态效益并重，从战略上重视环境保护和资源的集约、循环利用，有助于工业的可持续发展。②自然资源的开发利用方式不同：传统工业由于片面追求经济效益目标，只要有利于在较短时期内提高产量、增加收入的方式都可采用。因此，工矿企业林立，资源的过度开采、单一利用等状况比比皆是，引发资源短缺、能源危机、环境污染等一系列问题。生态工业从经济效益和生态效益兼顾的目标出发，在生态经济系统的共生原理、长链利用原理、价值增值原理和生态经济系统的耐受性原理指导下，对资源进行合理开采，使各种工矿企业相互依存，形成共生的网状生态工业链，达到资源的集约利用和循环使用。③产业结构和产业布局的要求不同：传统工业由于只注重工业生产的经济效益，而且是区际封闭式发展，导致各地产业结构趋同、产业布局集中，与当地的生态系统和自然结构不相适应。生态工业系统是一个开放性的系统，其中的人流、物流、价值流、信息流和能量流在整个工业生态经济系统中合理流动和转换增值，这要求合理的产业结构和产业布局，以与其所处的生态系统和自然结构相适应，以符合生态经济系统的耐受性原理。④废弃物的处理方式不同：传统工业实行单一产品的生产加工模式，对废弃物一弃了之。因为这样有利于缩短生产周期，提高产出率，从而提高其经济效益。而生态工业不仅从环保的角度尽量减少废弃物的排放，而且还充分利用共生原理和长链利用原理，改过去的“原料—产品—废料”的生产模式为“原料—产品—废料—原料”的模式，通过生态工艺，尽量延伸资源的加工链，最大限度地开发和利用资源，既获得了价值增值，又保护了环境，实现了工业产品的“从摇篮到坟墓”的全过程控制和利用。⑤工业成果在技术经济上的要求不同：各种生态产品，无论作为生产资料，或作为消费资料，都强调其技术经济指标有利于经济的协调，有利于资源、能源的节约和环境保护，而传统的工业产品对此没有要求。⑥工业产品的流通控制不同：只要是市场所需的工业产品，传统工业一律放行，而生态工业却加入了环保限制。只有那些对生态环境不具有较大危害性，而且符合市场原则的工业产品才能流通。这无疑更有利于生态环境保护，从而促进人口、经济、环境和生态的协调发展。

目前世界上已经有几十个工业生态园在规划和建设之中，其中美国居多。在欧洲的奥地利、瑞典、荷兰、法国、英国和丹麦以及亚洲的日本等国，都有一定数量的工业生态园，如世界著名的丹麦卡伦堡镇（Kalundborg）的一家工业生态园。工业生态园需要考察的指标有以下四个：

（1）经济指标。经济指标既要反映当前经济发展水平，又要反映经济发展潜力。经济发展水平可用 GDP 年平均增长率、人均 GDP、经济产投比、万元 GDP 综合能耗、万元 GDP 水耗，万元工业产值废水、废气、固体废弃物排放量等指标表示。经济发展潜力可用高新技术产业在第二产业中所占比重、科技投入占 GDP 的比例和科技进步对 GDP 的贡献率等指标来描述。

（2）生态环境指标。生态环境指标包括环境保护、生态建设和生态环境改善潜力等方面。环境保护方面包括大气、水、噪声环境质量，工业废水、废气、固体废弃物排放达标率，废水、废气、固体废弃物处理率，废水、废气、固体废弃物减排率，工业废物综合利用率和危险废物安全处置率等指标。生态建设方面包括清洁能源所占比例、人均公共绿地面积、园区绿地覆盖率和地下水超采率等指标。生态环境改善潜力用环保投资占 GDP 的比重来表示。

（3）生态网络指标。生态网络指标是生态工业园区的特征指标，反映物质集成、能量集成、水资源集成、信息共享和基础设施共享的效果。它包括重复利用、柔性特征和基础设施建设等方面。重复利用方面包括水资源、原材料、能源的重复利用。重复利用率越高，说明园区功能发育得越完善。柔性结构体现园区的抗风险能力，包括产品种类、原材料的可替代性等。产品种类越多，原材料来源越广泛，园区抗击市场风险的能力越强。基础设施建设以人均道路面积来衡量。

（4）管理指标。管理指标包括政策法规制度、管理意识等。政策法规制度包括促进园区建设的地方政策法规的制定与实施，园区内部管理制度的制定与实施，企业管理制度的制定与实施。管理意识包括开展清洁生产的企业所占比例、规模以上企业 ISO14001 认证率、生态工业培训和信息系统建设等。

三、工业文化与可持续化

进入 21 世纪以来，片面追求高速经济发展带来的环境和社会等一系列问题日益突出和严重，资源、生态环境与人类发展需求的矛盾愈加尖锐。无论是发达国家还是发展中国家，都已经认识到社会、经济、环境协调发展的重要性，可持续发展的思想被广泛接受并成为共识。作为将现代科学技术转化为现实生产力的学科之一，现代工业工程（Industrial Engineering，IE）以系统优化为手段，以特定经济效益为目的，成为实现可持续发展的重要途径之一，发挥着越来越突出的作用。

传统的工业工程研究主要集中在如何实现企业内部的生产系统整体优化与协调，最大限度地开发生产系统的潜在性能，却忽视了科学技术在转为生产力的过程中给社会和自然环境带来的负面影响。现代工业工程更加重视社会和环境因素，并将研究范围从企业内部扩大到面向企业内外部资源及其环境，注重实现企业经济效益与环境保护、资源利用和生态平衡有机的统一。随着可持续理论的发展和被广泛接受，可持续思想融合到工业工程的理论和实践中，工业工程开始研究生产和环境、人之间的关系。如何协调自然环境、社会与生产系统的关系，实现企业的可持续发展已经成为目前工业工程理论的重要内容之一。

（一）现代工业工程推进环境可持续发展

工业工程面向企业经营管理的全过程，以规模化工业生产及工业经济系统为研究对象，以运筹学和系统工程为理论基础，以计算机为手段，是一门系统优化技术学科。工业工程强调的是系统整体的优化，最终追求的是系统整体效益最佳。工业工程的任务和目标是研究如何将人员、物料、设备、能源、信息等要素进行合理的组合和配置，组成一个综合、有效的系统，以达到系统效益的提高。系统效益的提高包括降低成本和提高效率两个方面，其结果都是减少各种资源的消耗，由于资源的消耗总是或多或少地带来环境影响，减少资源消耗就是减少环境影响。因此，提高系统效益是实现环境可持续发展的重要途径之一。由此可见，工业工程研究的目的与环境可持续发展的本质是一致的。

传统工业工程虽然降低了单位产品资源消耗，但其结果并不是自然资源消耗的减少，因为这种资源节约主要是指单个产品的资源消耗，效率的提高往往带来产量的急剧扩大，导致总的自然资源消耗增加。造成这种结果的根据在于把制造模式看作一个开环系统，即原料—工业生产—产品使用—报废—弃入环境，是以大量的资源消耗和环境破坏为代价的发展模式，很少系统考虑产品及过程的环境属性。因此，解决环境问题的根本方法是减少产品及过程的不可再生资源的消耗，着眼于产品的生命周期全过程，以小于或等于再生资源的再生速度利用再生资源，优化其利用效率和对非再生资源的替代能力，实现环境可持续化发展的目标。这正是目前工业工程的重要研究领域，如绿色制造、绿色供应链等，其核心是产品和过程的绿色化。“绿色化”的根本目的是把工业生产和环境保护综合考虑，改变原来末端治理的环境保护办法，将环境保护的思想贯穿于厂址选择、产品设计、产品生产、产品使用、产品服务、产品报废回收等全过程，通过绿色技术，进行系统化的控制，优化产品对自然资源的消耗和在生存期内对环境的影响。

（二）现代工业工程推进社会可持续发展

现代工业工程不仅是一种工程技术，而且还是一种哲理，特别强调发挥系统中人的作用。这也是以研究生产经营及管理系统的设计、改善和实施为核心任务的现代 IE 工程技术发展到今天的一个非常突出的特征。现代 IE 对生产要素优化组合新规律的探索不断深入，其中心问题就是对人和其他生产要素之间关系的研究。人、机器和设施的最佳组合，人在变速、高速系统中的适应性，环境对人的影响等都是现代工业工程的重要研究领域。工业工程对人的研究主要集中在人机工程和人机一体化系统。人机工程或人因工程，又称工效学，应用心理学、行为科学、工程技术的方法研究人与机器、环境的关系，研究劳动强度与人体疲劳强度，设计出最佳的人、机、环境系统，使生产效率得到提高与改善。人机一体化系统从更深的层次研究人的作用，采取以人为主，人—机械一体化的技术路线，建立一种新型的人与机器的协作关系，各自执行擅长的工作，成为高效高性能的新一代工作系统。人机一体化系统强调人的安全性、友好性和创新性，资源的再生性及社会性。工业工程对生产系统与人的研究，协调了人与机器的关系，使人从机器的奴隶的被动地位变为机器的主人的主动地位，极大地改善了人的工作环境和生存状态，促进了人与社会经济发展的和谐，从而推动社会的可持续发展。

现代工业工程的另一个突出特点是，它已经完全产业化，不仅在制造业广泛应用，而且更重要的是在建筑工程业、服务业、医疗卫生、体育、教育等领域广泛应用。我国就有将工业工程应用到医院的成功案例。现代 IE 在非制造业的广泛应用，不仅丰富了工业工程的学科研究对象和研究内容，而且为发展第三产业提供了有力的工具和科学基础，提高了第三产业的供给能力和质量，有利于产业结构调整，推进社会的全面发展。随着现代工业工程在非制造业更深层次的应用，必将进一步推动社会的可持续发展。

可持续发展的概念，最先是在 1972 年在斯德哥尔摩举行的联合国人类环境研讨会上被正式讨论。它是人类对工业文明进程进行反思的结果，是人类为了克服一系列环境、经济和社会问题，特别是全球性的环境污染和广泛的生态破坏，以及它们之间关系失衡所做出的理性选择，“经济发展、社会发展和环境保护是可持续发展的相互依赖、互为加强的组成部分”。因此学习贯彻可持续发展理念，对促进我国经济转型有着重要作用。

可持续发展观认为发展与环境保护相互联系，构成一个有机整体。《里约宣言》指出“为了可持续发展，环境保护应是发展进程的一个组成部分，不能脱离这一进程来考虑”。可持续发展非常重视环境保护，把环境保护作为它要实现的最基本目标之一，环境保护是区分可持续发展与传统发展的分水岭和试金石。

但可持续发展突出强调的是发展，发展是人类共同的和普遍的权利。发达国家也好，发展中国家也好，都应享有平等的、不容剥夺的发展权。对于发展中国家，发展更为重要。事实说明，发展中国家正经受来自贫穷和生态恶化的双重压力，贫穷导致生态恶化，生态恶化又加剧了贫穷。因此，对于发展中国家来说，发展是第一位的，只有发展才能为解决贫富悬殊、人口猛增和生态危机问题提供必要的技术和资金，最终走向现代化和文明。

同时，环境保护与可持续发展紧密相连。可持续发展把环境建设作为实现发展的重要内容，因为环境建设不仅可以为发展创造出许多直接或间接的经济效益，而且可为发展保驾护航，为发展提供适宜的环境与资源；可持续发展把环境保护作为衡量发展质量、发展水平和发展程度的客观标准之一，因为现代的发展越来越依靠环境与资源的支撑，人们在没有充分认识可持续发展之前，以传统发展方式，环境与资源正在急剧衰退，能为发展提供的支撑越来越有限，越是高速发展，环境与资源越显得重要；环境保护可以保证可持续发展最终目标的实现，因为现代的发展早已不仅满足于物质和精神消费，而且把为建设舒适、安全、清洁、优美的环境作为重要目标进行不懈努力。

可持续发展观认为，在环境保护方面，每个人都享有正当的环境权利。环境权利和义务是相对的，对别人是一种权利，对自己则是一种义务，人们的环境权利和环境义务是平等的和统一的。这种权利应当得到他人的尊重和维护。可持续发展要求人们放弃传统的生产方式和消费方式，就是要及时坚决地改变传统发展的模式，即首先减少进而消除不能使发展持续的生产方式和消费方式。它一方面要求人们在生产时要尽可能地少投入、多产出；另一方面又要求人们在消费时尽可能地多利用、少排放。因此，我们必须纠正过去那种单纯靠增强投入、加大消耗实现发展和以牺牲环境来增加产出的错误做法，从而使发展更少地依赖有限的资源，更多地与环境容量有机协调。可持续发展要求加快环境保护新技术的研制和普及解决环境危机、改变传统的生产方式以及消费方式，根本出路在发展科学技术。只有大量地使用先进科技才能使单位生产量的能耗、物耗大幅度下降，才能实现少投入、多产出的发展模式，减少对资源、能源的依赖，减轻环境的污染负荷。可持续发展还要求普遍增强人们的环境意识。实施可持续发展的前提，是人们必须改变对自然的传统态度，即从功利主义观点出发，为我所用，只要是人类需要的，就可以随意开发使用，而应树立起一种全新的现代文明观念，即用生态的观点重新调整人与自然的关系，把人类仅仅当作自然界大家庭中一个普通的成员，从而真正建立起人与自然和谐相处的崭新观念，这仅依靠个别人、少数人不行，要成为公众的自觉行为，因此，要使环境教育适合可持续发展。

可持续发展是以保护自然资源环境为基础，以激励经济发展为条件，以改善和提高人类生活质量为目标的发展理论和战略。它是一种新的发展观、道德观和文明观。

突出发展的主题，发展与经济增长有根本区别。发展是集社会、科技、文化、环境等多项因素于一体的完整现象；发展具有可持续性，人类的经济和社会的发展不能超越资源和环境的承载能力；当代人在发展与消费时应努力做到使后代人有同样的发展机会，同一代人中一部分人的发展不应当损害另一部分人的利益；强调人与自然的协调共生，人类必须建立新的道德观念和价值标准，学会尊重自然、师法自然、保护自然，与之和谐相处。我国提出的科学发展观把社会的全面协调发展和可持续发展结合起来，以经济社会全面协调可持续发展为基本要求，指出要促进人与自然的和谐，实现经济发展和人口、资源、环境相协调，坚持走生产发展、生活富裕、生态良好的文明发展道路，保证一代接一代地永续发展。从忽略环境保护受到自然界惩罚，到最终选择可持续发展，是人类文明进化的一次历史性重大转折。

第七章　工业美学与工业文化创新

第一节　工业美学

一、美学原则

工业设计在高新技术产业发展中的作用日益凸显。在高新技术产业发展中，科技被视作是第一次竞争，产品的工业设计是第二次竞争。所谓的艺术设计，可以从内涵和外延两个方面加以认识。其内涵就是从技术的、经济的、社会的、历史的、文化的角度出发，以实用功效与人的需要为目的，利用一定的物质手段、材料，遵循客观的规律，按照美的理想和意识进行规划，使其转化为具有特定使用功能、外在形态、人机关系以及文化意味的实用品的创造性活动。艺术设计的外延较为广泛，涉及衣食住行等人类生活的各个领域和各个层面。从其功能与审美并重的根本属性看，它既包含功能性较为突出的实用产品的设计，也包括审美性质较为突出的观赏品的设计。人在设计审美中的突出作用，主要体现在审美设计中必须充分考虑人的要求和人在设计中的主导作用。为了使设计产品更符合人的需要，人体工学应运而生。设计美学的核心问题是人与器物的和谐问题，人类的一切行为只有符合了善的要求，才可谓“美”。

刘小岑，河北省玉田县人。1925 年生，擅雕塑。1950 年毕业于中央美术学院，之后继续攻读研究生，后留校任教，现为中央美术学院教授。他以哲人眼光去看待社会与生活，以深厚的情感去追求永恒的艺术。他的画气势宏大，寓意深刻，构图奇特；他以体、块等原璞的自然形态入画，将雕塑的特点溶于笔端。他在作品中力求内容的高度集中，表现手法去繁求简，注重整体效果。他既吸收了中国汉代艺术、远古崖画、民间美术及儿童画的天真稚朴的精华，又吸收了西方现代艺术的色彩与笔法技巧，从而形成了现实性与超前意识相结合、古朴稚拙与超现实相融汇，中西合璧、亦真亦幻的独特艺术风格。其作品在中国大写意画中独树一帜，还被美国传记学院评为世界当代艺术杰出代表。刘小岑珍贵的《高山严子》画卷（见图7-1）于2023年8月在日本、韩国等九城市展出。

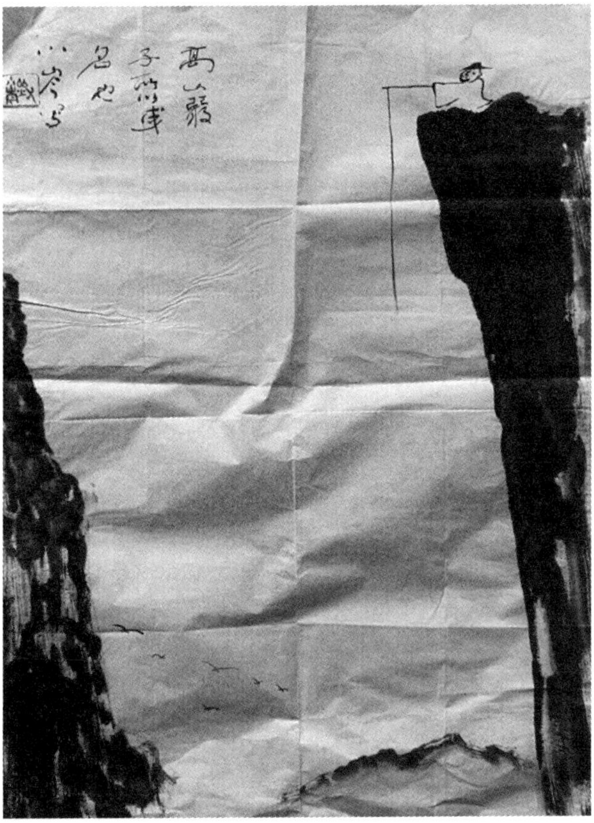

图7-1　刘小岑《高山严子》画

伴随现代工业和商品经济的发展，人们对于产品的功能追求及造型追求呈现出多样化、艺术化的趋势，产品的更新换代也逐渐加快，所谓“日新月异”也是对大众审美情趣不断变换更替的一种节奏式的形容。企业的营销、产品设计（包括服务产品的设计）也必须尊重工业美学的规律。工业美学观念已经在中国企业经营中被广泛应用，从产品的构思、设计（功能、外观及传达等）到营销、服务，渗透到了每个环节。工业美学理念主要突出体现在以下四个方面：功能美、技术美、材料美、形式美。任何一件技术产品，其存在的唯一根据就是具备实用性和审美性的统一。作为工业器物生产基础上产生的工业文化，它的发展脉络、规律和法则总是先追求实用性、可用性，再要求品质好，然后追求审美价值，遵循美学设计原则。

工业设计是一门覆盖领域很宽的交叉学科，是工程技术、人类学、市场学、人文艺术等有机结合的一门边缘学科。工业设计不是纯粹的艺术设计，也不等同于工程技术设计，而是工业化过程中，工业产品的工程技术与艺术相结合的创新设计。工业设计的本质特点决定了工业设计是工程技术和艺术设计有机结合的完整统一体。工程技术和艺术设计是同一天平上的两个砝码，只有相辅相成才能保证平衡。

产品设计是工业设计的核心，它实现了将原料的形态改变为更有价值的形态。工业设计师通过对人的自然属性和社会属性（如人的生理、心理、生活习惯等）的认知，进行产品的功能、性能、形式、价格、使用环境的定位，结合材料、技术、结构、工艺、形态、色彩、表面处理、装饰、成本等因素，从社会的、经济的、技术的角度进行创意设计，保证设计质量的前提下，使产品既是企业的产品、市场中的商品，又是老百姓的用品，达到顾客需求和企业效益的完美统一。现代产品设计是以人为中心的，是为人服务的，因此在产品造型设计时，不能只停留在物理体积和外观形态的创造上，还应使产品具有美的艺术感染力，使人从中得到美的享受。美是具体的，美总是以千姿百态、形象迥异的具体形式表现出来，而被人们注意和喜爱的。

那么，作为影响美的价值的“形式要素”又是什么呢？探究美的形式是寻求美的现象和美的作品一般通用的原则。形式美首先见诸自然美，自然界中的植物、动物、天体等均有诸如秩序、比例、均衡、对称、节奏、韵律、连续、间隔、重叠、反复、疏密、粗细、交叉、一致、变化、和谐、生机、发展等形式特征，由此种种形式特征构成的美感，被康德称为“不以对象的概念为前提”，为自身而存在的自由美，被认为是一种最自由、最纯粹的美，而在种种形式特征中就包含了形式美的规律和法则，这些形式美的规律和法则对于现代产品造型设计具有直接的指导意义。

现代产品，从某种意义上说是科技和美学相结合的成果。任何一件技术产品，其存在的唯一根据就是具备实用性和审美性的统一。从这个意义上说，企业文化与美学，特别是技术审美是相互包容、相互渗透、相互融合的。产品的审美价值是由产品的内形式和外形式两部分构成的，其中外形式的审美价值具有特别重要的意义。审美功能要求产品的外形式在具备效用功能的同时，还需具备使人赏心悦目、精神舒畅的形式美。产品的形态是技术审美信息的载体，设计时必须充分考虑形态的生理效应、心理效应和审美效应，使之体现出技术产品的实用功能和审美功能的统一。

（一）实用性、可用性

实用性是可用性的技术基础，表征设计者能否实现产品设计目标，即在现有材料、工艺、设备、设计水平等条件下，将设计目标产品化，从而将产品规划所构想的价值、利益通过设计呈现出来，使所构造的技术人工物基本具备符合主体尤其是设计者意向的功能，它侧重客观层面。有用性是技术人工物设计目标之一，表征研发新产品的目的性，它偏向主体领域，有价值判断——如果技术产品具有“可用性”，则是有用的。

（二）好用性、善用性、品质好

人们创造了器物后，不仅满足于它的可用性、实用性，还要求好用、品质要好，器物生产的品质，反映了人的本质力量的对象化。好用性以实用性为基础，表征设计产品化后，使用者通过操作获取意向功能的难易程度，它涉及技术成熟程度、产品贴近市场需求程度，以及使用者对产品的满意程度，侧重技术人工物的功能在客观上能与主体尤其是使用者的意向相符合的层面。

（三）完美性、审美性

产品审美性不仅可以给别人以愉悦的享受，同时也能提高鉴赏者对产品设计的审美感受力、鉴赏力、创造力，使其养成健康高尚的审美情趣和审美品位。所谓的和谐化设计，就是指在设计方面要合理、合情、和谐，力求做到人与人、人与物、人与自然、人与所有生灵之间的和平共处、共生共存。随着综合国力的发展，人们的审美观已越来越高，这也就意味着我们对设计艺术的迫切需要，以及它的发展、消费者的审美教育也非常重要。

二、品质原则

质量是品牌的生命之根。品牌的质量不是来自权威部门评出来的“金牌”“银牌”，而是顾客用他们的“货币选票”和他们的信任塑造出来的。过硬的质量是品牌赢得顾客取之不尽的源泉。品牌质量包括品牌本身的质量和体现的质量，是二者的综合体现，品牌体现的质量是由顾客消费品牌产品所获得的感受或体验来表示。这两个方面是不可分割的，二者的有机结合直接决定了品牌质量的高低。提高品牌质量也就是把提高产品质量和提高顾客感知质量有机结合起来的过程。但必须指出的是，产品质量是建立品牌声誉、不断提高顾客感知质量的基础和前提，一旦产品质量出现问题，必将深刻影响到顾客感知质量。因此，企业必须首先保证产品质量，在这个前提下，才能不断提高品牌的顾客感知质量。

品牌质量是指使用该品牌的产品的质量，主要反映该品牌产品的耐久性、可靠性、精确度、易于操作和便于修理等有价值的属性。品牌质量应从顾客感受的角度来衡量。品牌的质量水平一般有四个层次，即低质量、一般质量、中上质量或高质量。优势的质量是品牌的生命，质量差的品牌必然走向衰败。一个品牌之所以成为名牌，是因为它是消费者心目中广为传播、备受赞誉、可信度高的品牌，是因为它有高质量的产品。名牌形成后，又对它赖以形成的优质产品具有独立性，它可以脱离具有使用价值的优质产品实体拥有自己的价值，使驰名品牌获得市场通行证。优质产品离不开广大消费者熟悉的名称，特别是离不开能充分体现产品形象、特征、满足消费者精神文化需求且富有市场生命力的有名的品牌。显然，现代名牌是优质产品与有名品牌的统一体。

在现代买方市场条件下，产品的市场份额是同类产品激烈竞争的结果，这种竞争的实质就是质量的竞争，产品质量差距扩大则是同类产品供过于求而优质产品供不应求的结果。名牌之所以畅销，其原因就在于它满足了买方市场对产品的质量需求，而质量需求的增长则是推动质量差价的根本原因。因此，质量需求便成为现代名牌的核心问题。只有深刻理解产品质量的含义，才能明确如何去创造真正满足消费者需求的名牌产品。

质量文化是指群体或民族在质量实践中所形成的技术知识、行为模式、制度与道德规范等因素及其总和。将质量文化界定为有某种特定含义的企业文化是一种基本的认识误区。当前有些学者所谓的"质量文化"或"品质文化"，可以理解为"企业质量文化"，它是从组织层面研究企业的质量实践活动的，既是企业文化的一个子范畴，也是质量文化的一个子范畴。

品质文化原则就是强调企业产品的质量。产品的竞争首先是质量的竞争，产品质量是企业的生命。特殊稳定的优质产品，是维系企业信誉和品牌的根本保证。因此，企业要遵循品质文化原则，营造靠质量取胜的文化氛围。品质文化首先要解决的就是产品的提供者要有作为消费者那样对产品质量高度重视的意识，把消费者的权益放在首位。每个企业领导者都有责任让员工明白，劣质产品不仅损害消费者的利益，归根结底还会危害企业的利益。

企业要树立"品质至上""质量是企业生命"的理念。市场经济条件下，企业间的竞争涉及方方面面的因素，但归根结底是企业信誉的竞争，而信誉来源于企业产品的质量。员工价值观念的培养，是企业文化建设的一项基础工作。企业组织中的每个成员都有自己的价值观念，但由于他们的资历不同、生活环境不一样、受教育的程度也不相同，使他们的价值观念千差万别。企业价值观念的培育是通过教育、倡导和模范人物的宣传感召等方式，使企业职工扬弃传统落后的价值观念，树立正确的、有利于企业生存发展的价值观念，并达成共识，成为全体职工思想和行为的准则。

工业企业价值观念的培育是一个由服从经过认同最后达到内化的过程。服从是在培育的初期，通过某种外部作用（如人生观教育）使企业中的成员被动地接受某种价值观念，并以此来约束自己的思想和行为；认同是企业成员受外界影响（如模范人物的感召）而自觉地接受某种价值观念，但对这一观念未能真正地理解和接受；内化不仅是自愿地接受某种价值观念，而且对它的正确性有真正的理解，并按照这一价值观念自觉地约束自己的思想和行为。

工业企业价值观念的培育是一个长期的过程。在这个过程中，企业组织中个体成员价值观念的转变还可能由于环境因素的影响而出现反复，这更增加了价值观念培育的复杂性。价值观念的培育，需要企业领导开展深入细致的思想工作，善于把高度抽象的思维逻辑转变成员工可以接受的基本观点。其中，思想政治工作十分重要，它能唤起职工对自己生活和工作意义的深思及对自己事业的信念和追求。由于企业价值观念是由多个要素构成的价值体系，因此在培育中要注意多元要素的组合，即既要考虑国家、企业价值目标的实现，又要照顾职工需求的满足，但首先考虑的还应是国家和民族的利益。

奔驰公司要求全体员工精工细作、一丝不苟，严把质量关。奔驰车座位的纺织面料所用的羊毛是从新西兰进口的，粗细在 23~25 微米，细的用于高档车，柔软舒适；粗的用于中低档车，结实耐用。纺织时还要加进一定比例的中国真丝和印度洋绒。皮面座位要选上好的公牛皮，从养牛开始就注意防止外伤和寄生虫。加工鞣制一张 6 平方米的牛皮，能用的不到一半，肚皮太薄、颈皮太皱、腿皮太窄的一律除掉，制作染色工艺十分细致，最后座椅制成后还要用红外线照射灯把皱纹熨平。奔驰公司有一个126亩的试车场，每年拿出100辆新车进行破坏性试验，以时速35英里的车速撞击坚固的混凝土厚墙，以检验前座的安全性。奔驰公司在全世界各大洲设有专门的质量检测中心，有大批质检人员和高性能的检测设备，每年抽查上万辆奔驰车。这些措施使奔驰名冠全球，使奔驰的“品质文化”深入人心。

作为企业经营管理方法论原则的企业经营哲学，是企业一切行为的逻辑起点。因此，确立正确的经营哲学，是企业文化建设的一项重要任务。

商品流通企业确立经营哲学，虽有某些共同的方法论要素，如“服务为本”“用户第一”等，但各企业由于人、财、物的状况不同、所处的环境不同，每个企业选择具有本企业特色的经营哲学是可能的。确立企业哲学，需要经营者对本企业的经营状况和特点进行全面的调查，运用某些哲学观念分析研究企业的发展目标和实现途径，在此基础上形成自己的经营理念，并将其渗透到员工的思想深处，变成员工处理问题的共同思维方式。企业经营哲学通常应在代表企业精神的文字中体现，这不仅有利于内部传播，也便于顾客识别。

经营哲学的确立，关键是要有创新意识，要创建有个异性的经营思想和方法。英国盈利能力最强的零售集团——马狮百货公司的经营哲学就是创立了“没有工厂的制造商”，按自己的要求让别人生产产品，并打上自己的“圣米高”牌商标，取得了成功。在企业文化建设中，应努力协调、大力促进其与企业目标达成一致：以企业的根本目标和宗旨统率企业文化建设，以企业文化建设保障企业目标和宗旨的实现。只有这样，企业文化建设才是方向明确、有动力的，不会陷入盲目境地；而企业生产经营则会在企业文化建设的推动下得到更好的发展。

三、满意原则

企业精神构塑是在企业领导者的倡导下，根据企业的特点、任务和发展走向，使建立在企业价值观念基础上的内在的信念和追求，通过企业群体行为和外部表象而外化，形成企业的精神状态。

企业精神与工业企业价值观是既有区别又密切相关的两个概念。价值观是企业精神的前提，企业精神是价值观的集中体现。价值观具有分散性和内隐性，如存在的价值、工作价值、质量价值等，它是人们的信念和追求；企业精神则不同，它比较外露，容易被人们所感觉。企业价值观和企业精神共同构成了企业文化的核心。

企业精神构塑，一是要根据行业特点，确定和强化企业的个性与经营优势，通过这种确定和强化唤起职工的认同感，增强职工奋发向上的信心和决心，形成企业的向心力、凝聚力和发展动力；二是以营销服务为中心，引导和培育企业职工创名牌、争一流、上水平的意识和顾客第一、服务至上的经营风尚，使企业在市场竞争中立于不败之地；三是大力提倡团结协作精神，使企业形成一个精诚合作的群体，建立和谐的人际关系；四是发扬民主，贯彻以人为本，营造尊重人、关心人、理解人的文化氛围，激励职工参与意识，使他们把自己与企业视为一体，积极为企业的兴旺发达献计献策；五是提炼升华，将企业精神归纳为简练明确、富有感召力的文字表达，便于职工理解和铭记在心，对外形成特色加强印象。

企业精神的形成具有人为性，这就需要企业的领导者根据企业的厂情、任务、发展走向有意识地倡导，亲手培育而成。在构塑企业精神的过程中，特别应将个别的、分散的好人好事从整体上进行概括、提炼、推广和培育，使之形成具有代表性的企业精神。北京王府井百货大楼的“一团火”精神就是以普通售货员张秉贵的事迹为代表概括提炼而成。

（一）企业决策满意

满意原则（Satisficing）是针对“最优化”原则提出来的，即最优是不存在的，存在的只有满意。“最优化”的理论假设把决策者作为完全理性的人，以“绝对的理性”为指导，按最优化准则行事。但是，处于复杂多变环境中的企业和决策者，要对未来做出“绝对理性”的判断是不可能的。西蒙（Simon）是诺贝尔奖金得主（1978），是美国管理学家、计算机科学和心理学家、经济学决策理论学派的主要代表人物。他认为，决策程序就是全部的管理过程。西蒙采用“令人满意的准则”代替传统决策理论的“最优化原则”。他认为，无论是从个人日常生活经验中，还是从各类组织进行决策的实践中，寻找可供选择的方案都是有条件的，不是无限制的。因此，决策者不可能做出“最优化”的决策，只能做到满意决策。

“最优化”的概念只是在数学和抽象的概念中存在，绝对的合理性需要在可能发生的所有备选方案中选择，但是没有人能够把所有的备选方案都找出来，这在现实的管理活动中也是不存在的，如果不顾条件地盲目追求最好，最后可能连好都找不到。因此，按照满意的标准进行决策显然要比按照最优化原则进行决策更为合理，因为它在满足要求的情况下，极大地减少了搜寻成本、计算成本，简化了决策的程序。因此，从某种意义上来说，一切的决策都是某种折中，最终的方案都不是尽善尽美的，只是在一定的条件下最好。同时，为了使决策准则在满意的基础上保证尽可能大的合理性，就要求我们广纳各方观点，尽量克服个人认知能力的局限性，并通过民主集中形成各方一致认同的、以大多数人的最低满意为标准的决策准则，而不是直接对备选方案进行民主投票，这一点尤为重要，这将决定了决策最终执行的效果。

（二）顾客满意

顾客满意是指顾客对其明示的、通常隐含的或必须履行的需求或期望已被满足的程度的感受。满意度是顾客满足情况的反馈，它是对产品或者服务性能以及产品或者服务本身的评价；它给出了（或者正在给出）一个与消费的满足感有关的评价水平，包括低于或者超过满足感的水平，是一种心理体验。顾客满意是经济发展的必然，是以人为本观念普及的必然结果，是企业永恒追求的目标。

顾客满意度是一个动态的目标，能够使一个顾客满意的东西，未必会使另外一个顾客满意；能使顾客在一种情况下满意的东西，在另一种情况下未必能使其满意。只有对不同顾客群体的满意度非常了解，才有可能实现100%的顾客满意。顾客满意度是对顾客满意程度的衡量指标，常常通过随机调查获取样本，以顾客对特定满意度指标的打分数据为基础，运用加权平均法得出相应的结果。顾客满意度管理是20世纪90年代兴起的营销管理战略，不仅要求了解外部顾客的满意度，而且要求了解内部顾客即员工的满意度状况，从而揭示企业在顾客价值创造和传递方面存在的问题，并以实现全面的顾客满意为目标，探究、分析和解决这些问题。

顾客满意度指顾客在消费相应的产品或服务之后所产生的满足状态等。顾客满意度是一种心理状态，是一种自我体验。对这种心理状态也要进行界定，否则就无法对顾客满意度进行评价。心理学家认为情感体验可以按梯级理论划分为若干层次，相应地可以把顾客满意程度分成七个级度或五个级度。七个级度为很不满意、不满意、不太满意、一般、较满意、满意和很满意，五个级度为很不满意、不满意、一般、满意和很满意。五个级度的参考指标类同顾客满意级度的界定是相对的，因为满意虽有层次之分，但毕竟界限模糊，从一个层次到另一个层次并没有明显的界限。之所以进行顾客满意级度的划分，目的是供企业进行顾客满意程度的评价之用。

工业企业的价值和目标是通过满足顾客的需求而得以实现的，因此顾客的需求决定了工业企业业务流程的内容，工业企业实现业务结果的工作方式决定了工业企业的基本业务流程。顾客的需求不同，工业企业所提供的产品或服务则不同，服务模式也不同。工业企业的产品或服务的不同以及服务模式的不同导致工业企业业务基本流程的不同。顾客满意度是流程质量的最终评价标准，基于顾客满意度的评价指标是流程质量的评估标准。工业企业依据顾客满意度指标制定组织的效率目标。顾客满意度指标影响组织投入资源的种类和数量，无疑也影响着流程设计。顾客满意度决定流程的能力和效率。顾客的要求是：在适当的时间、方便的地方，以低的价格获得高质量的产品和服务。因此可以归纳评价顾客满意度的四个指标为：产品质量Q、服务质量S（售前、售中、售后、客户关系管理）、产品价格C（管理费用、低成本优势）、响应时间T（新产品设计开发延滞时间、交货延滞时间）。顾客满意度的四个指标是企业业务流程质量的评估标准，对流程质量的要求是在保证产品质量和服务质量的前提下，降低流程成本，提高流程速度。

第二节　工业VI设计流程及识别系统

品牌宗旨是得到社会普遍认同的、体现企业自身个性特征的、为促使并保持企业正常运作以及长足发展而构建的反映整个企业明确经营意识的价值体系。工业企业的品牌理念既是工业企业的经营宗旨、经营方针和价值追求，也是每一位员工行为的最高目标和原则，主要包括工业企业的使命、经营思想和行为准则三个部分。确定和统一品牌宗旨，对于工业企业的整体运行和良性运转具有战略性导向功能与作用。工业企业的品牌理念是工业企业所倡导的价值目标和行为方式，一种强有力的品牌理念可以长期引导员工为之奋斗。工业企业的品牌理念与员工价值追求上的认同，构成员工心理上的极大满足和精神激励，具有物质激励无法真正达到的持久性和深刻性。工业企业的品牌理念的确定和员工的普遍认同，必然形成一股强有力的向心力和凝聚力，是一种黏合剂，能以导向的方式融合员工的目标、理念、信念、情操和作风，并激发员工的群体意识。强有力的品牌理念和精神可以保证工业企业绝不会因内外环境的某些变化而衰退，从而使工业企业具有持续而稳定的发展能力。

工业企业创建品牌是更好、更有效地满足消费者需要的必然要求。当今时代已进入品牌力时代，越来越多的消费者已开始深化品牌认识，并倾向于购买品牌产品，因为对消费者来说，品牌的益处很多。品牌能反映消费者的生活理念，在产品日益同质化的今天，品牌能节省消费者的购买心力，减少消费者选择商品时所需要的分析商品的时间和精力，选择知名的品牌无疑是一种省时、可靠而又不冒险的做法。由于各种各样的因素，商业界充斥着信任危机感，而此时，品牌会使人产生信任和安全感，使消费者购买商品的风险降到最低。

工业企业创造品牌是企业持续健康发展的需要。品牌是企业的无形资产，对企业的根本意义在于其代表着很高的经济效益和经济实力，是工业企业长远持续的产品高附加价值的来源。企业通过品牌可获得在市场中的占有权，并实现一定的市场占有率，将品牌延伸开发新产品，进入新市场，冲破各种壁垒，获得顾客忠诚，这也正是工业企业发展的战略目标。工业企业品牌的差别是竞争对手难以仿效的，是企业综合实力和素质的反映，强势品牌能够使工业企业长期保持市场竞争优势。面对不同的环境变化，在品牌资产强有力的支持下，品牌工业企业总是能轻易地获得物资渠道和充足时间进行战略调整。

一、品牌设计原则

（一）绿色化

品牌设计是体现工业企业价值的一种方式，同时也是工业企业生存的一种保证。在产品的价格、质量和功能都类似的情况下，品牌的设计就成为工业企业主导消费的一个重要因素。广义的品牌设计包括战略设计（如品牌理念、品牌核心价值、品牌个性）、形象设计、企业形象（CI）设计等；狭义的品牌设计则是品牌名称、标识、形象、包装等方面结合品牌的属性、利益、文化、表现进行的设计。

生态理念是人类文明发展理念、道路和模式的重大进步。生态理念的兴起涉及生产方式、生活方式和价值观念等多方面变革，是人类社会的全新选择。从广义角度来看，生态文明是人类社会继原始文明、农业文明、工业文明后的新型文明形态。它以人与自然协调发展为基本准则，建立新型的生态、技术、经济、社会、法制和文化制度机制，实现经济、社会、自然环境的可持续发展，强调从技术、经济、社会、法制和文化各个方面对传统工业文明和整个社会进行调整和变革。从狭义角度来看，生态文明是与物质文明和精神文明相并列的文明形式之一，着重强调人类在处理与自然关系时所要遵循的基本行为准则以及所达到的文明程度。无论从广义还是狭义角度看，生态文明都离不开人与自然的和谐共生。

生态理念的核心理念是“人与自然和谐共生”，它认为不仅人有价值，自然也有价值；不仅人依靠自然，所有生命都依靠自然。生态文明的核心理念基于一个科学常识之上，即人类生存于自然生态系统之内，人类社会经济系统是自然生态的子系统。生态系统的破坏将会导致人类的毁灭。因此，人类要尊重生命和自然界，同其他生命共享一个地球，在发展的过程中注重人性与生态性的全面统一。生态理念强调人与自然协调发展，强调以人为本和以生态为本的统一，强调“天人合一”，强调人类发展要服从生态规律，最终实现人与自然的和谐共生。在制度层面，生态理念充分考虑生态系统的要求，发展中始终贯彻“生态优先”的原则，通过完善制度和政策体系，规范人类的社会活动，实现传统市场体制和政府管理体制的转型，核心是通过强化生态文化教育制度、落实生态环境保护法治、建立生态经济激励制度等，为人与自然的和谐共生提供制度和政策保障。在物质层面，生态理念倡导有节制地积累物质财富，选择一种既满足人类自身需要又不损毁自然环境的健全发展，使经济保持可持续增长。在生产方式上，要转变传统工业化生产方式，提倡清洁生产；在生活方式上，倡导适度消费，追求基本生活需要的满足，崇尚精神和文化的享受。

（二）知名度

品牌的核心是文化，具体而言是其蕴含的深刻的价值内涵和情感内涵，也就是品牌所凝练的价值观念、生活态度、审美情趣、个性修养、时尚品位和情感诉求等精神象征。在消费者心目中，品牌除了代表其商品的质量、性能及独特的市场定位以外，更代表着企业自身的价值观、个性、品位、格调、生活方式和经营模式。品牌的塑造和宣传不能只是为了直接的产品利益，而应建立在企业深刻的文化内涵上，维系消费者与品牌长期联系的就是独特的品牌形象和情感因素。

品牌知名度是指潜在购买者认识到或记起某一品牌是某类产品的能力。它涉及产品类别与品牌的联系。品牌知名度的最低层次是品牌识别。这是根据调查提供的记忆测试确定的，如通过电话调查，给出特定产品种类的一系列品牌名称，要求被调查者说出他们以前听说过哪些品牌。虽然需要将品牌与产品种类相连，但其间的联系不必太密切。品牌识别是品牌知名度的最低水平，但在购买者选购品牌时却是至关重要的。一个企业的产品，仅有知名度和信誉度远远不够，还必须有美誉度，能随时满足用户的各种要求，使消费者有口皆碑。

企业往往还要通过广告宣传等途径来实现品牌的知名度，而美誉度反映的则是消费者在综合自己的使用经验和所接触到的多种品牌信息后对品牌价值认定的程度，它不能靠广告宣传来实现。美誉度往往是消费者的心理感受，是形成消费者忠诚度的重要因素。这关系到产品的硬文化，受到消费者喜欢是一方面，更多的还要让消费者感受到产品带来的长远效益，即所谓的产品价值。

（三）名誉度

工业企业的品牌知名度是指消费者认识到或记起某一品牌是关于某类产品的能力，它涉及产品类别与品牌的关系。工业企业品牌美誉度是市场中人们对某一品牌的好感和信任程度，也是工业企业形象塑造的重要组成部分。通过事件营销、软文化以及各种营销载体建立的工业企业及产品知名度，往往不是工业企业一厢情愿等同的品牌美誉度，工业企业在品牌知名度空前的同时，产品的销量波动很大，总是要靠权威的媒介广告和无休止的促销战才可以拉动销售。工业企业的品牌知名度分为三个明显不同的层次：最低层次是品牌识别；第二个层次是品牌回想；最高层次就是第一提及。品牌知名度只是品牌美誉度的一个组成部分，是美誉度的基础；而品牌美誉度才能真正反映品牌在消费者心目中的价值水平，两者都是衡量品牌价值外延度的重要指标。美誉度是工业企业品牌在消费者心中的良好形象，是以知名度为前提的，没有很好的知名度，就谈不上有良好的品牌形象。知名度可以通过宣传手段快速提升，但美誉度则需要较长时间的细心经营，十年如一日地保持良好的品牌形象，企业才能建立起来美誉度。

工业企业提升企业知名度需要准确的市场细分和特色鲜明的产品，通过细分市场，生产有鲜明特色的产品，树立不同于竞争对手的品牌形象，创造出有特色、有个性、受广大顾客青睐的产品，提高产品知名度，才能在激烈的市场竞争中立于不败之地。选择市场、选择目标市场、产品和品牌定位是工业企业营销战略的三部曲和制胜法宝。品牌定位就是锁定目标消费者，并在消费者心中确立一个与众不同的差异竞争优势和地位的过程。品牌定位要突出品牌的核心价值，品牌的核心价值是品牌的精神内涵，代表着品牌对消费者的意义和价值，是牵引着消费者选择该品牌的原动力和驱动力。

工业企业提升企业美誉度要用优质的产品和超值的服务取得成功，使产品品质和服务态度与消费期望保持一致，甚至高过或大大超出消费者的期望，给消费者一种意想不到的惊喜。同时，工业企业主动履行社会责任，可以为企业赢得良好的社会信誉，履行社会责任意味着健康和环保，通常是一个长期的过程。利用公益活动提升美誉度需要长期的坚持，要选择恰当的时机，持续投入才会产生持续的回报，才能使工业企业积累起深厚的品牌美誉度。顾客是产品与服务的最终评判者，要提升品牌的美誉度，工业企业必须通过与顾客建立紧密的联系来实现。

二、基本原则和要素

工业文化的内涵、外延比工业形象更加深远和广阔，但两者都是工业无形的“软战略”。工业形象是指人们通过工业的各种标志（如产品特点、行销策略、人员风格等）而建立起来的对工业的总体印象，是工业文化建设的核心。

工业形象是工业通过外部特征和经营实力表现出来的、被消费者和公众所认同的工业总体印象。由外部特征表现出来的工业形象被称为表层形象，如招牌、门面、徽标、广告、商标、服饰、营业环境等，这些都给人以直观的感受，容易形成印象；通过经营实力表现出来的形象被称为深层形象，它是工业内部要素的集中体现，如人员素质、生产经营能力、管理水平、资本实力、产品质量等。表层形象是以深层形象为基础，没有深层形象这个基础，表层形象就是虚假的，也不能长久地保持。流通工业由于主要是经营商品和提供服务，与顾客接触较多，所以表层形象显得格外重要，但这绝不是说深层形象可以放在次要的位置。工业形象还包括工业形象的视觉识别系统，如 VIS 系统（Visual Identity System），是工业对外宣传的视觉标识，是社会对这个工业的视觉认知的导入渠道之一，也是该工业是否进入现代化管理的标志。工业的精神风貌、气质，是工业文化的一种综合表现，它是构成工业形象的脊柱和骨架。它由以下三方面构成：开拓创新精神；积极的社会观和价值观；诚实、公正的态度。

当前企业越来越注重自己形象的打造，以利用其形象占有市场并主导消费。其中，作为第一感官冲击的形象，VI（Visual Identity）设计就成为企业形象识别系统的重中之重。而 VI 设计的核心便是企业或品牌的标志设计。VI 设计如同整个企业的市场形象，而标志则是决定整个形象气质与魅力的中心和灵魂。标志有代表企业、品牌、质量、信誉等的性质与机能，直接影响企业的市场形象。品牌标志是整合所有视觉要素的中心，是社会群众认同公司品牌的代表。此外，新企业和新产品越来越注重对标志的设计以及注册。一个好的标志不仅能够准确地体现品牌本身的含义，而且能够表达企业、产品与品牌的理念和精神，如奔驰公司的标志是三个充满力度和速度的箭头，表示奔驰公司和奔驰产品能够不断发展，快速向前。此标志既成为奔驰产品质量的保证，又是对公司理念和文化的宣传。同时，好的标志具有美的形象和恰到好处的视觉冲击，可以传达特定的含义和信息。其实，标志设计只是 VI 设计的一个开头，还有很多设计都包含在了 VI 设计内。标志设计代表了一个企业的发展理念，好的标志设计才能给大众一个好的形象。

VI 设计不是机械的符号操作，而是以 MI（Mind Zdentity，企业理念识别）为内涵的生动表述。所以，VI 设计应多角度、全方位地反映企业的经营理念。VI 设计不是设计人员的异想天开而是要求具有较强的可实施性。如果在实施上过于麻烦，或因成本昂贵而影响实施，再优秀的 VI 也会由于难以落实而成为空中楼阁、纸上谈兵。

VI 设计原则包括风格的统一性原则、强化视觉冲击的原则、人性化的原则、增强民族个性与尊重民族风俗的原则、可实施性原则、符合审美规律的原则、严格管理的原则。

VI 系统千头万绪，因此，在积年累月的实施过程中，要充分注意各实施部门或人员的随意性，严格按照 VI 手册的规定执行，保证不走样。

企业 VI 设计的基本要素系统严格规定了标志图形标识、中英文字体形、标准色彩、企业象征图案及其组合形式，从根本上规范了企业的视觉基本要素，基本要素系统是企业形象的核心部分。企业基本要素系统包括企业名称、企业标志、企业标准字、标准色彩、象征图案、组合应用和企业标语口号等。

（一）企业名称

企业名称与企业形象有着紧密的联系，是 CIS（Corporate Identity System，企业形象系统，简称 CIS 或 CI）设计的前提条件，是采用文字来表现识别要素。企业名称的确定，必须要反映出企业的经营思想，体现企业理念；要有独特性，发音响亮并易识易读，注意谐音的含义，以避免引起不佳的联想。

名称的文字要简洁明了，同时还要注意国际性，适应外国人的发音，以避免引起外语中的错误联想。在表现或暗示企业形象及商品的企业名称中，应与企业商标尤其是与其代表的品牌相一致，也可将在市场上较有知名度的商品作为企业名称。企业名称的确定不仅要考虑传统性，还要具有时代的特色。

（二）企业标志

企业标志是特定企业的象征与识别符号，是 CIS 设计系统的核心基础。企业标志是通过简练的造型、生动的形象来传达企业的理念，具有内容、产品特性等信息。标志的设计不仅要具有强烈的视觉冲击力，而且要表达出企业独特的个性和时代感，必须广泛地适应各种媒体、各种材料及各种用品的制作，其表现形式可分为：①图形表现（包括再现图形、象征图形、几何图形）；②文字表现（包括中外文字和阿拉伯数字的组合）；③综合表现（包括图形与文字的结合应用）三个方面。

企业标志要以固定不变的标准原型在 CI 设计形态中应用，设计时必须绘制出标准的比例图，并表达出标志的轮廓、线条、距离等精密的数值。其制图可采用方格标示法、比例标示法多圆弧角度标示，以便标志在放大或缩小时能精确地描绘和准确复制。

（三）标准字

企业的标准字体包括中文、英文或其他文字字体。标准字体是根据企业名称、企业品牌和企业地址等来进行设计的。标准字体的选用要有明确的说明性，直接传达企业、品牌的名称并强化企业形象和品牌诉求。可根据使用方面的不同，采用企业的全称或简称来确定，字体的设计，要求字形正确、富于美感并易于识读，在字体的线条粗细处理和笔画结构上要尽量清晰简化和富有装饰感。设计上要考虑字体与标志在组合时的协调统一性，对字距和造型要做周密的规划，注意字体的系统性和延展性，以适应于各种媒体和不同材料的制作，适应于各种产品大小尺寸的应用。企业标准字体的笔画、结构和字形的设计也可体现企业精神、经营理念和产品特性，其标准制图方法是将标准字配置于适宜的方格或斜格之中，并表明字体的高、宽尺寸和角度等位置关系。

（四）吉祥物

企业吉祥物是以可爱的人物或拟人化形象来唤起社会大众的注意和好感。

（五）标准色彩

企业的标准色彩是用来象征企业并应用在视觉识别设计中所有媒体上的指定色彩。通过色彩所具有的特性刺激人的心理反应，可表现出企业的经营理念及产品特质，体现出企业属性和情感，标准色在视觉识别符号中具有强烈的识别效应。企业标准色的确定要根据企业的行业属性，突出企业与同行的差别，并创造出与众不同的色彩效果。标准色的选用是以国际标准色为标准的，企业的标准色使用不宜过多，通常不超过三种颜色。

（六）象征图案

企业象征图案是为了配合基本要素在各种媒体上广泛应用而设计的，在内涵上要体现企业精神，起到衬托和强化企业形象的作用。通过象征图案的丰富造型，来补充标志符号建立的企业形象，使其意义更完整、更易识别、更具表现力。象征图案在表现形式上简单抽象并与标志图形既有对比又保持协调的关系，也可由标志或组成标志的造型内涵来进行设计。在与基本要素组合使用时，要有强弱变化的律动感和明确的主次关系，并根据不同媒体的需求做各种展开应用的规划组合设计，以保证企业识别的统一性和规范性，强化整个系统的视觉冲击力。

（七）标语口号

标语口号是企业理念的概括，是企业根据自身的营销活动或理念而研究出来的一种文字宣传标语。企业标语口号的确定要求文字简洁、朗朗上口。准确而响亮的企业标语口号对企业内部能激发职员为企业目标而努力，对外则能表达出企业发展的目标和方向，加深企业在公众心目中的印象，其主要作用是对企业形象和企业产品形象的补充，以达到使社会大众在瞬间的视听中了解企业思想，并留下对企业或产品难以忘却的印象。

三、工业 VI 设计流程及识别系统

工业 VI，通常译为视觉识别，是 CIS 系统中最具传播力和感染力的层面。人们所感知的外部信息，有 83%是通过视觉通道到达人们心智的。也就是说，视觉是人们接收外部信息的最重要和最主要的通道。企业形象的视觉识别，即是将 CI 的非可视内容转化为静态的视觉识别符号，以无比丰富的多样的应用形式，在最为广泛的层面上，进行最直接的传播。设计科学、实施有利的视觉识别，是传播企业经营理念、建立企业知名度、塑造企业形象的快速便捷之途。

随着现代化、工业化、自动化的发展，企业规模不断扩大，组织机构日趋繁杂，

产品快速更新，市场竞争也更加激烈。以企业标志、标准字体、标准色彩为核心展开的完整的视觉传达体系，是将企业理念、文化特质、服务内容、企业规范等抽象语意转换为具体符号塑造出独特的企业形象。视觉识别系统分为基本要素系统和应用要素系统两个方面。基本要素系统。应用系统主要包括办公事务用品、生产设备、建筑环境、产品包装、广告媒体、交通工具、衣着制服、旗帜、招牌、标识牌、橱窗、陈列展示等。

另外，各种媒体的急速膨胀，传播途径不一而足，受众面对大量繁杂的信息，变得无所适从。企业比以往任何时候都需要统一的、集中的 VI 设计传播，个性和身份的识别因此显得尤为重要。

世界上一些著名的跨国企业如美国通用、可口可乐、日本佳能、中国银行等，无一例外都建立了一整套完善的企业形象识别系统，他们能在竞争中立于不败之地，与科学有效的视觉传播不无关系。近 20 年来，国内一些企业也逐渐引进了形象识别系统，最早的太阳神、健力宝，到后来的康佳、创维、海尔，也都在实践中取得了成功。当前，企业要想长远发展，有效的形象识别系统必不可少，这也成为企业腾飞的助跑器。

视觉设计的好坏直接影响到整个企业品牌的形象。比如，COCA COLA 的玻璃瓶剪影、飘带，NIKE 的勾、APPLE 的缺口苹果，这些深入人心的标志、图形正是品牌形象的作用，让你认识了“它”、认知了“它”。

说到可口可乐，也许很多人不知道，大家熟知的穿红白衣服的圣诞老人是可口可乐为了宣传而创作出来的，在 20 世纪 30 年代和 40 年代，这一形象一直被用作该公司的广告活动中。久而久之，人们就以为圣诞老人是穿一身红白装的老人。在此之前，圣诞老人的打扮是五颜六色的。视觉识别的影响可见一斑。

在可口可乐导入 CI 之前，常受到百事可乐的威胁。当时的品牌图形有圆、有方；颜色有红也有黄，极容易导致形象混乱。于是，公司决定放弃用了 80 年的旧图标。在保留品牌字体的基础上，重新开发视觉系统，终于成功地统一了它的形象。它那套堪称经典的识别系统和每年对这套系统宣传的巨额花费，在人们的脑海里深深地刻下了对可口可乐的整体印象。目前几乎全球的消费者都是通过四个核心要素得到可口可乐的整体印象：①COCA-COLA 的斯宾塞体标准字形；②与白色字体形成强烈对比的红色标准色；③流动的水线；④独特的可乐瓶形。实际上可口可乐在全球几乎每过几年就会对商标及包装等一系列 VI 识别系统的内容进行修改和更新，以适应不断变化的市场口味，但它始终牢牢把握着一种格调与风格贯彻其中。这种变化保持着一种渐进的尺度，即革新的同时审慎地保留先前积累的品牌资产，使视觉识别系统的演变路径呈现出优美的过渡，没有断裂和跳跃。

在如今的商业环境中，“品牌”这个词大概是最被过度使用与误解的术语了。通常情况下，它被作为一个符号、一个比喻、一个标签或者一个对产品的描述。无论这个品牌所代表的是一个产品、一个演员还是一部电影，每个品牌的最终目标都是促使顾客对企业所宣传的产品产生兴趣，并最终愿意掏钱购买，即实现品牌对应的商品价值。不幸的是，许多企业主仅仅将品牌理解为一个 Logo，认为自己花了大价钱请了优秀的设计师做出了一个漂亮的 Logo 就建立了自己品牌的形象。如果这位负责人拥有正常的审美和基本的产品意识，他在很短一段时间之后会发现自己的品牌建设出了一些问题。简单地说，VI 手册是定义品牌识别并解释如何使用的说明书。它有助于明确产品与品牌之间的联系、建立各个产品与品牌之间统一的识别特征，将这些特征连贯地穿插在品牌的整个视觉系统中从而使受众感受到更强的秩序感、统一性与共鸣。品牌应用系统简而言之就是对所有宣传品视觉表达的统一与对基础系统所界定元素的实际应用。应用系统的设计确保对每个品牌的客户表达信息的一致性。将相同的视觉元素和情感上的共鸣传达给每一个与品牌接触的客户，小到一支钢笔、一片直尺，大到第五大道的广告或者 NBA 的赞助商标。但是请记住一个重点，无论基础系统还是应用系统的设计都并不是基于单纯的“美观”原则，而是评估一个公司的核心识别特性，并将这种特征最大限度地适应到所有不同传播介质上的设计。

VI 的设计程序可大致分为以下四个阶段：

（1）准备。准备工作包括成立 VI 设计小组；理解消化 MI，确定贯穿 VI 的基本形式；收集相关资讯，以利于比较。

VI 设计的准备工作要从成立专门的工作小组开始，这一小组由各具所长的人士组成。人数不在于多，在于精干，重实效。一般来说，应由企业的高层主要负责人担任。因为该人士比一般的管理人员和设计人员对企业自身情况的了解更为透彻，宏观把握能力更强。其他成员主要是各专门行业的人士，以美工人员为主体，以行销人员、市场调研人员为辅。如果条件许可，还可邀请美学、心理学等学科的专业人士参与部分设计工作。

（2）设计开发。设计开发包括基本要素设计、应用要素设计。VI 设计小组成立后，首先要充分地理解、消化企业的经营理念，把 MI 的精神吃透，并寻找与 VI 的结合点。这一工作有赖于 VI 设计人员与企业间的充分沟通。在各项准备工作就绪之后，VI 设计小组即可进入具体的设计阶段。

（3）反馈修正。这一阶段包括调研与修正反馈、修正并定型。在 VI 设计基本定型后，还要进行较大范围的调研，以便通过一定数量、不同层次的调研对象的信息反馈来检验 VI 设计的各细分领域。

（4）编制手册。编制 VI 手册是 VI 设计的最后阶段。

VI 设计是将企业标志的基本要素，以强力方针及管理系统有效地展开，形成企业固有的视觉形象，是通过视觉符号的设计统一化来传达企业精神与经营理念，有效地推广企业及其产品的知名度和形象。

因此，企业识别系统是以视觉识别系统为基础的，并将企业识别的基本精神充分地体现出来，使企业产品名牌化，同时对推进产品进入市场起着直接的作用。VI 设计从视觉上表现了企业的经营理念和精神文化，从而形成独特的企业形象，其本身又具有形象的价值。VI设计各视觉要素的组合系统因企业的规模、产品内容而有不同的组合形式，通常最基本的是将企业名称的标准字与标志等要素组成一组一组的单元，以配合各种不同的应用项目。各种视觉设计要素在各应用项目上的组合关系一经确定，就应严格地固定下来，以期达到通过统一性、系统化来加强视觉诉求力的作用。

附录1　工业心理学与华为的新质生产力和文化再造

第一节　前期准备、撰写调研提纲和收集材料

中国科学院心理所专家团队、中国社会科学院工业经济研究所专家团队从2023年开始，就把华为公司作为最重要的研究目标企业。华为创立于1987年，是全球领先的ICT（信息与通信）基础设施和智能终端提供商。华为有20.7万名员工，遍及170多个国家和地区，为全球30多亿人提供服务。华为致力于把数字世界带入每个人、每个家庭、每个组织，构建万物互联的智能世界。

本书研究团队最终要把调研成果总结出来，争取公开出版，把它作为国情调研《企业卷》的《柳工考察》一书的姊妹篇。

首先，专家组开展了进入华为公司的前期准备工作，撰写调研提纲：

（1）华为面对美国的制裁和打压，如何进行企业文化再造？

美国对华为的制裁始于2019年，当时美国与中国的贸易摩擦升级，美国商务部将华为列入了被制裁的“实体名单”，这意味着美国公司不能再与华为展开业务合作。华为崇尚“狼”文化，推崇“床垫文化”。任正非说，企业发展就是要发展一批狼。狼有三大特性：一是敏锐的嗅觉；二是不屈不挠、奋不顾身的进攻精神；三是群体奋斗的意识。

公司文化再造的新内容是什么？

（2）企业的工业文化与一把手直接相关，面对新的、全面的制裁，华为的新MI是什么？

（3）行军床、加班餐：疯狂的华为精神有什么新变化？

（4）向先进的企业、优秀的老师学习，有什么新动向？

（5）“以客户为中心”是华为企业文化的核心理念之一。

任正非特别强调基础理论的研究，那么，在工业心理学和工业管理方面，近年来，华为的文化再造有什么突破？

华为的企业文化、工业文化、管理心理学、工程心理学和劳动心理学及其在具体工作的重要作用、发展趋势、理论意义、研究潜力和应用前景如何？

（6）华为被国际上称为“不死鸟”，对企业发展战略和文化再造有什么新举措？

根据华为发布的 2023 年度报告，2023 年华为全球销售收入是 7042 亿元人民币，同比增长 9%，净利润 870 亿元。获利第一位的仍然是 ICT 基础设施业务，销售收入是 3620 亿元，同比增长 2.3%，以智慧手机为主的终端业务，销售收入 2515 亿元，同比增长 17.3%。在这样的背景下，华为文化再造是否已经提到新的议事日程？或在不久的将来实施文化再造工程？

华为坚持基础研究不动摇，坚持开放创新不动摇，根据客户的需求顺势而为，同时加强应用科学技术牵引客户需求，构建灵活的商业模式，赋能千行万业。华为相信科技让生活更美好。华为坚信开放、合作、共赢，华为关怀每位员工，关心所在的城市。

在华为的公司简介中，四个数字映入眼帘：

1. 11100 亿元

华为近十年累计投入的研发费用超过人民币 11100 亿元。

2. 23.4%

2023 年，华为的研发费用支出为 1647 亿元人民币，占全年收入的 23.4%。

3. 55%

截至 2023 年 12 月 31 日，华为的研发人员约 11.4 万名，占总员工数量的 55%。

4. 14 万件

截至 2023 年底，华为在全球共持有有效授权专利超过 14 万件。

开放、合作、共赢

华为将持续与政、产、学、研、用等各领域的产业组织和生态伙伴开放合作，持续向产业界贡献标准提案、产业理解、技术难题等，推动产业发展和技术进步。近年来，全球产业环境更加复杂，新机遇、新赛道不断涌现。

（1）通信领域：5G-A、新短距开启规模应用，下一代通信网络标准的愿景已逐步形成。

（2）计算领域：鲲鹏、昇腾的生态日臻完善，新型计算架构的研究持续深入。

（3）音视频领域：超高清音视频、3D 音频和图形引擎等，已展现出强大的生命力。

（4）智能终端领域：鸿蒙原生应用、智慧全场景、鸿蒙智联等，将广泛应用到人们的生产和生活中。

（5）安全领域：网络基础设施、数据基础设施的安全，各个区域和国家在积极探讨、相互借鉴，寻求技术层面可控可管的机制；各行各业的数字化转型演变为数字化和智能化并进、兼顾绿色化的融合型路线。

未来 10~20 年，华为将加速走向全链接的智能社会，通信和计算是未来世界的两个最重要的基石。华为将持续与政、产、学、研、用等各领域的产业组织和生态伙伴开放合作，持续向产业界贡献标准提案、产业理解、技术难题等，推动产业发展和技术进步；同时，运用系统工程的方法，“软硬芯网云边端”结合，立体创新，持续提升产品和解决方案的竞争力。华为将一如既往地与产业各界共同构建和谐有益的产业生态，共同营造开放合作共赢的产业环境。

（1）华为关键进展和产业贡献。华为与全球产业组织积极合作，在近 800 个学术、标准、联盟、开源等产业组织中担任超过 450 个关键职位，促进产业组织间深度协作、标准互认，切实解决产业难点、断点和堵点。

（2）标准化。坚决维护全球标准统一，积极促进 ITU、3GPP、GSMA 等联结产业的全球共识，协助伙伴实现 5G-A、F5G-A、Net5. 5G 代际有序演进。2023 年，向全球标准组织贡献近 12000 篇标准提案。

（3）产业发展。工业软件领域发布《工业数字化/智能化 2030 白皮书》；音视频领域发布双 Vivid 标准，应用于端芯车多个领域；响应中国人工智能发展战略五年行动方案等不同国家的产业政策问询；结合联合国绿色倡议，贡献绿色标准，持续提升自身 ICT 和数字能源产品的绿色竞争力，牵引创新融入行业绿色实践。

（4）生态发展。围绕鸿蒙、鲲鹏/昇腾、云计算等领域，明确华为生态发展的理念和方法、导向和流程，繁荣开发者与高校人才生态，增加开源土壤肥力，支撑核心开源项目成功，给世界提供第二标准。

图片来源于华为官方网站

图片来源于华为官方网站

自 2018 年起，华为联合全球领先的产业组织发起并持续召开全球产业组织圆桌会议（简称 GIO），共同探讨各行业数字化转型的参考架构、路线、节奏和实践等，促进产业组织间跨领域、跨技术和跨手段的信息共享和协作，加速全行业数字化转型。上图为在 2024 年世界移动大会期间举办的第十三次 GIO 圆桌会议，本次会议围绕数据要素，对数据要素价值释放的前景和路径、数据要素的价值场景（制造、健康、交通等）以及数据交换、数据定义、数字平台生态等展开了全面的讨论。

（1）学术组织。拥抱开放多元的学术文化，积极融入全球学术社区，共同定义和探索产业难题，培养科技人才，携手促进学术繁荣，构筑经济发展的原创动能。

（2）促进思想的交流和分享，推动产学研深度融合，探索科学的无尽前沿。积极在无线、光和基础软件领域的国际学术会议上分享对未来的思考，与全球学者共同描绘面向智能世界的科技蓝图；深化与中国计算机学会等组织的合作，开放 70 多个研究课题，促进计算机科学的发展；持续支持基于 MindSpore 的学术研究，支持学术界完成 900 多篇顶会论文的发表，促进人工智能技术的发展。

（3）积极在学术组织贡献华为的思想力量。在 ACM、IEEE 等高影响因子期刊，发表 1270 多篇论文，其中基于 3D 神经网络的全球中期天气预报 *Accurate medium-range global weather forecasting with 3D neural networks* 在 *Nature* 正刊发表，入选 *Science*2023 年度十大科学进展。

（4）参与顶级竞赛，共同培养科技人才。参与 ICPC、CVF、SID 等学术组织主办的多个竞赛，贡献从产业视角出发的赛题，激励青年学生和学者追求卓越。

（5）标准组织。在全球标准组织持续贡献，与客户及伙伴和衷共济，促成联结、媒体、终端、计算等产业技术升级，推动行业智能化、绿色化、数字化转型。

（6）坚持推动全球标准开放、共建、共享，谱就产业新愿景。

——在3GPP中，以创新价值场景引领产业前行，联合启动5G-A R19标准制定，共筑产业未来；

——在ETSI中，助力发布F5G Advanced代际标准，牵引固网产业从F5G迈向F5G-A，以实现10Gbps Everywhere，推动产业进步；

——在IEEE中，共同引领400G/800G、TSN等网络标准演进，适配运营商、企业、工业/电力/车载网络演进，赋能产业升级；

——在ITU中，探索IMT全球频谱高效利用，促进光产业标准升级；

——在ISO/IEC JTC1中，贡献AI图片编解码与多媒体可信溯源标准化，促进产业创新；

——在W3C中，推动发布MiniApp系列规范，面向开发者提升鸿蒙开发便利性；

——推动发布HDR&Audio Vivid等音视频标准，打造超高清产业新生态；

——共同促成计算性能基准进入大规模应用阶段，推动计算全栈生态建设；

——盘古大模型首获行业评测“卓越级”，贡献产业繁荣。

（7）凝筑国内外标准共识，绘成生态新格局。

——参与并贡献AI管理体系全球统一标准，共建AI统一接口和算力评测规范，支持AI全栈生态发展；

——共同制定新型电力、光储安全、交通电动化、绿色低碳等标准，支持极致安全的绿色电力惠及千行百业；

——推进5G、大数据、人工智能和大模型等形成行业标准，助力行业数字化转型。

（8）产业联盟。积极深化与国内外主流产业联盟合作，促进产业可持续发展，助力行业数字化转型。

（9）提升产业竞争力，促进产业可持续发展。积极与GCC、UWA、WAA、GIIC、星闪、WBBA等产业组织深入合作，协同产业链伙伴，共同推进产业共识、制定产业标准、开展测试认证、培养专业人才，促进多样性计算、音视频、WLAN、物联网、短距通信、固定网络等产业链健康可持续发展。

（10）深化产业国际合作，助力行业数字化转型。深化与GSMA、CSIA、CCIA、CESA、GSA、AII、5GAIA、5GDNA、5GAA等国际组织合作，积极贡献行业白皮书、测试床、标准等，推动通信、电子、制造、电力、钢铁、煤炭、油气、港口等行业数字化创新与应用，助力行业数字化转型。

（11）华为的开源社区。作为开源的坚定支持者和重要贡献者，华为提倡包容、公平、开放、团结和可持续的理念，通过持续贡献，携手伙伴，共建世界级开源社区，加速软件创新和共享生态繁荣。

积极参与主流开源产业组织和项目。华为积极拥抱开源软件开发，目前是Apache基金会、Linux基金会、Eclipse基金会、开放原子开源基金会、OIF基金会、CNCF基金会、PyTorch 基金会等 20 多个国际开源基金会的顶级成员或创始成员，并担任数十个董事席位以及数百个 TSC、PMC、PTL、Maintainer、Core Committer 等核心席位，在全球 200 多个开源社区中积极贡献力量。

聚焦基础软件领域，发起十多个重量级开源项目，夯实数字基础设施生态底座。华为先后开源了 KubeEdge、MindSpore、Volcano、openEuler、openGauss、OpenHarmony、Karmada、openGemini、Kuasar 等多个平台级基础软件开源项目，获得众多厂商、开发者、研究机构和高校投入，被全球开发者广泛接受。其中 openEuler、OpenHarmony 开源项目已贡献给开放原子开源基金会，KubeEdge、Volcano、Karmada、Kuasar 开源项目已贡献给 CNCF 基金会，以更加开放的模式汇聚全球参与者的贡献，进一步推动行业数字化发展。

携手产业伙伴共同构建基础软件生态。在开放原子开源基金会的组织指导下，OpenHarmony 社区已有 6700 多位共建者，70 多家共建单位，累计贡献 1 亿多行代码。openEuler 社区已吸引 1300 多家头部企业、研究机构和高校加入，汇聚 16800 多名开源贡献者，版本下载量超过 200 万次，覆盖 130 多个国家，合作伙伴推出 20 多个商业发行版本，累计商用超过 610 万套。

积极建设可持续发展的可信开源社区。为应对日益严重的安全挑战，华为积极联合软件安全领域产业力量，同筑开源生态系统的安全。同时深度参与 OpenChain、SPDX 等全球主流软件供应链安全标准与规范的制定、推广。为构建全球可信的开源生态积极承担社会责任，创造社会价值。

（12）华为的生态发展。开放、协作、利他，携手生态伙伴和开发者创造价值。

围绕鸿蒙、鲲鹏、昇腾、云计算等业务，面向生态伙伴和开发者，加速开放平台能力，持续优化开发体验，使能创新，共创价值持续加大生态投入，助力伙伴价值创造。全方位赋能生态伙伴，与伙伴协作共赢，为客户创造价值。持续加大对生态伙伴的支持，投入百亿元级人民币，激发基于华为开放能力的应用创新；与生态伙伴共享机会点、共享流量，助力伙伴商业成功。截至 2023 年底，累计发展超过 46000 家生态伙伴，开发创新应用超过 36600 个，加速金融、能源、交通、制造、医疗、教育等行业创新。

共享经验，开放能力，丰富开发工具，持续赋能，助力开发者创新与成长。为硬件开发、应用开发、AI 开发、数据开发、数字内容开发等场景提供全方位工具支持，提升开发者开发效率。通过多种多样的活动与大赛，持续发展与赋能开发者，2023 年举办了 7 场旗舰大赛、30 多场主题峰会、超过 1000 场线上活动，触达数百万开发者，并通过耀星计划、众智计划、科研创新扶持计划等助力开发者发展与创新。截至 2023 年底，已开放超过 10 万个 API，累计发展超过 950 万开发者。

面向数字化、绿色化、智能化，为高校培养人才。发布百校种子计划、鸿蒙繁星计划，刷新产学育人基地计划、人才发展加速计划等，累计发布 67 本教材，升级“智能基座 2.0”项目并扩大教学合作技术范围，2023 年在信息领域开展 77 场培训，并通过中国国际大学生创新大赛、华为 ICT 大赛等赛事和各种创新实践活动，覆盖 4600 多位老师、超过 50 万名学生，为产业培养生力军。

（13）产业政策。分享“数字经济发展故事”，推动 ICT 产业释放商业价值与社会价值，践行普惠发展。

分享“数字经济发展故事”，践行技术普惠。华为与 IDC 合作，提出了“数字优先经济”理念，分享各国数字经济发展的优秀实践与经验，呼吁政策制定者在建设数字基础设施、发展数字经济生态与人才方面给予更好的政策配套和支持，以践行数字技术普惠，释放数字技术的商业价值和社会价值，促进可持续发展。同时，还通过世界经济论坛、国际电信联盟等国际组织与公开论坛，分享华为实践，如行业数字化转型、数字包容等。

建言产业政策，参与数字化进程。基于所在国发布的国家数字愿景和规划，华为积极响应数字经济规划、产业政策的公开咨询及讨论，提出相关政策建议，并积极参与所在国的数字化建设，助力更普惠、更均衡的数字化进程。

第二节 不懈努力和团结合作

2024 年 4 月，我们团队联系了华为驻北京代表于新伟、李晶晶。我们与于代表进行了联系，在此之前，我们考察华为北京总部时，接待我们的是北京总部的邓以智代表，根据华为公司的内部规定，华为员工在某省某地工作满 5 年后，必须轮岗到另一个城市或地区。邓代表在北京已满 5 年，所以，2024 年 4 月离开北京被调往深圳工作。

我们团队建了微信群，以便相互沟通和互通信息。在与华为团队接触过程中，我们感受到任正非与华为的非凡格局：任正非被人们称为中国企业家中格局最大的一位，他与许多其他企业家不同的是，在长期的发展过程中，他一直强调“核心技术”的重要性，并投入大量资源和精力进行研发和创新。任正非不是仅仅追求利润最大化，而是致力于推动科技进步和国家的繁荣。很多企业家往往只是注重投机取巧的生意，追求短期利益和回报。而任正非则不断追求核心技术的突破和创新，他深知这需要巨大的投资和付出。任正非相信，只有拥有自主研发的核心技术，企业才能立足于世界舞台，才能在激烈的市场竞争中立于不败之地。

华为不仅投资大量资源用于研发，还深入探索各个领域的新技术应用，如人工智能、云计算、物联网等。华为始终坚持技术创新，不断推动科技进步。任正非以自己的智慧和眼光赋予华为更加雄心勃勃的发展目标。

华为跨越国界的影响力：华为作为全球领先的科技公司，一直以来都秉承着开放合作的发展理念。华为通过全球化的布局和合作伙伴关系，不仅在中国市场取得成功，也在全球范围内赢得了广泛的认可和信赖。

图中为任正非

华为的产品和技术在全球范围内得到广泛应用，尤其在通信领域拥有卓越的影响力。华为的 5G 技术更是引领着全球通信行业的发展。华为的产品不仅性能卓越，而且安全可靠，受到全球范围内客户的高度赞扬。尤其在一些新兴市场，华为的产品深受欢迎，市场份额不断扩大。

华为以其先进的技术和可靠的品质树立了良好的企业形象，在国际舞台上赢得了尊重和崇敬。华为在国际市场上的影响力不断提升，被视为全球科技创新的领军企业。华为的成功证明了中国企业在全球化进程中的重要地位，也将对全球科技行业的竞争格局产生深远影响。

华为的道路与启示：华为的成功离不开任正非的智慧和眼光，也离不开华为团队的不懈努力和团结合作。华为的发展道路为其他中国企业提供了宝贵的启示。

首先，我们团队感受最深的是：企业家要有格局，要关注核心技术的发展，不仅注重短期利益，更要追求长远发展。一个企业只有在核心技术上保持领先，才能立足于竞争激烈的市场，并在国际舞台上获得更大的影响力。

其次，团队合作至关重要。任正非深知团队合作的力量，他将优秀员工视为推动华为发展的关键力量。企业家要善于发现和培养优秀人才，搭建团队合作的平台，共同努力实现企业的目标。

最后，企业家要有自我评价和谦逊的态度。任正非对自身的认知和评价非常清醒，他不仅意识到自己的不足，更能够在与优秀员工的交流合作中不断进步。企业家要保持谦逊的心态，继续学习和成长，不断提升自己。

2018 年被美国制裁，是华为发展史上的节点性事件，也是华为形象的“封神”时刻。在此之前，智能手机、5G 是华为形象的认知切片。虽然顶着“科技创新领头羊”的名号，但华为的影响主要在于 ICT（信息通信技术）圈和 TMT（科技、媒体、通信）行业，辐射面仍不够“出圈”。在那之后，华为有了“民族之光”的滤镜，5G、AI、鸿蒙系统、海思芯片、ADS2.0（智能驾驶系统）都成了它叠加的Buff。

华为光环护体之下自有其底气：总营收排不进中国企业500强Top10，研发投入连年位居No.1，多个发明专利数量同样位居第一，是它的隐形勋章。

而华为Mate60的发布，更是用“中国芯”“突破技术封锁”等关键词组成的“王者归来”情节，吊打了那些龙傲天式爽文，强化了既有光环。

不难预见，在科技战已成大国博弈前沿的形势下，华为作为中国科技创新代表性企业，必将持续被推到最前沿。

随之而来的，是华为的社会形象跟“民族脊梁”叙事的绑定。

在舆论有意将华为Mate60跟苹果15的PK“上高度”时，任正非却给不少人泼上了冷水。

很多人希望他说的是“遥遥领先”，可他却在回答外国人士的提问时说苹果是华为的老师，还自称从某个角度看自己是果粉。

任正非的谦虚姿态，同他在2019年5月华为被制裁之后答记者问时的态度，几乎如出一辙——

“无论美国是敌是友，如果说我们不想死的话，就要向最优秀的人学习，即使人家反对我，我也要向他学习，不然我怎么能先进呢！都应该向最优秀的人学习。华为生存下来的唯一措施，就是向一切先进的老师们学习，认真地向他们学习，我们将来才有继续前进的可能性。”

“狭隘的民族情感和民粹主义会导致我们落后。我们在这一点是完全持开放的态度。我们公司从上到下，20多万员工，你听不见一句反美的口号，大家还是认真在学美国东西哪个好，哪一点好。”

“目前对华为有两种情绪：一种是鲜明的爱国主义支持华为，另一种是华为绑架了全社会的爱国情绪……我的家人也用苹果，不能狭隘地认为爱华为就要用华为手机，我制止他们瞎喊口号，不要煽动民族情绪。”

▲任正非曾表示，不能狭隘地理解爱华为。

早在约 20 年前，任正非就曾对华为人表示：“只有破除了狭隘的民族自尊心才是国际化，只有破除了狭隘的华为自豪感才是职业化，只有破除了狭隘的品牌意识才是成熟化。”

当时的华为，在凭着“农村包围城市”策略站稳脚跟后，正开启“差异化的全球竞争战略”阶段，任正非说出这番话并不突兀。

可现在时代幕布早已切换成了“慢全球化”“逆全球化”，华为成了大拆解的最直接冲击对象。

在此情形下，任正非仍能将反狭隘的态度一以贯之，这确实不是那些习惯了“以牙还牙”话语的人能理解的。

在“学习—成为—超越”的三步走策略中，迈出前面一步，才有后面两步，可在现实中，嚷着“超越”的人太多，能端正“学习”态度的人太少。

先有了不狭隘的任正非，然后才有了今天的华为。很多人在总结华为之所以成为华为的原因时，总是惯于归因为华为强大的自主创新能力，却忽略了华为企业精神内核中极为重要的一条——开放。

2008 年，任正非在华为某场内部讲话中就提到，“开放、妥协、灰度”是华为文化的精髓。他说，“一个不开放的文化，就不会努力地吸收别人的优点，逐渐就会被边缘化，是没有出路的。一个不开放的组织，迟早也会成为一潭死水。我们无论在产品开发上，还是售后服务，供应管理、财务管理……都要开放地吸收别人的好东西，不要故步自封，不要过多地强调自我。”他还说，“向一切人学习，应该是华为文化的一个特色。华为开放就能永存，不开放就会昙花一现。”

在自主创新方面，他也有过阐述：“创新是站在别人的肩膀上前进的，同时像海绵一样不断吸收别人的优秀成果，而不是封闭起来的‘自主创新’。”

2012 年，他又在座谈会上说：不要做狭隘的自主创新，而是全面开放，“不开放就是死亡”。这显然跟部分人对自主创新是“自主=关门=单干”的理解有别。

2019 年 5 月，任正非在接受采访时表示，要拥抱这个世界，依靠全球创新。有些人可能会将华为的“备胎计划”（研发芯片和操作系统）跟开放对立起来，认为这是以自主创新应对不开放的产物。

华为的海思麒麟芯片与鸿蒙系统的确是自主创新的结果，可这也依赖开放的支撑。要是任正非没有足够开放的眼光，他恐怕不会早早地看到自己造“飞机发动机（芯片、操作系统）”的必要性，不会早在 2012 年就提出：“我们现在做终端操作系统是出于战略的考虑，如果他们突然断了我们的粮食，Android 系统不给我用了，Windows Phone 8 系统也不给我用了，我们是不是就傻了？”

在绝大多数情况下，开放都是对不开放的降维打击——尽管不开放会带来更安全的幻觉。

2022 年 11 月，任正非在与多名国际专家对谈时就表示：脱离了美国供应商，华为也能生存下来。虽然华为已经可以自力更生，但还是要通过全球化分工协作，用来自各个公司的最好的零部件整合成最好的产品献给用户。“如果每个零部件都要自己做，不可能整合出最好的产品。我们现在用自己的零部件应对美国断供的危机，可能会活下来，但不能保障我们三五年以后还是最先进的，还是领先的，所以我们必须依托全球化的分工合作，才能做到持续领先。”

他将科技比喻为一座高山，而美国是山的顶峰，上面结了冰还会下雪，这些冰会变成水流到山下，变成灌溉用的资源，使山下可以种庄稼。但现在美国给山顶围了个坝，他们希望一滴水都不流到山下，但假如山上的水不下来了，那么山脚下肯定会打井。

他表示，华为已经打了不少井，可打井这个动作并不是华为想做的，假如山上的雪水能够继续流下来，华为也会继续用，但出于稳定生存的目的，华为还会继续打井。

任正非还曾抛出让许多人都为之惊讶的想法：华为愿意把自己的技术，包括完整的5G网络技术（软件源代码、硬件设计、生产制造技术、网规网优、测试等整体解决方案），完全无保留地独家许可美国公司。

如果用一句话来概括任正非的“开放观”，那就是：就算你不对我开放，我也要对你开放。

如今，任正非的格局早就跟华为基本法一块成了显学，很多卖课的人已将其熬成了一大锅成功学鸡汤。

华为的“技工贸”路线、“备胎计划”、“全员持股”模式（后变为虚拟持股）和奋斗者协议、专家垂直循环机制、灰度管理法、底层研发容错性……等等，都成了对任正非格局的注解。

循着华为发展史的合订本看去，要是没有任正非的格局，华为很难成为今日的华为。

时下，说到华为，“余大嘴”余承东俨然已成其代言人。凭着在无线通信和智能手机业务上的两次变不可能为可能——带头研发出GMS通信技术，砍掉手机贴牌业务发展自有品牌，余承东确实是当得起“华为狂人”的称号。

但无论是过去、现在还是将来，任正非都会是华为灵魂人物中最灵魂的那位。

是任正非的格局形塑了华为的气质，也为余承东口中的“遥遥领先”兜了底。

许多厂商羡慕华为人才多，这背后是任正非全球揽才的格局：早在2019年5月，华为在全世界就有26个研发能力中心，拥有在职的大神级数学家700多人、物理学家800多人、化学家120多人。2023年9月4日，任正非又对内要求，建立自己的高端人才储备库，“要储备人才，不储备美元”。

许多企业羡慕华为的前沿科技攻坚能力，这背后是任正非重视基础科学的格局：他很早就预见了数学是基础的基础、未来的未来。他之前就说，“这30年，其实我们真正的突破是数学，手机、系统设备是以数学为中心”。后来又说，“修桥、修路、修房子，只要砸钱就行了，这个芯片砸钱不行的，得砸数学家、物理学家、化学家”。算力成为第四次工业革命的“石油”，就验证了他的判断。

战略咨询专家王志纲曾总结：华为创始人任正非的格局之大，在中国企业界实属罕见，任正非的格局体现为以下四点：

第一，开放包容，尊重对手，不赶尽杀绝。这也是为什么在美国政府要对华为封杀时，依然会有那么多美国企业对美国政府展开游说，为华为说话。

第二，人类大同，挣钱不是唯一目的。华为的愿景是建立万物互联的世界，未来还会继续保持跟美国公司的正常贸易，大规模购买美国元器件，共同建设人类信息社会。

第三，自我修正，在实践中纠偏认识。任正非不仅喜欢自我批判，还喜欢接受对手的批判，甚至接受下属的批判。在心声社区上，如果有人骂得对，华为人力资源部就开始调查，再看看前三年他的业绩，业绩很好的话，就调到公司秘书处来，帮助处理一些具体问题，以此培训他、锻炼他。

第四，忧国忧民。任正非多次在采访中提到教育的重要性，他说中国将来和美国竞赛，唯有提高教育，没有其他路。

这不无溢美之嫌，但可以肯定的是，任正非的开放心态，让华为形成了能抵御熵增的开放有序稳定态——诺贝尔物理学奖获得者普利高津说的“耗散结构”，进而避免了活力的“耗散”。

目前，“遥遥领先”成为很多网民揶揄华为的梗。揶揄归揶揄，事实就摆在那儿：至少就任正非的格局来说，配得上“遥遥领先”这四个字。

庄子说：故下皆知求其所不知，而莫知求其所已知者，皆知非其所不善，而莫知非其所以善者。

任正非就是“知求其所以知者”和“知非其所以善者”。不狭隘的他，有着那代人身上难得的开阔。

还是某专栏作家概括得好：“任正非先生的格局之大，比华为的企业规模还要大一个量级。他的格局，厚植于普世价值，足以映照一段历史。”

2019 年 6 月 17 日，任正非在华为深圳总部与美国学者对话时表示，只有全球化合作才能让更多人享受科技成果。

与此同时，任正非还含蓄地对坊间一些偏激舆论进行了劝诫，表明市场竞争对手之间的关系并非势同寇仇，不是封闭与对抗，而是开放与合作，是互相学习借鉴，共同进步。

事实上，从义乌小商品到机电设备，从跨境电商到新能源汽车，“中国制造”乘风出海，中国企业就是在与国际竞争对手一路的竞争与合作中成长起来的。

“己所不欲，勿施于人。”拉小圈子制造贸易壁垒，甚至是不公正打压，并不能消灭竞争对手。从这个角度来讲，一直对中国科技公司坚持打压政策的美国政府，其实也需要对任正非的这番话有所领悟。

在商业上也好，外交上也好，人类共处地球村，竞合与共赢当是主旋律，一味想靠孤立和打压解决不了任何问题，和平、发展、合作、共赢的时代潮流不可阻挡。要拆墙而不是筑墙，要开放而不是隔绝，要有大胸怀大格局才能共谋发展。

开放引领发展，合作共赢未来，这是中国改革开放40余年来实践出的成功之道，是几代中国企业家在成长中形成的共识，也应该是社会公众普遍熟稔的主流价值观。当下的网络民意中，有一些针对外资品牌、商品的偏激言论和做法，这实际上不仅有损开放大局，也无助于国货、国潮健康成长。

或许，百年前中国孱弱时需要通过“抵制”与“厌弃”来表达抗争，而今历史环境不同，中国与世界互相融合，你中有我，我中有你，即便没有所谓“情怀”“排外”助力，“中国制造”也当有一代中国企业家不封闭、不排外的格局与眼光，有信心摆出堂堂之阵，在质量、创新、服务等维度上取得市场上的成功。

任正非表示，我们即将进入第四次工业革命，基础就是大算力，第四次工业革命波澜壮阔，其规模之大不可想象，今天的年轻人是未来大算力时代的领袖，二三十年之内的人工智能革命，一定会看到年轻人星光闪耀。

任正非说，未知就叫科学。当今世界，科学和技术的边界越来越接近，科学转化为技术的时间越来越短，如果等到大学把理论完全研究明白再去进行技术开发，就已经没有先发优势，没有竞争力了，所以华为每年投入30亿~50亿美元（约合人民币218.72亿~364.54亿元）用于基础理论研究，与大学一起共同研究看似无用的科学。

当被问及任正非是不是“果粉”时，任正非回答道：“因为我女儿在美国读书，如果不用苹果，她上课就很不方便。我们不要排外，我们也经常探究苹果的产品为什么做得好，也能看到我们与苹果之间的差距。有一个老师是很幸福的，可以有学习机会，有做比较的机会。如果从这些角度来说我是果粉呢，也不为过。”

任正非还称，美国制裁对华为是压力也是动力，打压之前，华为把基础平台建在美国，现在华为基本用上了自己的平台，将来和美国的平台不一定在同一个基础上运行，但互联互通是一定的。

任正非的此番言论引起网友热议，有不少网友称赞其“理性”“大气”，有评论称：“这才是杰出的企业家该有的格局。”“一个敢于创新的人，格局都大。”还有评论称：“敬佩任总的大格局，祝福华为：青出于蓝而胜于蓝！”

2023年9月4日，华为公司举办了一场关于高端技术人才使用的工作组对标会。华为公司的创始人任正非在会议上发表了讲话，他强调了建立高端人才储备库的重要性，并且强调了要不拘一格地获取优秀人才。

任正非表示，华为在招聘时要以岗位匹配为原则，注重候选人的能力和潜力，而不是仅仅关注学历和经验。同时，华为也要在全球范围内搜索符合公司需求的优秀人才，无论他们身处何地。

除此之外，任正非还强调了在招聘时要清晰地讲清楚公司的业务边界。他表示，公司要允许人才在业务边界内进行研究和探索，发挥他们的创造力和创新能力。同时，公司也要对人才进行必要的引导和约束，避免他们的行为超出公司的业务范围，造成不必要的损失。

任正非还提到了华为公司目前存在的问题和改进方向。他表示，华为目前存在人才流失和团队调整等方面的问题。为了解决这些问题，华为要持续改进招聘和培训流程，提高人才的留存率和满意度。同时，华为也要加强内部协作和沟通，打造一支高效协作的团队，为公司的发展提供强有力的支持。

任正非表示，华为将为人才提供良好的工作环境和条件，为他们的成长和发展提供更多的机会和空间。

总的来说，任正非的这次讲话再次强调了人才对于华为公司的重要性。他的讲话为华为公司未来的发展指明了方向，也让我们看到了华为对人才的高度重视和不断追求。

第三节　华为的组织结构与新质生产力

由于美国的芯片禁令，华为投入了大约 120 亿元人民币，在上海建造了一座大型的半导体设备研发中心，强化了芯片自主供应链，要反击美国的制裁打压。研发基地的任务包括建造光科机，而他们锁定曾经跟芯片大厂艾斯摩尔及应用材料合作过的这些资深的工程师，甚至也有曾经在台积电、英特尔等这些领先的芯片公司服务超过 15 年的经验者，他们现在都成了华为要大力争取的目标。

华为董事长梁华，是华为很多年的 CFO，后来孟晚舟接替了此项工作。虽然梁华是华为董事长，但是华为的最高管理权却在三位轮值董事长身上，他并不直接管理公司。三位轮值董事长之一是徐志军，华为董事会还有位徐文伟，是海思的创始人，华为第一款芯片就是他带人研发出来的，2012 年才把海思交给了何廷波。

华为轮值董事长之一的胡厚坤，已经做了很多年的轮值董事长，还有孟晚舟兼 CFO，是华为管钱的大管家，这是目前华为三位最高管理者。张平安和汪涛是常务董事，张平安管理华为云，汪涛管华为的看家业务——电信设备 ST，他们二位目前排名在余承东之前。

任正非在董事会是普通董事，排名很靠后的，论对公司的管理，他还没有那几位管事儿的权力大，在董事会表决的时候，他也就是一票，他说过他有一票否决权。但是没有一票通过权，也就是说让华为不要做什么，他说了算，比如说华为不准造车，但是华为做什么，他说了就不算了。

在2022年以前，华为董事会是这个阵容。2018年初刚刚改选过孙亚芳，董事长卸任交给梁华。对于孙亚芳，外界知之甚少，都只知道华为创始人任朗。不过在通信行业内，孙亚芳孙总大名如雷贯耳。

2018年，孟晚舟升任副董事长，她不是轮值董事长。几个月以后，2018年底，孟晚舟就被加拿大羁押，直到2021年9月归国。丁耘曾经做过产品线的总裁。天妒英才，在2022年10月，丁总因突发疾病离世，年仅53岁。

华为痛失大将，接替他岗位的是现在的常务董事汪涛。这届董事会换届选举时，轮值董事长郭平卸任，孟晚舟升任轮值董事长。郭平是华为的超级元老，正是因为他早年间加入华为。华中科技大学，那时还叫华中理工大学（以下简称华工），郭平推荐了无数华工的师兄弟加入华为，后面连学院院长都给挖了过来，华工成为华为的将军的摇篮。胡厚坤、郑保佑、李一男、李建国、彭中阳等都是华工毕业。华工毕业的中层管理者数以千计。2022年华为董事会选举，由于郭平卸任、丁耘离世，华为的常务董事从原来的两名增加为四名，同时增加两位列席常务董事何庭波和人力资源总裁郑良才。

创始人任老已经是半交班状态，把位置让给他人的行为，本身就是任老不贪恋权力的证明。而任老股份稀释到0.64%，是任老不贪财。如果不是华为被美国制裁，任老根本不接受采访，他害怕出名，不贪财，不贪恋权力。

华为新质生产力的2.0版：

（1）华为投入120亿元人民币，在上海建造了一座大型的半导体设备研发中心；

（2）据悉，华为P系列最早于2012年发布，至今已经有12年的历史，首款机型为Ascend P1。

从2013年的Ascend P2开始，华为使用了自研处理器海思K3V2，之后坚持开发自研处理器，造就了目前的麒麟和华为高端旗舰。

“今天，华为P系列升级为HUAWEI Pura，以全新姿态再出发。”2024年4月15日，华为常务董事、终端BG CEO、智能汽车解决方案BU董事长余承东在华为终端公司官微发布消息。

余承东表示，2012年华为推出了华为P系列手机。12年来，亿万消费者用华为的产品定格了无数精彩的瞬间，也记录了生活中的美好，并对一直以来支持的消费者表示感谢。

余承东介绍，华为P系列的发展史就是移动影像的发展史，也是科技美学的演进史。华为将持续投入移动影像创新，不断挑战移动影像极限，为全球消费者带来更好的拍照体验。

此次华为终端虽然官宣是P系列升级消息，但是外界对其新机P70的期待越发强烈。2023年8月，华为直接采用“先锋计划”未召开发布会直接开售具备5G上网速度的 Mate60 系列手机，在全国消费者中掀起一波抢购“遥遥领先”华为新机的热潮，此次 P70 也令外界联想其是否会采取类似操作，不过，截至目前，华为 P70 发售消息尚未落定。

开源证券电子分析师罗通在研报中表示，华为新机 P70 系列为华为主打影像的旗舰系列，预计将在图像传感器、可变光圈、玻塑混合镜片等方面进行创新。

罗通认为，华为在中高端手机市场的回归带动国产手机显著增长。据 BC 数据，截至 2024 年 3 月 24 日，2024 年前 12 周国内手机激活量中苹果同比下滑 20%，份额排第四；ViVO、荣耀、华为等国产手机均有不同程度增长，其中华为同比增长 81%，份额排第三。

华为 P 系列和 Mate 系列是华为两大高端旗舰手机，P 系列主打影像美学，Mate 系列主打商务高端，常常出现发布之后“一机难求”的情况，也关系着华为手机背后产业链公司业绩的起伏。

回顾华为 P 系列发展历史，迄今已经 12 年，经历多次重要变革和创新，逐渐成为华为品牌中的重要旗舰系列。以下是华为 P 系列手机发展历程：

华为 Ascend P1（2012 年 1 月）：作为华为 P 系列的开山之作，Ascend P1 以其轻薄时尚的设计吸引了消费者的注意。该机型采用了 4.3 英寸的 Super AMOLED 屏幕，搭载了德州仪器 OMAP 4460 处理器，后置 800 万像素摄像头，以及 1GB RAM 和 4GB ROM 的存储组合。

华为 Ascend P2（2013 年 1 月）：P2 在 P1 的基础上进行了改进，采用了海思 K3V2 四核 1.5GHz 处理器，4.7 英寸 720p 触控屏，1300 万像素背照式摄像头，并增加了 NFC 功能。

华为 Ascend P6（2013 年 6 月）：P6 继续追求轻薄设计，机身厚度仅为 6.18mm，成为当时全球最薄的智能手机之一。

华为 Ascend P7（2014 年 5 月）：P7 在 P6 的基础上进行了全面升级，采用了 5 英寸 1080P 屏幕，1300 万像素后置摄像头，800 万像素前置摄像头，以及麒麟 910T 四核处理器。P7 的设计风格更加硬朗，机身厚度仅 6.5mm。

华为 P8 系列（2015 年 4 月）：从 P8 开始，华为去掉了 Ascend 字眼，直接以 P8 命名。P8 搭载了 5.2 英寸 1080P 屏幕，麒麟 930/935 八核处理器，3GB RAM 和 16/64GB ROM 的存储组合。P8 MAX 则配备了 6.8 英寸屏幕和 4360mAh 大电池。

华为 P9 系列（2016 年 4 月）：P9 系列是华为与徕卡合作的首款产品，搭载了 1200 万像素双摄像头，成为华为首款销量突破千万的旗舰手机。

华为 P10 系列（2017 年 2 月）：P10 系列在拍照技术上进一步升级，前后均配备了徕卡镜头，支持双摄变焦技术和光学防抖。P10 系列采用了麒麟 960 处理器，以及 4GB/6GB RAM 和 64/128/256GB ROM 的存储组合。

华为 P20 系列（2018 年 3 月）：P20 系列在影像技术上取得了重大突破，P20 Pro

首次搭载了索尼 IMX600 传感器，感光性能领先，超级夜景模式进一步提升了夜景拍摄的质量。

华为 P30 系列（2019 年 3 月）：P30 系列继续在相机技术上创新，P30 Pro 首次配备了 5 倍潜望式变焦摄像头，实现了更高水平的变焦能力。P30 系列搭载了麒麟 980 处理器，以及 8GB RAM 和 128/256/512GB ROM 的存储组合。

华为 P40 系列（2020 年 3 月）：P40 系列在影像技术上再次升级，P40 Pro+配备了后置五摄，包括 5000 万像素超感知徕卡主摄，实现了更强大的拍照体验。

华为 P50 系列（2021 年 7 月）：尽管面临外部重重压力，华为仍然推出了 P50 系列，这是华为首款出厂预装鸿蒙系统的手机。P50 系列在影像技术上继续创新，引入了计算光学与色彩引擎两大技术，进一步提升了手机影像的质量。

第四节　工业心理学与华为的工业文化再造

中国科学院心理所、中国社会科学院工业经济研究所对华为的工业文化进行了长达数十年的系统调研，对华为的工业文化再造，根据国际形势的变化，提出了新的思路。

从重视基础理论研究出发，加强实验心理学在工业领域的实际应用。

工业心理学是应用于工业领域的心理学分支。它主要研究工作中人的行为规律及其心理学基础，其内容包括管理心理学、劳动心理学、工程心理学、人事心理学、消费者心理学等。工业心理学除了研究人际关系、人机关系、人与工作环境关系外，还需要研究劳动作业的内容、方式、方法与人的工作效能的关系问题，这是劳动心理学的任务。劳动心理学包括多方面的研究内容。

我国工业心理学国家专业实验室经过数十年的建设，建成了以下四个开放实验室：

（1）智能人机交互与虚拟现实实验室：主要装备 SGI 三维图形工作站、头盔式虚拟系统、SONY VPH—G70QW 三管投影仪、立体眼镜虚拟系统和 MultiGen、Vega 等三维建模和实时仿真软件等。主要开展人机对话系统和智能多通道用户界面的设计与评价、虚拟现实系统及其新型界面的研究和开发。

（2）航空工程心理实验室：主要装备航空模拟舱、1980B 光谱辐射亮度测试仪、精密多功能声级计、PR-1530AR 微光测试仪、点光谱亮度计等。主要研究包括飞机座舱电子信息综合显示与控制的工效学研究、歼击机和武装直升机座舱总体设计的工效学研究、视听综合告警、飞机座舱眩光预防研究等。

（3）人体参数测试与建模实验室：主要装备 NDI-3020 三维运动测量系统、动态肌电遥测系统、作业活动测评系统、工作负荷仿真系统和 Jack 三维人体建模软件。主要测量人体功能尺寸、力量、视野、肢体活动等重要工程人体参数，建立数据库和人体动态仿真模型。智能产品界面设计与评价实验室：主要装备 Eye-Gaze 眼动系统、多通道智能产品界面评价系统。主要测试智能产品（软、硬件）界面的可用性，优化其界面设计，并发展新型界面。脑功能与认知研究实验室：主要装备 NeuroScan 128 导脑电测试系统、EyeLink 眼动追踪系统和三维视、听系统等。主要开展语言认知加工及其跨文化比较、注意理论、颜色知觉、模式识别、记忆过程和三维视听基本理论及其机制的研究。

（4）群体决策与行为观察实验室：主要装备全方位、网络化的 5×5 路视频音频行为监控与实时数据采集系统、Sony DVW-500P 数字编辑录像机、Sony DVW-790WSP 数字摄录一体机、PINNACL 非线性后期制作与编辑系统。主要开展群体动力学的分析，群体决策条件下的情绪表现及行为分析，儿童交互过程中的目的性行为分析等研究。网络化人力资源实验室：配备基于局域网的多终端实时数据采集和评价系统，拥有领导行为评价量表、人员能力评价软件、职业性向评价软件、管理个性评价系统、认知风格评估量表等人员评价软件，主要开展网络化的人员评估和资格认证研究，开发智能化人员培训软件。

工业心理学国家专业实验室先后承担了各类科研项目 120 余项，其中包括国家自然科学基金重点项目与面上项目、国家科委“863”项目、国防科委重点预研项目、攀登计划等各类国家级研究课题 20 余项，国家教委项目、浙江省自然科学基金项目、航空部项目等省部级研究课题 40 余项，国际合作项目 20 余项。曾获国家及省部级奖近 10 项。

工业心理学的创始人雨果·芒斯特伯格（Hugo Munsterberg，1863~1916）出生于德国东部但泽的一个犹太人家庭。父亲是木材商，母亲是艺术家，还有三个兄弟。芒斯特伯格童年生活幸福无忧，在轻松且充满艺术气息的家庭氛围影响下，他对写作、大提琴、考古、希腊语和阿拉伯语都具有浓厚兴趣。不幸的是，在他不满 20 岁时，父母双亡，使他的人生发生了巨大转变。

1882 年芒斯特伯格在但泽大学预科毕业，进入日内瓦大学学习法语和文学，半年后转入德国莱比锡大学，由此奠定了他一生的学术方向。1883 年，刚到莱比锡的芒斯特伯格立即被威廉·冯特的讲座所吸引，于是他决定投身于心理学。从此他师从冯特，并于 1885 年加入名声日隆的莱比锡实验室。在这里，芒斯特伯格受到了正规的实验心理学训练，这对他日后的学术造诣有巨大的影响。

威廉·冯特（Wilhelm Wundt，1832~1920），德国生理学家、心理学家、哲学家。1879 年，冯特创建了世界上第一个心理学实验室—莱比锡实验室。它的建立，标志着心理学成为一门独立的真正的科学，冯特也成为第一个把心理学转变为独立科学的学者，被心理学界誉为实验心理学之父。尽管冯特不是管理学家，但他在心理学上的建树对管理学影响极大。要知道，从古希腊、古埃及开始，学者就十分关注人类的心理现象，但是，冯特以前的所谓心理学“理论”，不是无法验证的天才猜测，就是神神鬼鬼的无稽之谈。所以，有的学者认为，在冯特之前，所谓心理学都是伪科学。甚至大哲学家康德，也曾断言心理学不可能成为真正的科学。由于这种认识的支配，在许多崇尚科学的人士那里，会很“宽容”地给心理学留下一片非科学的领地。就拿科学管理时期非常崇尚科学、人称“效率大祭司”的埃默森来说，在他开设的咨询公司里，他聘请的挑选和评价人员的“专家”，所依赖的无非是面相学、颅相学、笔迹学之类，同我们现在能见到的测字、算命先生差不多。埃默森公司里的人事专家凯瑟琳·布莱克福特，在1916年出版的《工作·人·老板》中还用专门章节论证挑选员工的方法，强调要研究人的面相、头发颜色、鼻子形状、头颅的凹凸比例等，尤其要重视笔迹和声音，她认为这些都表现了人的性格。连崇尚科学的埃默森公司尚且如此，其他地方就可想而知了。冯特的研究，彻底颠覆了传统心理学的这些说法，把心理学变成了可以与自然科学相媲美的实验科学。从此，心理学以科学的姿态开始进入社会。而把这种科学的心理学带进管理领域的，首推芒斯特伯格。

芒斯特伯格在莱比锡取得了哲学博士学位，但他并不以此为满足，鉴于心理学和医学的紧密联系，他又继续在海德堡大学学习医学，1887年获得了医学博士学位。此后，他在弗莱堡大学先后担任讲师和助理教授，先后主讲医学和哲学。但他出于研究需要，在业余时间私下讲授心理学，并自己出资在住所建造了一座心理学实验室，进行时间、知觉、注意力、学习记忆等方面的研究，吸引了许多国外的学生。

1889年，在巴黎首届国际心理学大会上，芒斯特伯格与美国哈佛大学的心理学教授威廉·詹姆斯（William James，1842~1910）一见如故，彼此建立了深厚的友谊。詹姆斯也是一位大名鼎鼎的人物，被人看作是实用主义哲学的倡导者、机能主义心理学的开山祖师，还有人称他为“美国心理学之父”。1892年，芒斯特伯格应詹姆斯之邀，到哈佛大学担任了三年实验心理学客座教授，期满后继续回弗莱堡大学任教。两年后，由于一再被邀请，芒斯特伯格重返哈佛大学讲坛，任心理学教授，并接管了由詹姆斯创设的心理实验室，成为詹姆斯机能学派的继承人。在哈佛大学的19年间，芒斯特伯格的出色才能得到美国人的普遍承认，他作为当时美国最著名的心理学家之一，备受世人注目。1898年，他当选为美国心理学会主席；1908年，又当选为美国哲学学会主席。1910年，他曾被哈佛大学作为交换教授派往柏林，并在柏林参与建立“美国—德国协会”。他还当选了美国艺术与科学学院特别研究员，曾被《美国科学家》期刊评为仅次于詹姆斯的心理学名人。

为了推广自己的理论，芒斯特伯格到华盛顿拜见总统威尔逊，游说商务部长雷德菲尔德和劳工部长W. B. 威尔逊，力争让政府出面设立一个部门，这个部门的基本任务就是把心理学研究用于工业和社会。虽然他的这一目的没有达到，却引起了社会的重视。芒斯特伯格的外界影响随之形成。他的工业心理学没有能进入政府的“庙堂”，却扩散到社会的“江湖”。其后，无论是企业还是政府，都开始采用芒斯特伯格的方法进行员工的心理测评。

芒斯特伯格的理论在美国得到了广泛重视和应用，但他本人在第一次世界大战爆发后却备受冷遇。他对德国有着深厚的感情，移居美国后一直保留德国国籍，大战爆发后，他坚持自己的爱国态度，不断为自己祖国的战争行为进行解释和辩护。结果，国家之间的仇恨被人们转移到他身上，芒斯特伯格被怀疑为德国间谍，遭到周围人的排斥，失去友谊和尊敬，从此陷入了孤立的境地。1916 年芒斯特伯格在讲课过程中心脏病突发去世，年仅 53 岁。令人啼笑皆非的是，芒斯特伯格本人被美国排斥，但他的理论却被用来作为美国对付德国的武器。美国参战以后，广泛运用芒斯特伯格开创的方法，对参战的 200 万美国士兵进行了大规模的心理学测验，史称这是首次在管理领域对心理学的大规模应用。正是这种应用，建立了工业心理学的稳固地位，并使心理学成为管理学不可或缺的一个组成部分。

芒斯特伯格一生著作极其丰富，仅专著就有 20 余种，内容涉及心理学、哲学、社会学等方面，影响力广泛。最能反映他工业心理学思想的著作《心理学与经济生活》用德文发表于 1912 年，1913 年该书被翻译为英文本《心理学与工业效率》，还有 1914 年出版的《应用心理学要点》《普通心理学和应用心理学》，1918 年他去世后才得以出版的《企业心理学》等。在这些书中，他探讨了人员甄选、职业伦理、工作绩效的心理因素等方面。他在书中强烈呼吁，要加强管理的科学性，必须把心理学成果更好地应用于提高工业效率。他的理论和观点，本质上是对泰罗制的心理学的补充。按照芒斯特伯格自己的说法，就是："我们决不要忘记，通过将来的心理上的适应和通过改善心理条件提高工作效率，不仅符合厂主的利益，而且更符合职工的利益；他们的劳动时间可以缩短，工资可以增加，生活水平可以提高。"读者不难从中看出芒斯特伯格与泰罗的一致性。因而在泰罗制广泛推行的年代里，他的工业心理学理论和方法受到了美国工商界的高度支持和响应。

芒斯特伯格的研究，集中在以下问题上：如何鉴别个人的素质和心理特点，并根据个人的素质及其心理特点把他们安置到最适合的工作岗位上？在什么样的心理条件下，可以让工人发挥最大的干劲和积极性，从而能够从每个工人那里得到最大的、最令人满意的产量？如何使人们的头脑中获得工业活动所希望产生的最佳印象，即在心理上如何能够保证实现人们的理想？管理史学家雷恩把芒斯特伯格的研究概括为三句话，即"最最合适的人""最最合适的工作""最最理想的效果"。所谓"最最合适的人"，就是研究不同工作岗位对人员素质的要求，识辨和评价不同人员的心理品质，为他们找到最恰当的工作岗位。由此，发展出了以心理学的实验方法在人员选拔、职业指导和工作安排等方面具体应用的多种技术。所谓"最最合适的工作"，就是研究并确定从每个人那里获得最大、最令人满意产量的"心理条件"。芒斯特伯格发现，学习和训练是最经济的提高工作效率的方法和手段，物理的和社会的因素对工作效率有较强的影响，特别是创造工作中适宜相关人员的"心理条件"极为重要。所谓"最最理想的效果"，就是研究对人的需要施加符合实业利益的影响的必要性。他讨论了销售、市场和广告的技术，并呼吁对保持经济需求因素的研究。

芒斯特伯格的理论，来自他主持的一系列调查和实验性研究。他从电车司机、电话接线员和高级船员中搜集了大量材料，其中一个著名的例子是研究安全驾驶电车的司机所应具备的特征。他通过系统地调查和研究电车司机工作中的各种因素，进行了模拟实验，最终归纳和推论出一个优秀的司机应该具备的各种素质和技能，并进而确定出担任司机的心理条件。另外，芒斯特伯格在疲劳研究中，不仅注意到引起疲劳的身体因素，而且注意到引起疲劳的心理因素。他同他的学生一道，进行了许多有关工厂的工作曲线的研究，从中发现了日产量和周产量的涨落规律。根据每日的产量记录，每天上午九十点钟产量有明显的增加，到午饭前产量有所下降，午饭之后恢复上升，但上升情况不如早晨九十点钟，下午下班前产量又会显著下降。同样的，一周的产量也表现出了类似的情形，星期一的产量平平，星期二和星期三产量最高，然后逐渐下降，直到星期六产量降到最低。如果说，日产量的变化是由于身体疲劳引起的，那么，周产量的变化就不能再用身体因素来解释，唯一合理的解释就是心理因素。这些研究，为工业心理学开辟了新的领域。

芒斯特伯格的研究被广泛地应用于职业选择、工作方法改进、建立适合的工作条件等方面。他的思想明显包含着科学管理的工业伦理：①重点放在个人身上；②强调效率；③应用科学方法得到社会效益。所以，此时的工业心理学还从属于科学管理。但他对心理学的重视和应用，无疑为后来的行为科学竖起了一个路标。在芒斯特伯格的影响下，一批学者致力于工业心理学的研究，其中有英国的工业心理学先驱查尔斯·迈尔斯，在美国陆军参加第一次世界大战时设计人事分类测验的沃尔特·D. 斯科特，进行首次动机手段实验的塞尔西·A. 马塞，撰写出有“工业心理学圣经”教科书之誉的莫里斯·S. 瓦伊特利斯等人。他们的努力，使心理学与当时蓬勃发展的科学管理紧密结合，也为后来的霍桑实验铺垫了道路。

我国工业心理学研究必须提到的一个学者就是陈立。

陈立（1902.7~2004.3），湖南平江人，字卓如，曾用笔名方正。1928 年毕业于上海沪江大学，1933 年获伦敦大学心理学博士学位。原杭州大学、浙江大学教授，曾任浙江大学文学院院长、浙江大学教育系主任、浙江师范学院院长、杭州大学校长、浙江大学名誉校长等职，我国工业心理学的创始人，智力理论和心理测验研究的先驱。

1930 年，留学英国，在英国伦敦大学学习，师从著名心理学家斯丕尔曼教授。

1933 年获得英国伦敦大学理科心理学博士学位。曾先后在英国剑桥大学、英国工业心理研究所、德国柏林大学心理研究所从事研究工作。

1935 年回国后至 1939 年，任中央研究院心理研究所和清华大学合聘的工业心理研究员。

1939~2004 年，任杭州大学（其前身分别是浙江大学文学院、浙江师范学院）心理学教授，校长、名誉校长。1950~2004 年在中国科学院心理研究所兼任研究员。

图为陈立

陈立1939年起，任浙江大学心理学教授、文学院院长。新中国成立后，历任浙江大学教育系主任，浙江师范学院副院长、院长，杭州大学副校长、校长等职。并曾兼任中国科学院心理研究所学术委员兼研究员，中国心理学会副理事长、浙江分会理事长，浙江教育学会副理事长，浙江省科普协会主席，浙江省科协副理事长，浙江省教育厅副厅长，浙江省政协副主席、浙江大学名誉校长等职。

陈立与英国心理学会主席交谈（1983年）

陈立是中国科学工作者协会发起人之一，浙江省科普协会主席、中国心理学会第1~4届副理事长、《中国大百科全书·心理学卷》副主编。

陈立 1983 年在英美考察

陈立是我国最早从事工业心理研究的专家，最早采用因素分析方法进行研究。他的博士论文《感觉阈限和智力活动中的起伏》就是运用经典的心理物理实验和现代的心理测量结合的研究方法，对 g 因素取材最广泛的一次研究，被认为是对时相分析的一种新设想。他引进并自编 10 种测验，对小学、高中、大学近 800 名学生进行测验和因素分析，结果证明“因素组成随年龄而简化”，批判了他的老师 C. E. 斯皮尔曼的 g 因素不变说。并撰写《一套智力测验在不同教育水平的因素研究》（1948）一文发表在英国的《发展心理学报》上，引起国际心理学界的重视，E. B. 泰勒认为这是在 g 因大的发展研究中的转折点。1935 年出版的《工业心理学概观》是我国最早的一本工业心理学专著。他曾在清华大学筹建疲劳研究实验室，在北京、上海、江苏等地的工厂调查劳动环境对生产的影响，试图改善工人劳动条件，还设计了一套纺织工操作测验。在杭州开展对事故分析、细砂工培训、操作分析、工艺流程、视觉疲劳等方面的研究，发表了《细砂工培训中的几个心理学问题》（1956）等论文。从 20 世纪 60 年代起对认知过程进行研究探讨，发表了《儿童色形抽象的发展研究》《色形爱好的差异》等研究报告。他积极从事工业心理学的研究和推广，培养了一批工业心理学专业人才。主要著作还有:《管理心理学》（主编，1982）、《陈立心理学科学论著选》（1993）等。

与著名心理学家恰洋尼斯合影

与德国朋友交换礼品

研究领域包括关于 O 因素的研究：当时，心理学家 J. C. 弗卢杰尔（Flugel）等人曾对此进行过一些零星研究，但在理论和方法上都存在一些漏洞。1931 年，陈立结合心理物理学和心理测量等方法，首先克服实验仪器设备缺乏的困难，选了 120 名初中学生作为被试，对智力操作和感觉阈限等进行起伏现象的研究。这是对 O 因素取材最广泛而且是用个别被试进行的繁复实验室研究，对 O 因素的确定作出了比较详细的验证，同时证实了 O 因素变化的周期。该研究从内容说，它将弗卢杰尔从疲劳入手研究 O 因素推到从注意入手进行研究。这样就使得研究不囿于单一因素。从方法论来讲，则从各

陈立

种途径去突破单因素的局限。在该研究中，陈立对单因素分析，即斯丕尔曼的四差法也提出不同的看法，倾向于多因素，突破了斯丕尔曼的研究框架。其结果写成博士论文《感觉阈限和智力活动中的起伏》。斯丕尔曼在其两卷集的《历代来的心理学》一书中曾加以征引。弗卢杰尔把该论文摘要地编入《智力波动的最新探讨》一文中发表。论文的最后一章 O 因素起伏的周期，在《英国心理学》杂志发表。因其采用移动平均法，而使时相的测量得到一个新的处置。这一统计方法的改进备受同行称道。一位澳大利亚心理学家称它是“对时相分析的一个新模式”。

1939 年陈立针对斯丕尔曼提出的 g 因素不变说（至少从 9~18 岁不变），开始对智力发展规律展开研究。他编了 10 种测验，对小学、初中、高中、大学的近 800 名学生（相当于 9~18 岁这一年龄范围）进行测试，计算了近 400 个相关数据，进行了繁复的因素分析。结果证明因素组成随年龄增长而简化，这一发现具有重大的理论意义。他写成的论文《一套测验在不同教育水平的因素分析》在美国《发展心理学》杂志上发表后，受到国际心理学界的高度重视。美国著名心理学家阿纳斯塔西首先在他的《差异心理学》中加以引证。后来，泰勒在其《人类差异心理学》中认为该文是对 g 因素的发展研究划阶段的论著。亨特在《智力与经验》一书中则将陈立的结论和当代发展心理学权威 J. 皮亚杰的“守恒”由水平参差到划一的理论相印证。事实上，皮亚杰的理论类似于陈立论文中的结论，即因素模型逐渐简化的观点。智力的发展是循分化还是整合的途径展开，迄今仍无定论，但陈立的研究无疑是现今仍在热烈争论的智力发展问题的肇始之作。

陈立的这些理论研究，确立了他早期在国际心理学界的地位。

1947 年，陈立在美国《教育心理学》杂志上发表了《配对测验的校正公式》一文，对沈有乾和 Zubin 两人繁复的配对测验计算公式做了很大的改正和简化。他认为他们设立公式的前提不是从检查知识而是从无知的随意挑选答案出发，因而缺乏效度的考虑。此外，他在教学中看到学生们使用这个公式有很大的困难，便有了简化公式的动机。为此他提出了改正和简化公式。这充分反映了他对教学的用心。作为在中国第一个介绍并应用因素分析的心理学家，陈立总觉得自己有一种职责，把好测验关，防止测验统计被滥用。为此，他曾发表过不少文章，如《我对测验的看法》《习见统计方法中的误用与滥用》《测验效度理论析义》《项目反应理论初评》等，对中国心理测验的正确应用产生了良好的影响。

陈立在组织管理心理学的理论思想及其应用方面也有许多创新。这集中地体现为他强调整体论和宏观工效学的思想，注重工业心理学理论与我国企业组织改革以及新技术应用的密切结合。在 1983 年出版的《工业心理学简述》这一著作中，他系统地论述了管理心理学、工程心理学和劳动心理学的基本原理及其在社会主义四个现代化中的重要作用、发展趋势、理论意义、研究潜力和应用前景。他还围绕人机系统设计中的习惯与革新、企业改革中的目标管理、期望与激励等方面的心理机制，作了透彻的论述。特别是在企业组织的改革与发展这一研究与应用领域，陈立先后在《企业组织的发展与改革》（1983）、《行动研究》（1984）、《经济体制改革中的组织发展研究》（1988）和《改革开放中企业的新秩序观》（1991）等一系列文章中，深入浅出地论述了理论原理，明确地提出了组织改革与发展的方法学和具体实施策略。他特别强调在组织改革与新技术应用中应重视人员的素质培养和全面发展，指出“组织发展与改革的结果不仅仅是生产的提高，更重要的是劳动者的素质的提高，并使社会成员向着全面发展的人迈进。同时，分配制度也必然要逐步改变，要使其有利于人的全面发展，激励社会生产积极性不断提高”。陈立主张在企业组织改革中采用理论联系实际和专家与群众密切结合的行动研究方法，并注重行动研究的理论定向、长期目标以及开放系统的正反馈作用，以此推动企业组织的发展。他沿着扩大企业自主权这一主题思想，从责任与权益辩证统一的观点，分析了参与管理对于工作积极性、责任感与生产效益等的独特效应，并把参与管理作为决策科学化与民主化的重要条件。

自 1924 年陈立在武昌博文书院任教开始，他勇于创新，60 余年的教学实践，加上他对教育事业真诚的关心和美好的理想，使陈立形成了一套系统的教育思想，并且他也不遗余力地推进着教学改革。

首先，他提出大学智育的首要任务是传授“工具”。为此，他曾建议所在的系改革课程，减少一、二年级的专业课，先把一般基础打好，包括中文知识与表达能力、外语、数学或统计以及计算机技术。他自己率先用英语上课。在专业课教学中，主张改进教科书，让学生直接接触经典原著与学报中的研究论文。他非常强调高等学校开展科研的意义，认为只有科研上去了，大学教育才能真正把“工具”教给学生。为此他非常重视实验室和图书馆建设。从 1979 年，陈立任杭州大学校长期间，他重点整顿了图书馆管理。要求图书管理责任到人，并要求图书馆全时开放。他甚至提议利用食堂，在食堂一角设置开架参考用书，方便广大同学学习。就实验室建设而言，陈立从事心理教学数十年，始终把心理实验放在重要地位。浙江大学屡经搬迁，在房屋不足、实验仪器缺乏的条件下，他与同事仍然费尽心机，苦苦维持实验教学。在有了适当的经费之后，就注意逐步添置仪器设备，使实验室符合当代科学和教学的要求。除了强调大学教育把重点转移到“工具”传授上去以外，他还主张改变大学教育偏斜于智育的局限，实现“全人教育”。所谓“全人教育”，即“整个人的教育”，是顾及并协调个体身心各方面的教育，使之得到和谐的发展，成为健康的人。“全人教育”的思想，最早见于他于 1943 年发表的《大学与大学生》一文。为了实现这一教育理想，陈立一直关心着大学生在德、智、体、美、劳各个方面的发展。他曾在 20 世纪 50 年代亲自到上海音乐学院找贺绿汀，为杭州大学调来一名音乐教师。同样，他也很重视对大学生进行政治修养的培养，除政治理论课外，他还把辩论活动看成培养学生政治修养的重要途径之一，为民主政治参政议政创造条件。

陈立出任校长后，进一步完善了他的大学管理思想。他提出四个基本问题：用人应有远见、重视实验室和图书馆、废除教研室制度、学生参与学校管理。为此，同济大学出版社出版的《校长——教育家》一书曾阐述了他的教育思想与实践。

随着我国大学教育自主权的进一步扩大，陈立倡导的教育理想必将在祖国的教育事业中结出硕果。

陈立

陈立是在英国工业心理学研究所开始工业心理学研究的。1934 年 11 月回国后，他找到了当时中央研究院心理研究所所长汪敬熙，想在该研究所开展这方面的研究。当时，心理研究所正在从上海搬往南京。陈立便在上海租了一间公寓开始写书，孑然一身，既无图书参考，也无助手相帮，埋头 3 个月，写成《工业心理学概观》一书，详细叙述了心理学干预工业生产所取得的显著成效。他在书的末尾，充满信心地号召国人："中国在第一次产业革命中是瞠乎后人极远，如今得迎头赶上。在这产业第二次革命（机械工业的人化）正是我们赶上人家的机会。所以，工业心理学所希望于国人者甚大。希望整个的产业界都加入这产业的大革命中以确立我国工业化的基础。"这本书的出版，为我国工业心理学研究填补了空白。汪敬熙对此书颇感满意。此后，清华大学和心理研究所合聘陈立为工业心理研究员。半年在清华教课并进行调查与实验研究；半年在中央研究院工作，去江南一带作些实地调研。在清华大学，除一般教学外，他还到南口和长辛店机车厂作调查，提出了许多有价值的建议，并在清华大学筹建了第一个"疲劳研究实验室"。在江南的南通大生纱厂，他在第一年的调查基础上，第二年带了助教和实验员，做了整整半年研究工作，取得了一定的成果。《一个工厂中室内气象研究》的文章，就是根据其中的部分结果写成的。他还应厂方的要求，设计了一套"纺织工操作测验"，取得了许多数据，后因卢沟桥事变，仓皇出走而散失。从 20 世纪 50 年代后期开始，他带领一些年轻教师和研究生继续进行工业心理学研究。在杭州市的部分工厂，开展对事故分析、细纱工培训、操作分析、工艺流程、视觉疲劳等方面的研究工作。他们下工厂蹲点，对新手进行培训，充分肯定反馈在培训中的作用，受到了厂方的欢迎。1957 年，陈立代表我国心理学界去民主德国考察劳动心理学。回国后，他在

陈立

《心理学报》上发表《民主德国的劳动心理学》一文，充满信心地描绘了我国工业心理学发展的前景。1961 年，陈立获准在杭州大学教育系招收中国有史以来第一届工业心理学硕士研究生。当到第三届研究生时，由于“四清”运动和随之而来的“文化大革命”而被迫终止。党的十一届三中全会以后，我国进入了改革开放的新时期，培养工业心理学人才迫在眉睫。陈立以强烈的责任感和事业心，积极投入我国第一个工业心理学专业的建设与发展工作。他亲自与机械工业部等工业部门的领导联络和商谈合作，于 1980 年建立了与工业部门直接挂钩的面向实际应用的工业心理学专业。他在该专业的培养计划教学方案以及课程设置的设计与实施方面都做了周密而富有成效的工作。杭州大学工业心理学专业因此成为我国首批经国务院学位委员会批准的有博士和硕士学位授予权的专业，并被国家教委批准为国家重点学科点。近十多年来，该专业不仅为我国培养了一大批高质量的工业心理学人才，而且也为各个行业的厂长、经理举办了数十期管理心理学培训班，于 1990 年荣获全国普通高校优秀教学成果奖。1990 年，工业心理学实验室被国家计委批准为国家重点开放实验室。陈立在工业心理学方面的一系列工作，对这一学科在我国的开拓和发展起了重要作用。

陈立强调“科学要为人民大众服务”。并曾为呼吁改变中国科学技术的落后面貌而发表了多篇文章。

陈立

中华人民共和国成立后，陈立第一次有了优越的社会条件去实现自己从事研究的理想。从 1950 年起，他指导研究生在杭州市对幼儿园到中学的万余名儿童进行测量，从中按取样分类挑选出 4000 多名 4~15 岁儿童，对其身体发展（共 24 个项目）进行了广泛的测量研究，取得了中华人民共和国成立初期儿童生长发育现状的第一手资料。研究规模之大，在国内还是第一次，是后来国内这方面研究的先导。与此同时，为了适应工业生产的需要，他继续领导开展工业心理学研究，并亲自下工厂蹲点，使研究结合生产实际，受到工人和工厂领导的欢迎。

20 世纪 60 年代初，根据全国心理学会的科研规划，他又带头开展了认识过程发展规律的心理学研究，1965 年，他和其他人合作在《心理学报》上发表了《儿童色形抽象的发展研究》等 3 篇系列实验研究报告。可是，当时姚文元化名葛铭人在《光明日报》上抛出题为《这是研究心理学的科学方法和正确方向吗?》的攻击文章，煽动整个心理学界对陈立的心理学研究工作展开批判。尽管来自各方面的压力非常大，但陈立还是不畏强权，坚持真理。他当即在《光明日报》上发表《对心理学中实验法的估价问题》予以反驳。这就是心理学界轰动一时的“葛陈辩论”。

“文化大革命”后，被迫停止的心理学研究得到恢复。虽然陈立此时已是年近八旬的老人了，但他仍怀着激动与喜悦的心情，老当益壮，一心扑在事业上。著名女作家张洁曾在其长篇小说《沉重的翅膀》中如实地描写了他重振工业心理学的豪情。作为中国心理学会副理事长，陈立十分重视心理学队伍的建设与提高。在 1978 年全国心理学年会上，他提出举办高校实验心理学师资进修班的倡议，并主动承担了在杭州大学心理学系举办第一届进修班的任务。他还十分重视提高中国心理学的国际影响。1980 年 7 月，陈立任中国心理学代表团团长，率团出席在莱比锡召开的第 22 届国际心理学会议。会议期间，我国心理学会加入了国际心理学联合会。陈立在大会上作了“冯特与中国心理学”的报告，受到国际心理学界的热烈欢迎。会议前后，他们还抽空访问了联邦德国和罗马尼亚。回国后，陈立即着手创办《外国心理学》杂志，沟通中外心理学研究的信息。陈立任主编，他几乎每篇文章都要亲自审阅。刊物供不应求，深受广大心理学工作者的喜爱。1983 年 4~5 月，陈立受联合国教科文组织的资助组团去美国、英国考察工业心理学。回国后，他写了一份长达 40 多页的考察报告，受到国家教委和教科文组织的重视。他利用自己在国际心理学界的声望，不断邀请国际心理学界知名人士来我国访问，为促进国际科学交流做出了贡献。

从 20 世纪 90 年代开始，陈立又把目光转向学校心理学这一应用领域。为了更加重视和促进心理学研究结合中国实际的应用，他把《外国心理学》杂志改名为《应用心理学》。他在《应用心理学》杂志上撰文呼吁加强心理系学生的学校心理学训练，毕业后能在各中小学中开展心理咨询与学习指导工作。在当今的条件下，先从普教中的特殊教育做起。为此，他组织杭州大学心理系教师展开专题讨论，并对此提出课程设置的改革方案。

他自称“一生是个科普积极分子，从‘五四’时期起直至今天”，事实亦然。他是

“中国科学工作者协会”的发起人之一，长期以来担任科普协会、科普作协的许多重要职务，领导与参加了多种科普活动。是浙江省科协的名誉主席。1956~1988年，任中国心理学会副理事长。1989年迄今任中国人类功效学会名誉会长。他还担任其他一些社会职务，1984年迄今任国际组织发展学会顾问。1952年曾任九三学社中央参议委员会副主任。1954年任浙江省教育厅副厅长。1958年任历届全国政协委员，1978~1983年任浙江省政协副主席。在学术研究上，陈立具有强烈的民主意识。他认为独尊一种理论或一种方法就是学术上的专制，是肢解和毒害心理学发展的腐蚀剂。之后他提出要让在心理学研究中流行的费歇尔的析因分析改弦易辙，重视科学方法论的“证伪”，他认为只有求异才能真正推动科学进步。

“会心在四远，不是为高飞”，他引用潘天寿这两句警语以自励，默默地实践着他的人生诺言。

陈立是一位执着向党的革命者。早在求学期间，他就积极投身于爱国活动，参加了伟大的“五四”运动，确立了“要民主、要科学”的进步思想；“五卅”运动中，作为进步学生，他做了大量的宣传工作；当蒋介石在上海发动“四一二”反革命政变时，他曾积极奔走设法营救和保护地下党成员；新中国成立后，他参加了接管浙江大学和皖南土改等工作。陈立一直支持、参加革命活动，对党有坚定的信念和执着的追求，并为党的事业努力工作，在1979年他终于实现了自己的夙愿，光荣地加入了中国共产党。

陈立是一位成就卓著的科学家，是我国工业心理学的创始人、奠基者和重要的设计师，为中国工业心理学科的建立和倾注了毕生精力，作出了重大贡献。早在1935年，他就撰写出版了我国第一部工业心理学专著——《工业心理学概观》，系统地论述了工业心理学的基本问题和原理，从组织层面分析了工业心理学的应用领域和理论发展方向，成为我国的工业心理学乃至应用心理学理论发展的重要里程碑。陈立创新发展了智力与测量理论，他在国内开创性地运用经典心理物理实验和现代心理测量相结合的因素分析方法，对O因素取材进行了最广泛的研究，提出了“因素组成随年龄而简化”的理论，改变了他的业师斯皮尔曼的G因素不变说，被认为是对时相分析的一种崭新设想，确立了他在国际心理学界的地位，相关学术论文《一套智力测验在不同教育水平的因素研究》被国际著名心理学家泰勒（Tyler）先生认定为是对G因素的发展研究划阶段的论著。1950年，他调到中国科学院担任心理研究所筹备副主任，负责筹建了我国第一个心理学研究所。“文革”中，他不畏强权，为捍卫心理学的科学地位与姚文元展开著名的“葛陈辩论”，展现了我国知识分子浩然正气。粉碎“四人帮”后，不顾年事已高，他呕心沥血，不畏艰辛，为重建心理学科而日夜操劳，于1980年创办了杭州大学心理系，为我国现代心理学教学、科研和实践人才的培养建立了一个重要基地。同年，他率中国心理学代表团参加国际心理学会会议，使中国心理学会从此加入国际科联。晚年，他还撰写了《中国心理学应向何处去》一文，对我国心理学研究再次进行了归源与浚流。基于陈立对心理学研究领域作出的成就，1992年12月，他被授予伦敦大学院士，1997 年、1998 年，又分别被授予“中国心理学会终身成就奖”和“中国人类工效学会终身成就奖”。

陈立是一位德高望重的教育家。自 1939 年应竺可桢校长之邀来到浙江大学，他先后担任过浙江大学教授、文学院院长、浙江师范学院院长、杭州大学校长、名誉校长等职务，以 70 余年的教育经验，对学校教育制度的改革提出了一套完整的教育思想，而且亲自在实践中加以完善提高。陈立学术精深，教书育人、为人师表，在 90 岁高龄，还兢兢业业地指导硕士生、博士生和年轻教师。在他的培养和教育下，浙大心理学系涌现出一批年轻有才干的中青年骨干教师，为国家培养输送了大批人才，他本人也因此而获得教育部颁发的优秀教学成果奖。他治学严谨，诲人不倦，强调扎实的基础和开拓创新的能力，是我们每一个师生学习的楷模。他作风民主、品德高尚，热情关心青年人才的成长，他以自己全部的心血和精力点燃了知识和道德的火炬，引导着一代又一代的师生攀登科学高峰。

陈立又是一位有高度事业心和奉献精神的社会活动家。1952 年 12 月陈立加入九三学社，1956 年 5 月任九三学社杭州分社筹备委员会主任委员，是九三学社浙江省组织的创始人之一，为九三学社在浙江省的创建和发展做了大量工作。在担任省人大代表、政协和九三学社领导工作期间，乃至年迈卸任之后，他都积极参政议政，反映社情民意，为国家、为浙江省的科技、教育事业和中国共产党领导的多党合作事业做出了积极贡献。晚年，他还努力为浙大的跨越式发展和实现创建世界一流大学的办学目标积极建言献策。陈立热心科学普及工作，是我国科普宣传工作的开拓者之一。早在 1945 年，他与苏步青、王淦昌等科学家一起在重庆发起成立了中国科学工作者协会，并于 1948 年担任中国科技工作者协会杭州分会的首任理事长。1949 年 6 月他又发起并组织了浙江科普工作者协会，并长期担任了浙江省科普协会主席、浙江省科普作协理事长等工作。

陈立的一生，是追求真理、献身科学的一生，是光明磊落、无私奉献的一生。他俭朴刻苦，淡泊名利，把毕生精力奉献给了祖国的科技和教育事业，为中国工业心理学科的建立和发展做出了不可磨灭的贡献。陈立的逝世，不仅是浙江大学的重大损失，也是浙江省、我国科学界教育界的重大损失。

威廉·冯特

中国社科院工业经济研究所专家团队、中国科学院心理所专家团队指出：华为的工业文化再造应当吸取中西方优秀的文化成果、包括管理心理学、社会心理学、企业美学、商业伦理学等学科以及这些学科的交叉学科的研究成果，以不断丰富新质生产力与企业 VI 系统的开发、企业 MI 的开发，这些都是工业文化创新的核心内容。

附录 2　用新质生产力开发企业 VI 系统

第一节　新质生产力的根本特点——创新

新质生产力是摆脱传统经济增长方式和生产力发展路径的先进生产力形态。它具备高科技、高效能、高质量的特征，并符合新发展理念的要求。新质生产力的形成是由技术革命性突破、生产要素创新性配置、产业深度转型升级等因素共同驱动的。

新质生产力以劳动者、劳动资料、劳动对象及其优化组合的跃升为基本内涵，以全要素生产率的大幅提升为核心标志。

新质生产力的根本特点是创新，关键在于质的优化，本质上是一种先进的生产力。

据 2024 年 4 月 12 日国家电网报报道：国家电网命名 2023 年度抽水蓄能建设“六精四化”示范工程。

国家电网有限公司抽水蓄能和新能源事业部印发通知，对 2023 年度抽水蓄能建设“六精四化”示范工程予以命名及表扬。浙江缙云、山东文登、辽宁清原、安徽桐城、浙江宁海、河南天池抽水蓄能电站共 6 个抽水蓄能电站获命名。

2023 年，抽蓄公司水电专业贯彻落实公司决策部署，大力推进抽蓄建设，基建“六精四化”管理体系加快健全，工程建设取得重要成效，在服务公司高质量发展、助推能源转型和绿色发展中发挥了重要作用。大批抽蓄项目聚焦“六精”进阶、“四化”提升，形成了一批具有示范效应、引领作用和推广意义的突出成果。为鼓励先进、树立标杆，持续推进“六精四化”，国网水新部组织开展示范工程创建活动。

据介绍，浙江缙云抽蓄电站高质量建设基建智慧管控中心，应用一批数字化技术，获得中国电力建设企业协会智慧工地管理成果奖；山东文登抽蓄电站创新提出并成功实践超小转弯半径全断面硬岩隧道掘进机（TBM）施工工法，推动我国抽蓄工程施工技术革新；辽宁清原抽蓄电站深化质量管控，专项设计工程污废水处理系统，机组提前投产，进度管理有成效；安徽桐城抽蓄电站无违章示范工作面创建成效好，并从设计源头优化 15 项关键工程，节约工程投资；浙江宁海抽蓄电站综合应用多种绿化技术，实施“一站式”安全教育新模式，安全质量效益明显；河南天池抽蓄电站突出设计优化和绿色建造，创新多项先进技术，有效保障工程质量。

用美学元素对企业 VI 视觉系统开发和创新，是国网缙云抽蓄公司在新时代的一种创新尝试。把书法家、画家的作品镌刻墨宝，既可丰富旅游文化，又可弘扬人文精神。抽蓄公司邀请中国书协书画家挥毫泼墨，既美化了抽蓄环境，又增添了人文内涵。

这种新质生产力的创新，很快被天喜集团、涛涛集团、阿波罗集团、嘉宏运动器材有限公司、晨龙锯床股份等公司学习借鉴。

在当今这个消费美学时代，产品的设计已经不能仅仅局限于满足功能需求，还要注重外观设计、包装设计和广告设计等方面的美学效果，以吸引消费者的眼球和激发购买欲望。

从著名书画家的作品中吸收营养，丰富创意美学，使之在产品、广告设计和营销策略中发挥作用。

创意美学是指通过创造性的思维和艺术表达方式，追求独特、美观和富有创意的审美体验。它不拘泥于传统的美学规范，突破常规、打破束缚，如从吴冠中、沙孟海、林风眠等一大批著名书画家的作品中找寻个性化、创新化的情感和想象力。

创意美学的出处可以追溯到 20 世纪初的现代艺术运动和文化变革。例如，达达主义、超现实主义和波普艺术家们通过不拘一格的形式和艺术表达方式，挑战传统的审美观念，追求创造性和独创性的美感体验。在当代，创意美学已逐渐渗透到各个领域，如品牌设计、广告设计、包装设计、时尚、建筑、摄影等。

第二节　新质生产力与工业文化再造：阿波罗

为了打造阿波罗公司的新质生产力，2024 年该公司开启了全新的一页。中国科学院心理所专家组和中国社会科学院专家组于 2024 年 4 月到阿波罗公司考察，了解到阿波罗公司面临的形势和难题后，专家团队决心与公司一起，学习中国质量之父刘源张“把最好的论文写在企业里”的精神，与该公司干部员工一起，共克时艰和难关。

阿波罗公司把“求真务实做民族工业，精益求精创百年品牌”作为自己的宏伟目标，专家团队与阿波罗理念一致、知行合一、精诚合作，与企业一起努力共铸百年品牌。

阿波罗于 2006 年 2 月 27 日在缙云县工商行政管理局登记成立。公司经营范围包括金属切削工具、金属切削机床、缝纫机制造、销售等。

中国科学院心理所专家组和中国社会科学院专家组于 2024 年 4 月到阿波罗公司考察

高新技术企业：浙江阿波罗公司

科学技术进步加快，数字技术、人工智能技术、生命科学技术、空间科学技术等对现有产业尤其是工业制造业产生了重大的影响。

我国经济也随之进入一个全新的发展阶段。为构筑中国式现代化强大的物质技术基础，党的二十大报告强调推进新型工业化，并且明确了到 2035 年“基本实现新型工业化”的宏伟目标。

阿波罗公司负责人王志伟怀揣着这个宏伟目标和热切情怀，投入到新型工业化的历史洪流中。工业化是指一个国家、一个地区经济体以工业为经济增长主要引擎，工业也是地域经济发展的支柱。

近年来，怀揣着民族复兴的志向，为了提高我国的国民生产能力及国际综合竞争能力，阿波罗奋力前行！

阿波罗在努力探索新质生产力的内涵与外延：

中国科学院心理所专家组和中国社会科学院专家组于 2024 年 4 月到阿波罗公司考察

把产品制造得具有超前性，要不亚于国际同行业、同类产品的质量，甚至超过它们，来跨越和突破世俗崇洋媚外的观念壁垒。

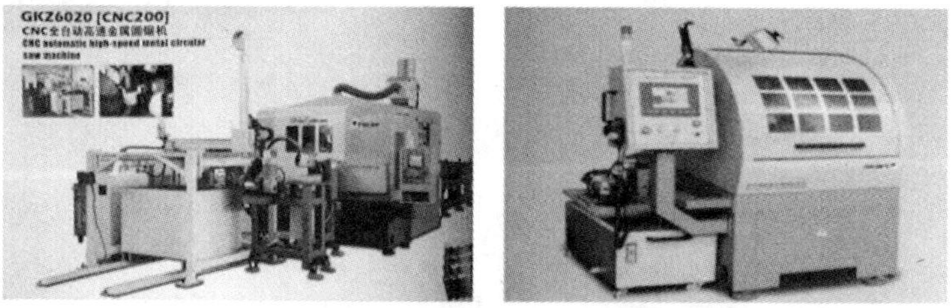

阿波罗 CNC 全自动高速金属圆锯机

中国科学院心理所和中国科学院专家团队认为，我国民营企业发展面临新的战略机遇、新的战略任务，关键要做好自己的事，提高发展质量，提高企业竞争力，助力增强国家综合实力和抵御风险能力。

阿波罗 CNC 全自动高速金属圆锯机

民营企业高质量发展是一场深刻的改革创新，是一项基础性、系统性的工程，任重而道远。持续深化改革、促进制度创新、完善市场环境，将优化发展落实到日常工作的方方面面，就能为民营企业高质量发展提供助力。

然而，随着高质量发展改革的深入推进和实施，民营企业发展效果是显著的，但在新发展阶段，已经开始出现边际效用递减现象，面临诸多困难和挑战，仍然存在着不少“短板”。

与此同时，国际环境复杂严峻，市场主体的需求日益多元化，如何满足市场主体对更快捷、更开放、更规范、更高效社会服务的需求？这些还在影响着民营企业家们投资的信心、创新的热心、做实业的专心以及高质量发展的恒心。

因此，民营企业高质量发展还需要进一步努力和完善，以更高站位、更强力度、更实举措予以应对和破解，切实推动民营企业高质量发展走深走实，迈上一个新台阶。

目前民营企业发展存在的突出问题和表现特征为：同质化、同思化、同值化，深陷“内卷”旋涡。随着市场竞争的加剧，民营企业产品同质化、思想同步化、价值观相似化的“内卷”现象日益严重。由于缺乏创新和差异化的经营理念，很多企业不得不通过价格战来获得市场份额，导致同质化竞争的恶性循环。

由于大多数民营企业存在起点较低、科技含量不高、核心竞争力不强等问题，因此发展缺乏长期规划，在选择项目时喜欢盲目跟风、仿效别人，什么赚钱就干什么，结果导致“同化性”严重，市场趋于饱和，竞争激烈。

因此，“同化性”问题严重等不良循环，导致企业缺乏核心竞争力，既影响企业经营，也影响资本市场的价值，阿波罗创建自己的新质生产力，就是要突破传统观念和企业发展瓶颈。

从民营企业的角度来说，过去只需要提供标准的服务就可以让消费者满意，可随着配套服务“同化性”问题越来越严重，要想在众多同类型企业当中脱颖而出，只有不断提升自己的服务能力和水平，用高于标准的服务去打动用户。

从理论上来说，优质的服务在一定程度上可以提升产品的平均价格，但激烈的“同化性”竞争又在某种程度上抵消了这种价格的增幅。那应该将着眼点放在哪儿呢？自然是特色和创新上。

高标准的服务只是一个基准，如果把这种基准当成了评判一家企业的标准，那就是方向性的“内卷”，进而导致这些企业混淆了发展方向，把基准当成了标准。并且，从本质上来说，由于企业把主要精力都投入到了提升服务上，在特色和创新方面自然会有所欠缺，而对于客户方来说，享受不到特色和创新带来的红利是一种更大的损失，而且这种损失无法通过获取服务红利弥补。

报告称，我国已经成为审理知识产权案件尤其是专利案件最多的国家，也是审理周期最短的国家之一。

报告介绍，我国知识产权案件数量正在迅速攀升。全国法院受理各类知识产权一审案件从 2013 年的 10.1 万件增加到 2020 年的 46.7 万件，年均增长 24.5%，比全国法院受理案件总量年均增幅高出 12.8 个百分点，反映出经济社会高质量发展对知识产权保护的需求明显增长。

涉及互联网核心技术、基因技术、信息通信、集成电路、人工智能及平台经济等方面的新型案件日益增多，复杂技术事实认定和法律适用难度加大，新领域新业态知识产权保护的权利边界、责任认定对司法裁判提出新挑战。

当今民营企业产权侵权易发多发，总量仍处于高位运行，涉及领域越来越广泛，主要包括制售假冒伪劣食品药品、医用防护物资、儿童用品、汽车配件、家用电器、机械设备、农资建筑材料等，严重危害群众生命健康和生产生活安全；侵犯商业秘密、假冒专利、网络侵权盗版等犯罪扩散蔓延，严重危害经济社会发展和创新创造活力。

随着电子商务、社交媒体、视频直播以及网络支付、快递物流等新业态发展，传统的制假售假、侵权盗版等犯罪活动呈现出向网上转移的趋势，与线下侵权相比，线上侵权行为更易实施、更加隐蔽、更为复杂，影响涉及面更为广泛，收集固定证据更加困难，权利人维权难度进一步加大。

伴随犯罪团伙化、链条化，一起案件往往涉及众多领域、多个地方，形成黑色产业链条，有的犯罪团伙甚至跨国跨境从事制假售假，直接影响企业的正常合法经营发展。

通过法律手段对商业秘密进行有力保护，有利于促进诚信经营、公平竞争，为企业经营发展营造良好的法治环境。对产权保护最薄弱的领域是中小型民企，对民营企业产权保护最薄弱的环节是对知识产权的保护。

中国科学院心理所和中国科学院专家团队曾帮助多个民营企业获得国家科技部、财政部的政策支持。潍坊这家公司在中国科学院心理所和中国科学院专家团队帮助下成功申报国家重点专项：潍坊市巾帼创业联盟企业——山东吉青化工有限公司申报的科技部国家重点研发计划绿色生物制造重点专项年度项目——“医用增塑剂绿色生物制造与应用关键技术”项目成功获批立项。

该项目获中央财政经费 3155 万元，将针对我国一次性医用 PVC 输（血）液器械中苯类增塑剂的安全性问题，攻克目前存在的原料、技术及产品瓶颈，构建新型生物基增塑剂分子设计与性质预测模型和安全性评价方法，创制生物基增塑剂合成为导向的关键酶和仿酶化剂，建立生物基增塑剂绿色合成路线，基于新型生物基增塑剂开发符合国家医用标准的一次性输血（液）袋、血液透析管路产品，完成应用示范。

中国科学院心理所和中国科学院专家团队认为，阿波罗打破世界俗和传统的观念壁垒的出路在于，在今后的制造业中，把新质生产力的前沿要素和工业美学等元素落地到应用美学学科中，寻找突破口。

工业美学（Industrial Aesthetics）也称作“技术美学”“商品美学”或“企业美学”。天喜研究院把工业美学的种种理念通过工业设计来实现，广泛应用到产品的构思、设计（功能、外观及传达等）、营销、服务，渗透到了每个环节。

阿波罗对工业美学的运用并非跟随审美时潮，而是以功能、技术、材料、形式等为基础去主导审美思潮，更有利于使自己的产品进入高端市场。

黑格尔说：“在艺术的真（认识）、善（伦理）、美（审美）三功能中，认识功能是最基础的、最根本的，三者统一于真。但是，真（To Be）、善（Ought To Be）、美（How To Be）三者，美是最高的真和善。”

中国科学院心理所、中国社会科学院工业经济研究所专家团队决心与阿波罗公司等优秀企业在官产学、产学研方面联手，为新质生产力的拓展、开发继往开来，勇攀科技创新的新高峰！

很多创意工作者和艺术家通过跨界合作、创新科技运用和自由思维等方式，展现出独特的美学理念和表现形式。创意美学已成为推动社会进步和文化发展的一股重要力量。

创意美学在产品设计中的角色非常重要。一个精美的外观设计能够给消费者留下深刻的印象，并展示出品牌的独特性和价值。

例如，苹果公司的产品设计一直以来都以简洁、时尚和高质感著称。其设备外观光滑一体，线条简洁明快，给人一种高端科技的感觉。这种设计不仅满足产品的功能需求，还通过艺术化的外观增添了产品的价值和吸引力。

在广告设计和包装设计中，创意美学同样发挥着重要的作用。一则创意十足的广告能够吸引消费者的关注、传递出产品的特色和品牌形象。例如，可口可乐的广告总是充满了温馨、快乐和自由的感觉。

无论是通过灿烂的色彩、动感的画面还是激情四溢的音乐，这些广告都创造出了独特的氛围，使消费者对产品产生好感，并激发了购买欲望。

包装设计也是创意美学的重要体现。精美的包装设计总能吸引消费者的眼球，使消费者产生一种视觉上的享受和购买的冲动。例如，Lush 品牌的香皂包装设计独特，用手工包装，每个香皂都有个性化的外观，通过丰富的色彩和有趣的形状来吸引消费者。这种包装设计不仅令人眼前一亮，还使消费者感到购买这款产品是一种独特的体验。

创意美学在产品、广告和营销中的作用不可忽视。它不仅能够吸引消费者的眼球，激发购买欲望，还能够传递品牌的独特性和价值。通过精心的设计和创意呈现，企业能够打造出与众不同的产品及其品牌形象，从而赢得消费者的青睐和忠诚度。

因此，在当今消费美学时代，创意美学的运用已经成为企业在竞争中的一把利剑，除了产品、广告和包装设计，创意美学在营销活动中也起到了重要的作用。

现代社会，人们对美有了更高的追求，他们更加注重产品的品味和品位。因此，企业通过营销手段来满足这种追求，如举办时尚展览、艺术活动或与艺术家合作。这些活动通过美学的创意呈现，让产品与艺术相结合，从而增加了品牌的吸引力和价值。例如，爱马仕通过与艺术家合作，推出了许多艺术家系列产品，不仅向消费者展示了高端奢侈品的品质，还增加了产品的独特性和收藏价值。如此种种，它通过视觉系统美学效果的提升，大大帮助企业取得商业成功。

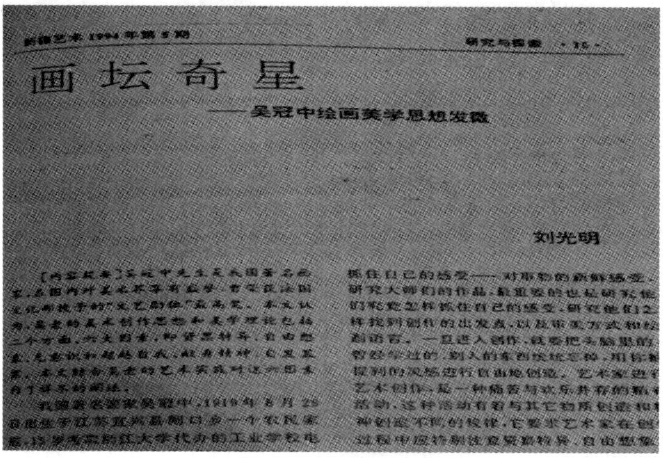
新疆艺术 1994 年第 5 期 研究与探索 ·15·

画坛奇星

——吴冠中绘画美学思想发微

刘光明

刘光明所作《画坛奇星》

给我们的启示

一代艺术大师

北京\刘光明

吴冠中先生是当今画坛上最具声望的
外都享有盛誉，曾荣获法国文化部授予的"
吴老 1919 年生于江苏宜兴闸口乡一
考取浙江大学代办的工业学校电机科，一年
国美术学院前身），从此踏上了漫长的艺术
经坎坷，奋笔挥洒，足迹遍及海内外，终于
代名家。他的画多次在新加坡、香港、日本、
地展出，其美术成就举世瞩目。他的《高昌
香港"苏富比"春季拍卖中，以 187 万港币
国际竞价中的最高纪录。
吴老为了创作一些作品，经常跋涉于
川、肩负沉重的绘画工具住返写生，拿他自
于一个货郎，担了一副货郎担，在祖国大地
生活，以创作出具有新意的，与人不同，与
作品。"东方人说过了这村就没有这店，西
可能第二次跨入同一条河流，太阳每天都
断创新的座右铭。他说，真正的创作历程
可能有重复，吴老当年在巴黎创作的人体
被毁于一旦，晚年来思念前半生人体中的
人体，虽似曾相识，但并非当年面目了。
生，以东方人之眼和手，回头来画青年时
物，作品中流露出思绪万千，吴老深有感
回顾旧时，每翻看 70 年代的旧作，感到表
够，于是又用油彩改画了一批旧作，赋旧作
吴老在创作过程中体悟到，一个成功的
得艺术法则，又不能死守法则，要努力发挥
的才能，进入创作时要善于捕捉灵感，这就
物的气味一样，紧紧地追踪它，追踪的过程
最后追到时，作品出来了，激动得一夜不
一无所获，失败了，但只要不断地

刘光明发表的文章

1980 年 7 月 26 日中央电视台、中央人民广播电台联播的《画坛奇星——吴冠中与刘光明对话》节目，影响了 20 世纪 80 年代的很多观众。

从 20 世纪 80 年代到 2010 年吴冠中因病仙逝，本书作者刘光明与吴冠中亦师亦友，刘光明收藏有大量吴冠中的绘画，其间有赠送企业家鲁冠球、中国人民大学校长袁宝华（后任中国企业家协会主席）等人。

浙江美术学院坐落在杭州南山路，从杭州南山路小学转学到浙大附小时，刘光明对美术、绘画有浓厚的兴趣，在杭州南山路小学二年级时获得了全国少年儿童绘画一等奖，从那时起，每到周末，就到柳浪闻莺的杭州市少年宫学习素描。

从南山路小学转学到浙大附小，即浙大求是村小学，就经常到浙江大学聆听马一浮、沙孟海的书法、绘画课。

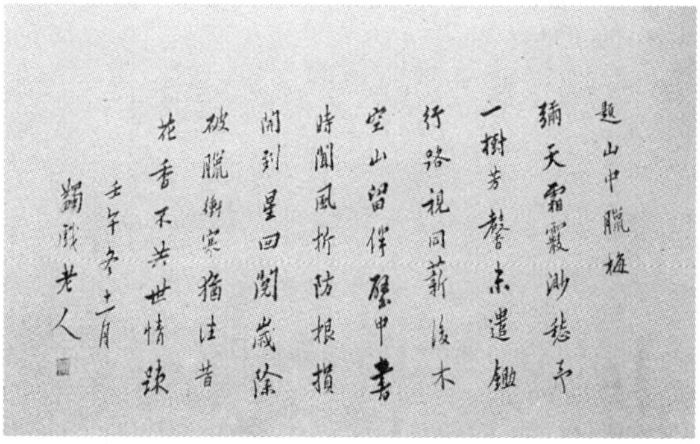

马一浮书法作品

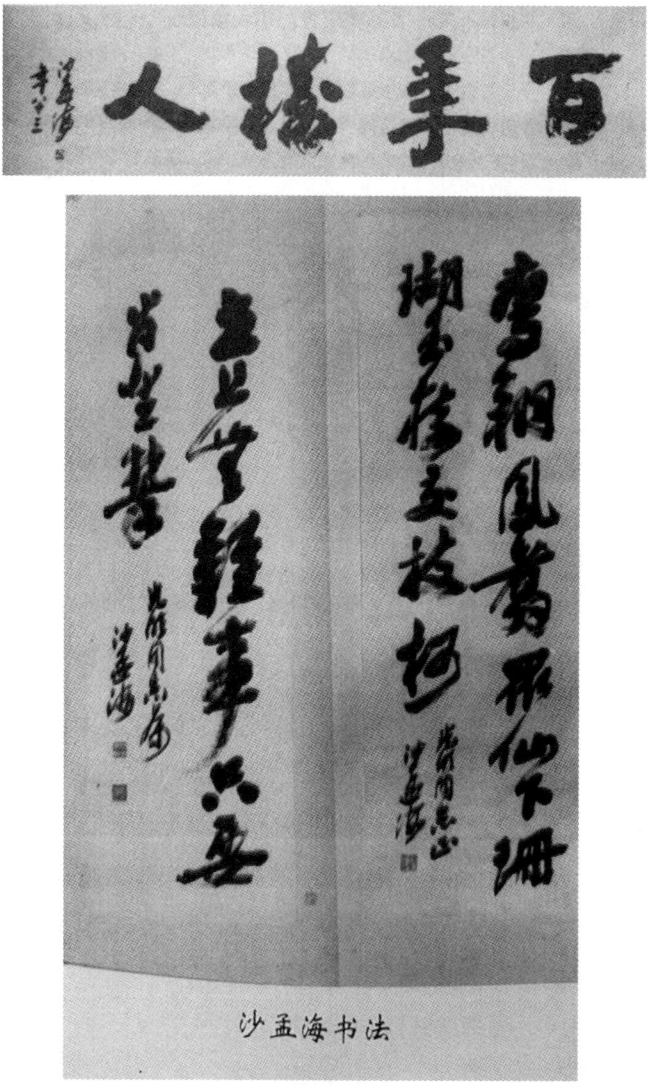

沙孟海书法

林风眠绘画作品

20 世纪 40 年代，吴冠中为浙江大学附设工业学校电机科学生，在暑期军训中与杭州艺专学生朱德群相识，决心学画，投考国立杭州艺术专科学校。

在国立杭州艺专学习期间，吴冠中的教师有林风眠、吴大羽、潘天寿等，学友则有朱德群、赵无极等。

吴大羽绘画作品

潘天寿绘画作品

吴冠中说：当年的杭州国立艺术专科学校改变了我的命运。吴冠中 1919 年出生于江苏省宜兴县。1942 年毕业于国立艺术专科学校，1946 年考取教育部公费留学，1947 年到巴黎国立高级美术学校，随苏沸尔学校学习西洋美术史。

吴冠中作品

吴冠中于 1950 年秋返回国内，先后任教于中央美术学院、清华大学建筑系、北京艺术学院、中央工艺美术学院。曾任清华大学美术学院教授、中国美术家协会顾问、全国政协委员等职。

吴冠中出版过《吴冠中素描、色彩画选》《吴冠中中国画选一辑》《东寻西找集》《吴冠中散文选》等著作。

1957 年，吴冠中 38 岁，在北京艺术师范学院任教。学校放假期间，他到江苏无锡、浙江绍兴等地写生。

吴冠中绘画作品

吴冠中在绍兴写生后，路经杭州，到浙江大学讲课，刘光明闻讯到浙江大学聆听吴冠中的美术课。

吴冠中绘画作品

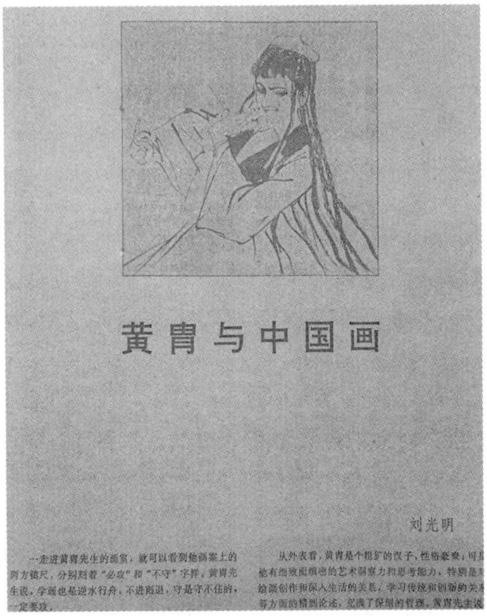

黄胄与中国画

刘光明

一走进黄胄先生的画室，就可以看到他画案上的两方镇尺，分别刻着"必攻"和"不守"字样，黄胄先生说，学画也是逆水行舟，不进则退，守是守不住的，一定要攻。

从外表看，黄胄是个粗犷的汉子，性格豪爽，可是他有细致而缜密的艺术洞察力和思考能力，特别是对绘画创作和深入生活的关系，学习传统和创新的关系等方面的精到论述，充满了深刻的哲理。黄胄先生说

刘光明发表的《黄胄与中国画》一文

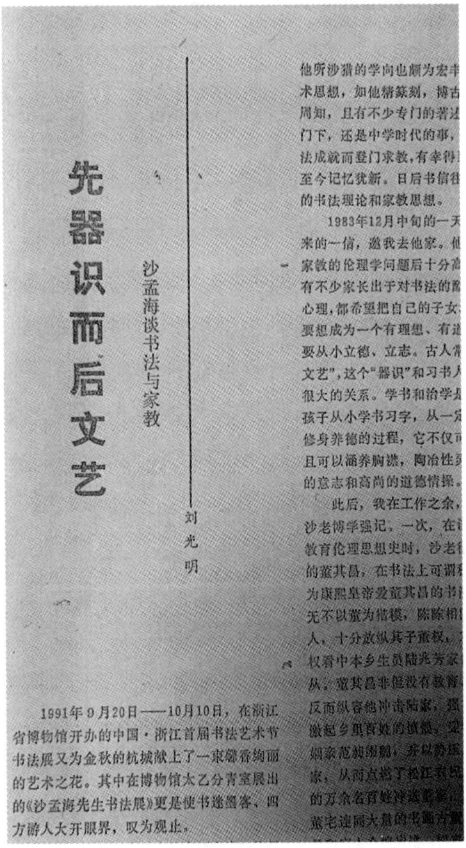

先器识而后文艺

沙孟海谈书法与家教

刘光明

1991年9月20日——10月10日，在浙江省博物馆开办的中国·浙江首届书法艺术节书法展又为金秋的杭城献上了一束馨香绚丽的艺术之花。其中在博物馆太乙分青室展出的《沙孟海先生书法展》更是使书迷墨客、四方游人大开眼界，叹为观止。

他所涉猎的学问也颇为宏丰
术思想，如他精篆刻，博古
周知，且有不少专门的著述
门下，还是中学时代的事，
法成就而登门求教，有幸得
至今记忆犹新。日后书信往
的书法理论和家教思想。

1983年12月中旬的一天
来的一信，邀我去他家。他
家教的伦理学问题后十分高
有不少家长出于对书法的酷
心理，都希望把自己的子女
要想成为一个有理想、有道
要从小立德、立志。古人常
文艺"，这个"器识"和习书人
很大的关系。学书和治学是
孩子从小学书习字，从一定
修身养德的过程，它不仅可
且可以涵养胸襟，陶冶性灵
的意志和高尚的道德情操。

此后，我在工作之余，
沙老博学强记。一次，在
教育伦理思想史时，沙老
的董其昌，在书法上可谓
为康熙皇帝爱董其昌的书
无不以董为楷模，殊不知
人，十分放纵其子董权，
权看中本乡生员陆兆芳家
从，董其昌非但没有教育
反而纵容他冲击陆家，

刘光明发表的《先器识而后文艺》文章

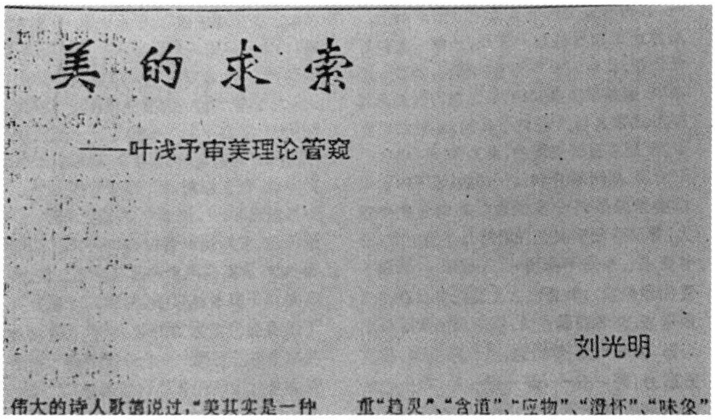

美的求索

——叶浅予审美理论管窥

刘光明

伟大的诗人歌德说过,"美其实是一种 重"趋灵"、"含道"、"应物"、"澄怀"、"味象"

刘光明发表的《美的求索》一文

在纪念马一浮 110 周年之际，刘光明在《浙江大学学报》1993 年第 6 期上发表了《马一浮书法美学思想评述》的文章。

在就读浙大附小期间，刘光明对马一浮的国学和书法崇尚有加，1993 年 6 月，他在《浙江大学学报》第 6 期上发表了《马一浮书法美学思想评述》的文章。

《泰和宜山会语》是《泰和会语》和《宜山会语》的合集。“会语”的意思是讲学聚会中说的话。时值日寇侵华，浙大辗转南迁，在经过浙江泰和以及广西宜山时，马先生在两地为浙大师生各做了一次演讲，《泰和宜山会语》就是这两次演讲的讲稿。两次演讲的内容，主要是有关宋明理学家所探讨的心性义理之学。

马一浮（1883~1967 年），当代著名学者、诗人、书法家，浙江绍兴人。初名浮，字太渊，后字一浮，号湛翁，晚号蠲叟、蠲戏老人。幼习经史，16 岁时应县试，名列榜首。

1899 年至上海学习英语、法语、拉丁语。1901 年与谢无量、马君武等创办《二十世纪翻译世界》，介绍欧美学说。

刘光明摄影

1903 年留学北美，后游历英、德，又转道日本留学。

1904 年归国后寓居杭州，潜心研读《四库全书》，贯通文史哲，融会儒释道，倡六艺统摄一切学术之说。

抗日战争爆发后，应竺可桢校长聘请，任浙江大学教授，后又辗转赣、桂讲学。

1939 年于四川乐山创办复性书院，任院长兼主讲。

抗战胜利后回到杭州，中华人民共和国成立后，马一浮先后担任浙江文史馆馆长、中央文史馆副馆长、全国政协特邀委员。著述宏富，有“儒释哲一代宗师”之称，著作辑为《马一浮全集》。

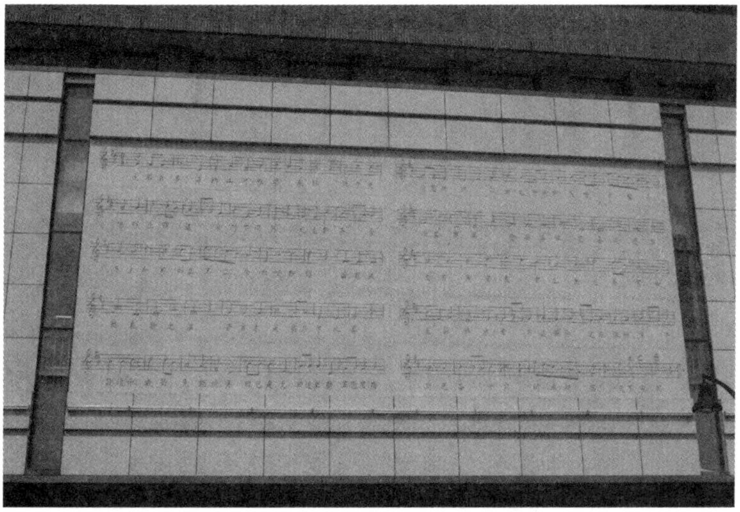

西湖花港观鱼马一浮纪念馆《浙江大学校歌》

西迁于广西宜山办学的国立浙江大学，由竺可桢校长主持校务会议，会议决定以“求是”二字为校训，并决定请著名国学家马一浮先生制作校歌歌词。马一浮先生不负重托，经过深思熟虑，从《易经》《书经》《礼记》等典籍中取材，引先哲嘉言，存为学至理，将一首文采斐然且言简意赅的四言体文言歌词向竺可桢校长交卷。歌词共148字，分三章。首章概括交代所有国立大学应有的大学精神；次章具体说明国立浙江大学具备的大学精神，阐发“求是”校训的真谛；末章铺陈描述国立浙江大学现在的地位和将来的使命。

竺校长在遵义新城何家巷主持召开行政谈话会。经过讨论，大家认为马一浮的歌词虽文理艰深，但含义深远，切合浙大的办学精神。

于是，会议议定：“将马湛翁（即马一浮）先生所著校歌歌词函请应尚能先生试作歌谱。”时隔两天，竺校长在竺士楷所做的会议记录上签名认可。十天后，竺校长致函应尚能，并随函附上校歌歌词。

应尚能接到竺校长的信函后，没有怠慢。他精心构思，反复推敲，用十多天时间始定稿。歌谱于8月7日即寄达遵义，送到竺校长手中。8月10日晚，竺校长来到浙大附中礼堂，听“回声”歌咏团试唱由应尚能谱曲的浙大校歌。经反复试听，略嫌长，未做定论，直到八点半才意犹未尽地离开。8月12日中午，竺校长知道丰子恺多才多艺，精通音律，曾谱写过校歌，因此将应尚能所谱的浙大校歌交给他，以备二三日后的试唱。两天后，处理完公务的竺校长邀请了各学院院长、教授，新聘的金城、丰子恺、邱仲廉等教员，还有学生虞承藻等人，反复听校歌的试唱。就这样，国立浙江大学校歌从歌词的制作到曲谱的落实，再到湄潭、遵义的两次试唱，历时近两年，总算尘埃落定，基本确定下来。随后，全校教职员和学生开始学习、传唱校歌。

马一浮的侄子马镜泉，他曾任杭州师范大学马一浮研究所副所长，退休后继续为马一浮的研究做出贡献。马镜泉与刘光明的关系非常亲密，为了出版马一浮先生的书法专著，刘光明教授多次到马镜泉家拍摄马一浮的书法。马一浮对侄子马镜泉疼爱有加，安排侄子在自己开办的复性书院就读。马镜泉的婚礼也是在马一浮的宅邸举办的，马一浮亲自为侄子主持婚礼，并写了结婚祝词。马镜泉先生一直从事行政工作，退休后开始专事研究整理马一浮相关资料，出版了系列书籍，并在杭州师范大学成立“马一浮研究所”，由校领导兼任所长，镜泉先生担任副所长。该所成立后组编了《中国当代理学大师马一浮》专集，1993 年牵头发起马一浮国际学术研讨会，并出版《马一浮研究论文集》。

程十发的美学元素在企业 VI 开发中的应用：

程十发（1921～2007 年），上海市金山区枫泾镇人。名潼，斋名曾用“步鲸楼”“不教一日闲过斋”，后称“三釜书屋”“修竹远山楼”。中国海派书画画家。

他在人物、花鸟方面独树一帜。在年画、插画、插图、特别的别具特色的书法等方面均有造诣。其得力于秦汉木简及怀素狂草，善将草、篆、隶结为一体。刘光明在《光明日报》《解放日报》《书法杂志》上均有评述，以下七幅书画作品已捐给上海博物馆。

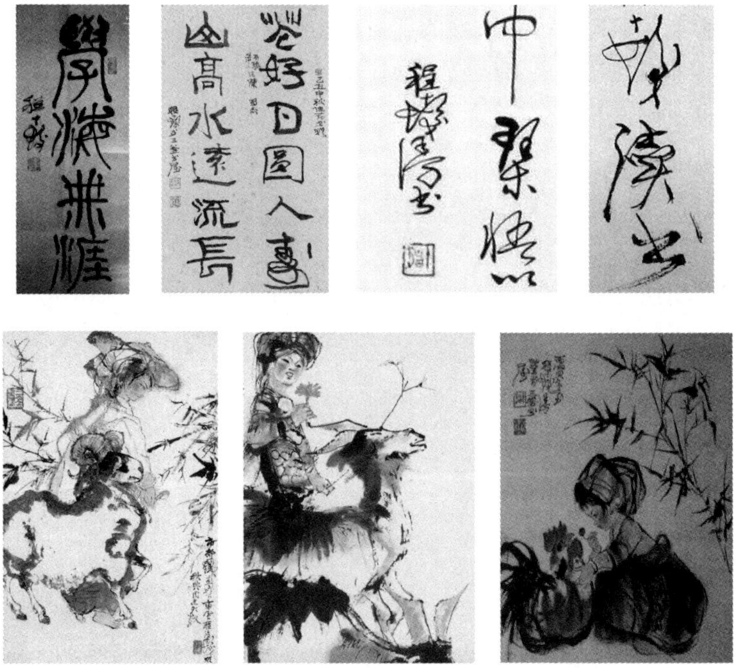

程十发作品

1985 年 5 月，由浙江大学美学教授陈望衡、中国人民大学美学研究所所长刘光明发起的沙孟海、董寿平美学元素在企业 VI 开发中的应用小型研讨会在杭州饭店举行。参加研讨会的有浙江省法制办包文中、浙江粮油进出口公司蒋明方、杭州拱墅区区长韩铁峰、沙孟海的学生祝遂之等。

董寿平作品

陈大羽（1912~2001 年），广东潮阳人，原名汉卿，其师齐白石为之改为陈翱，取字大羽。致力于大写意花鸟画的创作，兼及山水、书法、篆刻。

董寿平作品

陈冰心、陈大羽的美学元素在企业 VI 开发中的应用

陈大羽作品

陈冰心（1928—2015），浙江台州人。生前为中国美术家协会会员、西泠书画院特邀高级画师。曾任教华东艺专、南京艺术学院、无锡轻工业大学、浙江丝绸工学院（现更名为浙江理工大学）教授。1953 年毕业于中央美术学院华东分院（现更名为中国美术学院）绘画系。

陈冰心受业于潘天寿、黄宾虹等名家，特别是在南京艺术学院任教期间，得到国画大师刘海粟的指导，并常与傅抱石、钱松岩诸家琢磨技艺。

1959 年创作“叫高山低头、要河水让路”国画获全国青年艺术一等奖，在文化部举办的“迎接 97 香港回归的中国书画大奖赛”中其作品“香港朝旭”获优秀奖，1997 年在泰国举办的东南亚国际书墨画展中其作品“黄山人字瀑”获金奖，被世界文化名人成就金像奖。评委会等单位联合授予“世界文化名人成就奖”“世界艺术大师”称号，获推英国皇家艺术学院荣誉院士。

中国科学院心理所、中国社会科学院工业经济所专家组建议将这些中国著名的书画家的墨宝镌刻在抽蓄大坝上水库和下水库的巨石上，流芳千古，美化环境、弘扬人文精神、丰富旅游文化。

第三节　新质生产力与工业文化再造：赋能食品工业

品牌建设是一项持久、持之以恒的工作。中国社会科学院工业经济研究所的专家团跟踪杭州西子联合控股 20 多年，发现该公司董事长王水福特别重视质量管理，持之以恒地抓质量品牌。杭州市社会科学院院长史及伟、时任杭州市委副书记的蔡奇，都十分重视西子联合控股的发展，积极为该公司争取中国质量奖。

14岁半工半读，如今身家220亿，他说：向优秀的人学习才会更优

图中为王水福

王水福也是自 2012 年该奖项设立以来，浙江省唯一获奖的个人。

中国质量奖及其提名奖，表彰的是在质量管理模式、管理方法和管理制度领域取得重大创新成就的组织和个人。2021 年，全国范围内共有 9 家组织、1 名个人获得中国质量奖；80 家组织、9 名个人获得中国质量奖提名奖。

学习借鉴兄弟企业东风汽车诚信建设的经验

图为本书作者刘光明发言

学习西子的质量管理经验，成为空客、波音、庞巴迪零部件制造商

国家工商联、中国科学院心理所企业品牌与企业形象（CI）再造课题组，就 CI 的

视觉（VI）、听觉系统（AI）与企业高质量发展、新质生产力进行系统开发。

西子联合控股公司召开“建生活品质之城、尽企业社会责任”大会，倡导企业诚信精神

中国社会科学院专家团队考察“工业之父”张謇故乡南通

爱因斯坦认为：科学和艺术是相通的。

华为任正非的审美情趣体现在他偏爱的建筑设计中，其中吸收了吴冠中、启功的审美观点。任正非说：“华为的建筑美学，表面上体现欧洲的风格，其实我当时的灵感来

源于阅读了刘光明的《吴冠中创作美学思想评述》一文。”

笔者与全国工商联原常务副主席张绪武（张謇之孙）研讨高质量发展

吴冠中创作美学思想评述刘光明

Bai du 学术

论吴冠中的绘画美学思想

来自掌桥科研

作者 刘光明

摘要 论吴冠中的绘画美学思想刘光明中国人民大学博士生著名画家吴冠中先生五十余年历经坎坷,奋笔挥洒,足迹遍及海内外,他的画多次在新加坡,香港.日本,美国,法国,台湾等国家和地区展出,其美术成就举世瞩目.他的《高昌遗址 更多

关键词 绘画美学 / 吴冠中 / 艺术家 / 艺术创作 / 艺术创造 / 艺术实践 / 艺术本质特征 / 献身精神 / 托尔斯泰 / 想象自由

刘光明发表的《论吴冠中的绘画美学思想》一文

刘光明书法作品

在亚布力论坛理事长，泰康保险集团股份有限公司创始人、CEO，嘉德拍卖公司董事长陈东升非常赞赏中国书坛泰斗沙孟海的嫡传弟子刘光明所作的四尺书法条幅“金石寿”，在他的主持下，以 188 万元的价格拍卖成交。嘉德拍卖将前中国人民大学艺术学院丁方 1993 年的《土地历史英雄主义》作品以 11500000 元的成交。最后，全部捐给了新疆库尔勒失学儿童。

任正非的审美情趣与万向集团鲁冠球有共同之处，鲁冠球当年与中国书画家协会联手崇尚书画家吴冠中、启功的审美和艺术价值，在《企业转型升级与质量管理——西子联合控股公司的启示》一书中有文字记载。《光明日报》也有刊文。

图为华为公司内部建筑

企业转型升级与质量管理
刘光明 编著
企业
转型升级与
质量管理
刘光明 编著
——西子联合控股有限公司的启示
QIYE ZHUANXING SHENGJI YU ZHILIANG GUANLI
经济管理出版社

东莞
华为松山湖工业园

中国企业策划委员会与中国食品企业多次召开企业诚信研讨会和高峰论坛

中国制造业、食品药品的头部企业都参加了这次会议

应对风险是企业的必修课，这不仅关乎食品企业的能力，更影响着食品企业的生存，因此，风险管理和应对能力建设不是选修课，而是必修课。

中国科学院三航研究院新质生产力研究中心，探讨了自由氛围对营造创新、创造性工作的意义，包括使职工产生快乐的视觉功能系统（VI）、听觉功能系统（AI）和体觉功能系统（SI）。

全国工商联原常务副主席张绪武说："高质量发展离不开对人、人的行为的指挥系统——大脑以及视觉功能系统（VI）、听觉功能系统（AI）和体觉功能系统的研究，快乐情绪下的工作状态是高效率的、高质量的，所以对人的行为、情绪等的心理学研究非常重要。"

对美学的研究、评论，将提升人们的美学认知。例如，人们讨论吴冠中作品为什么那么值钱？吴冠中的作品之所以价值连城，主要原因是尺寸巨大。吴冠中的一些作品尺幅很大，如《荷塘》的尺寸为 144cm×368.5cm，这在他的画作中是不多见的，也是拍卖市场上出现过的最大幅的吴冠中的作品。

此外，吴冠中的作品之所以价值连城，与专家学者的认可有很大的关系，与人们对他的人品的评论也分不开。

上述案例，充分证明了企业诚信的力量、企业品牌的力量。

科学与艺术的交融、碰撞，往往是新质生产力的丰富来源。吴冠中在 1997 年，即 78 岁时，正处于创作的巅峰期。这一时期的作品通常具有较高的艺术价值。一是题材经典：荷花是吴冠中个人偏爱的题材，且数量并不多，尤其是水墨的荷花不超过 10 幅。物以稀为贵，这也是吴冠中作品价值的一个重要因素。二是艺术风格独特：吴冠中运用了抽象的表现手法，将传统的山水画元素与现代艺术的观念相结合，创造出新的视觉语言，这种创新性在艺术界备受推崇。三是艺术历史地位：吴冠中被认为是中国现代艺术运动的杰出代表之一，他的作品在中国和国际艺术界都备受认可，这也提升了其作品的市场价值。四是稀缺性：吴冠中的画作并不多见，因此在市场上相对稀缺，这也是影响其作品价格的一个重要因素。五是艺术市场繁荣：近年来，中国的艺术市场持续发展，许多中国画家的作品备受投资者和收藏家的关注，这也推高了吴冠中作品美学价值。六是版画收藏价值：吴冠中的版画作品数量有限，难以找到大量的真迹，尤其是限量版画作品，深受藏家青睐。七是艺术内涵与意境：吴冠中的作品能够体现出不同的内涵和意境，这也是其作品价值的重要组成部分。

综上所述，吴冠中作品之所以艺术价值丰厚，是由于其独特的艺术风格、巨大的尺寸、经典的题材、创新的艺术表现、艺术历史地位的认可、稀缺性、艺术市场的增长以及作品的艺术内涵和意境等多方面因素的综合作用。

以上吴冠中的创作思想常常激发制造业设计大师的灵感。

第四节　新质生产力与工业文化再造：天喜、华洋、锯力煌

大力发展工业旅游是国际大趋势，浙江缙云、青田是具有得天独厚优势的工业旅游胜地！

浙江青田，山清水秀，人杰地灵，文化灿烂，钟灵毓秀。黄仁勋的祖籍就是青田。2024 年春日，中科院心理所专家组、中国社会科学院工业经济研究所专家组到浙江缙云、青田考察。

青田历史悠久，有“中国石都世界青田”之称，有“石雕之乡华侨之乡”“名人之乡”的美誉。青田拥有世界农业遗产——青田稻鱼共生系统，青田石是四大国石之首，相传为女娲补天的遗石，封门青是三大印章之一。

图为本书团队调研青田时拍摄

图为本书团队调研青田时拍摄

截至 2021 年末，青田县境内拥有国家 4A 级景区 2 个：石门洞景区、石雕文化旅游景区，还有具有宗教文化特色的阜山清真禅寺等。

青田华商后裔黄仁勋的英伟达公司市值超 2 万亿美元。黄仁勋，1963 年出生于台湾台南，祖籍浙江青田，是一位美籍华人企业家，英伟达的创始人、首席执行官兼总裁。黄仁勋的父亲是一位化工工程师，母亲是一位小学教师。在父母的熏陶下，黄仁勋从小就对科技充满了兴趣。11 岁时，他随父母移民美国，在美国度过了他的少年和青年时代。在美国，黄仁勋学习刻苦，成绩优异。他先后就读于俄勒冈州立大学和斯坦福大学，获得了电子工程学士和硕士学位。大学毕业后，黄仁勋先后在 AMD 和 LSI Logic 等公司担任芯片设计工程师。在工作中，他积累了丰富的经验和技术，也萌生了创业的想法，他下决心在 30 岁之前创办一家自己的公司。

到了 1993 年，30 岁的黄仁勋与两位朋友共同创办了英伟达。当时，正值个人电脑市场高速发展时期，对图形处理芯片的需求也越来越大，英伟达抓住这一机遇，迅速崛起成为全球领先的图形芯片供应商。

在黄仁勋的带领下，英伟达始终坚持技术创新，不断推出具有颠覆性的产品。1999 年，英伟达推出了 GeForce 256 图形处理芯片，首次将 GPU 概念引入消费级市场，彻底改变了 PC 游戏产业。

近年来，随着人工智能技术的快速发展，英伟达的 GPU 产品也得到了广泛应用。

在数据中心、自动驾驶、机器人等领域，英伟达的 GPU 都扮演着重要的角色。

黄仁勋的成功，得益于他对技术的热爱和执着追求。黄仁勋从小就对科技充满兴趣，并将其视为毕生的追求。

他凭着敏锐的市场洞察力和战略眼光，准确地把握住了个人电脑和人工智能发展的趋势，并带领英伟达抓住机遇，取得了巨大的成功。

黄仁勋是一位出色的领导者，他凭着优秀的领导力和管理能力，把来自不同背景的人才凝聚在一起，共同为英伟达的发展目标而努力。他对科技产业做出了重大贡献，推动了图形处理芯片技术的进步：他领导英伟达推出了 GeForce 256 等一系列具有划时代意义的图形处理芯片，彻底改变了 PC 游戏产业。他推动了人工智能技术的发展：英伟达的 GPU 产品在人工智能领域得到了广泛应用，为人工智能技术的发展提供了重要的支撑。

黄仁勋是全球最成功的华人企业家之一，他的成功为其他华人企业家树立了榜样。英伟达在黄仁勋的带领之下，将继续在人工智能元宇宙等领域进行深入的布局，从而引领科技产业的迅速发展。

中科院心理所专家组、中国社科院工业经济所专家组和陈东升苏富比团队一起，帮助华为及浙江丽水缙云等企业探索产业合作的路径。

中国科学院心理所、中国社科院工业经济研究所专家团队促成泰康陈东升和拜博黎昌仁强强联手，成为全国最大的口腔连锁集团，也是泰康生态体系的重要组成部分

泰康陈东升创始人陈东升董事长邀请中国科学院心理所、
中国社科院工业经济研究所专家在学习会作报告

中国科学院心理所、中国社科院工业经济研究所专家团队促成了法国富翁德拉希 255 亿美元豪购苏富比后，苏富比股价暴涨 58.8%到 56.21 美元，总市值达到 26.2 亿美元。

在这场收购中，中国科学院心理所、中国社科院工业经济研究所专家团队又促成了嘉德拍卖老板陈东升斥资约 2.33 亿美元购买苏富比 791.87 万股股票，以 13.52%的持股比例成为苏富比第一大股东，仅仅这项斥资购得 700 多万股的股票，到 2024 年 1 月，增值了 14.5 亿美元。

目前苏富比前五大投资者分别是泰康资产、ThirdPoint、Alliance Bern、贝莱德和 Vanguard，股份占比依次为 17%、14.3%、10%、8.3%和 7.5%。

通过简单计算可知，泰康持有的股票按照收购价的价值达到 4.52 亿美元，三年股票盈利近 14 亿多美元，成为最大"赢家"。

缙云和青田紧密相连，水资源丰富并且温度适宜，非常适合人们居住。该县的历史非常悠久，在公元 696 年设县。同时内部的非金属矿产资源极其丰富，拥有各种矿产多达 3 亿吨，其质量位居全国第一。

中科院心理所专家组、中国社科院工业经济所专家组若能帮助华为及浙江丽水缙云的天喜、华洋、锯力煌等企业联手合作，势必将使各方的经营模式、产业发展产生核裂变的效果。

天喜、华洋、锯力煌发展蒸蒸日上

浙江锯力煌工业科技股份有限公司创建于1983年，是一家专业从事金属锯切机床及其自动化生产线的研发、制造、销售与服务为一体的国家级专精特新重点“小巨人”企业，是中国机床工具工业协会锯床分会理事长单位。

公司位于浙江省缙云壶镇（省首批小城市培育试点镇），总占地面积8万平方米，资产总值近3亿元，员工300余人，拥有现代化的厂房、专业的生产检测设备、一个富有创新意识的管理团队和一支高素质的员工队伍。

括苍山麓，好溪之滨，以品牌为恒，领跑锯切江山；群雄逐鹿，大业势兴，凭坚韧初心，成就客户价值！锯力煌，30年征途，30年凯歌，砥砺精进、锐意进取，以行业先驱之势，担纲未来，开创中国机械装备业全新发展格局。

调研锯力煌公司所摄

中科院心理所专家组、中国社科院工业经济所专家组希望促成天喜厨电、华洋赛车、锯力煌、抽蓄、金棒、阿波罗、鼎立、涛涛等企业强强联合，提升公司品牌更上一层楼，成为官产学联手的催化剂。

这里说的“官”就是地方政府。2024 年 4 月 17～19 日，县委书记王正飞率团到广东省广州市、佛山市、江门市开展“双招双引”活动。他强调，要深入贯彻落实习近平总书记重要指示精神，一以贯之抓好双招双引战略性先导工程，着力固底板、补短板、拉长板、锻新板、找跳板、树样板，进一步增创新之智、聚改革之力、强开放之能，切实筑牢缙云高质量发展的“四梁八柱”。

第 135 届广交会所摄

在第 135 届中国进出口商品交易会（广交会），王正飞先后调研走访了缙云县天喜厨电、华洋赛车等参展企业。每到一处，王正飞都与参展企业进行深入交流，鼓励企业坚定信心、抢抓机遇、鼓足干劲，充分借助广交会这个高水平开放平台“多交朋友、多看市场”，不断开拓新国内外市场。同时，他希望各企业要坚定不移抓创新驱动，不断提升自主研发能力，推进数字化、智能化、绿色化转型，努力做所在行业的先行者、领跑者。

缙云县委县政府也将持续深入贯彻落实省市关于“地瓜经济”提能升级“一号开

放工程”的部署要求，一如既往地重视支持企业发展，持续打造良好的营商环境，做企业开拓市场、创新发展的坚强后盾。

在佛山市顺德区恒维电子科技有限公司、江门市汉的电气科技有限公司等企业，王正飞深入企业展厅、生产车间，详细了解各企业发展历程、科研成果、生产工艺、市场规划等情况，并介绍了缙云在区位、交通、产业、营商环境等方面的优势和人文历史及发展现状。他指出，近年来，缙云坚定不移实施“工业强县”战略，聚焦聚力产业发展，逐步构建形成了机械装备、健康医疗、智能家电、短途交通四大主导产业。希望各位企业家到缙云考察，深入了解缙云，寻找更多合作契机，开展务实合作。缙云也将尽最大的诚意、最大的努力，为企业选择缙云、投资缙云、兴业缙云打造最优环境。

在江门市新会区，王正飞先后到中车广东轨道交通车辆有限公司、中创新航科技（江门）有限公司、陈皮村交易市场等地详细了解新会在产业发展、平台建设、创新服务方法、农业特色产业发展等方面的优秀经验做法。王正飞强调，各相关部门要善于取长补短、学以致用、有机嫁接，推动缙云“万亩千亿”平台建设、新型工业化、营商环境、农业产业化等各项事业全面升级、全面进步、全面发展。

同时，要借鉴学习新会陈皮在栽培技术、品牌打造、促进一二三产融合发展方面的经验做法，统筹抓好芥菜标准化种植加工、食品加工业发展等工作，加快从“产业”向“产业化”转变，让“五彩农业”真正成为“出彩产业”。

在江门市蓬江区，王正飞先后考察了电视剧《狂飙》取景地三十三墟街、百年华侨古村落启明里，实地察看蓬江文化保护、传承和利用情况，深入了解蓬江通过挖掘文化、活用文化，推进文旅融合发展的措施和成效。他强调，要坚定文化自信，依托仙都5A级景区等自然资源，充分发掘黄帝文化等特色文化，融合数字技术，全力写好文化、旅游、影视融合发展大文章，推动缙云“文旅+影视”产业高质量发展；要牢固树立保护与发展并重、生态与经济共赢的理念，学习借鉴启明里在古村落改造历史建筑修旧如旧和活化利用的经验做法，强化“微改造、精提升”，做到历史文化和现代生活的有机统一，助推缙云全域旅游再上新台阶。王正飞强调，此次考察学习既是一次解放思想、开阔眼界的学习之行，也是一次招商引资、谋划发展的实践之行。相关部门要切实把此次考察学习成果转化为务实管用的工作成果、向实而进的发展成果，进一步坚定强力推进创新深化改革攻坚开放提升的信心决心，跳出缙云看缙云，放大坐标找不足、提升标准找差距，把产业开放摆在更加突出的位置，进一步促进高质量“引进来”、高水平“走出去”良性互动。

一个地域的经济发展，要有强有力的一把手的推动，更需要有新质生产力的加持和官产学的联动，在这个基础上，形成生生不息的地域文化，反哺地域经济的高质量发展。

我们来盘点苏富比、佳士得、嘉德和保利拍卖行四大拍行各自发家和成名的精彩时刻。

拍卖，这种社会行为虽然在古罗马时期曾有过，但一直都没有形成规模。直到1744年，拍卖行这种以拍卖为手段的商业体系才最初形成，到现在，四大拍行形成四足鼎立的局面。

1744年苏富比在伦敦设立，它是全世界历史最悠久的艺术品拍卖商之一。该公司原来是由山姆·贝克（Samuel Baker）所创设，早年主要经营书籍拍卖，曾为史上杰出人士如拿破仑等人的大规模藏书提供交易机会。1778年，贝克辞世后，他的外甥约翰·苏富比（John Sotheby）继承了这份家业，并使拍卖行的业务更上层楼，苏富比拍卖行也由此得名。即便日后（1863年）苏富比家族与拍卖行的关系止步，但其名称却保留至今，成为公司资产的一部分。到了“一战”结束前，苏富比的拍卖项目已从古籍扩充至相关的版画、勋章与钱币等类别。苏富比也在此时迁往其位于新庞德街上的知名所在地，该址从此成为苏富比的伦敦总部。迁移至这条充满流行时尚元素的大街，同时也宣告苏富比新世纪的来临——画作与其他艺术品的成交金额终于开始超越书籍和文献类的拍品。

迈向更多元的拍卖范畴是相当审慎的决策，而引领此项变革的要角是大师级画作及素描作品。多元化经营的定调并为本公司日后在彼得·威尔逊（PeterWilson）领导下所展现的爆炸性成长奠立了深厚良好的基础。

威尔逊比对手们更早地意识到，艺术品是一个国际化的市场。于是，自1955年起，苏富比走出伦敦，在纽约、巴黎、洛杉矶、休斯敦等地开设办事处，强势扩张，逐渐垄断了重要艺术品的国际市场。到1977年，苏富比在纽约证交所上市，得到了22倍超额认购，股价在18个月内翻了一番。而这段由威尔逊执掌苏富比的时期也被认为是苏富比的黄金时代。

然而好景不长，随着20世纪80年代全球经济动荡，苏富比也陷入危机，连连亏损，资产价值减少到2000万美元。1983年，“救世主”美国房地产商陶布曼出现，以1.248亿美元收购了苏富比。

成为苏富比新主人的陶布曼，展开了大刀阔斧的改革：把之前主要服务于艺术品经销商的定位，改成提供全方位服务的现代化零售商，不仅为顾客提供资金、保险、存储、艺术教育等服务，同时还给他们这样一种自我认知：我是一个聪明、有品位的人。而且，苏富比还提供渠道，让顾客能够变成收藏家。他们拍卖美术品、古董、装饰品、珠宝等，一般每年举行春秋两季拍卖，并按成交价收取一定比例的佣金获得利润。此外，也为私人交易充当经纪人和交易商，并提供相关的金融服务，借款人可以用艺术品作抵押进行贷款。

目前由阿尔弗雷德·陶布曼控制的苏富比，其业务遍及全球34个国家，主要拍卖中心设在美国纽约及英国伦敦，并定期在世界其他13个主要艺术中心举行拍卖，包括中国香港、新加坡、澳洲、法国、意大利、荷兰及瑞士等地。

委托的拍卖珍宝包括拿破仑在圣赫勒拿岛的藏书、温莎公爵夫人（Duchess of

Windsor）的珠宝珍藏、积琪莲·甘迺迪（MrsJacqueline Kennedy Onassis）的遗产、林布兰（Rembrandt）的 *Aristotle Contemplating the Bust of Homer*、鲁本斯（Rubens）的 *Massacre of the Innocents*。还有毕加索（Picasso）的 *GarçonàlaPipe*、培根（Bacon）的 *Triptych*（1976）、巴登大公（Grand Ducal Collections of Baden）收藏的清乾隆的黄底花卉葫芦花瓶、约有 5000 年历史的“葛诺母狮”（Guennol Lioness）。此外，还有贾柯梅蒂（Giacometti）的 *L' Homme Qui MarcheI*、《大宪章》（*Magna Carta*）、美国独立宣言印刷首版以及小马丁·路德·金（MartinLu therKingJr.）的收藏品，等等。

作为苏富比的老对手佳士得要比苏富比晚 22 年建立。1766 年，一位来自澳大利亚佩思的苏格兰人在伦敦开设了第一家艺术品拍卖行，他的名字叫詹姆士·佳士得（James Christie），拍卖行也由此取名为“佳士得拍卖公司”。

1803 年，詹姆士·佳士得逝世，小佳士得接掌公司。在他任职的近 30 年中，拍卖成绩平平，只是将拍卖行由原来的泡尔路搬到了国王街 8 号，如今那里已成为佳士得公司的总部。

1831 年，小佳士得也去世了，有一个名叫威廉·曼森的人加入该公司，并掌管事务，公司于是改名为“佳士得和曼森拍卖行”。但曼森期间，拍卖成绩也不怎样，仅在 1848 年借斯笃大楼搞了一次长达 40 天的白金汉公爵藏品拍卖，也不过卖得 77562 英镑。1859 年托马斯·伍兹加入该公司，执掌大权，公司又更名为“佳士得、曼森和伍兹拍卖行”。从 1968 年开始，佳士得注意拓展国外业务，该年在日内瓦设立其第一个国外办事处，专营珠宝业务。1977 年又在美国纽约设立办事处，并举办拍卖会，大获成功，1979 年在纽约又设立一个新的办事处，名为“东佳士得”。

值得一提的是，1973 年佳士得成为大众投资的股份公司，股票在伦敦股票交易所上市，这样大大增强了公司的活力。20 世纪 80 年代是佳士得大发展的年代，1980 年纽约福特收藏馆的印象派画家作品卖得 600 万英镑，从此印象派绘画行情看好，有后来居上之势。1984 年对恰兹沃斯所藏的 71 幅 18 世纪前欧洲伟大画家的作品进行拍卖，合计卖得 2000 万英镑，其中拉斐尔的一幅作品卖得 350 万英镑。同年在赛福克的埃尔卫登厅举行的拍卖会也卖得 620 万英镑。

1987 年是佳士得辉煌的一年。一幅梵·高的《向日葵》拍卖价创历史最高纪录，达 2475 万英镑。另一幅梵·高的《钦克泰勒大桥》卖得 1265 万英镑。还有一幅德加的作品则高达 748 万英镑。

1987 年 3 月 10 日，起拍价 500 英镑的梵·高作品《花瓶里的十五朵向日葵》在竞拍中扶摇直上，最终以远远超出估价的 3970 万美元成交，创下当时梵·高作品的成交天价，买家为安田火灾海上保险公司董事长后藤康雄。这一举措，使得连那些对美术没有兴趣的人都认识了梵·高的“向日葵”系列。

另外，一部古登堡《圣经》卖得 326 万英镑；一颗重 64.83 克拉的法劳莱的钻石卖得 384 万英镑；一辆布盖提路易尔牌的轿车卖得 550 万英镑。

1988 年，梵·高、毕加索等人的作品都有拍卖好成绩，像梵·高的《拉沃克丝像》卖得 1375 万美元（733 万英镑），毕加索的《耍杂技的年轻小丑》卖得 209 万英镑。

同时，佳士得在东方拓展业务，在香港成立太古佳士得有限公司，这是佳士得公司在 1984 年设立香港办事处的基础上发展而来的。佳士得在香港的拍卖始于 1986 年。首次拍卖以 19 世纪和 20 世纪的绘画及翡翠珠宝为主，拍卖总成交额超过 1400 万港元（约 179 万美元）。一年后，瓷器和杂项也纳入拍卖项目。

如今，香港佳士得每年推出两次拍卖，分别于每年的 5 月底和 11 月底进行。拍卖种类高达十项，从中国古代艺术品到当代亚洲先锋艺术、西方珠宝翡翠及手表。

随着业务日益发展，佳士得进军亚洲，在各地设立办事处，包括中国台北、新加坡、中国上海（首个国际拍卖行在中国大陆成立的办事处）、中国北京、印度孟买、雅加达、马来西亚吉隆坡、韩国首尔及泰国曼谷；佳士得也把其商标权授予以中国为基地的北京永乐国际拍卖有限公司。每个设有佳士得代表处的国家，各个代表都是客户与专家之间的桥梁，同时为客户带来世界各地佳士得的拍卖信息。

拍卖行在中国的发展，首当其冲要介绍的就是嘉德（其公司名称也明显有模仿佳士得的痕迹）。嘉德是成立于 1993 年 5 月，以经营中国文物艺术品为主的综合性拍卖公司，总部设于北京。每年定期举办春季、秋季大型拍卖会，以及四期“嘉德四季”拍卖会。公司设有中国上海、中国天津、中国香港、中国台湾、日本办事处及北美办事处。

嘉德拍卖是一个专业化的拍卖公司，公司的行政管理强调国际化，这为其他同行树立了一个典范。用西方的现代企业方式运营，行政及业务都由相应专家把关。

嘉德的特殊之处在于，其创始团队成员绝大多数是博物馆、图书馆和大学等机构或是国家机关工作人员出身，具有专业的艺术眼光和资源调动能力。

1994 年 3 月 27 日，嘉德举办了第一次拍卖会，首场拍卖的成交额是 1423 万元，那时拍场落下的是被舆论界称为“当时国内最具影响力的第一槌”，那场春拍更被认为是“中国拍卖业开始进入现代拍卖市场的标志”，引起整个社会甚至世界级的反响。

它向外界发出了一个信号，表明了中国古代艺术品和当代艺术品都可能通过正当销售途径进入市场，也为日后业内创办艺术品拍卖公司做了很好的铺垫，把整个鉴定家、收藏家、买家、卖家、经纪人、评论家都带起来了，将整个市场树立起来了。

当时中央电视台影响力很大的“东方时空”栏目进行了现场报道：嘉德这声槌响预示着纽约、伦敦、北京三足鼎立时代的到来。

而后嘉德开创了中国拍卖行众多首次记录，第一次拍油画、第一次拍古籍、第一次拍珠宝、第一次拍邮票，也是国内艺术品拍卖首次设个人专场。

被 CNN、Dezeen 等媒体评为“最值得期待的新建筑”，同时被诩为“首都文化交流新地标”的嘉德艺术中心，正式开始向公众开放。嘉德艺术中心位于北京最著名的王府井商业街和新文化运动发源地五四大街的交界处，融商业与文化于一体。从嘉德艺术中心的建立可以看出，嘉德不满足于只做拍卖行。作为嘉德文化集团的总部，嘉德艺术中心将汇集艺术展览、艺术品交易、艺术品仓储、文物鉴定与修复、教育学术交流、五星级酒店等功能为一体，是亚洲首家“一站式”的艺术品交流平台。

据嘉德 CEO 寇勤介绍，“嘉德艺术中心是嘉德战略的一个项目，它是以嘉德集团发展为主要方向的一个平台和一个枢纽建设项目”。用嘉德创始人陈东升董事长的话说，“现在新开辟的这些项目虽然不是一眼看上去就能挣很多钱，但是非常重要，而且很长远”。其中，艺术中心开幕后重点运营的项目之一就是嘉德典亚。

嘉德典亚希望引导大家多关注拍卖以外的另一种交易模式，希望通过它让更多人爱上古董，爱上与艺术相关的生活，建成一个多样化的、具有亲和力的、稳定长久的综合艺术平台，才是其最核心的战略目标。

嘉德所做的拍卖、各种文化活动、艺术出版，包括今后的艺术展览、艺术教育，将构成一个整体的产业链条。届时的嘉德将发展为一个覆盖面完整的大文化运营范畴，从单一的拍卖模式走向了一个集团化、全面多元的战略发展方向。

保利拍卖公司是中国拍卖行业第二批兴起的佼佼者。2005 年 7 月 1 日北京国际保利拍卖有限公司正式成立，隶属于保利集团下的保利文化集团有限公司，近几年已经陆续在山东、厦门、香港、澳门、上海等地占领市场。

在这么短的时间内，保利拍卖迅速成为中国拍卖行业的“巨头”之一。这离不开其特殊的背景，保利拍卖隶属于保利集团这一国有企业。国有性质决定了保利在资金链以及市场运作上具有强大的后盾，同时他们集团内部人员的独特身份也为企业的发展提供了巨大运作空间。

同时由保利科技、保利地产、保利文化、保利能源等产业所组成的保利集团已在国内形成一个巨大的“品牌产业链”，这种无形的资产成为北京保利拍卖最大的一张底牌。

2005 年 11 月，北京保利国际拍卖有限公司在北京举办首届大型拍卖会。徐悲鸿、吴昌硕、林风眠、李可染、吴冠中等诸多中国画坛领军人物的宏幅巨制皆名列其中。

吴冠中的《鹦鹉天堂》以 3025 万元的成交价创吴冠中作品的最高成交纪录；黄胄的巨幅作品《丰收图》以 1595 万元成交，从而使黄胄跻身作品超千万元的画家行列。首场拍卖所取得的 5.6 亿元的成交额，也使北京保利一跃跻身于国内顶级拍卖企业之列。

然而，保利拍卖的突出表现还远不止于此，如 2009 年秋拍的“尤伦斯夫妇珍藏书画专场”。

在亚洲金融危机之后，多数大牌拍卖行在风险面前都选择了保守策略，但保利拍卖展现了不寻常的胆识和魄力，最终以 2.89 亿元的成交总额、2 件过亿元拍品的成绩奠定了北京保利在古代书画拍卖的优势地位，同时也提振了拍卖行业的信心。

2010 年春拍，保利拍卖再度上拍原藏于日本友邻馆的黄庭坚《砥柱铭》，最终以

4.368亿元打破中国艺术品全球拍卖最高纪录。

11年时间，保利拍卖近700亿元总成交额、第一只中国拍卖行业概念股，连续17次蝉联内地艺术品成交额榜首。2016年更是联手“艺术航母”、联姻“娱乐教父”，保利与娱乐公司华谊合作，落户上海成立保利华谊（上海）拍卖公司。并在2016年12月举行了首届艺术品拍卖会，最终以累计成交额8.37亿元收槌，正式进军上海艺术市场。上海也将成为保利继香港多地后又一拍卖战略性布局重地。

四大拍行的创立发展，一起展示了拍卖这一社会行为的演变。随着拍卖的环境和时代的变化，拍卖的物品和方式也更加多元化。面对资源整合的时代趋势，拍卖行作为二级市场，正在逐渐进入艺术市场前端产业链。

这些著名书画家创作的作品及其价值，不仅仅体现在市场价格上，更体现了他们的敬业精神，他们必定是千古流芳，是超越时代的存在，所以，世界著名大公司都收藏他们的作品，以示他们企业的美学素养。企业VI将世代留传他们的精神，这种精神潜移默化地表现在企业的产品设计、企业管理之中。

用新质生产力开发企业VI系统，任重道远，到2027年，传统制造业高端化、智能化、绿色化、融合化发展水平明显提升，有效支撑制造业比重保持基本稳定，在全球产业分工中的地位和竞争力进一步巩固增强。实施和推进这一目标的实现，必须用新质生产力开发企业VI系统。

用新质生产力开发企业VI系统，对于工业企业数字化研发设计工具普及率至关重要。目前，我国关键工序数控化率分别超过90%、70%，工业能耗强度和二氧化碳排放强度持续下降，万元工业增加值用水量较2023年下降13%左右，大宗工业固体废物综合利用率超过57%。

坚持创新驱动发展，加快迈向价值链中高端，加快先进适用技术推广应用。鼓励以企业为主体，与高校、科研院所共建研发机构，加大研发投入，提高科技成果落地转化率，也需要用新质生产力开发企业VI系统。

我们要优化国家制造业创新中心、产业创新中心、国家工程研究中心等制造业领域国家级科技创新平台布局，鼓励面向传统制造业重点领域开展关键共性技术研究和产业化应用示范，完善科技成果信息发布和共享机制，制定先进技术转化应用目录，建设技术集成、熟化和工程化的中试和应用验证平台，在实现上述目标的过程中，同样需要用新质生产力开发企业VI系统。

附录 3　推动企业诚信和县域经济高质量发展的实践者

诚信是中华民族的传统美德，是和谐社会的基石和重要特征。浙江省是习近平总书记工作过的地方，近年来，浙江深入学习贯彻习近平总书记关于新时代加强诚信建设重要论述精神，扎实推动信用浙江建设，取得了丰硕成果。

早在 2006 年初，时任浙江省委书记的习近平同志在《浙江日报》发表了题为“与时俱进的浙江精神”的署名文章，明确提出要与时俱进地培育和弘扬“求真务实、诚信和谐、开放图强”的浙江精神。

浙江缙云县县委书记王正飞，最近拟被推荐为“担当作为好干部”。①

① 资料来源：中国企业诚信网，http：//211. 161. 2. 172：8088/cms/credit/articles. jsp？ d=271958。

据悉

肖特玻管药用中硼硅棕色玻管窑炉是肖特第一座在中国本地运营的符合国际高品质标准的药用中硼硅棕色玻管窑炉，主要生产名为“菲奥来® B10棕色玻管”的高质量中硼硅棕色药用玻管。该项目的顺利运营，能够实现我国在无色玻管以及棕色玻管领域的本土生产和供应，彻底改变中国高端药用玻璃依赖进口的局面，是中国在高端中硼硅玻管行业发展的又一里程碑。

这一荣誉和推动企业诚信、基层诚信社会诚信建设和精神文明建设，不仅是对浙江官产学、政府、企业界、学界实现理想信念的褒奖，也是促进浙江经济高质量发展的重要动力。

上午9时25分许，胡海峰、王正飞、吴承根、曹马涛等共同敲钟见证浙江涛涛车业股份有限公司在深圳证券交易所创业板挂牌上市，股票代码301345。

在这个过程中，王正飞作为浙江缙云县委书记，始终秉持新发展理念不动摇，改革辟路、创新求实，唯实唯干、拼搏奋进、高质量建设“科创、人文、生态”的发展理念，不断推动企业诚信建设。在这一理念的指导下，涛涛车业（301345）于 2023 年 3 月成功上市，成为缙云县第一家上市，迈向全球户外休闲娱乐行业的领军企业。

王正飞率团赴德国、塞尔维亚开展经贸洽谈和友好访问活动 加快形成更具韧性、活力、竞争力的“地瓜经济”

缙云发布 2023-05-31 17:02 发表于浙江

王正飞在会上表示

塞尔维亚丽水籍华人华侨用青春的奋斗姿态影响着世界，表现出了特有的艰苦奋斗、团结创业的精神。希望塞尔维亚丽水籍华人华侨继续发挥海外华人在“一带一路”建设中的桥梁纽带作用，凝心聚力、团结互助、抱团发展，积极融入当地经济社会发展，做两国友好使者，促进中塞两国经贸合作、文化交流、传统友谊的进一步深化。

王正飞书记是企业诚信的推动者和实践者，他的经验和做法，不仅对于浙江的经济发展有着重要的启示和借鉴意义，也对于全国的企业诚信建设和县域经济高质量发展有着积极的促进作用。

丽水市第五次党代会描绘了全面建设社会主义现代化新丽水的美好蓝图，发出了永做“挺进师”、建设新丽水的动员令，提炼形成的“八个必须坚持”，为丽水未来大踏步前进、大跨越发展提供了根本行动指南。王正飞带领缙云全县上下将把学习贯彻党代会精神作为当前的首要政治任务，大力弘扬践行浙西南革命精神，坚毅笃行“丽水之干”，系统落实“八个必须坚持”，全力打好三场争先仗，奋力争当新时代“挺进师”中的排头兵。

打好生态文明争先仗，争当建设大花园最美核心区的排头兵。我们将以“立足百年做今天的事”的历史情怀，深入打好污染防治攻坚战，健全生态环境保护治理体系，加快推进智慧环保数改建设；大力发展节能环保产业，推进资源全面节约、集约、循环利用，进一步形成节约资源和保护环境的新格局，推进人与自然和谐共生的现代化。聚焦扩大仙都 5A 品牌效应、传承传播黄帝文化，加快创建国家全域旅游示范区，全力打造世界文化旅游目的地，进一步拓宽“两山”转化通道，在实现从生态保护到价值转化跃迁的过程中实干争先、提供更多的缙云经验。

打好经济发展争先仗，争当打造区域新增长极的排头兵。我们将坚定“山区县也能搞工业、山区县也能搞创新、山区县也能引进世界顶尖企业”的信心不动摇，把“双招双引”作为战略性先导工程，不断拓空间、壮产业、优环境，加快建设“万亩千亿”高能级产业平台，全力创建国家级高新技术园区；着力引进一批5亿元、10亿元以上项目；培育一批规模超50亿元、30亿元、20亿元的头部企业，不断壮大专精特新中小企业群体，打造更多“隐形冠军”“单项冠军”，在实现从要素驱动到创新驱动跃迁的过程中实干争先、展现更强的缙云担当。

打好富民惠民争先仗，争当打造共同富裕山区样板的排头兵。我们将始终坚持以人民为中心的发展思想，坚持城乡并重、区域协同，聚焦“四城一体”建设现代化花园城市、“两园驱动”推进产城人融合、“三乡并进”全域建设花园乡村，完善落实一系列暖心设施、暖心服务、暖心机制、暖心活动，推动群众普遍拥有更好的教育、更稳定的工作、更满意的收入、更舒适的居住条件、更高水平的医疗服务、更安全的生活环境，努力打造更有温度、更人性化的暖心之城，切实做到城市让生活更美好、乡村让生活更幸福。在实现从全面小康到共同富裕跃迁的过程中实干争先、贡献更大的缙云力量。

2023年，在浙江省制造业高质量发展大会上，缙云县获得全省制造业领域最高荣誉“天工鼎”。这是浙江首次设立“天工鼎”，根据综合指标，缙云在山区26县中排名前六，是丽水市唯一一个夺鼎的县。“浙江制造天工鼎”是浙江省继大禹鼎、平安鼎、创新鼎之后，又一个以省委、省政府名义颁发的鼎类奖项。此次“天工鼎”评选聚焦制造业质量变革、效率变革、动力变革和工作评价4个维度，设置了32项考核指标，是一次综合大考评。据悉，2022年缙云县同样获得了山区26县首个也是唯一一个浙江省“科技创新鼎”。

近年来，缙云县始终坚持把发展经济的着力点放在实体经济上，锚定“工业强县”战略不动摇，聚焦“产业链”提升，从平台、人才、科技、金融、产业链配套、营商环境等全方位赋能工业，加快从传统思维抓“生态工业”向系统打造“工业生态”跃迁。据悉，缙云县目前已集聚287家规模以上工业企业。2022年，丽水市规模以上工业产值率先突破400亿元大关；规模以上工业增加值从2020年的51.2亿元增至75.7亿元，年均增速23.9%；制造业投资增长42%，系近11年来最高；竞技骑行装备产业群入选省级“新星”产业群培育名单。

为破除山区工业空间掣肘，近两年，缙云县密集出台产业要素差别化配置政策，推动高耗低效企业升级上规或租售闲置厂房。通过收储、复垦、整合入园、项目置换、零地技改等举措，全县域推进低效用地盘活。2022年，全县整治提升企业53家，关停淘汰15家，腾出用地553亩，用能2428吨标煤，规模以上企业税收从2018年的16.8万元/亩提至25.4万元/亩，亩均增加值从72.5万元提至135.3万元，分别增长51.2%和

86.6%。缙云县入选丽水市亩均效益“领跑者”前 10 强企业 5 家，“腾笼换鸟、凤凰涅槃”攻坚行动获 2022 年度省级考核评价激励。

创新是缙云制造业发展的核心驱动力。近年来，缙云全方位突出企业创新主体地位，建立了整套创新培育机制与引才体系。截至目前，缙云全县新认定国家高新技术企业 46 家，省科技型中小企业 88 家，引进各类人才 8083 人。在创新引领下，一批富有市场竞争力的企业崭露头角，成为行业“领头羊”。当前，缙云拥有省级专精特新企业 32 家、国家专精特新“小巨人”企业 5 家、隐形冠军企业 5 家、首台（套）产品 27 项，专精特新企业占全县规模以上工业企业比重超 10%。浙江锯力煌工业科技股份有限公司新研发的 GY280 超级圆锯机，其锯切效率 500 平方厘米/分钟，达到国际先进水平。作为第三批国家专精特新重点“小巨人”企业，其始终深耕机械锯切领域的产业数字化转型和智能化服务，并完善构建智能化远程监控与运维服务云平台。公司所开发的国内首条锯床模块化组装生产线，实现全产品零部件加工数字化、组装标准化，相关产品锯切效率相较于德国 330/430 型带锯床提升了 150%以上。肖特玻管（浙江）有限公司近期成功投产菲奥来® B10 棕色玻管，这也是德国肖特首次将玻璃熔炼核心技术引入中国。自 2012 年来，肖特已三度投资缙云，令缙云成为肖特集团最大海外投资地，成为缙云近年来在项目招引上取得卓越成绩的一个缩影。

附录4　金棒集团数字化转型助力企业韧性生长

浙江金棒运动器材有限公司于2004年成立于山清水秀的浙江省缙云县壶镇经济开发区内，是中国乃至全球最早进行发光轮产业技术研究、技术革新与轮滑产品大规模生产的领军企业。金棒控股（集团）有限公司是一家主要以工业打印设备、自动化设备、体育健身用品（滑板车、新型滑板、滑冰鞋、电动车、家用健身车等）的研发、生产、销售于一体化的集团公司，总部生产基地位于浙江丽缙五金科技产业园区，其产品畅销欧美及亚洲等地区，树立了国内、国际市场的金棒标杆。目前，金棒控股已累计获得包括15项发明专利在内的国家专利550多项，科技成果转化130多项。集团目前拥有15万平方米的生产车间，1200多名员工，有全资子公司4家，控股公司5家，参股企业2家，分支机构分布在浙江丽水、杭州、上海、深圳，下属公司主要有浙江金棒运动器材有限公司、浙江普崎数码科技有限公司等。金棒公司倡导以人为本、尊贤重仕的企业文化，与员工共同发展、共同进步。近年来，金棒控股始终致力于绿色生产和智能化改造，先后建成全自动环保喷涂生产线、智能化立体仓库等项目，上线了一整套数字化管理软件，智能制造水平不断稳步提升。

企业韧性是指企业在面对不确定性和变化时，能够快速适应和应对，保持业务的连续性和稳定性的能力。企业韧性是企业在动态和复杂的商业环境中生存和发展的关键因素之一。具有韧性的企业能够更好地抵御外部风险和挑战、更好地适应市场变化、更好地发挥企业内部的创新和生产力。企业韧性可以通过提高组织的灵活性、创新能力、开展数字化转型、提高员工素质等方面进行提升。过去几年，疫情冲击、百年变局加速演进，外部环境更趋复杂严峻和不确定，企业的抗风险能力和韧性越发重要。企业韧性在相当大程度上体现为供应链的稳定运行能力和抗风险能力。通过数字化赋能，实现金棒公司组织结构的重构，实现产业间的资源整合、流程优化和组织协同，这样才能够把成本降到一个最为合理的水平。大数据与认知运算等数字技术能帮助企业对产品和服务的未来需求有精准、深入的理解和感知，实现从“描述需求”到“预测需求”的转型。数字化的协同管理，能够让企业可视化地把控市场需求变化，敏捷地进行需求预测，修正订货批量决策，应对价格波动、短缺博弈、库存平衡和环境变化等方面的博弈，有效把控生产、供应、库存管理和市场营销的不稳定性。金棒公司通过对供应链上各个环节的数据进行实时获取与分析，更好地支撑企业进行前瞻性的决策，从而更精准、更敏捷地把握市场先机，及时调整业务，保障企业获得最大收益。

调研金棒集团数字化转型创新

金棒运动凭借一流的生产工艺，极具创新意识的管理、研发团队及一支高素质的员工队伍，连续多年在国内同行中处于领先地位。目前金棒已经在运动健身产品电动化、智能化的发展方向取得重要突破，以智能短途出行工具为代表的系列产品已经在国际市场占有重要地位。自动化、数字化、智能化是传统制造业企业未来的发展趋势，只有不断提升管理信息化、装备智能化、生产流程自动化水平，才能突破发展瓶颈，推动传统产业不断做大做强。金棒集团推出的普崎数码已成为完成进口替代项目攻关、在国内第一家研发出超高速高精度数字喷墨标签印刷机的企业。金棒集团努力探索“智能工厂+产业链条”新生态，在融合新一代信息技术与先进制造技术的基础上，以数字化、补链化的生产形态，实现高效、高质、绿色生产目标，推动企业自身和下游产业的变革发展。金棒公司紧跟市场、适应市场、立足市场，从而获得了更好的发展。大量的信息数据为企业赋予了弹性，即实时信息数据分析、策略的即时调整。数字化转型是一项长期的工作，金棒公司一线员工不断提升自身的数字化相关技能和数字化思维，从而更好地运用数字化工具，为自己的工作赋能；同时员工充分发挥自己的反馈作用，借助数字化工具，及时把一线的需求、业务变化、使用情况进行反馈，有助于数字化系统的持续改进和转型的风险把控。

金棒公司在创建之初就非常重视品质，对生产的产品，从原材料采购、生产制造、质量检测等环节严格控制，确保产品符合高标准的品质要求。金棒拥有稳定的质量、最好的厂家直销价格以及为客户提供的周到的一站式服务。工贸一体的经营模式最终给消费者带来的是稳定的质量、周全的无缝式服务。作为一家年轻、积极进取的企业，金棒从当初设立之初就把“做全球最好的轮滑产品”作为公司的定位以及经营的宗旨。金棒企业不仅致力于世界市场的开拓，更加注重中国市场的培养。金棒为全球几十亿消费者提供优良的儿童轮滑产品，更加希望为中国的儿童带来最新、最刺激的超炫体验，精准周到的服务已经成为金棒的竞争力之一。金棒永远为优质产品而生，也必将因得到全世界客户认可的质量而引导这一新兴产业健康、快速发展。金棒企业不但投资各种专业性的技术研究项目、引进各种高精度质量检测设备，而且注重各种专业人才的引进与培养。专业的工程师、技术工人以及经验丰富的营销团队为金棒的迅猛发展提供了强大的支持。金棒企业推动了整个行业的健康、快速发展，同时也肩负着责任与使命。

附录5　国网新源浙江缙云抽水蓄能电站创新发展

缙云电站是浙江省重点建设项目，是当前浙西南在建最大的抽水蓄能电站，对促进当地可再生能源发展、扩大有效投资、打造“华东抽蓄基地”将起到示范作用。电站为日调节抽水蓄能电站，总装机容量180万千瓦，安装6台单机容量30万千瓦可逆式水泵水轮机组，额定水头589米，由上水库、下水库、输水系统和地下厂房等建筑物组成，具有削峰填谷、调频调相和“充放”自如等功能特点。电站工程总投资为103.89亿元，由浙江缙云抽水蓄能有限公司负责电站的建设和运营，隶属国网新源集团有限公司。

电站项目总投资为103.89亿元，是丽水市首个单体投资超百亿元项目，也是国网新源公司已建、在建抽蓄电站移民数量最多的项目。2020年8月20日主体工程正式开工。作为主要建筑物之一的上水库大坝长214米，最大坝高59.2米，自2021年8月31日开始填筑以来，参建各方接连克服了复杂气候条件、疫情反复等重重挑战，用时仅八个月就高质量完成了这项艰巨任务，展现了新时代缙蓄铁军精神。项目可研阶段建设总工期75个月，原计划2025年9月首台机组发电，2026年全部机组并网投产，根据建设进度和工期编排优化，力争实现2024年12月首台机组投产、2025年全部机组投产。投产后每年可吸纳24亿千瓦时低谷电量，提供18亿千瓦时的高峰电能，节约发电标准煤18万吨，节省燃煤消耗量约23万吨，每年减少排放二氧化碳约46万吨、氮氧化合物约0.12万吨、二氧化硫约0.31万吨，减少烟尘排放0.15万吨，极大程度地提高环境质量，对于实现我国“碳达峰、碳中和”目标具有重要意义。

缙云电站建设对促进地方经济发展、拉动综合消费投资、服务电网安全稳定运行有着至关重要的作用。电站开工以来累计缴纳税费超2亿元，为地方经济发展不断注入效能。由缙云县政府先行建设、缙云公司分摊出资的进场道路已全线投入使用，桥隧相连，将县城至方溪乡及电站现场路程缩短至14千米，通行时间从原来的近两个小时缩短为十五分钟，为缙云县南乡区块旅游产业发展打破交通瓶颈，有效带动了区域经济建设。同时，为实现生态文明建设、脱贫攻坚、乡村振兴协同推进，公司始终关注电站资源的综合利用，电站建设期间，对丰富的自然景观进行了大量的保护；电站建成后，可通过上下库区、闲置土地、太阳能、风能等优质资源的整合开发，研究推进“风光储一体化”发展，以实现高效清洁低碳发展，主动承担推动地方经济建设的重要使命。

时下的大洋山苍翠蓬勃，在群山环绕下，缙云电站上水库下闸蓄水，标志着该电站首个枢纽工程投入运行。上水库工程位于大洋镇漕头村，自该工程开工以来，参建各方接连克服超强台风、冬季严寒、夏季高温、全年多雨多雾等多重困难，用时 10 个月就高质量完成上水库堆石坝填筑。在上水库大坝面板浇筑中，为提升面板混凝土抗裂性能，国网新源浙江缙云抽水蓄能有限公司深化 VF 防裂剂、玄武岩纤维、耐碱玻璃纤维筋等新型抗裂材料研究应用，严格落实混凝土入仓坍落度、振捣、抹面、养护等施工过程管控，抢抓晴天施工窗口期，合理施工，赶在主汛期来临前，仅 38 天就高质量完成 1.4 万平方米面板浇筑，用实际行动展现缙蓄“新铁军”精神。漕头村四周的山脊上，奇石满布，令人叹为观止。为了保护自然景观，该电站在上水库工程施工中开展景观石保护措施研究，增加监测仪器、优化爆破参数、采取临时保护等措施，守护了大洋漕头周边十多处奇石。同时，缙云电站还时刻将生态保护作为建设过程中的核心内容，组建绿色生态攻关团队，研究形成整套边坡绿色支护施工工艺，目前已完成电站 9.2 万平方米边坡绿色支护。

缙云抽水蓄能公司积极践行“两山”理论，成立了“党建+绿色生态”党员青年服务队，严格执行水土保持设施与主体工程“三同时”，强化临时用地征用、水土保持防护和污废水处理过程管控。结合区域的环境功能要求，提出污染控制和预防措施，对电站产生的生产废水和生活污水严格实行零排放管理，每天由污水罐车运送至污水处理厂，设置洞室永久废水处理系统，实现方溪流域Ⅰ类水占比 91.8%、同比上升 3.7%。持续加强道路沿线和工程现场重点部位复绿工作，以“生态混凝土”科技创新为核心，落实三维植被网施工、珍贵树种移栽等措施，运用 TBS 系统做好边坡防护，建设上下库公路沿线绿色走廊，目前，已投入绿化工程 2000 余万元，以工程建设推动周边生态建设升级，全力打造“绿色电站”。公司自成立以来积极履行社会责任，切实保障电站建设者劳动权益，大力弘扬工匠精神，以竞赛比武为主线，加强安全、职业技能培训，努力将参与电站建设的民工兄弟培养成掌握施工技术、具备安全文明施工能力的抽水蓄能产业工人，实现其技能水平和就业竞争力的双提升。同时，工程建设可带动投资和相关产业发展，建设期间可提供各类岗位 5000 余个，有力地促进乡村振兴。缙云抽水蓄能公司秉承“特别能奉献、特别能吃苦、特别耐委屈、特别有办法、特别能战斗”的优良传统，统筹规划、精心组织，在保证工程安全和质量的前提下，稳步推进项目建设，确保如期完成电站各关键节点目标，早日实现工程投产发电。

缙蓄项目部坚持党建引领，始终贯彻落实以人为本核心，传承“地下铁军、水电劲旅”自强不息的精神，不断追求卓越、开拓创新，团结各方共建一座电站，造福一方水土，切实发挥企业文化在项目高质量建设中的精神引领和“软实力”作用，扎实推动企业文化在项目一线扎根、开花、结果。浙江缙云抽水蓄能电站自 2020 年 8 月主体工程开工以来，几经风雨、波澜起伏，在建设前期，工程面临巨大压力。面对困境，缙蓄项目部党政同心，坚持党建引领，抓住进度主线，盯紧关键线路，抓实关键任务，强化服务保障。缙蓄项目部在实干中找到破局解题、攻坚克难的自信和力量，时任国网新源浙江缙云抽水蓄能电站有限公司董事长章品勋曾用“党建引领好、组织协调好、队伍选择好、质量控制好、生产进度好”来形容这一华丽转身。缙蓄项目部牢固树立质量主体责任和终身负责的理念，筑牢全员质量意识，厚植工匠精神，广泛开展质量比武、质量攻关、拓缙 QC 小组等活动，对“履约创样板”进行了系统策划，精准组织实施了 20 余项“样板工程”创建。党建引领赋能科技创新，助推工程建设提质增效。缙蓄项目部把数字智慧、低碳环保、长斜井施工等技术创新工作进行课题式设计，抓实融合与创新。缙蓄项目部始终秉承“和建天下，品臻致远”的企业使命，积极与地方政府部门、业主单位开展联创联建活动。为切实保障农民工工资按时发放，项目部在每一个分包商营地醒目位置均设置了维权告示牌，同时与缙云县劳动监察大队保持良好互动，加大保障农民工工资支付宣传力度，将欠薪问题消灭在萌芽状态，让工友们不再“忧薪”。

附录6　三星集团积极履行企业社会责任

作为一家有责任感的企业，三星努力践行企业社会责任，利用领先技术和创新知识，为全球各地的青年提供优质教育，帮助他们建立一个更为美好的世界。三星的CSR愿景是“携手共创明天！为人赋能”（Together for Tomorrow! Enabling People），致力于创意和创新，与合作伙伴和客户共享价值，成为更受喜爱的品牌；持续充满激情的创新和最优化的运营，为世界提供最好的产品和服务；不断探索新的业务领域，在创新的过程中不断发展前行，成为受尊敬的企业。其目的是赋予新一代力量，激发他们的潜能，开展积极的社会变革，为所有人建立一个更为美好的世界。

一、教育

如今，在这个瞬息万变的时代，个人想要跟上时代的步伐，首要的前提是要接受优质的教育。而对于低收入家庭的儿童来说，受教育显然是一件“奢侈品”。作为一家有责任感的企业，三星利用领先技术和创新知识，为全球各地的青年提供优质教育，帮助他们建立一个更为美好的世界。可以说，力行企业社会责任是三星企业文化的一部分，以坚定的公益之心，相信三星会成为值得长久信任和喜爱的品牌。

三星在全球范围内根据不同地区的实际情况制订了差异化的教育计划。例如，“三星应对未来”（Samsung Solve for Tomorrow）是一项创新竞赛活动，让青年人针对现实生活中遭遇的问题，利用科学、数学知识提出创意解决方案。在中国，全国青年科普创新实验暨作品大赛自2013年启动，迄今已成功举办六届，吸引了全国超过21万名大学生参与，让每个热爱科技的青年都可以获得施展自我的舞台；由中国妇女发展基金会与中国三星共同发起的“三星探知未来科技女性培养计划”，利用国际先进STEM教育理念，旨在培养引领未来、自信自强、敢于担当、善于创新的科技女性。视障人士AI阅读助手活动（盲文阅读助手），能够帮助视力障碍人士更好地阅读书籍。三星希望这种永恒不变的创新精神，能够在中国广大青年中得到传承和发扬。除在中国践行社会企业责任外，三星还凭借多样化的企业CSR形式，为世界各地的青年提供宝贵的学习机会。“三星创新学院”（Samsung Innovation Campus）是一项为求职青年提供培训的计划。它为求职青年提供学习核心技术的机会，并通过全球ICT培训计划，帮助他们进入更具发展潜力的行业，如在泰国开展的编程课程和在土耳其开展的物联网课程。“三星智能学校”（Samsung Smart School）是一项利用三星数字设备和内容，为全球各地学生提供优质数字教育的计划。截至 2019 年底，该计划已让全球 380 万学生受益。

传统的科普教育注重知识学习，而中国三星更加注重知识科普与创新实践能力相结合。因此，中国三星利用自身在科技领域的资源和领先优势，在国内开展 Solve for Tomorrow 探知未来青年科普创新实验暨作品大赛（以下简称 SFT 大赛）以及“三星探知未来科技女性培养计划”（STEM GIRLS），积极为下一代科技人才培养提供学习实践和展示自我的公益教育平台。实现“科普+创意”融合模式，着力培养 20 万中国青少年树立科学兴趣、创新意识及解决社会问题的创新实践能力。

二、乡村振兴

三星入华以来一直以人才和技术为基础，持续不断完善创新机制，以优质产品和服务为中国消费者创造美好生活。责任管理是企业开展生产运营、实现可持续发展的基本前提。中国三星将社会责任培训纳入员工培训体系中，让社会责任融入中国三星全体员工的工作与生活。2023 年，中国三星召开“企业社会责任新三年战略”发布会，公布了企业社会责任的新计划，“未来三年，中国三星将全面实施新的公益战略：努力发展乡村产业融合振兴、科教融合模式创新、绿色经营技术出新”。新战略将成为中国三星全体法人践行企业社会责任的重要承诺，也为中国三星的帮扶村未来三年发展带来新的希望。

作为一家创新驱动型的跨国科技公司，三星一直以来都在突破自我、探索新的尝试。而对于乡村振兴，中国三星也同样提出了很多新的思路和想法。比如强调三产融合，强调提档升级、以点带面，强调人才培养和观念转变，强调乡村治理等，都是跟国家战略、乡村振兴的要求高度匹配。中国三星的乡村振兴项目，也成为新时期、新阶段，企业助力中国乡村振兴发展的成功样本。“劳有所业、老有所依、儿孙绕膝，生活富足、生产兴旺、生态优美”是中国三星对干埝村未来发展的期盼。因此，中国三星选定干埝村，希望把它打造为国家级的乡村振兴示范村，并把成功经验复制到其他村，促进实现共同富裕。

在中国三星的帮助下，干埝村通过增加一产、升级三产、人才培养的“组合拳”方式，建立起了良好的产业基础和人才基础。未来，中国三星将在现有的一产、三产的基础上，探索多产融合发展创新模式，围绕民宿旅游，充分整合种植业、养殖业、农产品加工业等产业，打造集民宿、旅游、餐饮、采摘、农产品加工于一体的旅游经济，不断丰富多样化的民宿旅游体验，增加村民增收渠道。除此之外，中国三星充分发挥能人示范带动作用，扶持一批有能力、有想法、有魄力的人才，利用家庭闲置资源投资创业，通过先富带后富，激发村民的内生动力，激活乡村生产力。同时，这些创业项目能创造大量的就业岗位，让村民实现家门口就业。一系列的措施将有效盘活乡村闲置房屋、土地及劳动力等资源，形成以民宿旅游为核心的产业生态，以产业振兴带动乡村全面振兴。

三、绿色生产

作为全球领先的跨国科技企业，三星始终把绿色经营作为企业经营的首要考量。三星的绿色经营理念已经融入绿色产品研发、企业生产经营、供应链管理等各个环节，全方位打造绿色产品，实现绿色生产，构建绿色供应链，积极践行“双碳”目标。生态环境是全人类面临的共同问题。中国明确提出力争2030年前实现碳达峰、2060年前实现碳中和的“双碳”战略。践行“双碳”目标刻不容缓。中国三星始终把“绿色经营”理念付诸企业经营的各个方面，从工厂的节能减排举措到各个产品中的环保意识，绿色已成为中国三星的发展底色。因此，环保也成为本次发布的CSR新战略中的重要一环。

节能减排，科技创新是关键。为了助力中国“双碳”目标的实现，中国三星将持续扩大创新技术研发，推进整机产品全生命周期实现无废化管理，并减少工厂废水、废气、废物排放和电力能耗，加快推动上下游3000家供应链企业绿色低碳转型，实践“绿色三星”的可持续发展。到2050年，三星将全面实现碳中和目标。秉承“做中国人民喜爱的企业，贡献于中国社会的企业”的初衷，中国三星不断将“分享经营”理念深入公益事业中，持续将经营成果回馈中国社会，为实现人民对美好生活的向往献计出力。未来，中国三星会基于ESG理念持续探索社会公益可持续、可复制、可借鉴的新模式、新思路，推动乡村、教育、环保走上可持续发展之路，在中国实现营商一地、造福一方的公益愿景。

三星的绿色经营理念首先体现在绿色产品设计研发上，如Galaxy S23手机，在产品设计之初，三星就把Galaxy S23的设计主题定义为“创造基本要素”，也就是说Galaxy S23将抛弃一切不必要的繁杂设计，只保留最基本的要素，从而尽可能地减少资源浪费。在材料方面，三星也尽可能选择可回收材料，Galaxy S23系列有12个内部和外部组件采用回收材料。不只Galaxy S23手机，三星的环保理念已经融入电视、冰箱、洗衣机、医疗健康以及低功耗半导体等全系产品中。三星BESPOKE缤色铂格洗衣机凭借AI泡泡净技术和可识别衣物类型的AI技术，在保障清洁的同时减少高达70%的能源消耗。三星BESPOKE缤色铂格冰箱通过定制化“成长式”搭配组合，搭载智能变频压缩机，可智能地调节压缩机的输出功率，带来更低能耗、更高能效的使用体验。

三星打造绿色工厂，实现绿色生产。三星的绿色产品给消费者带来了直观的环保体验，在消费者看不到的生产端，三星也尽可能地降低能源消耗。以建设绿色工厂为目标，积极推动各生产工厂优化用能结构，充分挖掘可再生能源资源潜力，充分利用建筑屋顶，设置光伏发电。中国三星提倡废物零填埋以及资源再循环，致力于构建零填埋工厂。以天津三星视界移动有限公司为例，工厂对液晶片清洗工艺进行了升级，减少了化学品清洗剂的使用，并通过有资质的废弃物处理处置企业，把废水处理后的污泥制成绿化土或者基质土，将污泥进行循环利用。在做好自身绿色经营的同时，中国三星还不遗余力地帮助供应链伙伴加入减少温室气体的工作中，打造绿色供应链。目前中国三星已有 4 家工厂入选中国工业和信息化部的绿色供应链管理示范企业。其中，三星电子（苏州）半导体有限公司成功入选 112 家“绿色供应链管理企业”榜单，成为苏州市工业园区唯一一家获此殊荣的企业。

在低碳发展的崭新时代，人类社会发展正在经历着一场重要变革，这对于企业发展提出了更加严苛的环保要求，同时也蕴含着新的发展机遇。在“绿色经营”理念的引领下，中国三星率先行动，以科技创新赋能绿色发展，从产品设计到生产流通再到回收利用，三星构筑起了产品整个生命周期循环体系，构建起可持续发展的新格局，成为外资企业绿色低碳发展的领跑者。

附录 7　天喜控股集团工业文化

天喜控股集团有限公司位于“全国综合实力千强镇”之一的缙云壶镇，创立于1996 年。经过 20 多年的发展，公司现已拥有厨电炊具、电子商务、教育投资三大支柱产业，员工 4500 余人。2021 年，集团销售收入达 30 亿元。拥有省级企业研究院、省级工业设计中心、省级企业技术中心三大研发平台，成立了院士专家工作站和省级博士后科研工作站，在浙江、广东有 3 个研发中心，累计拥有国内国际专利 670 余项，是新型智能厨电的创新领跑者。公司是中国金属餐饮及烹饪器具标准化技术委员会委员单位，《商用大容积压盖式压力锅》国家标准独家起草单位，并参与制定了《不锈钢压力锅》《铝压力锅安全及性能要求》等多项国家标准，获得中国标准创新贡献奖。

一、天喜控股集团企业文化

核心文化：快乐产生智慧，智慧创造价值；价值回馈社会，社会和谐共处。

企业使命：让全球用户悦享智慧健康的厨房生活。

企业愿景：成为全球最优质的智能厨电服务商。

企业价值观：匠人匠心，真诚守信。

发展理念：创新、品质、技术、成本。

管理理念：军事化管理、学校化提升、家庭化关怀。

企业质量观：不流出一件不良品。

二、天喜控股集团的服务理念

服务质量包括不限于和客户接触的全过程。天喜公司把自己定义为服务型企业，用服务统领全局。在设计理念上注重人性化设计，在销售中，把销售理解为“为用户提供增值服务”，在生产中确立了“下道工序就是用户”的品质观念，在售后方面把被动的提供变为主动的提醒。对于两年前的用户，天喜集团还保持一年多次的联系。总之，产品的服务质量是把其他质量传递给用户的情感纽带。

天喜控股集团承诺：

（1）不断增强全体员工的服务意识，站在企业社会责任的高度一丝不苟，明确本企业的经营方针和目标，并不遗余力地组织实现这一方针和目标。

（2）坚决实行质量否决制度，建立以质量为核心的各项管理制度，大力推进先进科学的质量管理方法，按照ISO9001系列标准，建立健全质量管理体系，始终不渝地贯彻实施质量管理原则，以满足消费者的需求、不断提高消费者的满意度作为企业永恒的质量追求。

（3）站在一切为了用户的角度，强化服务意识，完善服务体系，提高服务质量，时刻牢记用户永远是我们的上帝，坚持以完美的品质塑造消费者心目中的品牌。

（4）积极参与质量兴企活动，自觉接受经销商、消费者、社会、政府和新闻舆论的监督。

（5）严格自律，宣传贯彻《产品质量法》《消费者权益保护法》，不断强化职工的质量法治意识，提高自我保护能力，促进市场规范竞争。

天喜控股集团产业分为三个大的板块：厨电炊具、电子商务和教育投资。

浙江天喜厨电股份有限公司是一家智能厨电、炊具的专业制造企业。公司成立于2014年，注册资本3.6亿元，目前拥有员工近3500名，厂区总占地面积300亩，建筑面积30万平方米。2020年销售收入20亿元，主要产品空气炸锅排名全球行业前列。公司是“浙商全国500强企业”“国家高新技术企业”“浙江省隐形冠军”“浙江制造品字标认证企业”“浙江省绿色工厂”。拥有省级企业研究院、省级高新技术研发中心两大研发平台，累计拥有国内国际专利近400项。公司致力于成为全球最优质的智能厨电服务商，让全球用户悦享智慧健康的厨房生活，秉持“创新、品质、技术、成本”的发展理念，已经建立以北美、南美、欧洲、亚太、中东市场为主的覆盖全球的国际营销网络体系。

浙江天喜网络科技有限公司是天喜控股集团的子公司，成立于2013年，集生产、销售和物流于一体，自主品牌运营全网全平台覆盖，是丽水市电子商务的代表企业之一。公司坐落在山清水秀的浙江省丽水市缙云县壶镇，在职人员约100人，办公和仓库面积超过9000平方米，销售产品有保温杯、玻璃杯、保温壶、高压锅、厨房电器、厨房用具等家居日用品。2017年签约实力明星胡可加盟代言天喜品牌产品，同年天喜品牌国内销售额达到9000万元。在巩固自有品牌销售的同时，天喜公司也与多家国际知名品牌migo、vess和skater等展开合作，成为skater在中国区的总代理，2018年计划实现进出口额600万元。公司的销售渠道实现了天猫（https：//gianxijj.tmall.com/）、京东、唯品会、当当、拼多多等第三方网络平台全覆盖，目前有全国各地分销商达300余家，为解决当地青年就业做出了重要的贡献。

天喜控股武林幼儿园是天喜集团在壶镇投资建设的民办高端优质幼儿园，已于2017年底开工建设，总用地面积为9207平方米，建筑面积13699平方米，建设有班级教室、专业教室、行政办公室、食堂、教职工餐厅以及车库等配套附属设施，计划招收18个班540人。天喜控股武林幼儿园的创立，是天喜集团发展进程中具有里程碑意义的一件大事，更是壶镇幼儿教育事业发展的一件盛事，不仅可以改善壶镇基础教育设施建设、助推全镇义务教育的均衡发展，更是填补了民办优质幼儿教育的空白，将对地方教育起到积极的推动作用。

2023年组织架构将天喜的“三心两翼”发展战略模式继续往纵深方向拓展：以客户为中心、以生产计划为主导、以产出为核心，市场营销和技术创新为两翼双驱动。在全面信息化应用、数字化提升变革的阶段，通过以信息系统应用为工具载体，梳理生产制造体系、质量管理体系。各业务部门管理者应深入了解已有IT系统的业务流程，并不断提出新的管理创新需求点去改善升级。梳理发现软件工具、管理数据缺失等断点需求，引入信息系统（如APS、QMS、WMS）等IT软件资源对业务流程进行固化、线上化，使流程数据、结果数据显性出来，给运营管理、创新改善提供有效决策依据。提升工艺制造和突破质量大关，各制造工厂区域制管理分工，工艺、质量按能匹配对应的产品制造人员，全面强化生产现场工艺制造过程。由采购、质量、体系人员组成专项团队强化供应链二级供应商管理，从供应商质量、工艺、交付等多维度进行全面变革提升，全面强化供应商来料质量合格率。各生产部门需全面应用并复制推广MES生产制造执行系统，使工艺、质量、制造数据全面线上化，实现配件物料、组件物料、装配生产、产成品出货等全过程可追溯，为客户提供稳定可靠的产品品质，持续提升天喜工艺制造、品质制造的品牌影响力。

经历20多年的筑梦之路，天喜控股集团董事长吕天喜悟出了很多道理，他认为，做企业，不仅要有资金，成为“资本家”；还要有人才和技术，成为“知本家”；更要有把握各种复杂局面的智慧，成为“智本家”。逆境铸就人的坚强毅力，苦难唤醒人的优秀品质。吕天喜富了，却把“多创财富留社会，锈刻心碑念百姓”当作自己的座右铭。他认为，一个人能为社会创造财富固然是一种伟大，但又能给社会留下一笔精神财富更是一种永恒。一个人的最高价值体现，是把自己做大做强，才有更大的能力去帮助别人。

“在经济环境不景气之时，作为一家外贸型企业，不能过多考虑利润，应当想方设法，在不亏本的情况下，保住客户，保住市场，才能存活。”这就是吕天喜诚心待客的营销策略。其核心内容，就是企业主动向客户让利，共同面对瞬息万变的市场，实现买卖双方互赢，最终换取客户对企业的信任和认同，从而建立起长期的合作关系。“经义为利，义中取利”“以诚待人，崇尚信义”，维护好客户的关系，要靠心，用细心去发现，用真心去交流，用诚心去待客，一定可以得到意想不到的收获和回报。天喜集团在全国外贸出口大滑坡的严峻形势下，不仅客户没有减少，反而出现客户增加、交易量上升的可喜局面。吕天喜说，现代企业家必须具有三种能力：一是创新力，进行技术和营销模式创新；二是决策力，要防止一着不慎，满盘皆输；三是承受力，要学会坚持。当前，经济发展进入新常态，不少民营企业不适应，甚至陷入困境，吕天喜却认为，只有经历风雨，才能成就机遇人生。也许，这正是他“智本家”思维的体现。

附录8　浙江缙云金马逊与创新文化融合

“自强不息、坚韧不拔、勇于创新、讲求实效”的浙江精神，是浙江人民在长期实践中形成的。其义利并重、农商并举的文化传统哺育了浙江人特别能适应市场经济的思想观念和行为方式，成为发展市场经济的精神动力。浙江精神作为中华民族精神的重要组成部分，是浙江人民在千百年来的奋斗发展中孕育出来的宝贵财富，世代传衍，历久弥新，始终激励着浙江人民励精图治、开拓创业，显示出强大的生命力和创造力。创新之重要，从党的二十大报告中的两句话就能看出来：“坚持科技是第一生产力、人才是第一资源、创新是第一动力”“坚持创新在我国现代化建设全局中的核心地位”。改革开放以来，浙江能扮演领跑者角色，关键就在创新。浙江作为宋韵文化、良渚文化、江南文化的发祥地，正以高度的文化自觉、坚定的文化自信，加快打造新时代文化高地。创新是个系统工程，需要各类主体和要素融通创新、协同创新，因此必须讲创新生态的营造、讲体制机制的改革，致力于建立“产学研用金、才政介美云”十联动的创新创业生态。除大家熟悉的“产学研”“才政”这5个字外，还有“用”，是指科技成果的转化运用；“金”是指科技与金融的深度融合；“介”是指科技中介服务；“美”则是说美好创新创业生态环境；“云”指的是信息技术应用。

课题组考察金马逊企业文化与弯道工艺

缙云是全国唯一以轩辕黄帝名号命名的县，而当地祭祀轩辕黄帝的历史，可以追溯到东晋年间。“永嘉有缙云堂”“停余周而淹留，搜缙云之遗迹”等词句，出现在吟咏于山水间的谢灵运笔下，证实了黄帝文化在南方传播辐射的印记。文化的力量无远弗届。黄帝文化，正在历代的传承中大放异彩，成为增强文化自信、凝聚民族力量的重要载体。在浙江创新氛围下，加快打造新时代文化高地、构建起以文化力量推动社会全面进步的新格局中，近年来，缙云持续深耕黄帝文化、祭祖文化，积极促进产业与文化相互融合，实现文化有形化，深入实施创新驱动发展战略，努力打造浙西南科创高地。当地院校充分发挥以工科为主的特色优势，集中机械设计、智能制造以及新能源等方面科研骨干力量，既筑巢引凤，又固巢养凤，扎根缙云、服务缙云，促进缙云成为中国智能锯切装备生产的主要集聚地和中国特色机械装备核心关键技术研发高地。发挥高校人才、智力等优势，“一县一校”结对合作，是推进山区 26 县高质量发展的关键举措，也是浙江扎实推动共同富裕先行示范的必由之路。

课题组考察浙江金马逊机械有限公司

浙江金马逊机械有限公司的创新文化以浙江精神为底色，致力成为世界一流的弯管装备和精密导管制造商，为客户创造价值、为员工创造机会、为社会和股东创造效益。金马逊坚持“以高尚人品打造国际精品，凭技术创新铸就世界品牌”的企业理念，不断提升产品技术和质量，立志打造一个最专业的管路系统、航空航天零部件、管件成形装备等高端成形的制造基地，铸就良好的团队精神、创新精神，树立正确的发展价值观和回报价值观。本着生产一代、研制一代、预研一代的技术路线发展，与浙江大学、西北工业大学、南京航空航天大学等多所高校开展技术合作，与航空工业成飞、航空工业沈飞、航空工业西飞、中国航发沈阳黎明、航天科技天津火箭等多家央企建设研发平台或开展科研项目合作，针对金属管材塑性成形机理分析、工艺技术研究、实验验证等开展全面研究工作，不断攻克行业共性技术难题，产品技术不断超越欧美标杆，多项技术居国际领先水平，是我国率先建设起来的自主掌握航空航天超薄壁导管冷弯曲成形技术的核心团队。先后获得省科技进步一等奖、二等奖、三等奖，航空工业二等奖、国防三等奖等 21 项荣誉。

课题组考察浙江金马逊机械有限公司

浙江金马逊机械有限公司是国家重点高新技术企业，始终坚持科学发展观，创新人才观念，大力开展技术创新，科技攻关，建立省级（优秀）研发中心，与浙江工业大学、杭州电子科技大学建立了长期的产学研合作共建关系，在美国克利夫兰、德国汉堡设立境外研发机构；拥有涵盖机械制造及其自动化、机械设计及理论、液压与气动、机械电子工程、材料加工工程、固体力学、工业工程、测控技术与仪器、计算机等专业研发人员 36 人，形成各专业领域交叉结构，有效地提升了技术研发创新能力；金马逊自主研发的 325 型数控弯管机是世界上最大规格的缠绕式数控弯管机，多轴伺服驱动数控弯管机技术已经进入世界前 5 强；突破 5 项国际共性技术，承担 11 项国家、行业标准主要起草工作，综合技术实力已经位居全球前列。

浙江金马逊机械有限公司长期坚持高比例科研经费投入，不断深入开展金属材料和新型复合材料管类零件及航空航天零部件构件成形工艺、装备结构、模具技术、软件技术研究，开发飞机、火箭、航空发动机、核电装备、精密仪器等管路系统管配件和结构件的研制。先后在飞机液压、燃油、环控等管路系统、长征运载火箭、液氧火箭发动机、涡扇航空发动机、燃气轮机、核电蒸发器、热交换器、高铁动车组、船舶发动机等领域管路和结构件成形技术及成套智能装备上取得关键技术突破，攻克多项国际共性技术难题，多项技术居国际领先水平。承担航空、航天、航发、核电、高铁、舰船、精密仪器等高端金属材料和新型复合材料管路管件、喷嘴、喷油环、燃烧室、机匣及结构件等加工业务。

附录 9　国网江苏省电力有限公司：人民电业为人民

江苏电力是华东电网有限公司的子公司，主要经营、管理、建设江苏省域电网，承担促进全省电力资源优化配置的责任。国网江苏省电力有限公司于 2017 年完成公司制改制，是国家电网公司全额出资设立的国有资产有限公司，也是国家电网公司系统规模最大的省级电网公司之一。公司主要从事江苏境内电网建设、管理，经营江苏境内电力销售业务，现有 13 个市、53 个县（市）供电分公司和 14 个科研、检修、施工等单位，职工 7.7 万余人，服务全省 4398 万电力客户，资产总额 3105 亿元。拥有 35 千伏及以上变电站 3240 座、输电线路 10.23 万千米。建设运行±800 千伏锦苏、雁淮、锡泰特高压直流和 1000 千伏淮南—上海特高压交流工程，初步形成以“一交三直”特高压混联电网为骨干网架、各级电网协调发展的坚强智能电网。

近年来，公司坚持以习近平新时代中国特色社会主义思想为指导，坚定落实“四个革命、一个合作”能源安全新战略。围绕国家电网公司和省委省政府各项决策部署，率先引领建设“能源供应清洁化、能源消费电气化、能源利用高效化、能源配置智慧化、能源服务多元化”区域能源互联网，加速推动电网向能源互联网转型、业务向用能服务转型、管理向高效智慧转型、经营向质量效益转型，全力构建起以能源互联网建设与运营核心业务为主体、能源互联网支撑业务和能源互联网新兴业务为两翼的能源互联网生态圈，努力将公司建设成为具有中国特色国际领先的能源互联网企业。

江苏省电力公司近年来狠抓企业文化与企业声誉建设，把企业文化、企业声誉、企业诚信建设落到实处，落实到服务电力客户、服务社会发展中去，精神文明建设等各项工作成绩显著，公司荣获国家电力（电网）公司双文明单位、江苏省文明行业、全国用户满意企业、中国企业文化建设特殊贡献单位等称号。

一、公司宗旨：人民电业为人民

国家电网事业是党和人民的事业，要坚持以人民为中心的发展思想，把满足人民美好生活需要作为公司工作的出发点和落脚点。

企业核心价值观——坚持以客户为中心。

坚持以客户为中心的理念贯穿于公司生产经营的全过程，以市场需求为导向，大力弘扬工匠精神、专业精神，不断提升专业能力和水平，集中精力，心无旁骛，以钉钉子精神做好每一项工作，永不自满，永不停顿，努力做到今天比昨天做得好，明天比今天做得好。

企业精神：始终保持强烈的事业心、责任感，向着世界一流水平持续奋进，敢为人先、勇当排头，不断超越过去、超越他人、超越自我，坚持不懈地向更好质量发展，向更高目标迈进，精益求精，臻于至善。

二、公司文化的基本内涵

公司文化的本质特点是“先行文化”。近年来，公司大力倡导“创新当先行”的争创一流精神和“拼搏争先”的公司作风，把世界先进电力企业作为公司赶超的目标，积极推进体制创新、管理创新和科技创新，努力建设“争先+领先+率先”的先行文化，展现公司对江苏经济社会发展的先行作用。先行文化主要体现在“安全、发展、服务”三个方面，安全和服务落实在公司的每个人每项工作和每个环节上，发展突出表现为在同行中领先，努力建设国际一流的知名电力公司。公司能够位列全国电力同行前列的原因有不少，但强势的先行文化显然是其中不容忽视的重要因素之一。可以说，公司的发展过程实质上也是先行文化的实践过程。

三、核心思想

核心思想是公司文化的内核，由使命、愿景和核心价值观构成。

（一）使命

服务客户、福泽社会、惠及员工。

它是公司赖以生存发展的原动力，是公司存在的理由和目的。其内涵是：服务客户，意味着江苏电力视客户为上帝，其首要任务在于提供以客户满意为导向的服务，表明江苏电力是客户至上的服务型公司；福泽社会，意味着江苏电力立足于面向社会、面向现代、面向未来，其中心任务在于通过提供充裕、可靠的电力，配合政府政策稳定供电，推动江苏社会经济全面协调发展，表明江苏电力是负责任、可信赖的社会公用事业公司；惠及员工，意味着江苏电力把员工作为公司的强盛之本，其基本任务在于创造一个充满激情和活力的环境，使全体员工自觉为客户提供优质服务，表明江苏电力是注重员工业绩和贡献度、个性凸显的新型现代公司。

（二）愿景

成为国际一流的知名电力公司。

它是植根于员工心灵深处的共同向往，也是公司长期努力追求的目标。“国际一流”意味着：①品牌是一流的。江苏电力具有以安全稳定的电网做保障提供充裕可靠电力的能力，具有关心社会、关爱社区、重视环保的对社会负责的公司形象。②管理是一流的。江苏电力具有前瞻性的决策能力，具有适应经济结构和社会形态转变的创新能力，具有快速反应、立即行动、不留瑕疵的执行能力。③服务是一流的。江苏电力具有针对不同的客户、不同的需求，提供不同的因需服务的能力。④技术是一流的。江苏电力具有运用新科技提升电网安全稳定性、降低运行成本的能力，具有应用信息技术提升管理信息化水平的能力。所谓“知名”，就是江苏电力以其优质服务赢得社会的广泛赞誉，成为叫得响的、深受客户信赖的服务品牌。

（三）核心价值观

安全第一、客户至上、发展优先、员工为本。

它是公司最为看重的、用以约束自身行为的价值标准。安全第一：始终把安全生产放在第一位，当安全和效益发生冲突时，必须服从安全；电网安全关乎国计民生，确保电网安全是公司的第一要务；生命价值高于一切，人员安全是公司安全生产的根本；设备安全是安全生产的基础，必须时刻防患未然，主动消除隐患。客户至上：密切同客户的联系，一言一行、一举一动都要体现对客户的关爱与尊重；优质的客户服务是公司的立业之本，必须换位思考，借助于高品质的服务以提升产品的附加值；不损害客户一丝一毫的利益，对客户真诚无限。发展优先：把发展放在优先位置，保持适度超前发展，以满足社会经济发展的需要；谋划发展必须具有长远眼光，不可只重视短期利益而不顾发展前景；坚持走全面、协调的可持续发展道路，追求公司与社会及环境的和谐发展。员工为本：一切以人为中心，使员工真正成为公司的主体；信任员工，尊重员工，让每一个员工都以百倍的热情投入充满理想色彩的公用事业；对员工不懈地进行培训、教育，满足他们提高综合素质的需要；善待员工，维护和保障员工的合法权益，并重视提高他们的工作生活质量，以开掘创造公司未来的精神力量。

四、公司理念、公司精神、形象标语

公司理念是江苏电力人在实践中探索形成的关于安全、服务、质量等方面的基本信念，又是支撑广大员工日常行为的思想支柱。

安全理念：没有消除不了的隐患，没有避免不了的事故。

服务理念：始于客户需求，终于客户满意。

人才理念：为员工创造发展空间，为公司构筑人才高地。

质量理念：第一次就把事情做对，每一次都把事情做好。

绩效理念：全面衡量，重在改善。

风险理念：时时防范风险，处处控制风险。

团队理念：团结协作，追求卓越。

监管理念：服从监管，支持监管，依靠监管。

公司精神是江苏电力人在争创一流过程中所形成的精神风貌的真实写照，是凝聚全体员工意志、挑战公司成长、实现公司愿景的强大精神动力。

争先——敢为人先的进取精神；

领先——自强不息的开拓精神；

率先——追求一流的创新精神。

形象标语是展示公司姿态、树立公司形象的语言精要。有两条：汇聚智慧，传送光明；输送电能，传递关爱。

五、公司文化的实践与特色

“强企先强人，强人先铸魂”。通过培育和导入，“三先”精神逐步成为渗透员工血液的制胜基因，进而成为全体员工的群体意志和企业心理，它像一面旗帜，引导企业和员工始终保持“先人一步，快人一拍，高人一筹，强人一招”的拼搏争先当第一的精神状态，并在实践中用这种精神创造了公司辉煌。

在企业文化建设中，公司始终以核心价值观为指导，形成了富有个性、具有特色的“一、二、三”“先行文化”的基本模式，即构建一个支撑先行文化的制度体系，突出安全与服务两个重点，打造实践先行文化的三个平台（战略、人才、物质），使公司的先行文化充分凸显先进性、系统性和有效性。

六、突出先行文化的两个重点：安全文化与服务文化

电力行业关系国计民生，影响千家万户，它的生产特点和公共服务特性决定了安全是基础，服务是宗旨。在企业文化建设中，公司突出抓好安全文化与服务文化的建设至关重要。

七、公司文化建设

公司文化建设必须以优秀的文化改造不良的文化，引导公司持续健康发展。公司文化建设是不断整合公司内部亚文化的过程，必须重视协调公司整体文化和亚文化的关系，要努力使各种亚文化向整体文化靠拢，拥有更多的共同点，促进员工对公司文化的认同。同时，鼓励基层单位根据各自特点创造自己丰富多彩的企业文化。

企业文化是一个文化继承和不断创新的过程。公司文化建设必须与经营发展同步，虽然使命、核心价值观在相当长阶段是相对稳定的，但随着公司环境变化，必须赋予其新的内涵，倡导新的文化理念。要按照国家电网公司提出的发展目标、企业精神、服务理念等要求，整合公司文化，主动融入国家电网公司的企业文化体系。只有创新的公司文化，才是有生机活力的企业文化。

八、把企业文化、企业声誉、企业诚信作为企业和谐文化建设的核心内容，并把它具体化

一是倡导简单和谐的人际关系。企业内部同事之间，企业与政府、客户、新闻媒介、发电企业、供货厂商之间，都要注意人际关系尽量简单、简约、简化，在纷繁复杂的社会关系中要有冷静从容、淡泊平和的心态，明辨是非，光明磊落，做到有所为、有所不为，力戒唯利是图、趋炎附势，要时时处处注意维护和谐局面。二是树立竞争进取的人生态度。以适应市场经济的新形势和公司发展面临的新变化，从公司化运营的角度思考问题，树立强烈的事业心和责任感，增强竞争意识，弘扬果敢硬朗、求真务实的工作作风，积极进取，奋发有为。三是严守忠诚感恩的为人准则。要忠诚于公司，忠诚于事业，对国家、对企业、对家人朋友怀抱感恩之心，树立良好的从业心态和奉献精神，竭诚地兢兢业业地为企业做出贡献。四是培育齐心协力的团队精神。要增强大局意识、协作精神和服务精神，尊重个人的兴趣和成就，在内部形成舒畅、融洽的气氛，增强全体成员的向心力、凝聚力，实现个体利益和整体利益的统一，保证企业的高效运作。

江苏电力公司认为企业文化建设必须适应电力企业自身发展的要求。企业文化只有与公司发展战略的要求相匹配，才能有助于塑造企业文化，从而促进企业发展战略的实现。企业文化建设必须抓住企业发展的关键时机，在企业实现阶段性目标的转折点，主动推动企业文化的改造。企业文化建设必须根据企业所处内外情境的变化，及时找准突破口，确立企业文化变革的方向和目标，不断推动企业自身发展和自我超越。企业文化建设必须适应企业文化建设客观规律的要求。必须以优秀的文化改造不良的文化，引导企业持续健康发展。

附录10　荣事达："和商"的践行者

荣事达是中国知名的家电品牌，其主导产品为洗衣机、电冰箱，同时涉及小家电、太阳能热水器、厨卫电器、电动车、智能手机等多元化产品，是集智能家居全屋系统全系列产品研发、生产、销售于一体的综合性企业。产品线涵盖智能家居、智能家电、智慧建材、智慧新能源等多个领域，总部坐落于享有"中国家电之都"美誉的安徽合肥。"荣事达"是"中国名牌"和"中国驰名商标"，伴随着中国的改革开放，经历了40多年市场的风雨，"荣事达"（Royalstar）已经成为一代中国人美好生活的印记。

推动时尚生活潮流是荣事达的历史使命，提升国人生活品质是荣事达始终如一的精神追求。作为安徽省重点企业，荣事达集团顺势应变，开创了引领行业的"和商"经营理念、"零缺陷"管理理念、"红地毯"服务理念。始终坚持为用户提供时尚、优质、完美的产品与服务，让消费者"感受时尚生活，享受超值服务"，并坚持"双创平台—合伙制—事业群制"三位一体的双创模式，以技术创新为先导，借助"互联网+"，建立荣事达智能家居在全价值链的主导优势，为中国智能家居提供整体解决方案、为全社会提供可复制的双创成功模式与经验，累计荣获国务院办公厅颁发的"国家双创示范基地"、科技部颁发的"智能家居国家专业化众创空间"、全国企业管理现代化创新成果审定委员会颁发的"第二十五届全国企业管理现代化创新成果一等奖"等15项国家殊荣，成为大企业双创典范。"天降大任于斯人也"，荣事达将秉承"创新驱动　产业报国"的精神，在实现"中国梦"的道路上，勇担大任，上下求索，向着国际化新型综合家居企业阔步前进。让"中国智造"以全新之姿走向世界，开创中国智能家居新时代！

创新对于老字号品牌来说，势在必行。仅仅依靠过去的品牌红利，已经难以适应新世代用户的需求。"老字号、老品牌退出市场的外在表现是没有跟上时代的步伐，被市场所淘汰，其深层次原因是缺乏创新，特别是产品、渠道和商业模式的创新。品牌的价值在于其有产品或服务作为支撑。而每个阶段的消费需求都不同，所以任何品牌都要考虑适应市场需求，甚至要做到引领市场需求才能长盛不衰、历久弥新。"潘保春进一步认为，退出市场的老字号品牌的共同点，就是没有跟上时代的步伐，缺乏及时创新，成为时代的牺牲品。潘保春认为，老字号、老品牌可以从多方面寻找复兴的契机。一是通过文化传承推动复兴，只有文化的内在价值不需要用物质来衬托，要对此进行深度挖掘；二是要通过产品创新实现品牌的复兴。这一点，学习国外知名汽车品牌不难发现，今天的汽车早已不是几十年甚至几百年前的汽车行业了，产品、技术更新换代很多次，如果不是产品的创新，不可能实现品牌的传递。另外，今天的商业形态、商业环境早已不再是单纯的品牌问题。以前说品牌代表品类，如今看来品类会被“跨界”干掉。“这给我们极大的启示，比如以品牌复兴引进资本的介入、产业生态的构建等，推动老字号、老品牌复兴，要充分考虑运用时代的红利与老字号品牌的结合。”潘保春指出。

一、荣事达企业形象宣传语

荣事达——荣，经略之才；事，雄图之业；达，未竟之功。

（一）创牌时期（1993~1999 年中国家电业大发展时期）

形象宣传语——荣事达时代潮。

释义：气势如虹，形象鲜明，确立了荣事达家电领军品牌的形象。

（二）品牌发展时期（1999~2004 年中国家电激烈竞争时期）

形象宣传语——好生活　更轻松。

释义：亲切轻松，贴近大众，确立了荣事达以高品质产品为广大消费者创造轻松好生活的追求。

（三）多元化时期（2004 年至今，中国家电业多元化和国际化发展时期）

形象宣传语——时尚生活荣事达 ROYALSTAR。

释义：“时尚生活荣事达”：意含着荣事达集团以服务大众生活、引领时尚潮流为自己的使命和追求，展示了荣事达集团再造国际化新型企业的宏伟目标。用前沿科技创造美好生活，确立了荣事达引领时尚生活，国际化、多元化发展形象。

ROYALSTAR（王冠之星）：意味着尊贵、高尚、辉煌和最高价值，其音和“荣事达”接近；它既代表了荣事达人追求大众生活不断提高的品质，也代表了荣事达集团所追求的企业价值最大化目标。

将荣事达英文“ROYALSTAR”译意定义为“王冠之星”，具有国际化和时尚性；“ROYALSTAR”和“荣事达”直接相连有很好的承接性，也适应当代经济全球化形势下国际知名企业塑造形象的趋势，富有号召力和时代感。语言朴实，富于节奏和力度，具有强烈的亲和力与感染力。

二、荣事达三大经营战略

（一）多元化发展战略

投资多元化、产品多元化、地域多元化有机结合，整合社会资源，拓展企业发展空间。

（1）投资多元化：投资由独资、合资为主转变为投资和产权形式多元化，发展参股、产权联盟等多样性投资形式，进一步拓展荣事达企业的发展空间。

（2）产品多元化：在巩固主业产品的基础上，向高新科技领域进军，由此引领企业经营结构、产品结构、市场占有结构的不断升级，培育集团新的支柱产业，实现集团新的跨越发展。

（3）地域多元化：以全球化视野开拓企业发展空间，从固守一地投资发展转变为主动进军沿海发达地区市场，实施多点布局，抢占市场制高点，引领企业走向国际化。

（二）品牌发展战略

以品牌为核心，整合创新，兼容社会优势资源，提升品牌，壮大集团。依托荣事达品牌优势，遵循"产品输出—资本输出—品牌输出"规律。以品牌为纽带，实施品牌战略，扩大荣事达品牌产品的市场占有率，进一步提升品牌的美誉度和竞争力，不断增强集团可持续发展能力。

（三）价值驱动战略

（1）从传统的单纯追求盈利，转变为注重持续提升企业价值。

（2）以不断提升客户、投资者、合作者、员工以及企业利益各方价值为目标。

（3）建立和谐的、全方位、细分化的价值链管理体系和流程，促使企业发展的所有要素和资源的能量充分释放，创造新的价值。

（4）共享价值增值的成果，实现共同发展。

（5）引导并激活企业的内在驱动因素，促进企业经营管理跃上新水平。

三、荣事达价值观

（一）企业核心价值观

合作向上、为爱前行，精诚合作、事业日上，为爱奉献回报无穷。

合作是当代开放社会经济环境下成就任何事业的基础，是现代企业必须具备的核心理念和企业精神。行进在多元化发展轨道上的荣事达集团及其各成员企业和单位，必然要确立"合作向上"的核心价值观，由此不断增强集团的凝聚力，不断提高集团的和谐度。"合作向上"强调企业与员工、合作方与企业、经销商与客户、客户与企业之间的精诚合作关系，追求全方位的合作、和谐、共赢和价值最大化境界。

"爱心"是人们工作生活的心灵起点和内在动力，是一种高尚、美好、善良、和谐的精神追求与精神境界。"为爱前行"正体现了员工的共同愿景，以员工爱家人、爱自我、爱企业、爱职业、爱社会、爱客户、爱所爱为内生动力之源，体现员工自尊自强、自觉自省、自我激励和自我约束的诉求和情怀。与此相应，企业讲求"奉献—回报"的对称，员工奉献越多，企业给予的回报越大，强势激励员工充分释放基于爱心的工作热情与创造潜能。

"精诚合作事业日上，为爱奉献回报无穷"蕴涵着家喻户晓的朴素真理，并为各方利益相关者和企业员工所认同。不求形式主义的"大而空"口号，不存虚无缥缈的浮躁性幻想，正体现了荣事达人在发展企业、成就事业、恪守职业、谋好家业上的求真务实精神。

荣事达品牌努力建设企业与员工、合作者、经销商、客户之间精诚合作的和谐关系，追求合作各方的共赢和价值最大化。倡导爱国家、爱企业、爱自我、爱所爱、爱社会的博爱精神，激励员工自尊、自强、自律，服务社会、服务企业、服务自我，共同发展。

（二）市场观

（1）创新模式，创造市场；

（2）只有淡季思想，没有淡季市场；

（3）用户的问题是开发的课题；

（4）下一道工序是上道工序的用户。

（三）质量观

（1）好产品是设计出来的；

（2）质量是生产出来的，不是检验出来的；

（3）重复发生的问题是作风问题；

（4）绝不允许在同一地方犯第二次错误。

四、企业理念

（一）管理理念：零缺陷管理

追求卓越，永无止境。荣事达积极探索现代企业管理经验，在长期的发展中形成了独具特色的“零缺陷管理”模式。荣事达“零缺陷管理”已集结成书，并被清华大学等国内著名高校编入 MBA 教程，成为企业管理的经典。运用信息化等现代化手段，从决策开始，覆盖投资、研发、供应、生产、营销、服务等各个环节，并从原有的产品和企业延伸到所有新的经营项目和企业。荣事达在追求产品质量的过程中形成的“零缺陷管理”，经过不断的延伸和发展，已经超越了质量和管理的范畴，成为荣事达人追求卓越的一种精神，赋予了“荣事达”勇于自我超越、与时俱进的企业精神。以市场和用户为中心，实现企业管理与市场变化、用户需求的“零距离”对接；追求企业创新力、执行力、应变力的无极限提升。

（二）经营理念：“新和商”

荣事达集团秉承徽商文化的精髓，创新发展“和商”理念，形成了具有时代特点的“新和商”经营理念。

（1）“和商”理念的演进。“新和商”是对“和商”精神的再创新、再升华，是荣事达处理企业内、外各方社会关系的原则。

（2）“新和商”理念释义。诚信为本（立足的基础）：恪守诚信，永远真诚为社会大众奉献优质产品与周到服务。

开放兼容（开放的心胸）：海纳百川，为投资者和合作者拓展事业发展的平台，并实现持续回报。

和谐发展（科学的观念）：追求和谐，为员工营造最佳的发展空间，并致力于建立与社会各方的和谐关系。

共创共赢（追求的目标）：聚力创造，所有的利益相关者在和谐状态中共同奋斗，共赢事业，共享成果。

（3）正确理解"和商"理念。

"和"乃形式，"商"为本质。

"和商"不是无原则的一团和气。

"和商"不是以人情、人际、人事为本。

"和商"倡导：有序竞争的价值导向。

"和商"是诚信、和谐、合作、以人为本。

"和商"是对内、对外公开、公平、公正的竞争。

"和商"是融汇优势资源形成创新合力的胸怀！

"和"是为了"商"！

（4）"和商"的理念意义。"和商"扬弃了传统企业单一的追求利润最大化的价值取向，"和"意味着"双赢""多赢""市场规则"，即在市场共同发展的社会意识，使"和商"理念达到了一个新的高度。它突破了原先企业经营自律准则的范畴，成为荣事达处理各种关系的原则。

（三）服务理念：红地毯服务

（1）象征和追求："红地毯"是高贵、温馨和荣尚的象征，与"王冠之星"含义相吻合，充分体现荣事达尊用户为上帝、献服务达高端的服务追求。

（2）红地毯服务规范：三大纪律，八项注意。

三大纪律：不与用户顶撞，不受用户吃请，不收用户礼品。

八项注意：

遵守约定时间，上门准时；

携带"歉意信"，登门致歉；

套上"进门鞋"，进门服务；

铺开红地毯，开始维修；

修后擦拭机器，保持清洁干净；

当面进行试用，检查维修效果；

讲解故障原因，介绍使用知识；

服务态度热情，举止礼貌文明。

（四）营销理念：渠道为王，决胜终端

渠道为王：渠道是企业最重要的资产之一。它是企业把产品向消费者转移的路径，包括企业自己设立的销售机构、代理商、经销商、零售店等。绝大多数销售渠道都要经过由厂家到经销商再到零售店的环节。

决胜终端：终端就是与消费者面对面、直接卖产品的地方，终端建设就是把卖货的地方用硬件宣传品布置得美观、有气势、有吸引力，并通过软件促销把终端做出人气、做出实实在在的销量。

附录 11　江苏黑松林粘合剂厂有限公司：修己、安人、聚和

江苏黑松林粘合剂厂有限公司系中国胶粘剂和胶粘带工业协会常务理事单位、全国胶粘剂标准化技术委员会委员单位、上海粘接技术协会团体委员会主任单位、中国胶粘剂和胶粘带工业协会聚合物乳液胶粘剂专业委员会主任委员单位和建筑胶粘剂专业委员会副主任委员单位，系国内大型胶粘剂专业生产厂家、高新技术企业，被中国胶粘剂和胶粘带工业协会评为“行业的典范企业”。目前与多家世界 500 强企业合作，与几十家国内知名企业形成稳固的合作关系，参与制定 15 项国家标准，创造的“心力管理”模式在国内得到广泛推广和应用。生产的水基型系列胶粘剂被评为“江苏名牌产品”“中国石油和化学工业知名品牌产品”，“黑松林”和“老木匠”等两件商标被评为“江苏省著名商标”。公司安全、消防、环保证照齐全，通过国家标准化良好行为企业确认、安全标准化审核和 ISO9001/14000 体系认证，主要产品通过了国家环境标志产品认证。公司系“全国企业文化建设示范基地”“中国化工企业文化建设十佳示范单位”“江苏省文明单位”“江苏省企业管理创新示范企业”“江苏省安全文化示范企业”“江苏省环境标志先进单位”“泰州市安全生产十佳单位”和“泰州市生态环境建设先进集体”“泰州市节能工作先进企业”等。2019 年获评“中国环境标志优秀企业奖”。

20 世纪 90 年代初，黑松林企业文化雏形业已形成。经过近 20 年的管理实践和不断创新，富有黑松林特色的企业文化已成为企业的宝贵财富。在企业发展逐步走向正轨之后，黑松林董事长刘鹏凯提出了建设企业“精神、精品、精兵”的纲要。刘鹏凯认为，养家糊口是员工的第一需求，但是如果停留在这样的心态，企业的凝聚力是十分脆弱的。如果员工工作的目的仅仅是赚钱、赚更多的钱，并不能对自己提出更高的要求，企业就不能摆脱低效率的状态，企业效益不能保证正常的扩大再生产，也不能保证员工拿到更多的工资，员工的积极性就会下降，形成一种恶性循环。打破这个恶性循环的钥匙在哪里？刘鹏凯提出，企业必须使员工与企业一同成长，超越物质层面，树立高尚的精神追求。于是他把管理的视角转向文化。1998 年 3 月底，黑松林出台《关于创建黑松林精神文明名牌的决定》，确立并修订了“修己、安人、聚和”的企业精神。针对员工人数少、管理层级少、素质相对偏低的现状，公司明确提出了“细节管理为手段，

和谐管理为灵魂，文化管理为归宿”的企业文化建设方针。在企业文化建设过程中，黑松林从“解决问题，提高素质”入手，逐步探索出创新心力管理、打造和谐黑松林的企业特色文化。

在解决问题中建设企业文化。黑松林以崭新的视角，以浅入深，由表及里，循序渐进，针对不同环境、不同条件、不同场合下的不同人出现的不同情况，进行“细节管理”，利用“眉批管理法”“弯道管理法”“留白管理法”“脸谱管理法”等不同的方法，在处理问题的过程中，提高员工的个体素质，并且举一反三、触类旁通，激发主体员工潜能，从小事做起、把小事做好、把细节做亮，把细节做大，全面提高企业的核心竞争力。探索、总结并实施心力管理。黑松林以情感人、以理服人，更从实际出发，从真心出发，因地制宜、因时制宜、因事制宜，把握不同人的不同性格特点，关注不同人群的不同需求，做好人心的培育和凝聚工作，构建和谐的劳资关系和人际关系，全面提升黑松林的向心力和凝聚力。

提升文化力需要管理创新。优秀的企业文化是促进企业持续发展的重要因素，不仅能为企业发展提供精神动力，还为企业发展提供人才资源和智力支持，更为企业提供了丰厚的无形资产。黑松林领导层充分认识到，黑松林是一家中小企业，与大企业相比，货币资源、物质资源、人力资源等方面均存在较大差距。但在“文化力”上，只要重视企业文化建设，科学合理地建设企业文化，就可与大企业立身于同一起跑线。企业要想科学、持续发展，在激烈的市场竞争中占有一席之地，就必须建设具有黑松林特色的企业文化。黑松林在发扬本企业优良传统的基础上，重视个性发展，注重中国传统文化，并与时俱进，逐步孕育出具有独特个性的特色文化，并将提炼出的理念、精神、工作作风等整理成《企业文化手册》，以漫画故事的形式，诠释企业核心价值观，用企业的内在文化感染、激励每个员工，提高其自身综合素质，提高其精神素养、统一其意识形态。

企业文化建设需要领导参与。企业家本人对自己的企业最了解、最熟悉，对员工最亲近、最知心。黑松林董事长刘鹏凯在国内数十位著名企业文化专家的“场外”指导下，加强自我教育，努力提升自身素质，设计企业文化、企业精神、企业形象，亲自组织提炼企业核心价值观，亲自领导企业文化建设。通过总结企业文化建设过程，刘鹏凯亲自撰写了《心力管理》《心力管理故事》《知心、聚心、塑心：心力管理的操作艺术》《黑松林，我的太阳》《细节的响声》《漫话企业细节管理》《漫话企业文化管理》等文化管理专著，丰富了企业文化建设内涵，提高了企业文化建设的实效性。为提升企业文化建设水平，刘鹏凯还积极与日本盛和塾、三洋公司、德国汉高公司等国外企业交流企业文化建设心得，拓宽了企业文化建设的眼界，打开了企业文化建设的思路。为拓宽企业文化建设路径，刘鹏凯提出心力管理模式。

黑松林企业文化理念体系包括以下几方面：

一、内涵（核心价值观）

以心为本，心至则力胜。简称心力文化，又称粘接文化。分为三个层面：

一是关心、诚心。即相互关心，以诚相待，粘接人心，建立水乳相融的和谐关系，包括管理理念、关爱理念、售后服务理念等。

二是用心、细心。即认真做事，勇于创新，细节制胜，粘接现在，培养良好的思维方式和行为习惯，包括计划理念、作风理念、用人理念、质量理念、营销理念、市场理念、开发理念、安全理念、环境理念等。

三是忠心、信心。即忠于企业、忠于事业，明晰目标，勇于竞争，粘接未来，树立必胜的信念和切实可行的愿景，包括生存理念、竞争理念、愿景等。

二、方法论

以人本管理为推动力，以制度管理为基础，以行为准则为标准，以文化自觉为中心，实施心力管理，打造知心、聚心和塑心三心工程，以故事为手段，以漫画为载体，把复杂问题简单化，将细节做精、小事做亮，在解决问题中建设黑松林的心力文化。

三、企业精神、理念、愿景

企业精神：修己、安人、聚和。

自觉做好人，积极做好事。每一个员工的形象都是企业形象的体现，每一件好事的影响都是企业品牌的效应。公司要求员工不断学习，严于律己，不断提高自己的道德修养和业务素质；同时，团结协作，共同进步，为实现企业目标和个人价值、建设和谐企业共同努力奋斗。

计划理念：不知道每天干什么的人不是黑松林人！

工作作风：关注细节，迅速反应，马上行动。黑松林人需要以缜密细致、迅速快捷的态度对待工作。

生存理念：时刻记住我们的弱小，处处看到别人的强大，时刻保持学习进取的态度。

管理理念：法治治标，德治治本。

用人理念：少增人，多功能，满负荷，高效率，争一流。

质量理念：高品质源于每道关的严格，新产品来自每一天的创造。

营销理念：先谋势，后谋利（先卖信誉，后卖产品）。

竞争理念：有竞争就会有压力，有压力才会有发展。

市场理念：广集信息，把握商机，捷足先登，抢占市场。

开发理念：吃一望二想三（投产一批，开发一批，储备一批）。

售后服务理念：真心诚意为顾客。

（1）关爱理念：把我的真心放在你的手心。黑松林是一个团结奋进的团队，是一个相互帮助、相互关爱的群体，同事之间真诚相处，犹如一个温馨的大家庭。

（2）安全理念：关注细节关注安全。生产的安全，是由每一个细微的安全生产环节组成。“海不择细流，故能成其大；山不拒细壤，方能就其高。”安全大事，必作于细，百分之一的错误可能会造成百分之百的失败。只有将细节融入安全管理全过程，才能将安全管理做实做细，有效地消灭安全工作中的失误，保障企业安全和谐发展。

（3）环境理念：绿色的黑松林绿色的家。我们保护环境，珍爱家园。坚持清洁生产，可持续利用资源，节能低碳，努力创建资源节约型、环境友好型企业，生产绿色产品，打造绿色品牌，绿色的黑松林。

（4）愿景：坚持科学发展，坚持绿色、环保、安全，大力发展水基胶系列产品。完善、提升基础设施，提高开发水平，提高员工素质，打造展现个人价值的平台，构建和谐企业实施品牌战略，竞合、双赢，不争 500 强，干好 500 年，小中见大，做强走远，精致特色，努力实现“中国胶粘剂的绿洲有一片黑松林”。

附录 12　万向集团：为员工创造前途，为社会创造繁荣

万向集团创建于 1969 年，从鲁冠球以 4000 元资金在钱塘江畔创办农机修配厂开始，至今发展成为涵盖汽车零部件、清洁能源、现代农业等多领域的跨国集团，是国务院 120 家试点企业集团和国务院 120 个双创示范基地唯一的汽车行业企业。创立 50 年来，万向一直秉持创新、创业、创造，实现了四个“奋斗十年添个零”的发展。为实现天蓝、地绿、水清、空气好的社会责任目标，万向于 1999 年开始，布局清洁能源，发展电池、电动汽车、储能、分布式能源、风力发电等产业。经过 20 年的坚持和投入，万向集团建立了国际化清洁能源产业和技术平台，先后投资美国 A123 电池、KARMA 豪华电动汽车，并联合国际顶尖科研机构开展清洁能源前沿技术的研究，抢占世界清洁能源的制高点。

万向文化是全体万向员工三十多年实践的积累，是公司共同意志的结晶，更是万向未来发展的依托，是万向员工人生价值的体现。有形的价值有限，无形的价值无限。文化需要继承，需要融会贯通，在未来的岁月中，万向文化需要不断完善和发展。万向主业：致力于汽车零部件产业；成长目标：成为一家拥有思想的现代公司。企业日创利从 20 世纪 70 年代的 1 万元，80 年代的 10 万元，90 年代的 100 万元，到 2009 年日创利达 1000 万元。万向已在全球市场建立了服务网络，为全球主机及大众客户提供仓储、配送等服务。面对国际化趋势，万向将汽车零部件主业接轨国际主流市场、接轨国际先进技术、接轨跨国公司运作，建设先进制造业基地，逐步建成按国际惯例运作的跨国集团。作为一家有着深厚社会责任感的企业，万向愿意将现有各种资源与社会企业同仁共享，与有识者结成利益共同体，形成互帮互助机制，携手并进，实现“双赢”发展。万向的发展历程表明，企业不是只向社会奉献几件简单的产品，而是在前无古人的实践中奉献一种改革思想、一种探索精神。

一、企业目标

经营目标：奋斗十年添个零。

20 世纪 70 年代，实现日创利润 10000 元，员工最高收入突破 10000 元。

20 世纪 80 年代，实现日创利润 10 万元，员工最高收入突破 10 万元。
20 世纪 90 年代，实现日创利润 100 万元，员工最高收入突破 100 万元。
20 世纪 10 年代，实现日创利润 1000 万元，员工最高收入也要争取突破 1000 万元。
20 世纪 20 年代，实现日创利润 1 亿元，员工最高收入也要争取突破 1 亿元。
管理目标：人尽其才、物尽其用、钱尽其值、各尽其能。

二、企业哲学

经营哲学：财散则人聚，财聚则人散；取之而有道，用之而同乐。
经营理念：大集团战略，小核算体系；资本式经营，国际化运作。
管理原则：人人头上一方天，个个争当一把手。
人本原则：两袋投入，使员工身心与物质受益。

三、企业宗旨

为顾客创造价值，为股东创造利益，为员工创造前途，为社会创造繁荣。

四、企业精神

讲真话，干实事。

五、企业道德

外树诚信形象，内育职业忠诚。

六、企业作风

务实、创新、卓越。
不赶时髦，不搞形式，不讲假话，走自己的路，圆自己的梦。
思路决定出路，作为决定地位；一切都是人力，时间检验行为。
想主人事，干主人活，尽主人责，享主人乐。

七、万向用人观

有德有才者，大胆聘用，可三顾茅庐，高薪礼聘；
有德无才者，委以小用，可教育培训，促其发展；
无德无才者，自食其力；
无德有才者，坚决不用，如伪装混入，后患无穷。

八、万向公私观

舍己为公，大公无私，公而忘私，是先进的；

先公后私，公私兼顾，是允许的；

先私后公，私字当头，是要教育批评的；

假公济私，损公肥私，是要制止与打击的；

表面为公，暗中为私，是伪君子，不可重用，是要防止的。

九、万向奖罚观

奖罚分明，多奖少罚。

十、人才战略

人力资源工作始终坚持“三个必须”，运用“三个一切”，落实“三个围绕”，力求为每位员工创造一个良好的工作环境，最大限度地调动一切积极因素，做到人尽其才、才尽其用，为集团快速成长和高效运作提供保障。

“三个必须”：要想联合，必须拥有；要想利用，必须付出；要想调动，必须善待。

“三个一切”：联合一切可以联合的力量，利用一切可以利用的资源，调动一切可以调动的积极因素。

“三个围绕”：围绕企业生产力发展，围绕员工素质提高，围绕为社会做贡献。

（一）人力资源理念

万向认为，企业的社会责任不仅仅是提供优质的产品、创造利润，更重要的是培养人才、创造人才。

员工操守：

想主人事，干主人活，尽主人责，享主人乐。

管理原则：

人人头上一方天，个个争当一把手。

岗位目标：

一天做一件实事，一月做一件新事，一年做一件大事，一生做一件有意义的事。

（二）人才管理机制

人才招聘机制——“十年合同制”。

人才培养机制——“科技人员督导师”。

人才发展机制——“专业人才队伍规划”。

人才激励机制——“项目工资制”。

鲁冠球精神归纳为：心无旁骛的攻坚精神、履中蹈和的正道精神、久久为功的创造精神、宠辱不惊的乐观精神、厚德弘毅的大同精神。鲁冠球一生创业 55 年，求索万向“三个走”：一是听党话跟党走，践行对党的忠诚，为共同富裕竭尽所能。二是心无旁骛走实业创造。作为企业家，心无旁骛的攻坚精神和久久为功的创造精神，是他的情怀。三是从田野走向世界。当年走向世界，拓宽了国际视野，在世界舞台上，万向袖善舞，不断地创出新的业绩，从某种意义上已经成为中美的风向标，已经与国际深度融合，而且万向的深度融合不仅仅是赚外国人的钱，高新技术也已经取得合法的透明的深度融合，从田野走向世界，已经到了一个高的层次。万向“三个走”是鲁冠球精神的鲜明特征，对构建新发展格局具有特殊的意义。鲁冠球精神源于对大变革时代的认知、对改革开放深刻的理解、对中国特色社会主义自觉的实践、对中华民族实现伟大复兴怀有的美好憧憬和率先力行。鲁冠球精神的关键在于，做起而行之的行动派。鲁冠球精神的核心在于，牢记天上不会掉下馅饼，地上没有免费的午餐，从来没有救世主，一切要靠我们自己。鲁冠球精神的重点在于，精神如炬，使命如磐。

万向一直致力于成为全球优秀的企业公民。万向一直倡导尊重员工、关心员工、善待员工，营造企业和谐环境，在全球金融危机中，提出“不裁员、不降薪、不降福利”的“三不”原则，保证了员工队伍的稳定，促进了企业的凝聚力和向心力。万向在自我发展的同时，也全力以赴地投身公益、环保事业。无论是在自身生产、产品及办公环节的环保节能建设方面，还是外延的环境保护、对“三农”建设的支持，以及各类灾难援助、社会教育与卫生事业援助，万向都竭尽所能、倾情投入。万向希望通过自己切实而持续的帮助，改善当地的环境和人们的生活，与当地社会和谐共生、携手发展。万向清楚地认识到，企业发展是承担历史重任的基础，是承担社会责任的源泉。万向要想为这个社会做更多的事情，首先要在企业经营管理上下功夫。万向在“奋斗十年添个零”的经营目标引导下，不仅优化了自身的企业经营体系，不断向社会推出更为适用的产品和优质的服务，持续改进生产工艺与质量管理体系，也帮助万向的合作伙伴实现降低成本、节能、高效的目标。尽一己之力，帮助需要帮助的人，这是万向慈善事业的初衷。企业作为国家基本的经济单元，是社会繁荣的创造者，也需要承担起一份社会责任。企业越大，其社会责任也越大。因此，万向始终坚持每年扩大在慈善事业上的投入。万向不求回报，只希望受助的人能开始新的生活，能拥有新的希望。

万向专注、专心、专业地实践每一个承诺，不断加大对慈善、教育事业的投入。同时，万向积极地寻求多种形式的合作方式，带动更多的企业及社会各界加入关注、回馈社会的行列中。放眼未来，通过长期坚持不懈的努力，万向将成为一名优秀的全球企业公民，这是万向发展的不懈动力和目标！

附录 13　青岛港：精忠报国，质量强港

青岛港集团有限责任公司（以下简称青岛港）始建于 1892 年，是具有 117 年历史的国家特大型港口、世界第六大港、中国第二大外贸口岸，位于环渤海地区港口群、长江三角洲港口群和日韩港口群的中心地带，港阔水深、不冻不淤，是天然深水良港。凭借优异的发展成绩和卓越的企业治理水平，青岛港先后荣获国家质量管理奖、国家环境友好企业、全国首批“绿色港口”、亚洲品牌 500 强等荣誉称号。此外，青岛港还荣获“首届袁宝华企业管理奖”、中国十大最具影响力品牌、中国企业诚信经营示范单位、全国文明单位、山东省诚信纳税企业，山东省、青岛市企业信誉 AAA 级企业等一系列国家省市金奖。作为中国北方最大的外贸口岸，青岛港被世界港口大会誉为“二十一世纪的希望之港”，自成立以来，青岛港始终贯彻落实“三个更加”“三个满意”，立足于承担国家综合运输的枢纽和进出口货物的集散地功能，持续吸引产业聚集，促进港口资源、功能与城市深度对接、融合，共同做大产业蛋糕，以高质量发展助推国家经济发展，实现港口与城市相互支撑、共同繁荣。

在 2020 年中国十大海运集装箱口岸营商环境测评中，青岛港综合得分排名第二。2020 年，面对突如其来的新冠疫情，青岛港不畏挑战，克难攻坚，越是艰难越向前，一手打好疫情防控阻击战，一手打好生产经营攻坚战，推动港口增量增效，逆势发展，为服务国家“稳外资”“稳外贸”做出积极贡献。充分发挥“一带一路”交汇点、内部资源协同等优势，抢抓建设国内大循环北方枢纽、港口型国家物流枢纽和打造“一带一路”合作新平台等战略机遇，畅通物流通道，促进国际、国内双循环。

青岛港取得如此耀人的成绩，与其企业文化息息相关。青岛港在集团领导班子及各级党组织的领导下，注意发挥党的政治优势，把企业文化建设同思想政治工作紧密结合，并从理论与实践的结合上进行大胆的探索，从而形成了具有青岛港特色的企业文化，目前从中层干部到最基层员工个个有信仰、有理想、有能力。

一、发展战略

（一）发展使命

服务国家发展战略，服务山东高质量发展，服务客户和员工。

（二）发展定位

建设以国际领先的智慧绿色港、物流枢纽港、产城融合港、金融贸易港、邮轮文旅港为载体的东北亚国际航运枢纽中心。

（三）发展目标

到 2025 年，东北亚国际航运枢纽中心建设实现新突破，转型发展实现新跨越，规模实力实现新提升，经济效益实现新增长，投资比例实现新优化。到 2035 年，东北亚国际航运枢纽中心地位更加稳固，智慧绿色港、物流枢纽港、产城融合港、金融贸易港、邮轮文旅港建设全面实现国际领先，集团公司成为世界知名的供应链综合服务商。

（四）发展理念

创新、协调、绿色、开放、共享。

（五）发展策略

紧扣港口主业高效发展，依托港口优势放大发展，跳出港口窠臼创新发展。

（六）发展原则

聚焦主业、业绩为王、效率为先、安全第一。

（七）发展思路

对内：统筹发展、协同发展、特色发展，即统筹传统业务和新兴业务，形成协同发展、各有优势、特色鲜明的良好发展局面。对外："三个更加"，即与地方党委政府的关系更加密切，融入地方经济社会发展的程度更加深入，助力地方经济增长的贡献更加突出。

（八）发展路径

东西双向互济，陆海内外联动；"五个转型"发展。

（九）发展格局

以青岛港为龙头，日照港、烟台港为两翼，渤海湾港为延展，各板块集团为支撑，众多内陆港为依托的一体化协同发展格局。

（十）发展愿景

港通四海、陆联八方、口碑天下、辉映全球的世界一流的海洋港口。

二、企业精神与共同愿景

一代人要有一代人的作为，一代人要有一代人的贡献，一代人要有一代人的牺牲。

共同愿景：建设东北亚国际航运中心，营造平安和谐家园。

工作标准：是否有利于提高港口安全质量和经济效益；是否有利于增强港口的竞争实力和发展后劲；是否有利于提高职工的生活质量；是否有利于加强港口精神文明建设。

八大精神："三个一代人"的青岛港精神，永葆本色的精神，"三不"精神，学习精神，创新精神，求真务实、真抓实干的精神，万众一心的精神，率先垂范的精神。

振超精神：爱岗敬业、无私奉献的主人翁精神；艰苦奋斗、努力开拓的拼搏精神；与时俱进、争创一流的创新精神；团结协作、相互关爱的团队精神。

创新理念：人人创新、岗岗创新，共建创新强港。

经营理念：质量、服务、信誉是青岛港的生命线。

学习理念：知识改变命运，岗位成就事业。

人才理念：谁能干谁干，人人都可以成才。

造福理念：一心为民，造福职工。

五种精神：

充满激情、不负韶华的拼搏精神；不畏艰辛、百折不挠的开拓精神；思想解放、敢试敢闯的创新精神；不达目的、绝不罢休的钉子精神；从不满足、勇争一流的卓越精神。

八个勇于，八个自觉：

勇于崇高站位，强化政治自觉；勇于担当责任，强化使命自觉；

勇于阔大胸襟，强化团结自觉；勇于协调配合，强化全局自觉；

勇于创新开拓，强化发展自觉；勇于扬弃自我，强化学习自觉；

勇于争创一流，强化卓越自觉；勇于严格要求，强化规矩自觉；

核心价值观：同心同德、忠诚奉献、创新开拓、追求卓越。

企业文化融聚：战略布局　质量强港。

作为国家级特大型港口，青岛港充分发挥连通陆海的枢纽、经济运行的命脉的功能作用，将企业文化贯穿于港口发展的全过程，实施质量强港发展战略，积极履行社会责任，接续前行，担当作为，谱写新时代港口人新的华章。

青岛港的发展史见证了中国共产党和国家发展的历史，是中国近代发展的缩影。山东是“孔孟之乡、礼仪之邦”，深受儒家文化的影响，形成了山东人精忠报国、以人为本的精神力量，青岛港人学透了这种文化“精髓”，并通过“坚持信仰”“心智革命”“创新科技”“关注民生”等有具体实效的几千条措施才能落地生根、开花结果。

青岛港的特色企业文化是企业的灵魂和精神支柱，它孕育了广大员工同甘共苦的意识，有效地协调了全港员工的工作，为青岛港的长盛不衰打下了坚实基础，是凝聚员工的一笔“不可复制”的宝贵财富，更是青岛港生存和发展的无形资产。青岛港的码头工人充分展现了中国工人阶级艰苦奋斗、无私奉献、创新发展、勇争第一的精神风貌，孕育出“三个一代人”精神的崇高境界，为国有企业改革发展稳定提供了不竭的精神动力。自成立以来，青岛港始终坚持走以港兴市、以港强国之路，不断发展强大，成为中国港口发展的中流砥柱，创造了强港富民的辉煌业绩。如今，青岛港大力实施港区融合、产城融合，加快与上合组织和央企的合作，开展双招双引云签约等系列活动，大力推进十四项工程落地见效。2021 年 3 月 2 日，山东省青岛港口集团青岛港产城融合项目集中开工，总投资 141 亿元，形成“虹吸效应”，为青岛港集成发展带来新机遇。

多年来，青岛港根据港口发展和精细化管理的要求，将传统的金字塔垂直式管理再造为扁平式管理，推出了集团为决策层、公司为经营层、队为管理层、班为操作层、车为执行层的“五级管理”新模式，细化了职责、明确了标准、完善了长效机制、激活了基层细胞，进一步夯实了港口建设发展的“三基”，实现了港口管理创新和港口竞争实力的提升，创造了集团机关63人管理世界第七大港口的传奇。这一变革，使一个大型国企的机构变革精简，从垂直管理变为扁平式管理，使一千多个班组全部协调运转正常，并不断创新，实现打破世界纪录的奇迹。超前的“科学决策”“创新挖潜”，才有世界视野，才有勇于承担国家战略任务的勇气和智慧。同时，青岛港集团引进了一大批具有博士、硕士学历的计算机专业人才，培养出一批信息化专业技术人才，获得了30多项省、市级科技成果和10多项软件产品著作权，为2020年的“中国模式”的世界第一全自动集装箱码头建设奠定了基础。

附录 14　东风汽车：公民文明公约共筑楚“和”文化

东风汽车集团有限公司（以下简称“东风公司”）是中央直管的特大型汽车企业，总部位于“九省通衢”的江城武汉，公司于 1969 年创立于湖北省十堰市，前身是“第二汽车制造厂”，1992 年更名为东风汽车公司。2005 年成立控股子公司东风汽车集团股份有限公司，在香港联交所挂牌上市。2017 年完成公司制改制，更名为东风汽车集团有限公司。东风公司发展近半个世纪以来，积淀了厚重的科技与文化底蕴，构建起行业领先的产品研发能力、生产制造能力、市场营销能力与客户服务能力，为推动国民经济发展、促进社会就业、改善民生福祉做出了积极贡献。

面向未来，东风公司把握汽车产业轻量化、电动化、智能化、网联化、共享化发展趋势，围绕“为用户提供全方位优质汽车产品和服务”的发展定位，确立了“加快建设卓越东风、开启世界一流企业发展新征程”的新阶段使命，努力把东风建设成为具有全球竞争力的世界一流汽车企业。东风提出了今后五年“三个领先、一个率先”的奋斗目标，即经营质量行业领先，销量跨越 600 万辆，向更高目标挑战；自主事业行业领先，核心能力大幅提升，商用车形成领先新优势，乘用车规模效益达到领先水平；新兴业务行业领先，新能源汽车研发及资源掌控能力、产业化规模居于行业领先位置，智能网联汽车、出行服务及水平事业形成领先优势。同时，倡导企业与员工共创共享，使全体员工生活高质量实现进入小康水平，率先享有新时代美好生活。

任何一个企业的文化都不是一蹴而就的，而是在企业的发展进程中不断总结、升华得到的，东风公司的发展历程就决定了它的文化体系，是重视合作、务实、进取、和谐、包容的文化精神。面对着竞争越来越激烈的市场，全球汽车企业都在寻求内外协同发展的最佳路径，以降低成本、提高效率。东风公司于 2012 年发布社会责任“润”计划，2014 年发布“和”文化战略，2015 年在中央企业和中国汽车行业率先发布《商德公约》。至此，东风初步构建起以“和”文化、“润”计划和《商德公约》为主体的“三位一体”企业软实力体系。

面对“一带一路”新的机遇和挑战，东风汽车公司在北京发布了企业文化战略，东风汽车公司打造的文化战略其核心价值观就是“和”文化，其内容主要分成四个部分：东风“和”的内涵、“和”的理念体系、“和”的行为体系、“和”的视觉体系。这是我国车企首次对外发布文化战略。润：政治责任——润色国计民生，与国家共繁荣；经济责任——润济产业经济，与市场共发展；利益相关者责任——润泽利益相关者，与之共成长；环境责任——润丽自然，与环境共和谐；社会公益责任——润美公益事业，与社会共进步。德：产业报国、合规经营；公平交易、诚信沟通；清正廉洁、共享共赢；崇尚创新、关爱员工；保护环境、包容性发展。东风汽车集团有限公司视觉识别系统的核心要素是一对旋转的春燕，用夸张的手法表现出“双燕舞东风”的意境，使人自然联想到东风送暖，春光明媚，生机盎然，以示企业欣欣向荣；看上去又像两个“人”字，蕴含着企业以人为本的管理思想；戏闹翻飞的春燕，象征着东风汽车的车轮飞转，奔驰在神州大地，奔向全球。

东风公司“和”的内涵就是“和衷共济，和悦共生”，最终实现人、车、自然和社会的和谐共存。东风公司“和”的理念体系包括四个部分：第一个是企业的使命——“让汽车驱动梦想”；第二个是公司的愿景——建设一个自主开放的国际化百年企业；第三个是公司的精神——“海纳百川，砺行致远”；第四个是公司的经营理念——“关怀每一个人，关爱每一部车”。

东风公司“和”的行为体系包含了一个中心和五个发展，以把企业做强做大做优为中心点，帮助实现企业的自主、开放、绿色、协同和共赢的全面发展局面。东方公司始终以“深化合作、改革开放”和“创新驱动、自主发展”为基本行事方向，提高企业的产品质量和发展水平，整合一切可以整合的资源大力推动企业自主品牌的发展速度和影响力，加快了东风公司的国际化进程，推动企业与战略合作伙伴的协同共进，赢得一个和谐共赢的未来，使企业上一个大的台阶。

东风公司“和”的视觉体系，强调了“和”的意义就是在一起，一起成长、一起发展，其口号就是“东风和畅、与你偕行”。东风公司“和”的视觉体系融合了多个东风计划的印记，使东风的“和”文化融入企业的每一个位置。

“和衷共济”的精神。何为和衷共济？和衷，就是坚守共同理想，坚守共同信仰，同心同德，群策群力；共济，就是汇聚各方资源，协力共达目标，风雨同舟，永不言弃。在东风既有以员工命名的工作方法、生产线、科研室，也有以“公约”“行动纲领”“共同宣言”为统称的各板块企业文化。表面上看，企业的竞争在于产品，但归根到底是文化，因为它已深深扎根于东风运营的各个环节之中。这精神彰显着东风人不服输的信念追求，源自东风人不变的文化传承。20 世纪 90 年代后期，与全国绝大多数国有企业一样，面对市场的变化，东风也一度表现出不适应，企业发展遭遇前所未有的挑战。在最困难的时候，东风公司的流动资金几近枯竭。

“海纳百川”的胸怀。“和衷共济”是东风人面临机遇和挑战时以及发展事业的文化追求，“和悦共生”则是东风人最大的梦想，实现人与社会的协同发展，达到双赢的一种文化理念。何为“和悦共生”？和悦，就是正视彼此的文化差异，求同存异，以和为悦，携手兴业，和乐共处，和美相伴；共生，就是统筹平衡各方利益，精诚合作，互助共进，和谐共生，互利共荣。就是因为秉持这些精神，东风日产创新生产出不同的产品，成为中国产品线最丰富的合资乘用车企业，在市场上赢得不菲战绩。东风汽车公司是中国汽车合资链条最长的企业，早先与日产、本田、PSA、起亚、台湾裕隆先后建立起了合资关系，而在近两年，东风又牵手法国雷诺、瑞典T公司、瑞典沃尔沃、德国格特拉克等构建了国际合作，而不久前，东风又入股了PSA。在这些国际合资合作中，东风没有抱残守缺，而是一直以兼容并蓄、海纳百川的文化自信，让这些企业自觉融入东风文化之中。从东风公司的发展历程中提炼出东风公司的文化因子，就是团结合作、融会贯通、勤劳务实、无私奉献、开拓进取、宽容博爱等，这些独特的文化因子便组建成了东风的企业文化。在如此声势浩大的国际合资合作面前，没有企业文化去统领与跨国公司的合资合作，是不行的，要乱了方寸的，是要被不同的外资文化搅乱思绪的，为此，东风选择了“和”。东风汽车集团董事长徐平在解释“和”文化战略的时候，认为，“企业文化要入脑、入心”。融合共生，成为当今车企最大的经营特色，任何企业都不能闭门造车，产业链全球化，要求企业更加注重以“和”为本，精诚合作。

“利人利己”的责任。东风公司联合中国道路交通安全协会、中国汽车文化促进会发布了《中国汽车公民文明公约》，希望发挥每一位驾驶者和行人的力量，用行动来打造汽车社会的文明力量，这是我国首个以构建和谐汽车社会为主旨的中国汽车公民行为公约。我国已连续5年成为全球汽车产销最大国，汽车保有量快速提升，汽车社会势不可当，但汽车文明程度并不高。东风公司党委副书记周强表示，作为中国汽车行业骨干企业之一，东风公司在推动中国汽车工业健康、快速发展的同时，更要积极承担社会责任，成为汽车文明社会的推动者，致力于人、车、自然和社会的和谐。东风公司推行《中国汽车公民文明公约》，实施“润”计划，积极履行企业社会责任。在湖北省恩施自治州，东风通过“碳平衡”经济生态林建设项目，不仅提升了当地农林产业“自主造血”能力，而且开创了汽车企业自愿减排新模式。在湖北省宜昌市贫困山区，东风“润苗行动”在继续捐建希望小学的同时，还为山区孩子提供衣、食、住、行、学五个方面的资助，从而成为一项全方位、体系化的助学活动。不同的地域，共同的情怀。从大兴安岭特大森林火灾扑救现场到长江抗洪抢险一线，从四川汶川特大地震紧急救援到云南鲁甸灾后恢复重建，东风车总是一路疾驰，东风人总是迎难而上。东风将积极把社会责任理念融入公司战略和全价值链管理之中，通过全面实施“润”计划，不断丰富社会履责的形式与内容，凝聚新动力，实现东风品牌与社会责任品牌的双提升。2015年，东风公司在上海举办了一场发布会，首次推出类似伦理宪章的《商业道德公约》，通过这份公约来指导公司的行为，用道德伦理来规范企业所有活动中的理念和行为，积极打造更加规范的商业生态圈，建立一个诚实守信、公平、透明公开的市场经济秩序。规范“一带一路”合作过程中的企业行为，积极创建一个充满道德情操的市场经济，使整个经济活动更加规范，市场行为公正、透明化和诚实守信。作为“一带一路”中跨地域、跨文化的汽车产业航母集群，东风积极践行企业“和”文化战略，引领商业圈的道德伦理体系建设，推动公司产业的强劲发展，不仅能够促进经济的发展，同时也可以带来文化的传递和融合，使物质和精神协调发展，通过汽车行业的强大来推动整个国家的经济发展，尽力在市场道德规范上起到一个积极带头的示范作用，得以推动“一带一路”合作进程和深度发展。东风公司作为中央企业，紧跟国家战略，响应“一带一路”倡议。“一带一路”基础建设，有利于沿线国家物流、国际投资等方面的改善。

东风公司注重企业文化和精神文明建设，经过长期的文化传承和发展，提炼形成了以“三和九观”为主要内容的东风“和”文化。秉持“关怀每一个人，关爱每一部车”的经营理念，加强员工关爱，营造“开心工作、快乐生活”的良好氛围。强化央企责任担当，在对口的西藏、新疆、广西、湖北、河北的9县市多领域开展精准扶贫工作，在公益助学、抗灾救困、环境保护等方面积极履行社会责任，获得广泛的社会影响力和系列荣誉。

东风公司坚持打造高质量党建，引领促进高质量发展。牢固树立“四个意识”，坚定“四个自信”，坚决做到“两个维护”，始终在政治立场、政治方向、政治原则、政治道路上同以习近平同志为核心的党中央保持高度一致。坚持党的全面领导，加强党的建设，坚定不移推进全面从严治党，营造了风清气正的良好政治生态和干事创业的事业环境。东风公司从十堰大山里走出来，长年的积淀，使东风汽车刻上了朴实、团结、坚韧的性格，在中国汽车大集团中，东风有着鲜明区别于其他大汽车集团的特色。为了实现可持续发展，面对复杂多变的市场环境和竞争环境，东风意将其传统的文化提炼升华，上升到战略高度，以更加宽厚和气的开放心态去参与竞争。走出十堰大山，从武汉辐射全国又走向全球竞争的当口，东风的高层越来越表现出开放、包容、以“和”为本的姿态，这也影响到了合资对方的态度。

附录 15　淮南八公山豆制品有限公司与刘安《淮南鸿烈》

淮南拥有深厚的历史文化底蕴。淮河流域是中华民族的发祥地之一，淮河文化是中华优秀传统文化的有机组成部分。其中在淮南城市发展中，因“绝代奇书”《淮南子》而形成的“淮南子文化”始终闪耀出至为亮丽的人文色彩，成为一道引人瞩目的历史文化风景。任何一座现代化城市，都有独属于自己的历史文化底蕴。一方水土养一方人，一方水土也孕育一方“文化”，“淮南子文化”是淮南城市文化发展的不竭动力所在。《淮南子》成书于“淮南”这方热土，绝非偶然，得益于淮河润泽、八公山滋养，更得益于开放性、包容性、变通性、创造性的“南北方过渡带”的地域文化特质。“淮南子文化”是淮南城市文化发展的“源头活水”，正是受益于此，淮南城市文化总是能够“执古以驭今”，能够在推陈出新中迈向充满勃然活力的新发展、新境界。

课题组调研八公山豆制品有限公司之企业文化

淮南寿县古城有近900年的历史，安徽省楚文化博物馆是全国唯一以“楚文化”冠名的博物馆，充分彰显楚文化特色，全面展示寿县悠久深厚的历史文化。寿县隶属淮南市，依八公山，傍淮、淠河，同省会合肥市接壤。古城中，完整大气的古城墙守护着宁静的街衢，三街六巷七十二拐头。寿县历史文化悠久，素有“地下博物馆”之称。“投鞭断流”“风声鹤唳”“草木皆兵”“一人得道、鸡犬升天”等脍炙人口的成语皆出自此地，它以楚文化为底蕴，形成了10大特色文化，是寻古探幽、钩沉历史的绝佳去处。悠久的历史也催生了绚烂的民俗和多彩的饮食文化，这里是中国豆腐的发源地，一块再平常不过的豆腐，就能做出108道菜，当地制定了豆腐制作的行业标准，每种菜品都是精耕细作的结果。八公山区是淮南市的市辖区，位于淮南市西部，面积105平方千米，辖一场、两镇、三街道，总人口18万。八公山以悠久的历史、著名的“淝水之战”古战场和豆腐发源地而闻名遐迩。八公山豆腐及系列豆制产品久负盛名，风味别具的八公山“豆腐宴”享誉中外。“八公山豆腐”又名“四季豆腐”，因四季可做，故名。此菜实为素菜之珍品，更为寿县传统名肴。豆腐起源于淮南王刘安时期八公山一带，即淮南市八公山区与寿县的交界地，距今已有两千多年的历史。豆腐中质量最好的数寿县八公山一带，叫作“八公山豆腐”。八公山豆腐经历了中国封建社会的漫长岁月走到新中国，走到了改革开放的今天，并走向全世界。“中国豆腐文化节”简称“豆腐文化节”，每年9月15日海峡两岸同时举办，是集文化、旅游、经贸于一体的国际性商旅文化节庆，自1992年起连续在淮南举办。淮南在豆腐的发明、制作、食用及以豆腐为本的豆腐文化方面，为人类的古代文明留下了光辉的一页，也为人类的现代文明做出了应有的贡献。中国豆腐文化节被评为“2011中国十大品牌节庆”。

课题组考察调研八公山豆制品公司企业文化

淮南八公山豆制品有限公司是中国豆制品企业 50 强、全国食品安全示范单位，坐落于山秀水灵风景优美的中国豆腐故里、“风声鹤唳，草木皆兵”的古战场——八公山。公司位于豆腐文化产业园内，在传承二千多年豆腐传统制作的技艺基础上，历经 50 年的不断改革、发展、创新，成为在国内同行业中影响较大的豆制品加工企业，是安徽省农业产业化龙头企业、八公山豆腐行业商会的核心企业。近年来，公司秉承“保护豆腐遗产，传承豆腐技艺，弘扬豆腐文化”的理念，坚持“优质、高效、诚信、创新”的兴业方针，坚定走标准化、科学化创新发展之路，不断延伸豆制品产业链，着力打造集大豆种植、豆制品加工销售、豆腐文化旅游于一体的产业化示范园，现已发展成为一家有形资产 3000 余万元、拥有员工 200 多人的民营独资企业。企业以“传承豆腐文化，图治求实创新，振兴豆腐产业，光大美食豆腐”作为企业发展的宗旨；把八公山豆腐做成国际、国内一流品牌作为奋斗目标；始终以质量为抓手，以创新为手段，以市场为舞台，优化经营管理模式，不断创新产品制作工艺，精心打造八公山豆腐品牌。始终坚持“安全是发展的保证、质量是效益的灵魂”，公司注册使用的“八公山牌”商标，从 1998 年开始连续多年被评为安徽省著名商标，2008 年开始争创中国驰名商标。时代经济大潮呼唤着古老产业的崛起、奋进，拥有着古老文化传承与先进产业技术的淮南市八公山豆制品有限责任公司，傲立时代潮头，踏实进取，不断创新，开创着豆腐经济更加辉煌灿烂的明天。

课题组调研八公山豆制品企业与地域文化

淮南八公山豆制品有限公司生产经营的主要产品包括腐皮、风味豆腐干、鲜品、腐乳、素肉五大系列的上百个品种。为应对市场需求的不断发展变化，公司推出有精品礼盒系列、礼包等高档豆制品产品，为企业的进一步发展拓展了新的空间。在经营方面，公司奉行“质量第一、客户至上、货真价实、诚信经营”的十六字方针，在获得经济效益的同时，逐步树立八公山优质品牌形象。目前，产品销售范围主要以淮南及周边地区为主，辐射到江苏、山东、浙江、上海、河南、北京等地的500多家大中型市场。淮南八公山豆制品有限公司与大润发、华润苏果、家乐福、乐购等国内大型超市都建立并保持着良好的合作关系，成为安徽省最具代表性的地方特产之一。近50年来，特别是企业改制完成后，八公山豆制品有限责任公司为豆腐文化和产业的传承、发展不断做出贡献，赢得了社会的广泛认可。

附录 16　西子控股集团积极践行企业社会责任

西子董事长王水福强调："一个没有社会责任的企业，是没有未来的。"在此理念的指导下，2007 年，西子联合发布国内首份民营企业社会责任报告，明确提出可持续发展、诚信与治理、公益慈善、健康与安全、环境保护五大社会责任，并号召全体员工"为国家富强、为社会和谐、为企业健康"而贡献力量。

西子一直坚持可持续发展和诚信经营，坚持走环境、资源、公司经营三者平衡发展、和谐促进的道路，将健康安全问题作为发展的起点，承诺提供高品质的产品和服务，以确保客户的使用安全和人身健康，以诚信经营为前提，恪守商业道德规范，生产高品质产品，承担为社会大众服务的责任。

同时，西子致力于社会公益和环境保护事业，王水福认为，公益事业是全社会的共同事业，关注公益事业的发展是每个企业不可推卸的社会责任。西子人满怀感恩之心，始终坚持把公益事业看作自己企业发展领域的一部分。保护地球环境是西子联合一直以来承担的重要责任，西子尊重自然、生产绿色环保产品、减少浪费和污染物排放，通过实施积极的环境保护和恢复活动，实现人与自然的和谐共生。

西子联合董事长王水福是一位具有开拓精神和强烈创新意识、与时俱进、奋发有为的民营企业家。自 1981 年以来，在担任杭州西子电梯厂厂长，西子电梯集团有限公司董事长、总裁，西子联合控股股份有限公司董事长的 30 余年中，通过体制创新、科技创新和管理创新、加速人力资源的开发和培养，积极参与国际分工，走合资合作道路，增强了企业的核心竞争力。他认为领导才能是企业发展的关键，确保企业朝着正确的发展方向，从而将一家村办农机小厂发展成为以电（扶）梯及配件、锅炉、立体车库为产业，涉足房地产、金融证券、生物技术、风险投资等领域的大型企业集团。

作为一个有着强烈责任感和事业心的企业家，王水福 20 多年来一直把自己和西子的事业紧密联系在一起，兢兢业业，劳心劳力，他把全部身心都扑在企业发展上。而在西子走向辉煌的每一个脚印里，也凝聚了王水福身上所独有的企业家精神和人格魅力。

以人为本是西子联合成功的根本，人才培养是根本，从而奠定了企业百年根基。西子联合积极寻找"志同道合"的伙伴，致力于引进与企业文化相契合的优秀人才。西子将团队合作、恪尽职守、主动学习、持续精益作为对人才基本的胜任力要求。

在人才选拔方面，西子强调以绩效发展为导向，坚持以人为本，量才使用，提升员工绩效，发掘其潜力，对员工实行人性化管理，加强团队建设。西子制定了以结果为导向的绩效管理制度，并根据这一标准对员工进行奖励。在每一个级别设立相应合理的目标和标准，对员工表现给予的奖励做到公平一致。

在员工培养上，西子为全体员工量身定制学习发展项目，将员工的技能评估、学习方案设计、晋升与调薪有机地结合在一起。同时，公司为员工设计了清晰的职业发展通道和接班人计划，在管理人员的培养方面坚持以 70%内部提拔、30%外部引进的原则，为员工的学习与发展奠定了一个扎实的基础。

为了巩固员工队伍，配合杰出的运营绩效表现，西子为员工提供了多元化且具有竞争力的薪酬福利，秉持与员工利润共享的理念，提供相应的福利用以保障员工的权益。主要包括：提供全面薪酬解决方案；健全的劳保制度，养老保险、医疗保险、失业保险、工伤保险、生育保险、补充商业保险、住房公积金等；完全符合国家标准的休假和带薪年假制度、为驻外人员投保门诊险，让员工工作更加安心。

合作学习是基础，推动企业飞速发展，西子的经营理念是“合作重于竞争”，这既是王水福一直以来带领西子不断发展、立足于中国民营企业 500 强的理念，也是西子 30 年来蓬勃发展的经验总结。

“合作重于竞争”是西子集团企业文化的精髓。合作是一种策略，不是目的。合作的目的是引进外资、引进先进技术和科学管理理念、提高企业员工的整体素质、增强企业实力和核心竞争能力、提升产品市场占有率，这样有利于创立国际品牌，把西子集团打造成为世界一流的制造业基地。

面向 21 世纪，西子联合将坚持走合资合作的道路。对内，要汇集所有西子人的智慧和力量，充分利用“西子”的制造基础、合作理念、管理水平、人力资源、经营机制、融资能力和发展平台等自身优势，建立国家高技能教育培训基地，建立一流的西子人才高地，打造一流的西子品牌。对外，要联合世界优秀企业，走跨国合作的国际化道路。西子的电梯与美国 OTIS 合作已经取得了丰硕的成果，西子还将与德国合资成立一家超声波公司，在车库方面与日本合作，锅炉业打算与法国合作，盾构方面则准备与日本三菱合作，等等。通过资源整合，引进国际运作资本、技术、管理等。在合作中求生存，在合作中求发展，在合作中学习，在学习中创新，不断提高自身素质，增强自身的国际竞争力。

总之，以王水福为核心的西子领导集体，将质量管理与企业转型升级、低碳节能减排、企业社会责任等理念有机地融合在一起，走出了一条中国企业成功转型的创新道路，这对于中国其他探索转型道路、谋求进一步发展的企业来说有很好的借鉴价值，通过学习和推广西子经验，有助于在全国企业界树立质量为先的经营管理理念，提升中国产品整体质量水平，进一步推动中国制造由“量”的优势向“质”的优势转变，推动中国经济健康发展。

附录 17　瑞福油脂公司实施伦理宪章，践行知行合一

瑞福油脂股份有限公司是一家股份制民营企业是我国最大的芝麻制品公司。公司被山东大学评定为“学生实践基地”，被山东省旅游局评选为“山东省工业旅游示范点”。公司生产的“崔字牌”系列产品荣获“中国驰名商标”“中国国际农业博览会名牌产品”“全国食品质量放心品牌”，被中国绿色食品发展中心认证为“绿色食品”；被评为“山东名牌”“山东省粮油行业十大名牌”“山东省著名商标”；等等。经过 20 多年发展，“崔”字牌小磨香油以其被信赖的产品质量销售到全国 70 多个大中城市，并远销日本、韩国、加拿大、南非等地。

强者，专也。一个好的企业定位除了要告诉社会企业专注什么外，还要告诉社会可以把自己的专注做得优秀。瑞福油脂志在“一辈子只吃一碗饭”，是因为会把这碗饭做得最好。产品的优劣界点在质量。在瑞福油脂，什么都可以商量，唯独质量没商量。瑞福油脂对质量慎始慎终，坚持选用最好的芝麻作原料，采用最优的传统生产技艺，生产最正宗的“崔”字牌小磨香油。瑞福油脂坚信：定位，不是去创造某种新的、不同的事物，而是去操控消费者心智中已经存在的认知，去重组已存在的资源存量。凡成长性强的企业，都是将创新化为新传统的企业。瑞福油脂不仅在今天创造未来，更习惯用未来思考今天。创新已成为瑞福油脂发展的主旋律，成为瑞福油脂的核心竞争力。

瑞福油脂股份有限公司的文化密码是“一辈子只吃一碗饭，一百年只做一件事”，这句箴言式的企业理念，既是瑞福油脂的发展宣言，也是瑞福人的“共同愿景”。多年来，瑞福油脂股份有限公司心无旁骛，秉持“质量是企业的生命”“品质源于细节”“唯诚为贵、唯信为最”“服务就是让顾客满意”“越磨越香、越香越磨”“闻着香、吃起来更香”“时时检讨、事事检讨”的理念，“一辈子只吃一碗饭，一百年只做一件事”是瑞福油脂与百年梦想的一份约定，这里的“百年”，不是时间上的具指，而是企业寿命。企业寿命问题已成为当代社会的一个沉重的话题，不少企业由兴到衰，似乎存在一个周期律问题，成功了的，要走向失败；胜利了的，要走向灭亡。所谓“兴之亦勃，亡之亦勃”。如何使瑞福油脂由成功走向成功，保持长久的成长势头，是企业必须解决的重大课题。在瑞福油脂，什么都可以商量，唯独质量没商量。瑞福油脂对质量慎始慎

终，坚持选用最好的芝麻作原料，采用最优的传统生产技艺，生产最正宗的“崔”字牌小磨香油。

瑞福油脂之所以一辈子只吃这一碗饭，不是因为他们不可以吃别的饭，是因为他们知道，从事香油的生产经营，既是自己拥有其他企业所没有的核心技艺，同时他们也知道香油市场无限大，单是只吃这碗饭就吃不完。对瑞福油脂来说，之所以要坚持一辈子只吃一碗饭，还是一种责任的担当。瑞福油脂要吃的这碗饭，紧紧维系着当代人类的健康状况，是消费者想吃也要吃的饭。董事长崔瑞福先生说：“消费者需要什么，我们就做什么；消费者的意志，就是我们的意志；我们要快乐着消费者的快乐，幸福着消费者的幸福。”

瑞福油脂发布《企业伦理宪章》是时代的需要，也是企业的需要。企业伦理宪章绝不是可有可无的，它是企业行为的基石。一个企业，只有用伦理道德进行自律，才能真正满足顾客和社会的需求，获得社会对这个企业的认可。遵循它，员工在制订自己的工作计划时，才能考虑到公司利益、上下游客户与消费者的利益；遵循它，企业在运营的过程中，才有了更加人性化的标准。伦理宪章的导入是为了动员全社会关心、支持和参与企业伦理宪章的创建工作，引导和推进各领域所有的公司自觉自愿履行社会责任，守法、诚信、安全生产经营。《瑞福油脂企业伦理宪章》是瑞福油脂企业文化管理体制上的一次提升和变革，它将整合原有的企业文化体系而建立新理念，强调的是企业与社会的关系，关注的是消费者的权益，明确的是员工的职业规划与健康，使员工切实增强责任感与使命感，站在全局的高度，把企业伦理宪章作为一项工作任务而高度重视。

“知行合一”在本质上是集道德、伦理、政治于一体的道德人文哲学。不仅要认识（知），尤其应当实践（行），只有把“知”和“行”统一起来，才能称得上“善”。“知”，主要指人的道德意识和思想意念。“行”，主要指人的道德践履和实际行动。因此，知行关系，也就是道德意识和道德践履的关系，也包括一些思想意念和实际行动的关系。瑞福油脂的企业文化建设杜绝空洞的喊给外人听的形式主义，瑞福油脂企业践行知行合一，真正把企业文化与管理实践结合起来，把企业文化中的商业伦理落实到行动中去，当企业文化变成企业的一种氛围和空气一样，企业文化的强大作用就显现出来，也就能靠文化来成就企业。凡长盛不衰的企业，都是文化牵动的企业。经济失去文化就像是一只没有航标的船，一个好的企业未必是一个先进的企业，先进的企业之所以先进是因为文化的先进。文化成就了瑞福，文化改变了瑞福，文化发展了瑞福。瑞福油脂不只是传统技艺密集型企业、信息密集型企业，更是思想密集型企业、文化密集型企业，瑞福油脂面前流通的，不只是物流、资金流、信息流，那源远流长的更是思想流、意识流、文化流。

附录18　河南金誉的高质量管理

——诚信制胜

“诚”字，左言右成，意思是人说的话一定要诚实，事情才能完成。“信”字，左人右言，意思是人的言语应该让人相信，如果别人不相信就不是人说的话了。在古代，孔子、孟子、老子、庄子等都讲究诚信、道德，诚信是维护社会秩序的道德工具。孔孟推崇的仁义礼智信被称为五常，而信是五常之本。周敦颐在解读五常时提到，诚为五常之本，百行之元矣。这也进一步告诉，我们诚信是仁义礼智信里最本质的东西，是最核心的一种支撑。诚信是企业核心竞争力的基础，是企业最内在、最基础、最本质的力量。培根说过“知识就是力量”，在真善美这个体系中，它揭示了认识论中的知识（真理性）认知规律，而在人类道德认知和美感认知方面，“诚信就是力量”更是至高无上。

“金”，即一诺千金；“誉”，即良好的声誉，都离不开诚信。河南金誉包装科技股份有限公司坚持科学发展观，坚持“以德铸誉、科技领先”的企业宗旨，以德铸誉，以誉造德，实造虚，虚造实，外德于人，内德于己，先修于己，后德于人。德者，得也。“德”，也就成了金誉企业文化的核心，德是金誉最宝贵的财产，是金誉信誉的不动产；它赋予金誉以尊严，是金誉企业向外部环境传递信息最主要的商业机制。

“敬天，爱人，天人合一，追求卓越”是金誉公司缔造的企业文化价值观。在这种价值观的熏染下，金誉人以员工为伙伴、以供应商为朋友、以同行为联盟、以顾客为上帝，建立了坚实的供、产、销网络，形成良好的利益链条。公司将“一诺千金、誉满天下”作为一种道德、一种责任、一种契约、一种无形资产，并根植于全体金誉人心中，使金誉人有了强大的凝聚力、向心力和战斗力。金誉企业以企业伦理、企业社会责任为企业发展的基本纲领，不断提升企业自主创新能力，推进企业产业升级，经过近年的拼搏努力，金誉已逐步走上“科学发展、绿色发展、创新发展、和谐发展”的良性发展轨道。

长期以来，金誉董事长李中灵先生一直信奉“做事先做人，言必行，行必果”的原则。他说自己身上最值钱的东西就是诚信，他始终把诚信看得比自己的生命还重要。因此，“诚实做人，诚信做事”就成了李中灵先生的座右铭。他成功地把自己的文化储备、智慧思想巧妙地运用到了企业管理中，并形成了一系列独特、先进、科学、有效的企业文化——金誉文化。

金誉把企业信用、企业声誉看得比黄金更重要。李中灵提出，企业家应当追求“至善”这一终极目标，只有做到至善，才能做到真正的企业诚信。《大学》开宗明义即讲道：“大学之道，在明明德，在亲民，在止于至善。”意思就是，成年人为学的根本在于修明自身，以自己学问的道和德的成就，走入人群、社会，亲近人民而为之服务，最终达到完美的境界。做企业也如同做学问，要做到“至善”，最根本的要求还是在于企业家道德水平和思想意识的提高。

为调动员工的积极性，金誉公司采取了立志培训教育，对员工进行了个人思想再造和组织再造。思想再造，首先是进行个人愿望再造，即通过激发员工愿景，让每位员工设立自己的职业生涯目标及计划。最后激励员工通过对自己职业生涯的管理来督促员工向着自己设定的目标奋进。个人愿景设立后再确立岗位愿景，然后实现组织愿景，即企业共同愿景。将员工个人目标导向企业整体目标，最终实现大家共同奋斗的目标，即做大做强企业、做包装行业的先锋。

金誉一直信奉“善利他人，成就自己”的经营理念，善待员工、善待供应商、善待客户、善待社会。金誉认为，员工是最贴心的伙伴，只有善待员工，员工才会自觉地为企业的发展多做贡献。金誉认为，只有好的供应商，才能保证原材料的质量和及时性，保证信息的交流和技术辅助，保证产品质量的可靠性。没有顾客的喜悦，就没有企业的发展，也没有员工的幸福，因此，金誉特制定了“为顾客创造喜悦”的产品质量保证体系和服务保证体系。金誉认为，企业不仅要保护自然而且要善待社会，企业只有善待社会，才会得到社会的支持和爱戴。本着高度的企业社会责任感，金誉企业要求站在环境保护、人类健康、节约能源及循环利用的角度来研发和生产高标准的现代化包装材料。为此，金誉企业先后赴丹麦、瑞士、德国等包装业发达的国家进行考察学习，借鉴他们的先进经验。在一些企业不顾产品质量和企业前景，抓住一切机会赚取利润的大环境下，金誉公司却不为利益所动，始终坚持以生产“安全卫生，节能环保”的绿色包装为企业目标，以“包装高品质”为企业使命。

市场经济经营之道“讲诚信”包括五个方面：一是企业生存之道：信誉第一；二是产品质量第一、服务质量第一，通过良好的信誉，达到“优招天下客，誉盈客自来”的效果；三是品牌战略，即讲信誉，建立质量服务体系，提高企业声誉，增强用户信任；四是企业用人之道，要求员工诚实可靠、精明能干；五是企业长盛不衰要诀：勤以创业，俭以聚财，诚以待人，谦以处世，信誉第一。

附录 19　工业文化书画摄印巡回展

——吴昌硕、沙孟海名家创作思想在工业设计及 CI 中的应用

此次是由中国书画家协会、中国企业形象策划委员会企业文化中心、西泠印社东京中国文化中心联合主办，日本东方书社、韩国成均馆大学中国大学院、韩国三星电子、韩国釜山房地产企业家联合会协办的“工业文化书画摄印巡回展——吴、沙等名家创作思想在工业设计及 CI 中的应用”“中日韩吴昌硕、沙孟海及弟子书法九地巡回展”及“中国企业诚信与工业文化书画摄影巡回展”。三展于 2023 年 7 月 30 日分别在日本大阪、名古屋、广岛福冈、长崎、清水（富士山）、高知、德岛、东海、鹿儿岛九地及韩国釜山成功展出，于 8 月 16 日圆满结束。

原中国书法家协会主席启功、西泠印社第四任社长沙孟海在中国人民大学出版社出版的《沙孟海书学研究》一书，其封面的题书及著作，首度在日本、韩国展出，引起高度关注。

巡回展大厅醒目的海报中展示了王正飞、高静、金舜尧三位的名字，他们既是《工业文化新论》的作者，又是巡回展中作品的收藏者，活动的策划者、组织者、宣传者。

《工业文化书画摄印巡回展》海报
中国企业联合会、中国企业家协会、中国企业诚信网
工业文化的推动者、践行者、创新者

王正飞：
浙江省丽水市缙云县委书记，浙江青田人，省委党校研究生学历。2023年6月被授予“浙江省担当作为好干部”称号。作为浙江缙云县委书记，始终秉持新发展理念不动摇，改革辟路、创新求实，唯实唯干、拼搏奋进、高质量践行“科创、人文、生态”的发展理念，不断推动企业诚信建设。

高 静：

牛津大学博士，师从中国社会科学院、中国科学院心理所博导刘光明教授。主要从事伦理管理、企业文化、工业文化、品牌管理、战略分析、市场营销、乡村振兴规划、特色小镇建设等方面的研究。出版的主要著作有《企业文化研究的新发展》《新企业伦理学》《工业文化》《地域文化与地域经济高质量发展》《企业文化创新——高质量发展的内在动力》等。发表《建设制造强国需要工业文化作支撑》《中国制造“2025”下的工业文化战略》《特色小镇近年来的发展和展望》《瑜伽中国化问题的研究》《“鲜果网”企业战略分析》《论企业价值观的维度研究》等多篇文章。出版有关企业管理、企业文化、中国书画研究、书画欣赏与鉴定的个人专著20余部并发表相关论文百余篇。

金舜尧：

师从中国书画家协会常务理事、中国硬笔书法协会学术委员会首席专家、中国书法家协会副主席、西泠印社第四任社长沙孟海传人刘光明教授，学习书法篆刻和工业文化，在中国武警部队工作。

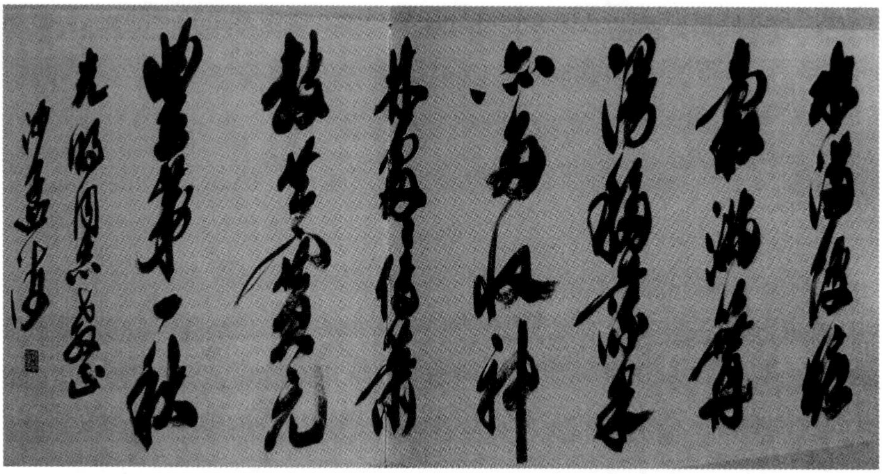

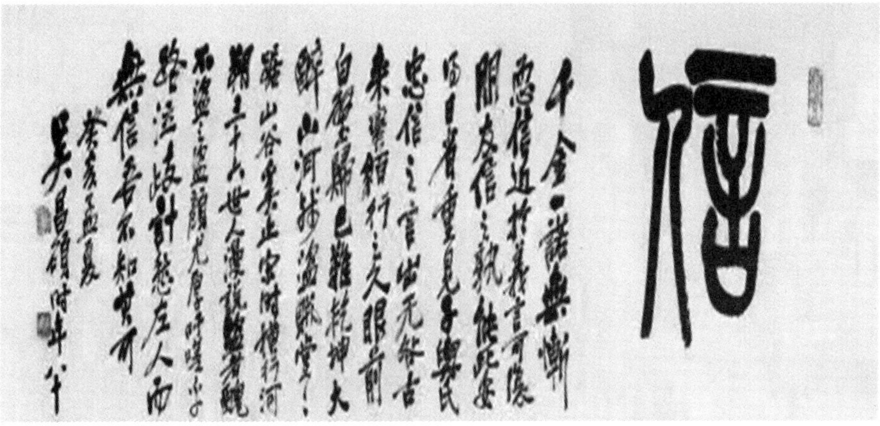
信

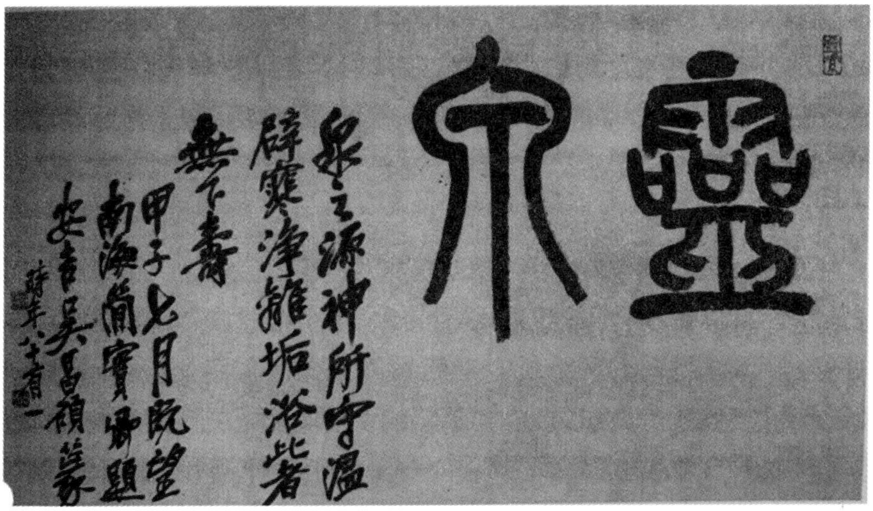
靈泉

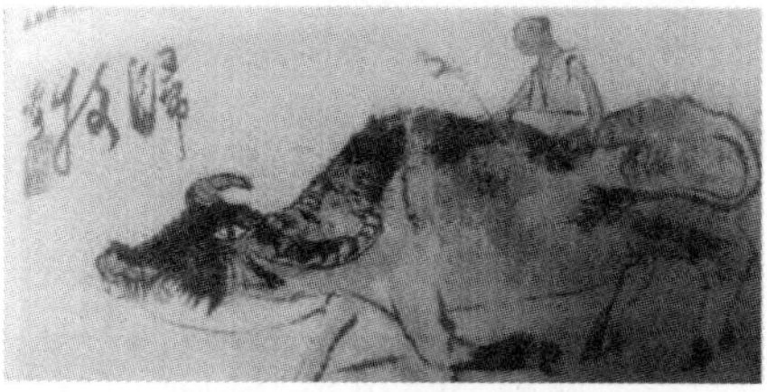

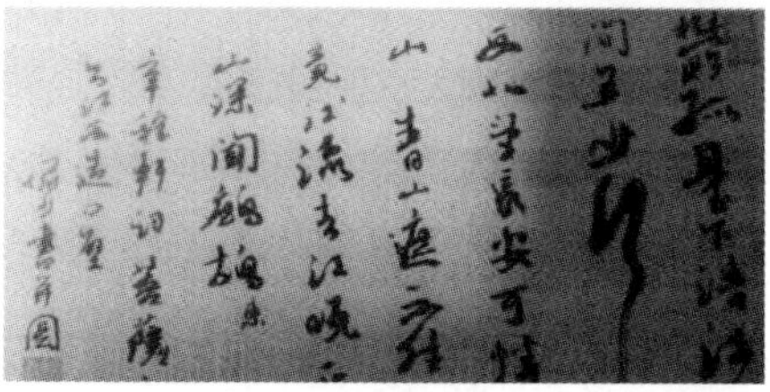

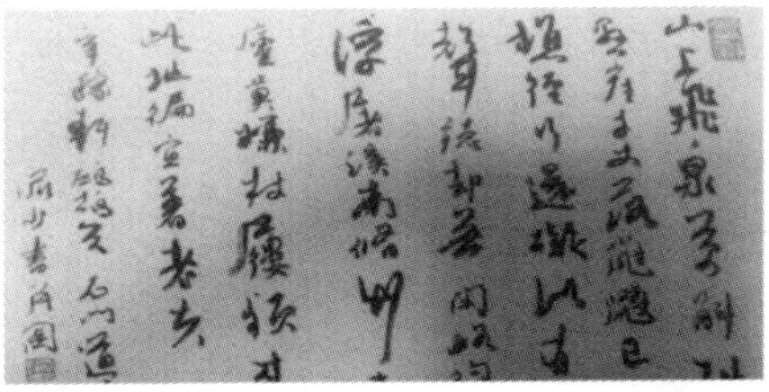

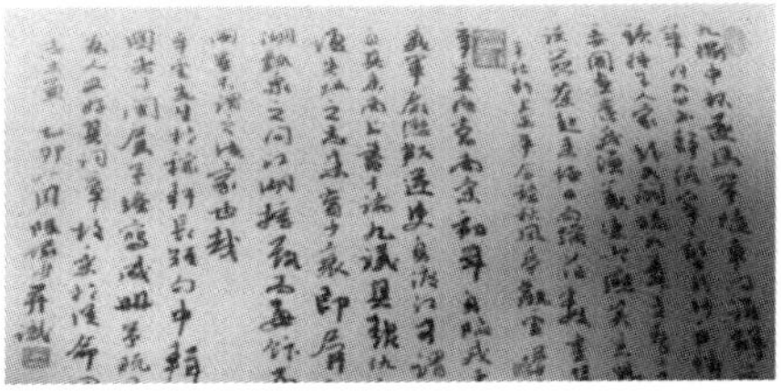

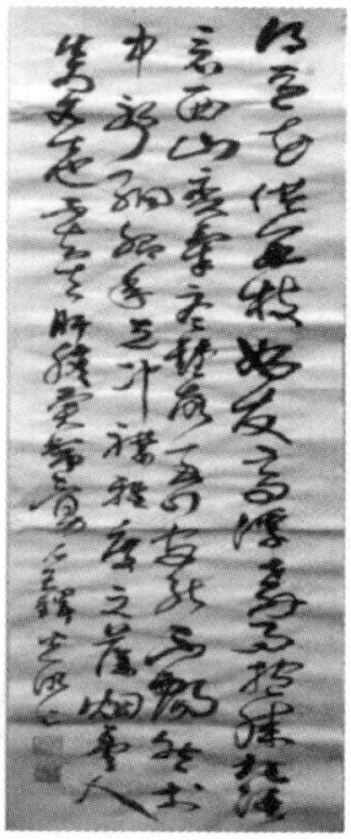

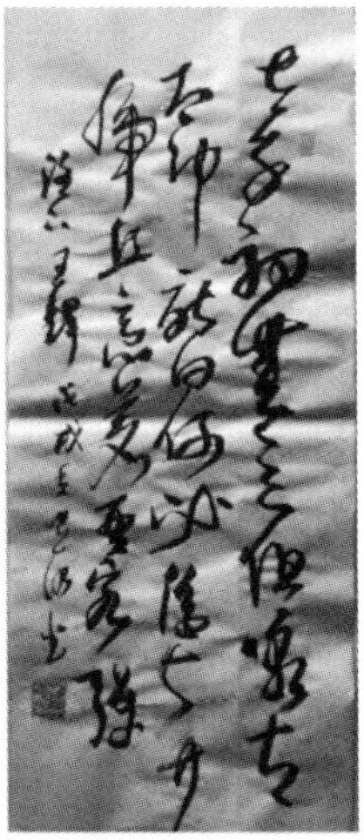

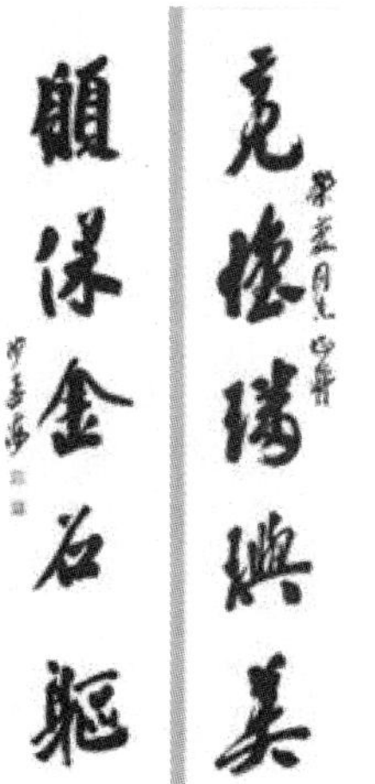

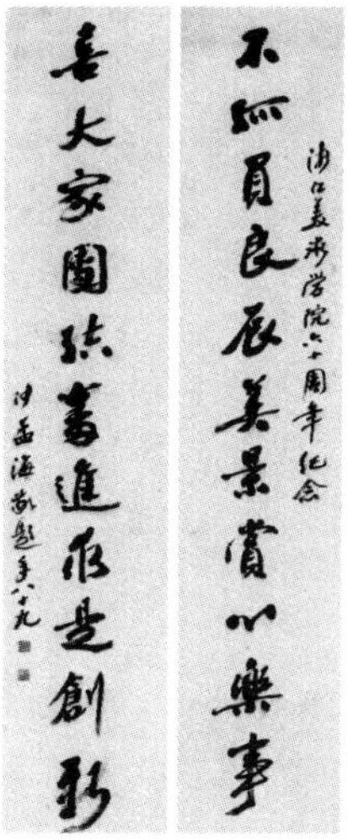

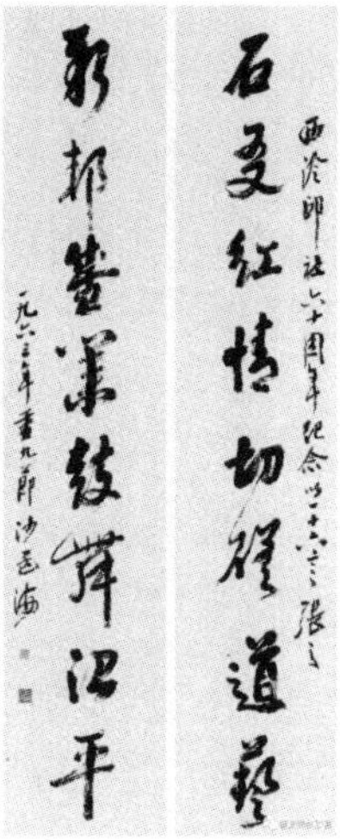

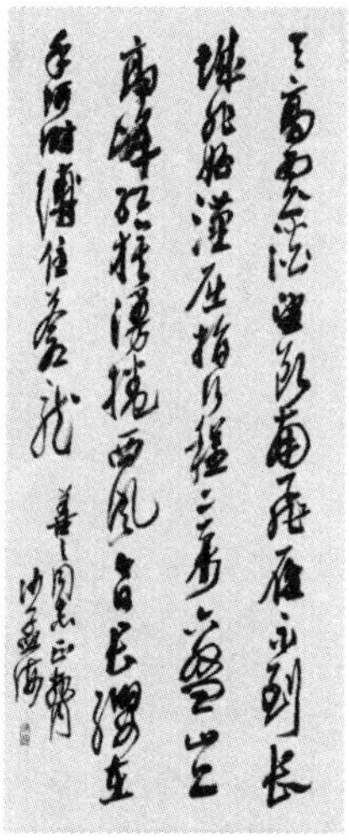

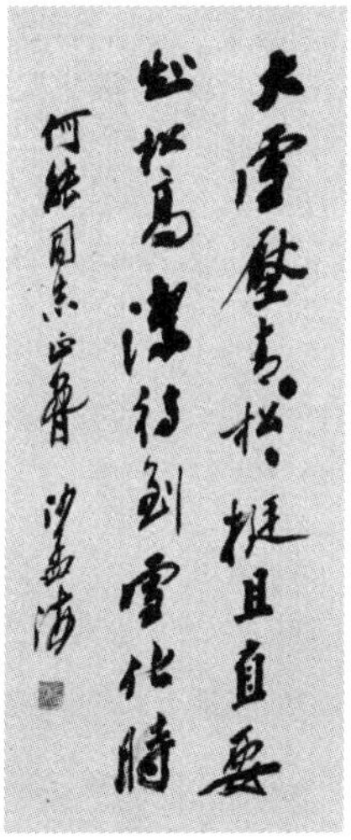

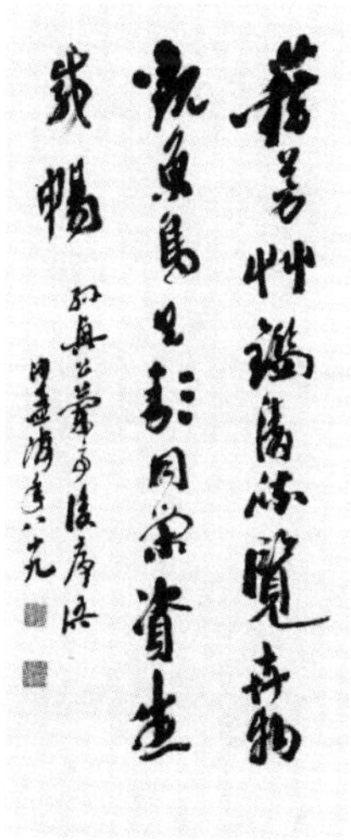

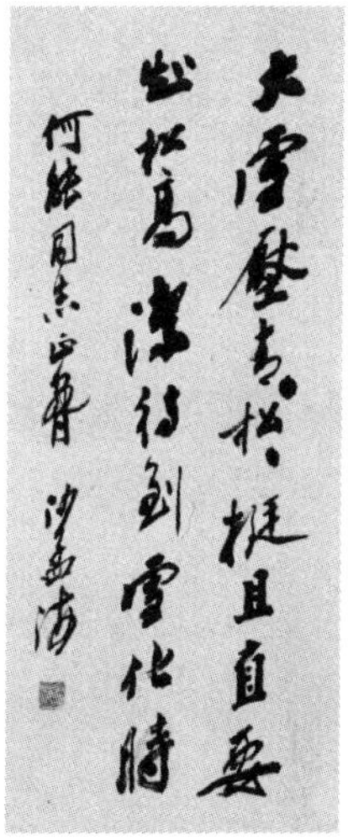

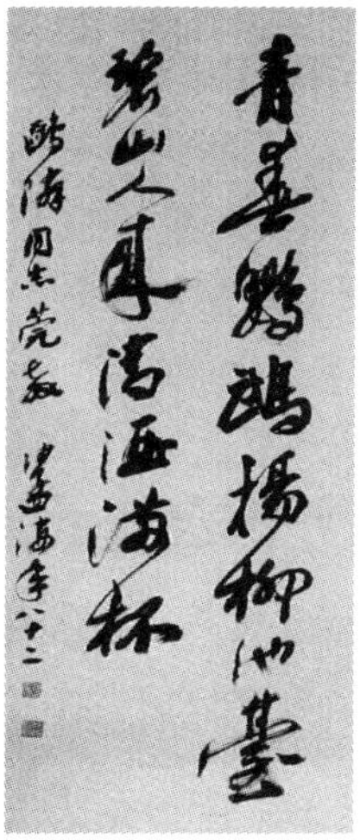

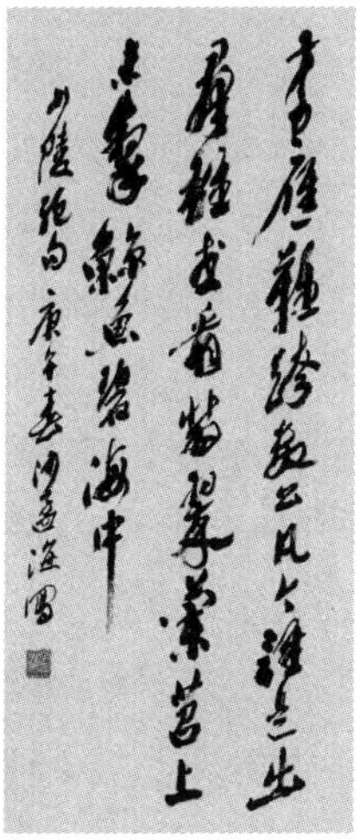

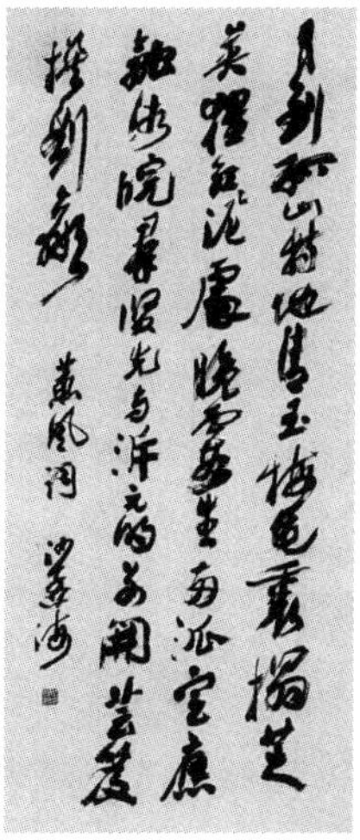

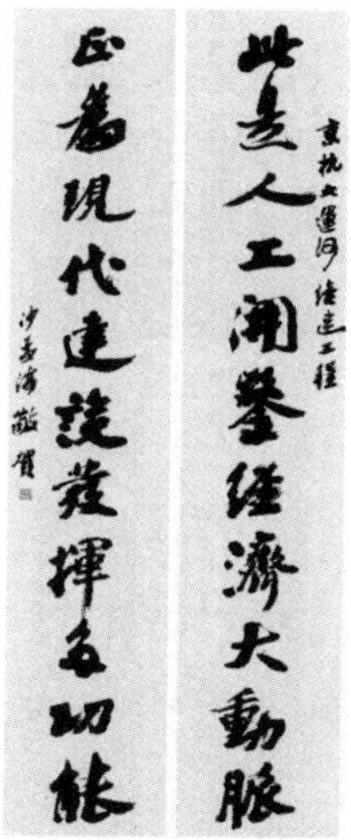

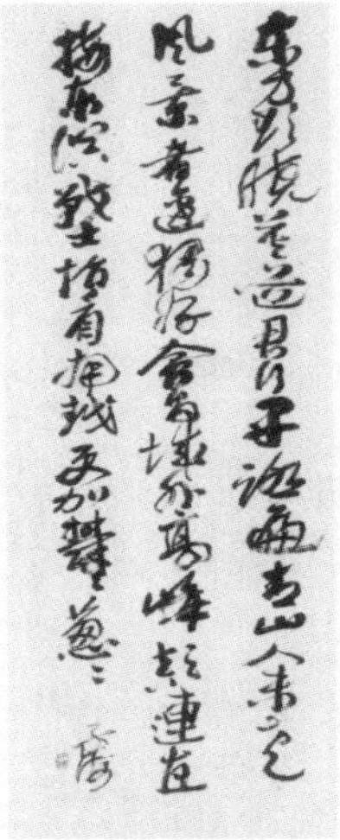

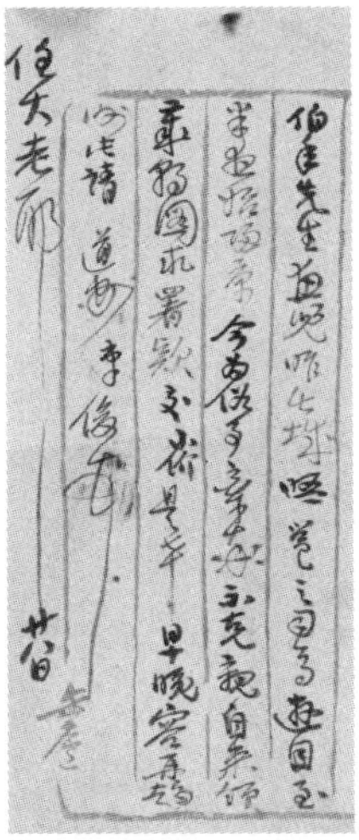

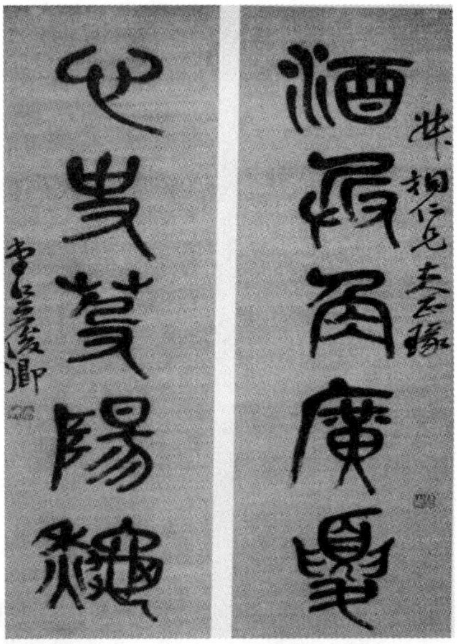

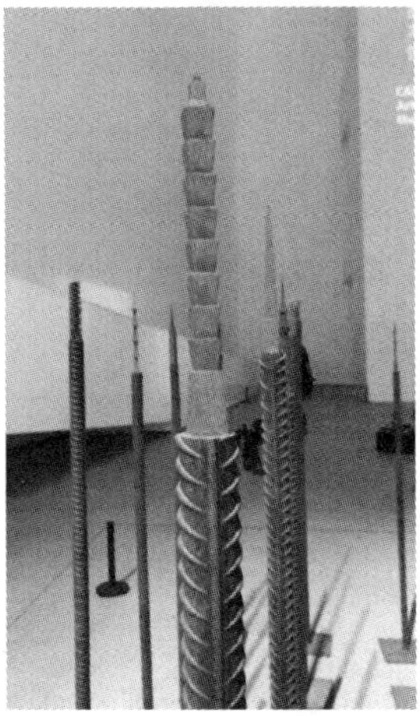

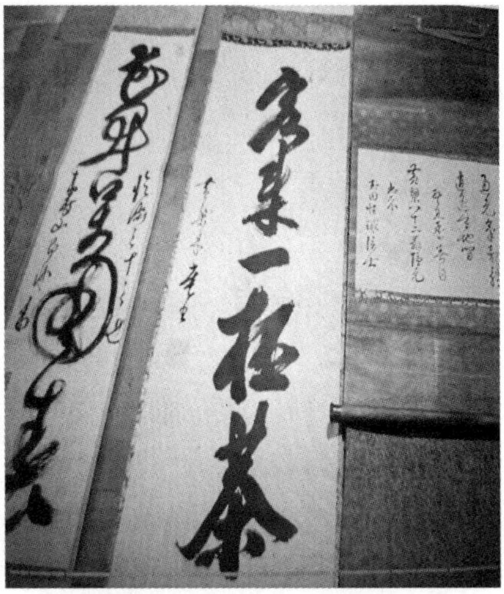

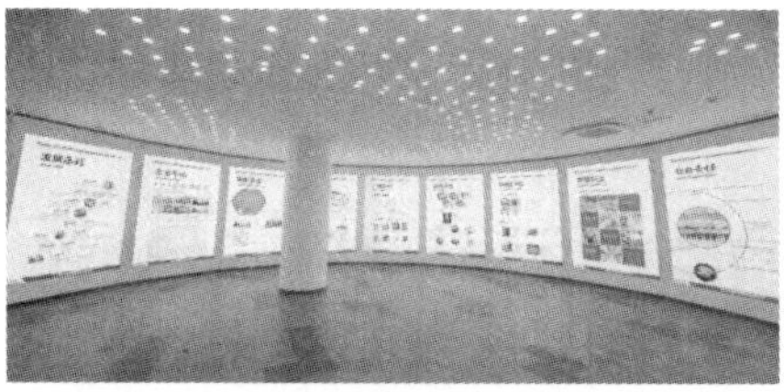

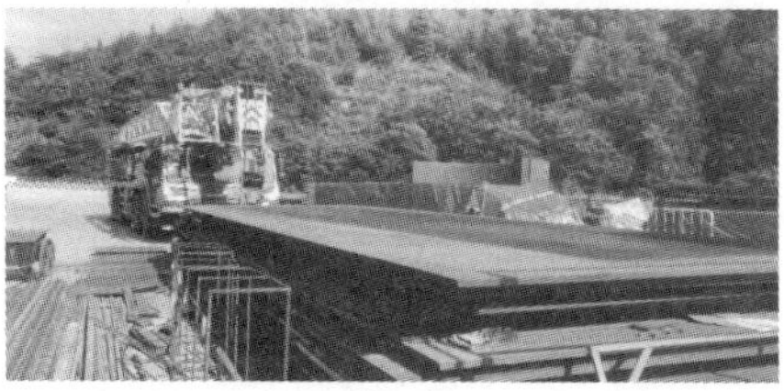

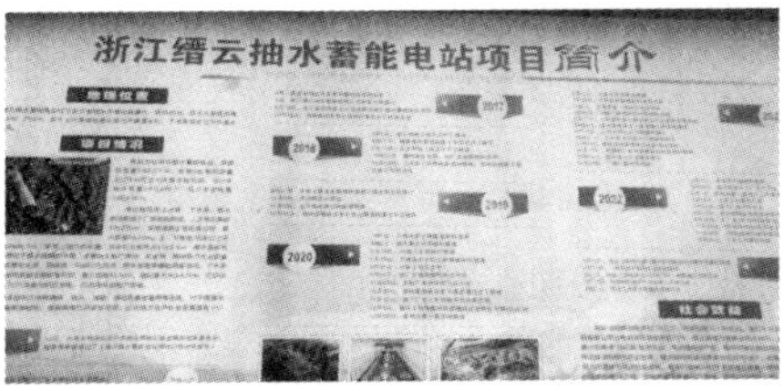

楼明星

罗冬青

楼明星、罗冬青参与《工业文化书画摄印巡回展》的组织、设计、宣传。

参考文献

[1] 安静波. 试论张之洞与中国近代化 [J]. 学术交流, 1989 (6): 152-156.

[2] 蔡建明, 刘传铁. 汉阳: 打造武汉现代制造业基地——构建争雄世界的“汉阳造”[J]. 学习与实践, 2003 (3): 4-13.

[3] 代鲁. 张之洞创办汉阳铁厂的是非得失平议 [J]. 中国社会经济史研究, 1992 (2): 76-82.

[4] 邓颖芝. 从《劝学篇》看张之洞的中西文化观 [J]. 东莞理工学院学报, 2007, 14 (4): 96-99.

[5] 雕胡. 认识“中体西用”论的新思路——评冯天瑜、何晓明著《张之洞评传》[J]. 社会科学辑刊, 1993 (1): 94-102.

[6] 董晓楠. 浅析汉阳造文化创意产业传承 [J]. 长江丛刊, 2016 (11): 32-33.

[7] 冯天瑜, 何晓明. 张之洞评传 [M]. 南京: 南京大学出版社, 2011: 50-89.

[8] 高剑. 张之洞军事经济思想刍议 [J]. 军事经济研究, 2011 (3): 64-66.

[9] 高磊. 大冶铁矿文化产业发展的实践与思考 [J]. 钢铁文化, 2013 (5): 26-28.

[10] 高万娥. “汉阳造”传奇 [J]. 档案记忆, 2011 (3): 36-37.

[11] 葛荃, 贾乾初, 刘坤. 张之洞政治人格刍议——基于政治文化的视角 [J]. 山东大学学报 (哲学社会科学版), 2010 (1): 81-88.

[12] 龚知栋. 中华第一枪“汉阳造”[J]. 课外阅读, 2014 (15): 32-34.

[13] 何剑明. 张謇与张之洞实业道路比较论 [J]. 江苏第二师范学院学报, 2002 (3): 56-59.

[14] 何静. 张之洞与中国近代师范教育 [J]. 荆楚学刊, 2003, 4 (4): 76-78.

[15] 何晓明. 张之洞外交思想论 [J]. 求索, 1992 (2): 107-112.

[16] 何晓明. 张之洞文化人格论 [J]. 哲学研究, 1993 (10): 56-62.

[17] 何晓明. 张之洞学术思想论 [J]. 学术研究, 1993 (4): 98-102.

[18] 何晓明. 张之洞政治风格论 [J]. 江汉论坛, 1994 (2): 75-79.

[19] 侯中军. 试论江南制造局与近代中国早期的企业社会责任 [J]. 广东社会科学, 2016 (2): 108-115.

[20] 胡志明. 大冶铁矿与近代黄石城市的发展 (1877—1948) [D]. 华中师范大

学硕士学位论文，2013.

［21］黄长义. 张之洞的工业化思想与武汉早期工业化进程［J］. 江汉论坛，2004（3）：70-74.

［22］黄俊棚. 张之洞的立功观及其学术主张［J］. 兰州学刊，2016（10）：98-104.

［23］黄师让. 张之洞创办的湖北纱布丝麻四局［J］. 武汉文史资料，2006（11）：19-21.

［24］黄颖萍. 从《劝学篇》看张之洞"中体西用"思想［J］. 边疆经济与文化，2013（8）：71-72.

［25］贾小叶. 从《劝学篇》看张之洞的立宪思想［J］. 北京电子科技学院学报，2004，12（1）：70-73.

［26］姜铎. 论江南制造局［J］. 中国社会经济史研究，1983（4）：106-120+105.

［27］姜铎. 张之洞对近代企业的贡献［J］. 社会科学，1998（1）：56-60.

［28］姜迎春. 工业化背景下的乡村社会流动——以大冶铁矿为个案（1890~1937）［J］. 中国矿业大学学报（社会科学版），2009，11（4）：110-115.

［29］金萍. 清末时期的教育家张之洞［J］. 档案记忆，2001（z1）：38-40.

［30］金燕. 从《劝学篇》看张之洞的教育思想［J］. 广西社会科学，2005（3）：183-184.

［31］康念德. 李鸿章与中国军事工业近代化［M］. 成都：四川大学出版社，1992，20（3）：111-112.

［32］康树欣. 张之洞与汉冶萍公司［J］. 历史教学月刊，1989（5）：19-20.

［33］赖继年. 浅评张之洞的教育思想——以《劝学篇》为中心［J］. 黑龙江史志，2011，27（10）：1-3.

［34］兰馨，邓辉. "汉阳造"的不朽传奇——汉阳兵工厂旧址寻访［J］. 党员生活：武汉，2011（10）：15-17.

［35］李春远. 梁启超与张之洞：文化和政治的选择［J］. 江苏师范大学学报（哲学社会科学版），2004，30（1）：99-103.

［36］李福英. 论张之洞与张謇的企业管理思想与实践［J］. 长沙大学学报，2012，26（6）：76-77.

［37］李海涛. 近代中国钢铁工业发展研究（1840~1927）［D］. 苏州大学博士学位论文，2010.

［38］李和山，朱丽霞. 张之洞与近代中国纺织教育的发展［J］. 商情，2011（51）：149-150.

［39］李茂祝. 论张之洞的经学思想［J］. 边疆经济与文化，2007（11）：106-107.

［40］李晚成. 汉冶萍公司与官僚主义［J］. 党政论坛，1987（10）：50-51.

［41］李细珠. 张之洞的改革观［J］. 月读，2014（1）：19.

［42］李细珠. 张之洞与《江楚会奏变法三折》［J］. 历史研究，2002（2）：42-52.

［43］李细珠. 张之洞与晚清湖北新军建设——兼与北洋新军比较［J］. 军事历史研究，2002（1）：125-136.

［44］李细珠. 张之洞与晚清军事教育近代化［J］. 安徽史学，2001（4）：32-36.

［45］李颖，辛昕，李业军. 关于张之洞的军事教育思想探讨［J］. 军民两用技术与产品，2016（16）：265-265.

［46］梁小民. 张之洞与汉阳铁［J］. 商界：评论，2007（2）：158-159.

［47］梁晓蕾. 试论张之洞创办湖北枪炮厂之企业精神［J］. 淮海工学院学报（人文社会科学版），2012，10（2）：115-117.

［48］刘建明. 不争是一种为官境界［J］. 领导之友，2014（6）：46-46.

［49］刘金林. 近代中国钢铁工业探索的全球化与本土化——以汉冶萍公司为中心［J］. 吉林省教育学院学报，2014，30（12）：116-117.

［50］刘金林. 张之洞、盛宣怀和翁文灏与近代湖北重工业［J］. 卷宗，2014（8）：383-383.

［51］刘立强，王亮停. 张之洞和盛宣怀与芦汉铁路［J］. 大家，2011（8）：43-44.

［52］刘莎，李超. 张之洞发展中国近代教育的实践［J］. 南都学坛：南阳师范学院人文社会科学学报，2008，28（6）：141-141.

［53］刘颂. 张謇与张之洞廉政思想比较［J］. 廉政文化研究，2017，8（4）：87-90.

［54］刘薇. 晚清湖北枪炮厂的经费收支及其特点［J］. 理论月刊，2009（5）：61-64.

［55］刘薇. 张之洞与中国近代兵工企业［D］. 武汉大学博士学位论文，2010.

［56］刘卫华. 张之洞：中国近代重工业的先驱［J］. 中学历史教学参考，2004（6）：34-34.

［57］卢海圆，于芥. 要有敢为人先的勇气——三论武汉市改革开放［J］. 湖北社会科学，1992（5）：10-12.

［58］骆志煌. 张之洞的“洋务思想”［J］. 管理与效益，1997（4）：36-36.

［59］马庚存. 论中国近代青年产业工人的历史命运［J］. 史林，2007（6）：46-51.

［60］彭晶玉. 别样的“封疆大吏”——张之洞［J］. 百科知识，2007（10）：47-48.

［61］皮明勇. 张之洞军事思想研究［J］. 近代史研究，1992（2）：89-106.

［62］任革新，刘光义．论“魏源、张之洞、康有为、蔡元培”之中西教育内容观［J］．辽宁行政学院学报，2006，8（9）：169-170.

［63］任九光．张之洞克服改革阻力之策［J］．领导科学，2016（9）：34-36.

［64］任晓兰．论张之洞与文化保守主义思潮的兴起［J］．理论与现代化，2009（4）：93-97.

［65］任焰，潘毅．工人主体性的实践：重述中国近代工人阶级的形成［J］．开放时代，2006（3）：107-123.

［66］沈继成．张之洞与清末军制改革［J］．华中师范大学学报（人文社会科学版），1986（4）：11-17.

［67］孙玉华，严长松．试论湖北纺织四局由官办转向招商承租［J］．华中师范大学学报（人文社会科学版），1989（3）：40-47.

［68］汪维栋．武昌民生纱厂历史变迁始末［J］．武汉文史资料，2000（12）：44-46.

［69］王新杰．大冶铁矿工人待遇研究（1890—1948）［J］．攀枝花学院学报，2017（s1）：28-32.

［70］王永香．价值认同、知识路径与经验差异——从政治文化认同视角比较张謇与张之洞君主立宪思想［J］．理论观察，2011（1）：35-37.

［71］夏东元．江南制造局在中国近代史中的地位［J］．河北学刊，1995（5）：75-78.

［72］向玉成．论洋务派对大型军工企业布局的认识发展过程——以江南制造局与湖北枪炮厂的选址为例［J］．西南交通大学学报（社会科学版），2000，1（4）：31-36.

［73］萧致治．张之洞：晚清统治阶级改革派的殿军［J］．江海学刊，2003（2）：16-22.

［74］肖家祥．张之洞与古今大冶［J］．党史天地，2003（9）：42-44.

［75］谢敏华．论影响张之洞洋务思想形成的几个因素［J］．赣南师范学院学报，1994（4）：72-74.

［76］徐旭阳，张铃．近代大冶铁矿开采与地区社会变迁［J］．湖北师范学院学报（哲学社会科学版），2012（5）：15-19.

［77］严海建．中国军工的先驱——江南的制造局［J］．中国军转民，2008（6）：73-76.

［78］严海建．“师夷长技”的先驱——江南制造局［J］．装备制造，2008（6）：89-93.

［79］严锴．张之洞与湖北近代工业的“中部崛起”［J］．学习与实践，2012（5）：134-140.

[80] 阎建武，许士强. 用文化力提升廉政的有效性——大冶铁矿廉政文化建设的基本思路和实践 [J]. 钢铁文化，2008 (6)：26-28.

[81] 阳美燕. 张之洞与《时务报》维新派的文化关系 [J]. 华中科技大学学报 (社会科学版)，2007，21 (1)：68-71.

[82] 杨洪林，邱月. 张之洞对近代中国纺织教育的改革创新与历史贡献 [J]. 武汉纺织大学学报，2013，26 (4)：1-4.

[83] 杨庆博. 试论张之洞家庭教育思想形成的原因 [J]. 沧州师范学院学报，2013，29 (1)：97-99.

[84] 姚会元. "裕大华"及其经营管理 [J]. 中南财经政法大学学报，1988 (1)：115-120.

[85] 姚伟钧. 张之洞与武汉近代工业遗产及其保护 [J]. 武汉文博，2011 (2)：9-13.

[86] 佚名. 汉阳造：传承历史文脉，变奏时代创思 [J]. 创意世界，2014 (2)：76-77.

[87] 佚名. "汉阳造"——武昌起义第一枪 [J]. 兵器，2011 (10)：34-39.

[88] 于秀萍，贾金萍，孙志江. "益智"、"求勇"、"资生"的经世教育——张之洞家庭教育活动之二 [J]. 沧州师范学院学报，2011，27 (4)：36-39.

[89] 于智伟. 张之洞　近代工业"大帅" [J]. 现代工业经济和信息化，2012 (23)：66-67.

[90] 张明，路斐斐. 老枪传奇"汉阳造""帝国龙爪"的诞生 [J]. 三月风，2012 (6)：46-49.

[91] 张晓英. "中体西用"与张之洞的教育改革 [J]. 当代教育科学，1997 (5)：21-22.

[92] 张艳国. 简析张之洞中国文化自信论 [J]. 历史教学 (下半月刊)，2010 (9)：81-90.

[93] 赵葆惠. 张之洞与汉阳铁厂 [J]. 齐鲁学刊，1988 (2)：18-22.

[94] 周少雄，姜迎春. 工业文明植入与传统社会阶层的嬗变——以大冶铁矿的开发为例 (1890—1937 年) [J]. 湖北师范学院学报 (哲学社会科学版)，2010，30 (3)：93-99.

[95] 周秀鸾. 张之洞办企业对武汉民族工业的影响 [J]. 江汉论坛，1985 (5)：61-66.

[96] 朱国良. "官无所求"是一种境界 [J]. 群言，2000 (11)：30.

[97] 朱丽霞，黄江华. 湖北近代纺织工业的兴起及其影响 [J]. 武汉纺织大学学报，2013，26 (5)：1-4.

后　记

从人类社会发展历史来看，工业文化是继原始文化、农业文化之后的文化形态，它的产生是人类文化发展的必然结果。建设制造强国，不仅需要产品、技术、资本和劳动力，更需要耐心和意志，需要文化的支撑。从世界工业化进程来看，工业文化时刻影响着人们的思维模式、社会行为及价值取向，是工业进步最直接、最根本的思想源泉。中国工业文化是中国特色社会主义文化在工业领域的具体体现，是社会主义文化的重要组成部分。新中国成立以来，我国在推进工业化的探索实践中，孕育了大庆精神、“两弹一星”精神、载人航天精神等一系列先进工业文化典型，形成了自力更生、艰苦奋斗、无私奉献、爱国敬业等中国特色的精神宝藏。自改革开放以后，我国工业文化的发展更是取得了一系列成就，在一些行业或领域形成了各具特色的文化成果，“劳模精神”“工匠精神”“企业家精神”等工业精神深入人心。

工业文化为制造强国建设提供了先进价值观，推动中国制造向中国创造转变。很多制造强国都注重培育并推动“工匠精神、创新创造”等有助于工业发展的理念，进而加速工业生产技术和产品的创新，使其在工业革命中占得先机。因此，必须通过树立和传播适用于制造强国建设的先进价值观，引领我国工业文化的发展。

《工业文化新论》是继《工业文化》一书后的鼎力之作，挖掘了工业文化更深的内涵和精神溯源，工业精神是工业文化的思想内涵。自改革开放以来，我国已经涌现了许多勇于创新探索的现代企业家和技艺精湛的“大国工匠”。大力培育和宣传中国工业精神，重点是弘扬工匠精神、践行创新精神、倡导诚信精神和培育企业家精神等，努力营造有利于工业发展的舆论氛围和社会环境，为建设制造强国提供强大的精神动力和思想支撑。工业文化的培育和传播，将促进更多的国内外消费者喜欢上中国文化，使用蕴含中国文化的产品，从而激发中国产品的创造热情，推动中国制造转向中国创造。

《工业文化新论》一书的完成，融汇了课题组成员大量的心血，同时也离不开出版社的各位领导，特别是本书责编范美琴女士的大力支持，在此一并深表谢忱！同时也要感谢编委会每位成员的辛勤付出，愿《工业文化新论》一书为助力我国工业高质量发展添砖加瓦！同时，真诚期待每位读者对《工业文化新论》一书中存在的有关理论观点进行探讨和指正，感恩、感谢！